U0822491

BEIHANG LAW REVIEW

北航法律评论

学术委员会

龙卫球　刘保玉　任自力　孙新强　肖建华　郑丽萍

编辑委员会

主　　编　李　昊　明　辉
责任编辑　毕洪海　初殿清　高　埼　孙运梁　王　锴　王永茜　王天凡
　　　　　张晓茹　周学峰

学生编辑部

主　　任　汪　衍　张岩雯
编　　辑　程君兰　马臻玮　孟梓艺　皮　芃　唐月洁　杨海霞　杨欣怡
　　　　　张秋临　张睿思　甄　硕　朱　靖　邹　雷

编辑部地址：北京市海淀区学院路37号北京航空航天大学法学院
《北航法律评论》编辑部　　邮编：100191
Email：bhlawrev@163.com
微信（Wechat）公众号：北航法律评论

为适应我国信息化建设，扩大本书及作者知识信息交流渠道，本书已被《中国学术期刊网络出版总库》及CNKI系列数据库收录。如作者不同意文章被收录，请在来稿时向本书声明，本书将做适当处理。

主办／北京航空航天大学法学院

北航法律评论

■ 主编／李昊　明辉

■ 2019年第1辑（总第10辑）

BEIHANG LAW REVIEW

法律出版社 | 北京

图书在版编目(CIP)数据

北航法律评论. 2019 年. 第 1 辑 : 总第 10 辑 / 李昊, 明辉主编. -- 北京 : 法律出版社, 2023
ISBN 978-7-5197-8407-2

Ⅰ. ①北… Ⅱ. ①李… ②明… Ⅲ. ①法律-文集 Ⅳ. ①D9-53

中国国家版本馆 CIP 数据核字(2023)第 190328 号

北航法律评论 2019 年第 1 辑(总第 10 辑)
BEIHANG FALÜ PINGLUN 2019 NIAN DI-1 JI (ZONG DI-10 JI)

李 昊 明 辉 主编

责任编辑 孙东育 曲 杰
装帧设计 臧晓飞

出版发行 法律出版社
编辑统筹 学术·对外出版分社
责任校对 王 丰 李景美
责任印制 陶 松
经　　销 新华书店

开本 710 毫米×1000 毫米 1/16
印张 17.5 **字数** 317 千
版本 2023 年 6 月第 1 版
印次 2023 年 6 月第 1 次印刷
印刷 北京新生代彩印制版有限公司

地址:北京市丰台区莲花池西里 7 号(100073)
网址:www.lawpress.com.cn
投稿邮箱:info@lawpress.com.cn
举报盗版邮箱:jbwq@lawpress.com.cn

销售电话:010-83938349
客服电话:010-83938350
咨询电话:010-63939796
版权所有·侵权必究
书号:ISBN 978-7-5197-8407-2
定价:78.00 元
凡购买本社图书,如有印装错误,我社负责退换。电话:010-83938349

目　录

专题一　数字化时代的法律因应

引 言

李 剑

人工智能、大数据、区块链这些伴随数字化时代而出现的事物带来的新挑战与新机遇是法律人所要共同面对的。从某种意义上说，我相信法律人应当是“密涅瓦的猫头鹰”，需要冷静地观察发生在这个世界中的纷繁复杂的现象。当这些新的现象不断冲击着传统的法体系、法政策以及人们对法律的认知时，法律人要在保持谨慎的前提下尽量不失灵活地应对这些新问题。法律人一方面需要快速地理解并适应眼前发生的一切；另一方面也要保持必要的警惕，进而通过法律来形塑新的社会关系，并不断拓展新的法律认知边界。以下所选取的文章代表了德语区国家法律人对新技术所带来的变化所进行的观察与反思。事实上，国外同侪们对这些新问题的因应也并不是一种先知先觉，毋宁说是出于一种带着焦虑的希望。因为新技术的发展所带来的变革是如此的深远而深刻，又是如此的充满不确定性。这使我们必须重新审视法律适用、法律秩序、民主制度、行政活动、契约等一系列法律中的核心概念。从这个角度看，这些文章所代表的思考方向与路径对于我们而言具有启示性意义。

智慧政府:智能联网的政府及其行政活动*

[德]约恩·冯·卢克** 著 李 剑*** 译

【摘 要】智慧政府是为了因应智慧城市而产生的一个新的行政管理理念,可以以"行政4.0"来作为一个代表性概念。该概念以智能设备、网络物理系统、物联网和服务互联网为基础架构,其意在解决的核心问题是公共部门实际需要哪些智能联网设备,以及它们应嵌入到哪些物理网络系统中。通过设计与构建智慧政府,人们可以激发出智能化政府和行政活动的各项潜力。查明智慧政府这些潜在的可行性也是在法律上进行应对的前提条件。德国的智慧政府虽仅处于起步阶段,但毫无疑问,其前进的步伐正在加快。

【关键词】智慧政府 智能联网 行政管理4.0 物联网

在日常的事物中人们越来越多地配备起了传感器、执行器和各种电子通信设备。个人将获得一个唯一的IP地址,并可以通过互联网进行访问。而这些设备则成为了所谓的智能设备。智能设备和网络物理系统的使用意味着公共管理可以进入物联网和服务互联网时代。这为过去那些无法想象(可以实现)的治理方式和行政行为模式开辟了全新的可能性。本文总结了齐柏林大学[1]关于智能

---

* 本文选自 Hermann Hill, Dieter Kugelmann und Mario Martini (Hrsg.) Perspektiven der digitalen Lebenswelt, Nomos Verlagsgesellschaft, Baden-Baden 2017, S. 99 – 123,本文的翻译受到湖南省教育厅科学研究项目(青年项目)"人工智能安全性保障的法理基础与法律风险规制研究"(21B0236)的资助。

** [德]约恩·冯·卢克(Jörn von Lucke),德国腓特烈港齐柏林大学行政和商业信息学教授,"公开政府"研究所(TOGI)所长。

*** 李剑,法学博士,中南林业科技大学政法学院讲师,硕士生导师。

[1] 参见约恩·冯·卢克教授2015年在第五届Speyer论坛上有关数字世界的演讲[Smart Government-Wie uns die intelligente Vernetzung zum Leitbild "Verwaltung 4.0" und einem smarten Regierungs-und Verwaltungshandeln führt, The Open Government Institute, Zeppelin Universität gemeinnützige GmbH, Friedrichshafen, Zu (2015), https://www.zu.de/institute/togi/assets/pdf/ZU-150914-SmartGovernment-V1.pdf],他以白皮书为基础并以一种易于理解的方式总结了其中心思想。整个报告用于演讲的书面准备,但是出于可读性考虑,在此不包括对章节和句子的引用。

政府的白皮书的相关成果,该白皮书讨论了公共部门即将发生的变化。

一、智能化意味着智能网络

(一)智慧世界与智能网络世界

在全球范围内,我们可以找到一个已被英语词缀“smart”用于下一级数字网络的公认术语。它的核心是现有对象和网络的智能联网,这些对象和网络被嵌入具有扩展功能的 IT 系统中,并被赋予一个虚拟身份,人们可以与之进行通信。这种智能的联网对象被发展为日常的事物,这些事物还额外配备了传感器、执行器和通信单元。人们可以通过互联网上的虚拟入口清楚地了解并解决这些问题。如果这些对象彼此交互或与人交互,即使没有思想和智慧也会被人们俗称为“某些智能化的”设备。

这些东西可以嵌入到所谓的物理网络系统中并被其控制。因此,由智能网络化的真实和虚拟对象组成的系统已经成为一个自我控制的生态系统,它不仅可以为人们提供信息和分析信息,而且可以独立进行自动化控制。例如,海洋中分布着许多智能浮标,它们所构成的网络不仅可以检测到海啸的发生,还可以通过紧急短信警告风暴目标区域的居民,从而通过智能手机挽救许多人的生命。少量的技术应用扩展会释放出巨大的变革潜力。

从技术上讲,智能设备和网络物理系统意味着进入物联网和服务互联网。物联网使用互联网协议来确保人员、程序、服务和数据包的对象和系统可以通过 IP 地址清晰地标识、寻址、使用和控制(如有必要)相关设备。因此,物联网代表了日常对象的全球电子联网以及对象之间直接的相互交换信息,而无须人工干预即可实现真正的机器对机器的交互通信。在服务互联网中,服务和功能被映射为具有精确性的软件组件,并由供应商根据要求通过互联网提供。Web 服务、云计算和标准化接口使这些成为可能。服务互联网与物联网的紧密联系是基于这样的事实,即诸如纸张之类的许多真实事物也可以转换为至少具有等效功能的虚拟事物,同时基于 Web 的服务,可以深思熟虑地通过其他功能对其进行扩展。

智能方法是 IT 行业特别关注的问题,因为智能网络为它们带来了新的业务领域和额外的收入。人们可以扩展网络、硬件和软件的现有概念,并生成新的业务模型。因此,毫不奇怪的是 IBM(国际商业机器公司)在 2008 年发起了“智慧星球计划”[2],并打算与商业、政治中的“思想领袖”们一起思考智能系统的潜力。但是,尤其是在经济领域,人们正在意识到物联网和服务互联网对其既定的业务模式构成了真正的挑战,由此可能带来的剧烈变化以及从根本上对

---

〔2〕 Vgl. Palmisano, IBM(2008), http://www.ibm.com/smarterplanet/us/en/.

竞争状况的改变,使人们对现有的生存模式提出了质疑。

各国也对这一发展作出了反应。2009年,迪拜酋长国决定设立"迪拜的智能政府部门"[3],该部门将所有行政信息和电子行政服务的职能集中在一起。自2000年以来,智能政府项目就一直在尝试使用针对城市环境的智能可持续技术(智慧城市技术),这应该在许多政府建设项目中发挥着作用。现在,该酋长国的电子政务活动已朝着智能政府的方向发展。当然,从全球范围来看,这种大力推进智能政府的做法仍然是罕见的。

在德国,"智能"这个词缀具有"聪明与智慧"[4],"快速的、机灵的、机智的"以及"优雅、漂亮、潇洒"等含义[5],并包括了对"精简化要求"的理解。考虑整体上采用智能化方法是一个好主意,它从许多不同的角度考虑公共部门中智能化对象的机会和后果,对此可以参考联邦政府的"智能网络"倡议[6]和"未来之城"的计划[7]。该倡议和计划建议与市民一起收集示例性解决方案、制定指南、准备方案,然后加以实施。

(二)对智能政府的哈夫勒模型和哈夫勒定义

为了避免造成误解,权威部门对智能政府的定义及其在当前技术发展中的分类应提供必要的提示。为此,在位于弗里德里希港的齐柏林大学的研究和教学框架内,人们开发了关于智能政府的哈夫勒定义以及后来用于进一步发展互联网和万维网的哈夫勒步骤模型(见表1),以进行划界。

表1 用于进一步发展互联网和万维网的哈夫勒步骤模型

网络代际	互联网类型	互联网功能	政府类型
Web 5.0	触觉互联网	实时网络通信	实时政府
Web 4.0	物联网与服务互联网	智能物体,网络物理系统	智慧政府
Web 3.0	数据语义网	链接数据,开放数据,大数据,大数据分析	公开政府数据
Web 2.0	全民参与的协同互联网	通过社交媒体进行网络交流	透明政府
Web 1.0	系统互联网	通过万维网进行网络通信	电子政务

[3] 参见迪拜智能政府事务部,http://www.dsg.gov.ae。

[4] "聪明与智慧"是弗朗西斯科·伊巴涅斯(Francisco Ibáñez)漫画系列的德语名称,该系列在20世纪70年代在德国广为人知,在西班牙原文中的标题为"Mortadeloy Filemón"。

[5] Vgl. Wiktionary 2011-2015.

[6] 参见智能网络倡议,http://www.bmwi.de/DE/Themen/Digitale-Welt/initiative-intelligente-vernetzung.html。

[7] 参见未来城市竞争,https://www.wettbewerb-zukunftsstadt.de。

根据哈夫勒对智慧型政府的定义,该术语的含义为:"了解与通过智能网络信息和通信技术进行治理的相关业务流程。智能联网的政府和行政活动利用了智能联网对象和网络物理系统可以高效地执行公共任务的可能性。这包括电子政务和开放政府的服务组合,大数据和数据开放。从本质上讲,它是物联网和服务互联网时代的可持续政府和行政活动的特征,它们在技术上是基于系统互联网、人联网和数据互联网。此定义包括地方或市镇级别、区域或州级别、国家或联邦级别以及超国家和全球级别的智能政府。这包括整个公共部门,包括立法、行政和司法管辖区以及公营企业。"[8]

(三)智能化的政府和行政活动网络:"智能化的行动!"作为建设性的指导原则

除"智能政府"的定义,形容词"智能"及其广泛的含义还鼓励智能网络政治活动(智能政治),智能网络立法(智能立法)和智能网络行政(智能管理),还要考虑智能通知、智能公务员、智能公民和智能城市。其需要的是在国家、行政管理和社会中处理物联网和服务互联网的建设性指导原则,这些大致可与德国提出的"工业4.0"愿景相媲美。

二、愿景:从工业4.0到管理4.0

(一)工业4.0和智能工厂的使命宣言

基于物联网作为高科技计划的一部分,德国政府自2006年以来一直在推动有关物联网的研究。这些活动促成了工业制造和价值创造过程中智能设备的应用场景。2011年,作为"第四次工业革命"的标志,德国政府首次向公众展示了"工业4.0"的概念:"工业4.0本质上意味着生产和物流中的物理网络技术的集成以及物联网和服务在工业过程中的应用——包括对价值创造、业务模型以及下游服务和后续工作的组织。"[9]

德国经济已经意识到与其商业模式相关的颠覆性机遇和危险,如产品可以控制制造过程,机器可以自行维护。出于对自己公司未来的担忧,他们感到迫切需要采取行动。自2014年以来,在行业协会的支持下,工业4.0平台的相关

---

[8] Friedrichshafener Definition. Vgl. von Lucke 2015 (Fn. 1), S. 4, entstanden in Anlehnung an von Lucke/Reinermann, Speyerer Definition von Electronic Government, Forschungsinstitut für öffentliche Verwaltung, Speyer 2000, S. 1.

[9] Vgl. Forschungsunion/acatech, Promotorengruppe Kommunikation der Forschungsunion Wirtschaft-Wissenschaft und acatech-Deutsche Akademie der Technikwissenschaften e. V.: Deutschlands Zukunft als Produktionsstandort sichern-Umsetzungsempfehlungen für das Zukunftsprojekt Industrie 4.0, Abschlussbericht des Arbeitskreises Industrie 4.0, Frankfurt 2013, S. 1.

工作组一直在研究智能工厂的标准化原型。[10] 在该工厂中,订单通过动态价值链和网络进行控制。联邦政府和巴登—符腾堡等一些联邦州的特殊资助计划可用于研究、开发和实施该类计划。[11]

(二)智慧城市的使命宣言和行政4.0的初步设想

有趣的是,对工业4.0的初步研究表明,这些方法也可以应用于智慧城市的模型。的确,智慧城市可以系统地利用信息和通信技术以及资源节约技术为后化石能源社会铺平道路,减少资源消耗,提高市民的生活质量,并从长远来看提高当地经济的竞争力。[12]

但是,当前大多数智慧城市项目的技术重点都集中在城市环境中仅四个领域的智能联网和部分自控解决方案上,即教育(智能教育:智能教育网络),能源(智能能源网络:智能电网),健康(用于远程医疗和护理的智能医疗网络:个性化医学)和运输(智能出行选项:个人出行)。在许多国家/地区,前述四个领域正是城市和大都市的原始活动领域。这些领域具有重大的经济和社会政治意义。他们承诺给投资者带来丰厚的回报。

实际上,整个公共行政部门的服务范围比上文所提到的四个领域要广泛得多。但是,联邦、州和地方各级公共部门的许多领域尚未正视"工业4.0"、"智能政府"以及物联网和服务互联网提供的机会。

除"工业4.0"的活动,还应基于相同的原则创建公共管理概念并将其命名为"行政4.0"。从第四次工业革命的考虑中得出的工业4.0平台的发展势头以及用于商业和科学的国家资助计划将使国家和政府受益。巴登—符腾堡州总理[13]和北威州总理[14]对"4.0(概念)"的政治冲动将对经济、国家行政和社会产生影响。

出于这些意图,威尔弗里德·克鲁斯(Wilfried Kruse)和弗兰克·霍格雷贝(Frank Hogrebe)以及威斯巴登中小型企业研究和未来计划有限公司的行政管理研究所[15]在2013年作为商标注册并保留了"行政4.0"一词。他们

---

[10] 参见工业4.0平台(网址):http://www.plattform-i40.de.

[11] Vgl. Allianz Industrie 4.0 Baden-Württemberg: http://www.i40-bw.de.

[12] Vgl. Wiener Stadtwerke Holding 2011, Smart City: Begriff, Charakteristika und Beispiele, Materialien der Wiener Stadtwerke zur nachhaltigen Entwicklung, Band 7, Wiener Stadtwerke Holding AG, Wien 2011, S. 19.

[13] Vgl. Winfried Kretschmann, Heimat Hightech Highspeed-Regierungserklärung durch Herrn Ministerpräsidenten Winfried Kretschmann MdL, Stuttgart 2014.

[14] Vgl. Hannelore Kraft, Regierungserklärung von Ministerpräsidentin Hannelore Kraft vor dem Landtag am 29. Januar 2015, Düsseldorf 2015.

[15] Vgl. IVM^2: http://www.ivmhoch2.de/Verwaltung 4.0 html.

以“行政4.0”[16]和“德国4.0”[17]的愿景,为基于新管理模式和电子政务的开发定位提供了依据。但是,他们缺乏应对挑战的独立概念。该概念以智能设备、网络物理系统、物联网和服务互联网为架构元素之基础。同时,他们创建了与最终名称“4.0”相关的各种文字标记,因此“行政管理4.0”作为一种指导原则有可能被人们忽视,从而不必被当作“行政现代化这一胡说八道的游戏”中的一个基本概念。

(三)哈夫勒对行政管理4.0的定义

哈夫勒对“行政管理4.0”的定义(Friedrichshafen)和以下模型是2014年秋季在齐柏林大学进行教学和研究的背景下出现的。这个概念致力于传播工业4.0的核心思想[18],其认为这一概念的实现将依赖于公共管理、智能设备和网络物理系统以及公共部门的全部广泛服务和产品:“行政管理4.0本质上是指将网络物理系统技术集成到公共管理中以及在行政管理过程中应用物联网和服务——包括对附加值、业务模型和下游模型产生的后续服务和组织工作。”[19]

他有意提及政府和行政活动的所有维度和多样性。像Speyer对电子政务的定义一样[20],此方法也涵盖了地方或市镇级别、区域或州级别、国家或联邦级别以及超国家和全球级别的行政。这包括整个公共部门,包括立法、行政和司法管辖区以及公营企业。这些注意事项还可以用于得出行政管理4.0及其内容的可理解模型。

(四)关于行政管理4.0内容的哈夫勒使命宣言

智能设备(如智能眼镜、智能电视、交互式屏幕和联网服装)在政府部门、主管部门的决策过程和程序中可以找到非常不同的用途。但是,最大的变革潜力

---

[16] Vgl. Frank Hogrebe und Wilfried Kruse, Verwaltung 4.0-Erste empirische Befunde, in: Dagmar Lück-Schneider u. a. (Hrsg.), Gemeinsam Electronic Government ziel (gruppen) gerecht gestalten und organisieren, GI-Proceedings zur FTVI & FTRI 2014, Külln Verlag, Bonn 2014, S. 29–38.

[17] Vgl. Frank Hogrebe und Wilfried Kruse, Deutschland 4.0-Industrie-Verwaltung-Standort-Wohlstand-Grundwerk zur “Verwaltung 4.0” als Partner von “Industrie 4.0” im Zeitalter des Internets der Dinge und Dienste, Verlag für Verwaltungswissenschaft, Frankfurt 2014.

[18] Vgl. Siehe Forschungsunion/acatech 2013 (Fn. 9), S. 18.

[19] Vgl. von Lucke/Schumacher, Whitepaper Verwaltung 4.0, internes Diskussionspapier E6, The Open Government Institute, Zeppelin Universität, Friedrichshafen 2014, S. 10; von Lucke/Schumacher, Erste Skizze zur Verwaltung 4.0: Neuartige Formen der Kooperation in der öffentlichen Verwaltung durch intelligente Objekte und cyberphysikalische Systeme, in: Erich Schweighofer, Franz Kummer und Walter Hötzendorfer (Hrsg.): Kooperation, Tagungsband des 18. Internationalen Rechtsinformatik Symposions, Band 309, Österreichische Computergesellschaft, Wien 2015, S. 220.

[20] Vgl. von Lucke/Reinermann, Speyerer Definition von Electronic Government, Forschungsinstitut für öffentliche Verwaltung, Speyer 2000, S. 1.

并不在于文档的无纸化,而在于将其转换为智能电子格式。可互操作的电子文件和流程处理系统的广泛引入将基于它们的文档、文件、流程和服务移到了物联网和服务互联网上。它可以以高度自动化的方式设计信息处理和决策中的核心任务,而无须人工参与,从而将决策者从任务中解放出来。这样可以对单个申请、票据和批准流程进行更大规模的处理。智能流程获得积极的支持,它通过职责和动态的价值创造网络来控制自己。具有审批功能的自主的自组织交易处理系统取代了行之有效的纸质文件和大量公文往来。作为(网络)门户入口的单一联系人,它可以解决公民和公司的所有问题,而人们不会苛求它具有行政管理的知识。积极的管理服务和智能化的决策可以提供一揽子服务。所有这些新类型的合作方式都增强了动态的自组织能力,并可能导致传统的职责和部门界限的瓦解。[21]

三、智能联网状态的集成方法

(一)来自智能手机的影响

对于智能手机(尽管存在监视风险,但仍被人们广泛使用),一些观察者认为国家、政府和社会已经面临由这些具有革命性意义的智能设备所带来的不利后果。使用智能手机、智能眼镜和智能无人机可以证明这种发展对公民的治理、行政管理和日常生活的影响。

近年来,尤其是随着智能手机的广泛使用,这些具有强大处理器和显示屏的电话不仅可以让您拨打电话,还可以浏览 Internet 并从应用程序商店下载应用程序。时钟、闹钟、手电筒、指南针、地图、社交网络、搜索引擎、收音机、照相机、胶卷相机和视频剪辑等,这些可下载且大部分免费的应用程序可根据用户的想法扩展智能手机的功能。价格的持续下降确保了智能手机并不是昂贵的身份象征,而是作为一种共同的商品在全球范围内被广泛使用。[22]

但是,2013 年的斯诺登事件令人们感到非常震惊。原来美国情报机构能够窃听通过智能手机拨打的电话,他们的传感器(如麦克风)可以远程激活并获得应用程序的用户日志。自那之后,大部分人对于是否受到国家或其他秘密机构的监视或迫害感到不安。

(二)智能眼镜——网络数据眼镜可创造透明的公民

智能眼镜目前非常流行。2016 年 1 月,Facebook 推出了 Oculos Rift,这是

---

〔21〕 Vgl. von Lucke/Schumacher 2014 (Fn. 19),S. 10; von Lucke/Schumacher 2015,S. 220 – 221 sowie von Lucke 2015 (Fn. 8),S. 8.

〔22〕 Vgl. von Lucke, Smart Government-intelligent vernetzte Verwaltung, in: PDV News, 12. Jahrgang, Heft 1, PDV-Systeme GmbH, Erfurt 2016, S. 9.

一种虚拟现实眼镜,它可以实时感知虚拟空间。[23] 在过去的两年中,Google 一直在使用 Google Glass 在相机和视野范围内的光学显示器上测试镜架。[24] 德国记者马里奥·西克斯图斯(Mario Sixtus)以此为契机,于 2016 年与 ZDF 一起制作了一部 50 分钟的虚构纪录片(模拟),并制作了"裸眼手术",对带有面部识别软件的数据眼镜对社会的影响进行了专题研究,并进行了严格审查。[25]

(三)智能无人机:具有实时传输功能的飞行摄像机

近年来,无人驾驶飞机,即带有内置高分辨率摄像机的模型飞机的使用也有所增加。随着价格下跌,民用无人机的使用已成为一种普遍现象。任何人都可以随时使用它们,并在智能手机上实时传递图像。由于机场发生过多次涉及无人机影响航空路线的事件以及对间谍无人机的投诉,联邦运输部长现在认为有必要对无人机飞行进行监管。[26]

在这里,我们也观察到无人机在军事应用中的使用正日益增加。对于像美国这样的国家来说,它们已成为反恐斗争中一种行之有效的选择。它们被允许在敌方领土上行动,而不会危及士兵的生命。但是,这也改变了军事行为,并使冲突地区的危险局势大大恶化。

(四)智能状态下智能机构中的智能管理操作

迄今为止,政府和行政管理领域的革命性飞跃是在社会管理中引入了摄像头技术。这种进步可以与 19 世纪建立官僚机构和 20 世纪建立起公共部门信息技术系统相媲美。21 世纪作为变革的第四阶段,它是由联网公共空间中的网络物理系统以及将其集成到其中的智能联网对象构成的。一个智能化的国家,它的智能化部门和智能化的公务员将在现有法律制度的框架内行使他们的选择权。但是,智能化的公民和公司不会忽略这些进步所带来的潜在忧虑。

因此,必须规范智能政府的运行方法并提供相关的任务说明(见图 1),以保障投资的安全性、兼容性和未来的可行性。其核心问题是公共部门实际需要哪些智能联网设备以及它们应被嵌入哪些物理网络系统中。同时,必须确保它们不仅在封闭的生态系统中起作用,还可以在与物相连的互联网系统(Web 1.0:万维网和管理网络),与人相连的互联网系统(Web 2.0:社交媒体)和服务互联网系统中正常工作,并集成数据(Web 3.0:页面语义大数据和开放数据)。

---

〔23〕 Vgl. Oculus Rift: https://www.oculus.com/de/rift.

〔24〕 Vgl. Google Glass: https://developers.google.com/glass.

〔25〕 Vgl. Operation Naked: http://www.zdf.de/operation-naked/operation-naked-43141132.html.

〔26〕 Vgl. Bundesministerium für Verkehr und digitale Infrastruktur 2015.

从网络状态的角度来看,对具有传感器和执行器网络的物联网以及具有Web服务的服务网络(Web 4.0:智能生态系统)的设计至关重要。

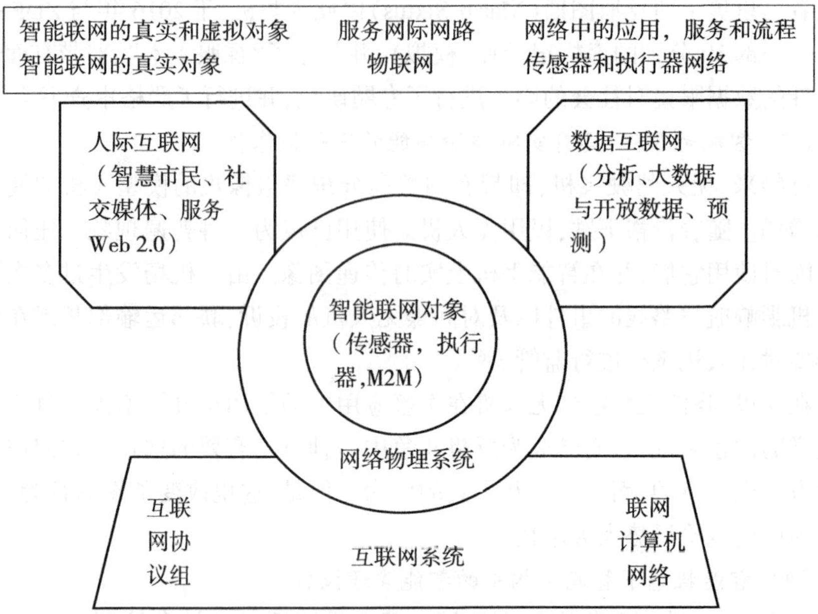

图1　智能政府的综合解决方案

(五)物联网:介于数据保护、决策支持和自主控制之间的界限

使用智能手机、智能眼镜和智能无人机时所概述的问题表明,智能技术可以带来很多附加值,但同时也带来许多风险和副作用,而这些风险和副作用尚待深思熟虑。对此,人们会经常需要相应的知识并进行设计。公共部门中的智能设备和网络物理系统还有许多其他可能的用途尚未讨论。智能政府和行政行动的方法将使用Internet和网络物理系统的"智能化"来克服挑战,这些挑战以前在规模、计算能力和速度方面是无法想象的。国家和政府不会永久忽略这种潜力。

尽管对与智能政府相关的机会、可能性和潜力感到欣喜,但也不能忽视它的局限性,以便在技术、经济和社会层面上解决这些难题。物联网为组织提供了信息和分析以及自动化和控制的新可能性。基于传感器数据,可以通过空间和时间在全球范围内跟踪人员、物体以及服务或数据活动,可以随时评估智能产品的运动及其相互作用。在某种程度上,这可以得出关于个人的结论。显示器上可用传感器数据的视觉评估,可实时改善对每个物理环境和情况的感知。通过易于理解的准备和可视化,可以增加决策者的注意力。在困难的计划和决策情况下,这也适用于深入的计算机和传感器驱动的决策分析。决策者是否永久性地忽略了自己的想法,这的确令人担忧。物联网中的数据收集也可以用于自动化和控制。基于当前传感器数据和用户输入,可以通过执行器和反馈机制优化和控制封闭系统中的执行过程。这样就开辟了不必要的选择,如消耗、能源成本和必要的干预措施。不断地进行下一步的思考,这导致在具有很大不确定性的开放环境中使用复杂的自治系统,其中需要由自动化系统做出快速、即时和强大的决策。[27] 例如,人们可以在这里想到自动驾驶汽车,它将重新定义公共出行和当地公共交通。Uber 和 Google 目前正在开发成熟的市场化技术,这种无人驾驶出租车的未来车队有可能在几年内使整个职业群体(如出租车司机和公共汽车司机)失业。[28]

在这方面需要特殊的灵敏度。未来基于智能化日常物品的公共信息系统以及智能机构的决策支持系统一定不能违反自由民主的基本秩序。物联网和服务互联网的信息分析、自动化控制应限制在国家和行政管理部门之内,只有它们可以不成比例地对人们的生活环境、工作环境和自由进行不成比例的限制,甚至是进行(合法)干预。对于一个开放和自由的社会,将智能设备变成监视和压制人们的手段是不可接受的。此外,在自由社会中,批判性和自我反省的人将不希望自己的想法被夺走。他将拒绝任何超出无约束力建议的计算机支持。在这方面,为了技术进步,人们必须定期询问自己在政府和行政活动中需要多大程度的支持,以进行智能网络物体和网络物理系统的信息分析。弄清这些设备和系统应在多大程度上独立承担控制和监视任务也很重要。

(六)智能联网设备、网络物理系统、物联网和服务互联网:作为来自计算机应用科学的新概念

这些新的概念来自现有计算机应用科学技术。但是,它们的影响会涉及政治、经济和社会。借助可访问的处理器、传感器和执行器,可以扩展和重新设计许多日常物品。使用电子文件和交易处理系统,可以更有效地设置和处理大多数基于纸张文件的流程。各国将不会错过机会来创建自己的“智能当局”、“智能政府和行政活动”以及“智能公民”的指导原则以塑造自己的未来,并通过这一变革来指导社会、经济和行政管理。这种愿景为辩论提供了方向和空间,划定了道德界限、目标、执行战略和具体措施,从而使智能化在整体上得到加强。

但是,仍然只有少数解决方案可用,人们必须引入智能联网设备和网络物

---

〔27〕 Vgl. Chui/Löffler/Roberts, The Internet of Things, in: The McKinsey Quarterly, 47. Jahrgang, Heft 2; Amsterdam, Atlanta 2010, S. 1 – 9., von Lucke 2015 (Fn. 8), S. 18 f. und von Lucke, Deutschland auf dem Weg zum Smart Government in: Verwaltung & Management, 16. Jahrgang, Heft 4, Nomos Verlag, Baden-Baden 2016.

〔28〕 Vgl. Hawkins 2015 und von Lucke 2016 (Fn. 27).

理系统才能更有效地完成任务。人们的图纸、计划、开发和实施方案仍将花费大量时间和人员成本以及财务费用。对这一新研究领域的科学审查也只是逐渐开始。每种技术的实施还必须应对典型的法律、技术、组织、财务、战略和政治的挑战。此外,人们公开地表达了担忧和困难,尤其是当IT系统接管自动化控制时,人们难掩所有有关风险和破坏性变化的担忧。

然而,最大的机遇恰恰在于智能化的创新潜力和增长动力。最终,它可以为公共部门设计全新的、智能化的物联网和服务,从而可以更好地执行公共任务并更有效地实施公共任务。当涉及智能设备、流程和服务的设计时,它们的网络连接以及各个专业领域的智能控制,同样需要管理、科学和商业方面的知识。必须考虑到政治上定义的目标,如法治、效率、有效性、个人服务、员工减免、成本削减以及任务和支出控制。智能化可以为公民和公司提供更好的服务,其特点是可以进一步加速、降低费用、突出个性化和提高可靠性。

(七)当前的挑战:聪明的难民

难民在智能手机的支持下前往德国,由于人数众多,这些难民在2015年成为德国公共行政的真正挑战。随着所有主管当局和行政级别的数字庇护程序的建立,目前正在全国范围内建立一个系统,这将首次使所有参与决策的人和受住宿设施影响的当局能够深入了解该程序的状况和难民的现状。专家还建议政府将智能手机的广泛使用作为寻求庇护者的机会。人们可能会想到可以通过同一门户平台在线或移动访问的多语言信息的教育产品。在德国电视一台(ARD)、德国电视二台(ZDF)、德国之声(Deutscher Welle)和国家广播公司、歌德学院以及各个大学的支持下,可以提供高质量和易于理解的信息、语言和教学资源,以便难民学习德语、德语文化和德语日常生活。不必最初几个月只是让难民等待庇护申请,而是可以将等待时间有效地用于自学课程。并非每个难民都会利用这样的优惠措施,但是由于可伸缩性和接近于零的边际成本,此类门户网站很快就能获得回报。[29]

四、第一个智能政府方案

对于公共部门的许多领域,在信息和分析以及自动化控制方面尚未具体地开发出智能化的政府和行政活动的各种潜力。场景协助说明了公共部门在特定领域的物联网和服务互联网概念下已经产生了广泛的开发潜力。作为一份草案,它们提供了第一份概述,可以以此为基础进行讨论、概念细化、原型开发,类似于飞行员的试飞,但是他们也冒着被故意攻击的风险。

---

〔29〕 Vgl. von Lucke 2016 (Fn. 22), S. 10 f.

(一)消防员4.0

消防队的场景展示了智能设备的巨大潜力,它甚至可以挽救生命:

智能联网设备(如烟雾探测器、智能手机、监控摄像头和无人机)支持消防队的工作,如在扑灭大火和监视附近建筑物时。集成的传感器会自动检测某些条件,并将其立即报告给控制中心。消防头盔中的智能眼镜和数字显示器可为紧急服务提供其他信息,如在搜索建筑物的火灾报警控制中心(BMZ)时,方向箭头和提示可提供方向信息,从而在现场提供宝贵的支持。穿着的智能服装可以在危险情况下迅速发出警告。未来,消防部门将越来越依赖诸如消防系统之类的网络物理系统来控制应急人员的工作。在紧急情况下,在复杂的重大破坏的情况下,可以直接定位救援人员和执法人员并进行远程控制。智能联网助手可提供现场支持。这使准备具有挑战性和不可预测的任务变得更加容易。自动机器人和无人驾驶飞机可以被使用在对于人类来说太危险的地方。救援人员和消防员可从触摸板和智能化联网眼镜中受益,因为他们可以为使用这些新设备做好准备,并避免前往现场的风险。有一些应用程序提供有关必须在意外损坏的汽车上进行开放性抢救切割的信息,以便尽快挽救生命。应用程序可以评估现有地图、地理信息系统、数据库和参考案例并选择相关信息,从而协助抢险过程中的规划和决策。正确的信息库可以挽救生命。

(二)农业4.0

近几个月来,齐柏林大学已经为司法行政、财务行政、登记处、建筑行政和农业行政制定了更多方案。诚然,联邦、州和地方政府对于农业本身的智能化几乎不怎么在意。尽管如此,在研究过程中发现农民的工作场所已经由于智能联网对象和网络物理系统而发生了巨大变化,这尤其令人惊讶。同时,有自动联网的拖拉机和联合收割机,它们使用卫星控制来实施新型的精确耕作,以最佳地利用土壤的单产潜力并节省成本。诸如365FarmNet之类的支持系统,从作物计划到收获,从田间维护以及从文档分析到农场的农业运营。[30] 考虑到天气条件和田间精确到厘米的地理数据分析,此类系统可以实现精确到厘米的施肥和作物保护计划,以及不同种子类型的精确播种计划。这种基于数据的分析使有可能利用迄今为止几乎没有被考虑到的土壤生产力。

(三)工作4.0

另一个挑战是关于工作环境中与4.0相关变化的讨论。考虑到智能技术在日常生活中的快速渗透,对单个专业群体的潜在破坏性,智能网络管理的准则以及相关的狭窄界限,这必须是政治家、雇主和员工代表的中心任务:用自己的想法为讨论工作世界的未来做出贡献。

---

〔30〕 Vgl. 365FarmNet: https://www.365farmnet.com.

在德国,这些内容目前已被添加到“工业4.0平台”中,并从其筹备工作中添加到“工作4.0”标题下。在部分公开的技术对话中,联邦劳工和社会事务部激发了有关劳动和劳动社会世界未来的讨论。2015年4月,该部发表了有关政治设计任务的6个关键问题的绿皮书。它涉及确保参与工作、调和有酬就业和个人生活节奏,为每个人执行合理的工资并维持社会保障,通过教育和培训不断发展技能和能力,保持变革中的良好工作并致力于建立可持续的企业文化。这些目标将在未来继续保留。但是,针对工作的新要求、对技术和社会变革以及劳动力市场的变化,也需要新的答案才能实现这些目标。联邦部长安德里亚·纳尔斯(Andrea Nahles)邀请协会、机构和公司参加有关劳动世界未来的讨论,并对绿皮书中提出的关键问题发表评论。包括联邦职业介绍所、联邦价格联盟、德国区议会、德国城市协会和威尔第服务联盟在内的40多个协会、机构和公司已接受邀请,并就该委员会的绿皮书中的关键问题发表了意见。目前,他们正在准备“工作4.0白皮书”[31]。

五、迈向智能化网络管理

(一)“智能政府”的研究议程

在走向智能化网络管理的道路上,出现了有关智能政府研究议程的问题。在面向设计的研究方面,它涉及智能联网对象、网络物理系统的内容设计以及基于公共部门的应用场景。第一,弄清楚哪种智能设备完全适合在公共部门中使用。第二,要为公共部门设计、构建、联网、控制和维护那些最重要的可信赖和可靠的网络物理系统。[32] 第三,必须检查哪些现有智能设备适合在国家和行政部门中执行任务。第四,应在可接受使用的限制以及出于合理原因应当避免使用的限制上有所平衡。对于将现有的网络物理系统用于政府和行政管理,也必须提出相同的问题。第五,考虑到公共部门的各种任务,需要系统地开发其他专业领域的其他方案,以发挥所有潜力。第六,必须澄清仍然需要开发和集成哪些服务和功能作为公共部门的软件组件。从法律的角度来看,重要的是要检查智能化政府是否已经有足够的法律基础,或立法机关是否需要制定新的法律法规。对于社会经验的研究,问题在于是否有人已经充分研究了所有这些问题以及他们如何看待和影响进一步的发展。

---

〔31〕 Vgl. Bundesministerium für Arbeit und Soziales (2015). Arbeiten 4.0: http://www.arbeitenviernull.de und von Lucke 2016 (Fn. 29).

〔32〕 Vgl. acatech, Deutsche Akademie der Technikwissenschaften e. V.: Cyber-Physical Systems-Innovationsmotor für Mobilität, Gesundheit, Energie und Produktion, acatec POSITION, Springer Verlag, Heidelberg 2011, S. 5.

(二)当前的挑战

在德国,"智能化的政府和行政活动"("智能政府")和"行政管理4.0"都没有建立起关键字。"智能当局"、"智能公告"、"智能的官员"和"智能的公民"这些概念还有待澄清。此外,没有关于国家和行政部门如何处理物联网和服务互联网的指南。联邦、各州和地方当局必须在跨级别的工作组中处理这些问题,并制定自己的定义。但这些都还没有发生。朝着行政管理4.0和全面的智能网络迈进的过程实际上只能在政治和行政部门与科学、商业之间的联合对话中取得成功。最终,所有团体都将受到州和行政部门中智能网络的影响,并希望贡献自己的想法。

由于技术的发展正在进行中,因此应尽快开始准备。正是智能联网设备和网络物理系统的颠覆性潜力需要对内容进行更深入的讨论,并需要有关智能政府的社会讨论。确定基于IT的跟踪行为,情况变化的感知和基于传感器的决策分析在不被视为监视和抑制措施的情况下,其可接受的程度非常重要。还必须考虑所有决策是否仍由人来决定,还是应允许IT系统在某些领域自治,自动地做出和实施决策。这些问题已经产生了对相关培训和继续教育的需求。

考虑到德国高水平的数据保护,一些认同数据收集的网络活动家显得至关重要。在他们的带领下,传感器可以针对一些自愿参与数据收集的群体定期将数据转发给分析和控制系统的智能联网设备和网络物理系统。在隐藏数据和节省数据方面,不一定必须针对所有内容,人们无须保存所有内容,也无需评估所有内容。如果公民感到自己的信息自决权受到限制,并且损害了其自身信息技术系统的机密性和完整性,他们将反对此类系统。国家和行政部门必须接受,并不是所有技术上可行的东西都能得到社会的认可和容忍。相反,公民将希望自己行使其数据主权,并通过官员和立法者为国家设定明确的数据保护限制。同时,对于德国来说,这是一个真正的机会,因为它是要求智能联网设备和网络物理系统从一开始就遵守相对较高水平的数据保护来作为起点的。

此外,也有一些警告者甚至认为国家可以对这种发展做出适当反应是完全天真的。它无法亲自或理智地做到这一点。相反,现有技术已经非常先进,以至于对IT公司及其产品范围的依赖性很大,而且在未来几十年中这种情况还会加深。从国家的角度来看,如果这样的评估是真实的,那将是致命的,因为这等于宣布投降。每个国家都必须保持其行动能力,并且不能依赖商业化的IT力量。否则国家将被勒索。相反,国家和政府必须接受技术进步并了解颠覆性变化。通过不断的研究、教育和经济政策,可以设定具有建设性和面向未来的计划。公共部门员工的培训和进修也必须适应智能网络化政府和行政活动的新框架条件。[33]

在这种情况下,为公共部门设计、构建、联网、控制和维护可信赖和可靠的网络物理系统,对于政治、行政、商业和科学将是真正的挑战。智能化的政府和“行政管理 4.0”使命声明的实施是非常苛刻的。根据它的定义、愿景和初步草图,必须找到支持者和合作伙伴并商定目标,为工作计划汇总工作包,提供资源并开发原型。在支持和实施所必需的工作中,应适当提供人员和财政资源以执行商定的任务。

(三)我们为什么不应该再等待了

在这种情况下,德国不应再等待,因为全球的技术发展正在进步。特别是,高级解决方案的颠覆性潜力需要更深入的社会讨论。令人担忧的是,如果不进行这样的讨论,就会因为缺乏相关知识和承诺,很难影响相应信息和决策系统的设计。取而代之的是,国家和政府必须对其他人设计的解决方案感到满意,这些解决方案只能在一定程度上满足自己的要求,并且经常会带来意想不到的副作用。因此,公共管理部门应抓紧利用当前开放的时间窗口对许多专业任务和流程重新进行数字化设计,构建智能网络数字化管理基础架构。如果由于可预见的人口发展而导致财政资源枯竭,那么进行积极的设计就为时已晚了。

---

〔33〕 Vgl. von Lucke 2016 (Fn. 27).

区块链是“完美的法典”吗？

——智能合约中解决冲突的法律史思考

[德]米夏埃尔·克莱恩* 著 李 剑** 译

【摘 要】区块链技术支撑下的智能合约并不能一劳永逸地解决所有潜在的纠纷与冲突。世界上没有完美的法典，但有着丰富的法律适用经验以及这些经验背后对于解决社会冲突的各种可行的思路与方法。从某种意义上来说，人们应该考虑的并不是用智能合约来替代法律裁判，而是需要让它与现有的法律体系融合，并借助于法律所积累的历史经验来为各种利益冲突提供解决问题的思路。

【关键词】区块链 智能合约 代码 “硬分叉”

如果劳伦斯·莱辛（Lawrence Lessing）的观点“代码就是法律”[1]是正确的，那么区块链的先驱者们[2]可以从法律中学到一些东西。在IT界引起轰动

---

* [德]米夏埃尔·克莱恩（Michael Kolain），德国施派尔（Speyer）公共管理研究所“数字化时代的行政管理”计划领域的研究顾问。本文特别感谢计算机科学家Christian Wirth（柏林）的跨学科合作，特别是在克雷姆斯多瑙河大学CeDEM 2016联合研讨会上给予的支持。

** 李剑，法学博士，中南林业科技大学政法学院讲师，硕士生导师。

[1] Vgl. Lessig, Code is Law, On Liberty in Cyberspace, Harvard Magazine Online vom 1. 1. 2000. 文章网络链接：http://harvardmagazine. com/2000/01/code-is-law-html。

[2] 关于区块链技术的介绍参见Rehfeld, Die Blockchain. Hat sie das Potenzial Gesellschaft und Wirtschaft neu zu gestalten?, in：Fadavian, Benjamin（Hrsg.）, Transparente Staatstätigkeit, Hamburg 2016, S. 25 – 42，或者Blocher, The next big thing. Blockchain-Bitcoin-Smart Contracts 2016, S. 612 – 618。分布式账本技术经常会被提到，术语定界的尝试可参见Walport, Distributed Ledger Technology. Beyond blockchain. A report by the UK Government Chief Scientific Adviser, London 2016, S. 17 f。关于区块链技术的第一篇综合性科普研究著作参见Tapscott/Tapscott, Die Blockchain-Revolution, Wie die Technologie hinter Bitcoin nicht nur das Finanzsystem, sondern die ganze Welt verändert, Kulmbach, 2016。最初关于法律问题的论述参见Kaulartz 2016, Die Blockchain-Technologie, in：Computer und Recht（CR）2016, S. 477 ff。

的 TheDAO 黑客攻击事件[3]可能会在这种情况下被计入数字合同法的历史中。这为以太坊公司的 IT 天才们提供了一个教训,即存在了一个多世纪的民法典仍然值得人们学习借鉴。在讨论区块链"硬分叉"时[4],他们应该考虑解决冲突的可持续方法。因为从法律理论的角度来看有一个问题始终存在:(仅)依赖于编程技能是否可以创建"智能"且公平的合同?

一、对所有情况进行预先调节:听起来不错,但没有用

长期以来,人们一直在法律中寻找灵感,以求制定能够覆盖世界上所有问题的法规或者至少是创立一项能够最终完全解决所有存在争议问题的(标准)合同。无论发生什么情况,法律都明确规定了正确的解决方案。支持智能合约的人们拥有一个梦想,那就是应该创建不需要人来解释的自动化的合同,因为所有可能的例外情况已经是区块链协议中的一部分。[5]

TheDAO 黑客攻击事件深刻地表明,智能合约绝非万无一失。分布式自治组织(TheDAO 项目)应该是一个基层的、民主的投资基金。它遵循以太坊区块链的基本原理并基于其技术基础,智能合约是不允许进行任何后续更改的。[6]在加工过程中,必须从等式中完全删除始终带有腐败风险的人为因素。在分布式自治组织中涌入了数百万美元的以太坊粉丝和加密货币投资者之后,一个匿名用户发现了代码漏洞,并成立了一家子公司(所谓的 ChildDAO),从众筹投资基金中提取了大量的数字货币——以太币。TheDAO 项目程序员忽略了这种可能性或者没有想到。原本打算作为一项具有全面法规控制的项目却充满了

---

[3] Vgl. Price, Digital currencey Ethereum ist cratering because of a \$50 million hack, Buisness Insider Online vom 17. 6. 2016, abrufbar unter http://www.businessinsider.com/dao-hacked-ethereum-crashing-in-value-tens-of-millions-allegedly-stolen-2016-6?r=UK&IR=T; Graham, Ethereum/TheDAO hack simplified, Errata Security vom 18. Juni 2016, abrufbar unter http://blog.erratasec.com/2016/06/etheriumdao-hack-similfied.html.

[4] 也就是将区块链分为两个相互冲突的版本的方式。对于"硬分叉"与"软分叉"的可能性论述,参见 Fn. 7 以及 Fn. 20。

[5] 关于区块链技术对公共部门的潜力参见 Walport 2016 (Fn. 2)以及公共管理研究所关于"将区块链技术应用于公共管理"的专题讨论会的结果。Vgl. Kolain, Die Blockchain-Technologie in der öffentlichen Verwaltung (Tagungsbericht), in: Verwaltung und Management 2016, S. 328–333.

[6] "对条款的解释或任何其他文档或通信中的任何内容均不得修改或增加 DAO 法规所规定的义务或担保。" zitiert nach Hoppen, "The DAO-Hack" und der letzte Flug Otto Lilienthals am 9. 8. 1896, CR-online.de Blog vom 21. 6. 2016, http://www.cr-online.de/blog/2016/06/21/thedao-hack-und-der-letzte-flug-otto-lilienthals-am-09-08-1896/. 该网站(现在已离线)更加极端地说道:"DAO 由不变的、不可阻挡的和无可辩驳的计算机代码来执行",援引 Levine, Blockchain Company's Smart Contracts Were Dumb, BloombergView vom 17. 6. 2016, http://www.bloomberg.com/view/articles/2016-06-17/blockchain-company-s-smart-contracts-were-dumb。

漏洞和不完整性。面对来自人们的强烈抗议,以太坊平台拼命寻找解决方案。因为以太坊项目的良好声誉会受到威胁。最终,该决定落在了所谓的硬分叉上:直到那时一直不间断的部分区块链随后被替换。[7] 区块链不可修改的教条消失了。真实的悲剧是纯粹的理论在实践的检验中变得毫无价值。

二、腓特烈大帝和《普鲁士一般邦法(ALR)》

从法律史的角度来看,对 TheDAO 项目的黑客攻击行为毫无疑问并不是首次出现。早在 18 世纪,普鲁士就想制定一部法律,明确解决所有潜在冲突。律师再也不能够根据他们的个人想法来解释法律。[8] 应通过明确的规定精确解决所有可能出现的案件。[9] 被认为是《普鲁士一般邦法(ALR)》精神之父的腓特烈大帝(Fridrich the Great)写道:"完善的法律法规将是人类领导艺术领域的杰作……个别规定必须如此明确和准确,以排除对解释的任何争议。"[10] 由于复杂的现实,1794 年《普鲁士一般邦法(ALR)》的崇高目标并没有实现。[11] 在实际应用中,这一点变得很清楚:假设系统可以清楚地调节所有可能的情况,这首先是一件非常普遍的事。任何人都不能忽略的事实是《普鲁士一般邦法(ALR)》已衍生出一系列(补充)法规。[12] 结果是部分法规过时且经常与现有法规相抵触。

在电子数据库、算法和大数据的时代,海量数据的处理问题要比普鲁士时代少得多。自从老弗里茨以来,现实的复杂且多变这一事实并没有改变。以下内容也适用于智能合约:实际上为了保持新颖性和公正性,它们必须不断进行优化并适应新的发展。[13] 但是,众筹基金 TheDAO 项目并未有意识地规定随

---

〔7〕 Vgl. Kammenberg, Nach dem DAO-Hack: Ethereum glück der harte Fork, heise online vom 20. 7. 2016, http://www.heise.de/newsticker/meldung/Nach-dem-DAO-Hack-Ethereum-glueckt-der-harte-Fork-3273618.html.

〔8〕 在 ALR 的引言中,它简洁地说:"法学家的意见……在以后的决策中不应考虑在内",援引 Hucko, Zum 200. Geburtstag des Allgemeinen Landrechts für die Preußischen Staaten, NJW 1994, S. 1450。

〔9〕 在产生疑问或遗漏的情况下,不仅法律学者,而且按照原始计划的法官也将不再能够解释法律;在这种情况下,具有约束力的决定应由(尚待确定)"法律委员会"做出,参见 Hucko 1994 (Fn. 8), S. 1450。

〔10〕 Vgl. Zitiert nach Hucko 1994 (Fn. 8), S. 1449.

〔11〕 经过一些错误的曲折,《普鲁士一般邦法(ALR)》最终由国王弗里德里希·威廉二世发布。详细内容参见 Hucko 1994 (Fn. 8), S. 1450 f。

〔12〕 不同于对监管过度的批评意见,参见 Hucko 1994 (Fn. 8), S. 1449, 1452。

〔13〕 就智能合约的一般条款和条件而言,参见 Kaulartz/Heckmann, Smart Contracts. Anwendungen der Blockchain-Technologie, in: Computer und Recht (CR) 2016, S. 622。对该问题另参见 Blocher 2016 (Fn. 2), S. 618。

后的任何变更。之后的结局就可想而知了。

三、民法典的法律新天地

但是,一切又回到了法律史上的昨天:由于《普鲁士一般邦法(ALR)》的经验,《德国民法典》的制定者改变了做法。《德国民法典》于1900年1月1日生效,至今一直是德国民法的基础。[14] 人们曾试图根据现实的变化制定一大堆规则,这些规则永远不可能涵盖所有可能的情况。人们采取了一条新的道路:不是通过"规范每个案件"的策略来实现正义,而是(如罗马法那样)通过语言的抽象和包容来实现正义。但是,《德国民法典》的许多创建者也幻想能够制定出如此简洁的法律,以至于法院以后只需要将其翻译成通俗语言即可。

在19世纪末,《德国民法典》的各个委员会经过20多年的精心改进[15]——用计算机科学的术语来说,可以说是通过公众咨询来进行广泛的调试以及与法律经验的比较,最终人们相信法律是完美的。回想起来,弗朗茨·于尔根·萨克尔(Franz Jürgen Säckel)称其为"立法机构的意图是无间隙地开始"[16]。尽管德国民法典的概念方法不同,但法律乌托邦与普鲁士的出发点并没有根本不同:法律应通过明确的规则限制个人的权力和专断性——以避免法官在平等和公正的名义下谋求自己的利益。(据称)这样做能够对立法机构进行全面评估。除个别情况下,以后不应再进行人为矫正,否则——根据律师鲁道夫·亨勒(Rudolf Henle)在1912年的一次演讲中所说,符合利益的法律基本观念将被污染:"这种流行病是法理学的衰落。"[17] 他想说:法官一定不能作出与法律(最终)意志相抵触的决定。亨勒要求应优先选择遵守(既定的)法律,即使这会导致个别案件中出现不合理的结果。

可以将智能合约无缝地归类为这种智力谬论的传统:区块链先驱们希望用基于技术的无缝解决机制来取代(腐败的)人为因素。不可改变的区块链取代了人定规则。[18] 2016年有关处理TheDAO黑客攻击的博客文章指出:"……这就是试图修复此问题的原因——(人为)腐败。这违反了TheDAO自己的合同,在该合同中人们说代码就是合同,不得被人为的重新解释所取代。"[19] 这使人

---

〔14〕 历史上的立法机关有意决定不将其他法律领域的规定纳入法规。

〔15〕 编审委员会于1974年2月28日开始工作,德国国会于1896年7月1日以最终形式通过《德国民法典》。Vgl. Zu den Einzelheiten Säcker, in: Münchner Kommentar zum Bürgerlichen Gesetzbuch, 7. Auflage, Einleitung, Rn. 9 f.

〔16〕 A. a. O., Einleitung Rn. 40.

〔17〕 Vgl. Henle, Treu und Glauben im Rechtsverkehr, Berlin 1912, S. 3.

〔18〕 "不存在停机、审查、欺诈或第三方干扰的可能性", http://free-ethereum. com/signupin。

〔19〕 Graham (Fn. 2), 2016.

想起了腓特烈大帝和鲁道夫·亨勒。“完美法典”的梦想显然在21世纪尚未实现。

《德国民法典》的法律实践经验并不能得出任何其他结论。短短几年后，法典中所谓的“留白”就变成了一厢情愿的想法。立法机构不久就因为没有预见到或根本没有理会的案件而被告上法庭。原告援引了《德国民法典》的某些规则或私人合同以及可能因此带来的法律后果，而这种后果是无法预见的或会导致不公正的结果。在这种情况下，由于对法律无所不知的批评家们的努力，在《德国民法典》最后一稿制定了第226条，（直到今天）该规定是：“不得专以损害于他人为目的的方式来行使权利。”

防止滥用权利——但是如何做？

通过“硬分叉”，以太坊社区还是在遵循《德国民法典》第226条的评估标准：某人行使了正当权利，但旨在对他人造成伤害。为什么匿名黑客应该在没有做任何事情并且不想为资助者带来回报的情况下从共同基金中获得资金？可以理解，他们正在寻找一种技术方法来纠正区块链。

“硬分叉”的结果对应于法律上的无效。那些公然有违于合同（或立法机关）的创建者实际想要的行为不应该生效。然后，民法上将这类合同视为从未签订的合同。TheDAO黑客攻击导致了对现有规范的一种新见解，即区块链不应完全一成不变。这就是对智能合约新的诠释的诞生！但是，程序员将来应该使用哪种规范来制定智能合约，才能免于遭受像TheDAO黑客攻击同样的命运？

四、法律的答案：一般性条款和法院

与“硬分叉”背后的动机一样重要：它不能将孩子连同洗澡水一起倒掉。在TheDAO事件之前，区块链并没有建立可逆转单个错误交易的机制，[20]而是将错误掩盖起来，而有时被掩盖的又是区块链非常具有创新性的方面。[21]从法律的角度来看，这是不可避免的。因为法律领域上百年的实践经验表明始终存在理论与现实的差距。人们只能通过概括性的规定来避免这些问题。如果法

〔20〕 由于安全问题，所谓的“软分叉”失败，该“软分叉”允许对以太坊矿工的更新，从而使匿名黑客无法从ChildDAO转发它们。Vgl. Vollmer 2016，Der größte Hacker-Krimi des Sommers：Die Jäger der verlorenen Ethereum-Millionen，Motherboard vom 8. 7. 2016，abrufbar unter http://motherboard. vice. com/de/read/der-spannendste-krimi-des sommers-die-jger-der-verlorenen-blockchain-millionen. 关于安全问题的技术细节参见Hess/Keefer/Sürer，Ethereum's DAO Wars：Soft Fork is a Potential DoS Vector，hackingdistributed vom 28. 6. 2016，abrufbar unter http://hackingdistributed. com/2016/06/28/ethereum-soft-fork-dos-vector/。

〔21〕 相关评估参见Sirer，Emin Gün，Thoughts on the DAO Hack，hackingstributed. com vom 17. 6. 2016，abrufbar unter http//:hackingdistributed. com/2016/06/17/thoughts-on-the-dao-hack/。

律不知道解决问题的具体而准确的方案,则可以对现状进行一般性评估,从而有可能随后纠正僵化适用法律的结果——如果鉴于个别情况这样做是绝对有必要的话。[22] 这些一般性条款包括“诚实信用”(《德国民法典》第242条)、“善良风俗”(《德国民法典》第138条)和“权利滥用行为”(《德国民法典》第226条)。另一种选择是接受排除个别规定并忠诚地支持总体上的教条化的制度。然后,像在亨勒之后一样,任何签署了零散的(非统一的)智能合约的个人都应该受到指责。

尽管对于改变“不变性”这一基本原则有很多反对意见,但以太坊社区的绝大多数人还是违反了“避免人为干预区块链”的原则。[23] 尽管这不在程序代码的设计之中,但“硬分叉”策略可以让TheDAO在黑客攻击的情况下不让他们保留其“猎物”(非法所得)。

“硬分叉”和合同无效之间有一个重要区别:主管机构的裁决。尽管大多数社区通过加入“强制”新区块链来化解TheDAO黑客攻击的不利后果,但民法则是能够在发生冲突的情况下正式解决纠纷。它在法律概念的天空和日常生活的实地之间建立了接口。

但是,应该由什么样的权力机构来决定合同关系的命运?当今的法律制度为此设立了法院。他们(仅)以具有法律约束力的方式解释法律并定义需要解释的一般条款的术语。法官决定是否因滥用权力而使合同无效。如果仍然存在分歧,上一级法院将检查之前的结果是否有误。随着时间的流逝,出现了某些类型的案件,根据这些案件可以立即确定类似的情况。[24] 连续发生的系列案件促使国会对法律进行修正,从而弥补迄今为止尚未发现的法律空白。

五、纯学说上的终结

从理论上讲,这时“猫咬了它的尾巴”(自食其果)。因为法律和契约实际上是想免除个人随后的影响,所以现在需要有血有肉的决策者。由于人为因素,政治制度和个人正义感又重新发挥了作用,从而使情况变得复杂。因此,无

---

〔22〕 在这方面,Finley认为“人类软弱无可避免”。Vgl. Finley, A $ 50 Million Hack Just Showed That TheDAO Was All Too Human, WIRED. com vom 18. 6. 2016, abrufbar unter http://www. wired. com/2016/o6/50-million-hack-just-showed-dao-human/.

〔23〕 Vgl. Siehe etwa van Sande, The Truth about the Fork, medium. com vom 3. 8. 2016, abrufbar unter https://medium. com/@ avsa/the-truth-about-the-fork-fd040c7ca955#. girlfiyay.

〔24〕 (计算机科学家) Zamfir建议,这比模糊的道德术语“救助的道德义务”带来了更大的法律清晰度。Vgl. Zamfir, TheDAO Hard Fork, and the Negotiation that Couldn't Happen, medium. com vom 19. 7. 2016, abrufbar unter http://medium. com/@ Vlad _ Zamfir/the-dao-hard-fork-and-the-negotiation-that-couldnt-happen-bdd2aedefe84#. zfalm8x8d.

法消除“（区块链）加密无政府主义者”、《德国民法典》的制定者们和腓特烈大帝想要消除的这种危险吗？智能合约的梦想完成了还是被出卖了？最后，复杂的系统是否还是需要人为的中介？[25]就像一位匿名用户所评论的：“因此，智能合约需要仲裁员……这听起来像是对我的失败选择的嘲讽。”

一个人可以捍卫梦想：必要的评估仍然可以执行算法或人工智能。但是，随之而来的问题是：它们最终不会反映程序员的意愿吗？计算机程序可以作出价值决策，并在决策时概述人们认为“公平”或“应受谴责”的内容吗？您可以作出道德判断吗？如果人们也从历史上看到过这些问题，那就说明它的全部复杂性并不那么简单。因此，曾经的奴隶贸易被社会认可，在几十年前，如果妻子忽略了“家庭职责”就可以被判离婚。目前，神经网络（neuronale netze）或机器人在多大程度上可以学习感觉、价值和其他人类内心的情感，是一个令人振奋的想法和基础研究的对象，尽管相关的程序原型令人印象深刻，[26]但充其量这仍处于起步阶段[27]。

还值得认识到的是，智能合约应在其创造者的乌托邦中充当起合约律师、立法者和法官的角色。[28] 这就像合法的上帝模式。与过去的普鲁士一样，如果立法者控制法院，甚至认为法院是多余的，人们就应对此保持警惕。民主法律制度并非毫无理由地设立。

六、智能合同已死，民主万岁吗

以太坊社区在遭到 TheDAO 黑客入侵后采取的民主道路具有其魅力——用脚投票。如果大多数人说“这是不可能的”，那么他们首先调整时间轴，然后遵循新的智能合约。再见 ETC，你好 ETH。[29] 那些不这样看的人被排除在外，

---

[25] 以化名“中本聪”（2008）的比特币发明人的论文对于加密货币替代现有货币的崇高目标至关重要。

[26] 例如，Google 子公司 DeepMind 的人工智能能够独立学习使用游戏机 Atari，并在短时间内取得了比人类更好的成绩，并击败了高度复杂的大脑运动“ GO”的世界领先者。相关技术基础的论证参见 Silver et al. ,Mastering the game of Go with deep neural networks and tree search, Nature 529 (2016), S. 484 – 489。

[27] 如果有一天，人工智能的开发人员通过观察 Internet 上的数据流成功过滤掉了有关当前“良好举止”和“诚信”的陈述，那么反而会出现完全不同的社会问题。除对控制论假设的基本怀疑，人类行为只能由外部观察来解释，因此基本上可以被模拟。Auch vgl. Schlieter 2016, Die Herrschaftsformel, Wie Künstliche Intelligenz uns berechnet, steuert und unser Leben verändert, eBook Edition, Frankfurt, S. 64 ff.

[28] 截至目前，创建智能合约时仍没有固定的规则或统一的标准。

[29] Vgl. Bergmann 2016, 100% ETH-Entwickler-Community stellt sich hinter Ethereum (ohne Classic), BitcoinBlog. de vom 6. 8. 2016, abrufbar unter http://bitcoinblog.de/2016/08/06/100-eth-entwickler-community-stellt-sich-hinter-ethereum-ohne-classic/.

这是事实的规范力量。

因此,TheDAO的联合创始人詹茨希(Jentzsch)经过艰苦的努力后说道:"我们刚刚找了地方高等法院。"[30]乍一看,地方高等法院的民主做法似乎很有吸引力,但它有其基本的陷阱。法律还对解决冲突的机制提出了很多想法。结果是法院依据法律来作决定,而不是民主投票。但是,为什么实际情况是如此呢?不是所有的权力都来自人民吗?

决定合同是否无效的司法机关必须得以自由决定。接受过法官培训的专业人士[31],也需要接受来自其他法院和学科知识的限制。现在到了关键点:如果法官有偏见,他们将被排除在裁决之外。

以太坊社区的情况是,所有投票者都受制于"对偏见的担心"这一法律价值倾向(参见《德国民事诉讼法》第42条第2款)。毕竟,这关乎自己的钱、计算能力和想法。民事法官不应裁定他投资的投资基金是否包含非法成分。

那么,您是否真的想在法庭上建立一个囚犯社区?此外,以太坊开发团队在道德上和财务上都承受着巨大的压力,而投票的过程却是透明的,并且(选择)是公开的。[32] 在这种背景下,使一个能够公正、冷静地处理冲突案件的中立机构合法化是否更有意义?

除此之外,还具有实用性的是:是否有必要就单个智能合约中关于不明确条款的所有争议在整个(以太坊)社区进行投票,并在将来排除没有赞成"硬分叉"多数决定的人?这是否是有利于民主的最坏结果:多数统治而不是少数统

---

[30] Zitiert nach Kannenberg 2016, Nach dem DAO-Hack: Ethereum glückt der harte Fork, heise online vom 20. 7. 2016, abrufbar unter http://www.heise.de/newsticker/meldung/Nach-dem-DAO-Hack-Ethereum-glueckt-der-harte-Fork-3273618.html. 莱比锡(slock. it)的TheDAO创始人的网站和博客现已下线。

[31] 解释合同时,目的是找到一种尽可能接近法律(或智能合同)最初打算达到的状态的解决方案。您查看法规的措辞,历史以及法规的含义和目的。律师过去通常会做的事情——毕竟,大多数情况下只有他们详细了解法律和合同中的确切内容——将来可能由计算机科学家来完成。唯技术论者想要保护我们免受人类腐败的侵害,但是也许将来人们不得不担心他们的力量过于强大。

[32] 参见de Castillo, Cornell Professor Calls für, DAO 2.0 "movement", Coin-Desk vom 22. 6. 2016, abrufbar unter http://www.coindesk.com/cornell-prof-discovered-dao-vuluerability-reveals-10-exploits/上有关"非正式投票工作"的详细说明。在这种情况下,有趣的是匿名黑客的提议,如果矿工决定反对"硬分叉",则将其纳入猎物中,参见Quentson, Exclusive: Full Interview Transcript with Alleged DAO Attacker, Cryptocoinsnews.com vom 18. 6. 2016, abrufbar unter http://www.cryptocoinsnews.com/exclusive-full-interview-transcript-alleged-dao-attacker/。有关以太坊内部失真的传言参见O'Connell 2016, Ethereum Insiders Believe the DAO Hack Was an Inside Job, Claims Source, cryptocoinsnews.com vom 27. 7. 2016, abrufbar unter http://www.cryptocoinsnews.com/source-ethereum-insiders-believe-dao-hack-inside-job/。

治？想象一下区块链在未来的局势：数量庞大的拆分区块链中的数百万用户不仅彼此之间要完成交易，而且必须对复杂的冲突情况作出决定。

七、智能合约诉讼的路径

为什么不将曾经的经验变成未来的规则呢？座右铭是：“啊，另一个TheDAO黑客”——某人在智能合约的背景下做了某件事，这与其目标不符，并导致显然不公正的结果。在这种情况下，可以采取程序来防止权利的滥用或不当使用。[33] 为什么您害怕将决策权外包给一个独立且有能力的仲裁委员会，该委员会将就潜在的属于滥用的案件作出清晰可验证的决定？难道不是比虚拟的社区更好——伴随以太坊创始人围绕维塔利克·布特林（Vitalik Buterin）的电话和背景讨论——需要在每个可能的编程错误中保留数据分叉吗？

如果是TheDAO黑客，仲裁委员会将意识到TheDAO并不打算向发现程序代码漏洞的人分发数百万美元的礼物。“用户的所有滥用交易均无效”这一决定可以通过编程接口将其反馈到区块链中。[34] 您不必让安全机制承受压力。[35] 最终，解决冲突的接口也将防止因为“硬分叉”而造成社区分裂。

为此，人们必须克服对所有带有国家和权力意味的事物进行排斥，并有区别地看一下在先前的国家结构中对于组织社区和建立（法律）和平有用的东西以及这样做的目的，即通过压制人民意见而建立有效的权力结构。

重要的是要理解一方面是法律和法院，另一方面是区块链和智能合约，它们都追求相同的目标。双方都想排除人为的、非理性的和可能带有偏见的人为决定，而制定适用于尽可能多的交易和进行交互的清晰规则。大家都希望通过尽早考虑所有可能发生的事件并通过约束性的规范来避免冲突。

八、更好的程序代码（单独来看）不是解决方案

只要智能合约处于简单水平，那么解决争端的需求就不会像面包店的购买合同那样简单。但是，法规的主题越复杂，用户的数量越多，解释的范围就越

〔33〕 您可以使用TheDAO黑客之前描述的典型攻击场景，参见Mark/Zamfir/Sirer，A Call for a Temporary Moratorium on TheDAO，hackingdistributed. com vom 27. 5. 2016，abrufbar unter http://hack ingdistributed. com/2016/05/27/dao-call-for-moratorium/。也可以参见以下的演示文档：Emin Gün Sirer，https://www. cs. cornell. edu/people/egs/papers/2016-06-21-dao-meetup. pdf.

〔34〕 程序化仲裁委员会（通过Oracle在区块链中实现）和州司法接口的想法也可以参见Kaulartz/Heckmann 2016（Fn. 13），S. 624。

〔35〕 TheDAO的智能合约仅允许在等待28日后从ChildDAO进行付款。第×天越近，寻找解决方案的压力就越大。Vgl. Vollmer 2016（Fn. 20）.

大,滥用的可能性也就越大——这是复杂系统中的抽象问题。

如果有关TheDAO黑客攻击的后果的讨论围绕智能合约的草率编程而展开[36],它将忽略一个实际问题[37]。腓特烈大帝和《德国民法典》的制定者们也幻想着能够预见所有可能发生的情况,并且受到了更好的来自现实的指导。TheDAO的开发人员也有同样的想法。

调试智能合约不仅仅是一个纯粹的技术过程,相反,它需要(持续的)对法律实践的反馈。与其遵循您可以事先考虑所有事情的幻想,不如考虑“最大程度的预构建”与“在无法预料的个别情况下解决冲突”之间相互作用的可能性。最终,合同只有意识到存在必要的限制才是“智能”的。

关于解决冲突的最佳方式和方法很容易产生争论。是否需要一个基于仲裁庭模式的经过培训的IT专家团队?以太坊程序员大会应该采用普鲁士设想的“法律委员会”模式吗?还是需要针对智能合约的特殊司法程序甚至是设立国家特别的管辖权?

九、故事的寓意是什么

在智能合约的实际应用中,无法避免发生人为的判断滥用或违反诚实信用理念的交易。让您闭上眼睛,盲目地寄希望于技术功能,甚至接受“上帝赐予”的不完整性,这些都是愚蠢的。几个世纪以来的法律史已被人们忽略。而这些新的案件迟早会在各州法院被审理。[38] 然后人们才可能开始寻找面向未来的解决方案!

重点应该放在以下问题上:智能合约如何在不降低对过程的自主控制和(很大程度上)避免人为介入的情况下,改善共同利益并实现利益分歧的公平协调?在极端情况下,需要使用冲突解决机制。换言之:诉讼介入。法学给区块链技术的开创者发人深省但现实的信息是让人来提供保障!

---

〔36〕 参见Graham 2016中的评论:“这个递归问题要求每个签订合同的人都必须非常仔细地编写代码。”

〔37〕 Vgl. Levine 2016(Fn.6).

〔38〕 无论如何,这迟早会发生。仅出于这个原因,将来想要使用智能合约的每个人都对阐明围绕区块链技术的法律问题抱有极大的兴趣。另一种选择是仅将智能合约用于最简单的流程。

宪法视角下的大数据与民主决策

[德]菲利普·里希特* 著　李　剑** 译

【摘　要】借助大数据技术来进行民主决策是否具有合法性基础？它会带来什么样的风险？这种风险首先来自对基本权体系的挑战以及人们需要作出的相应调整。如果要让大数据对民主决策所造成的风险降至最低，我们需要在数据保护领域提升对个人隐私的保护力度，并将其视为一种公共利益。因为大数据技术以及算法上的优势已经迫切需要人们提升对所有信息的保护力度。

【关键词】基本权　公共领域　大数据　民主决策

一、导论

本文所要探讨的问题为大数据〔1〕对于实施《德国基本法》〔2〕中规定的民主决策概念而言可能意味着什么。本文研究的重点是大数据对"私人"和"公共领域"之间紧张关系的影响以及对民主决策的可能的直接和间接影响。本文首先探讨了《德国基本法》中所包含的民主决策的概念以及隐私和公众在其中的作用。其次（在本文的第二部分）提出并讨论了大数据应用程序在决策过程中

---

* [德]菲利普·里希特（Philipp Richter），德国卡塞尔大学经济法研究所研究员。

** 李剑，法学博士，中南林业科技大学政法学院讲师，硕士生导师。

〔1〕有关术语和应用领域的精确定义参见 Hervais Simo, Big Data: Opportunities and Privacy Challenges und Rüdiger Grimm, Big Data aus Informatiksicht und die Wirkung von Verschlüsselung, in: Philipp Richter (Hrsg.), Privatheit, Öffentlichkeit und demokratische Willensbildung in Zeiten von Big Data, Baden-Baden 2015, sowie Horvath, Aktueller Begriff Big Data, Wissenschaftliche Diente Deutscher Bundetag, Nr. 37/13 6. 11. 20 13, http://www. bundetag. deldokumentelanalysen/20 13/Big_Data. pdf。

〔2〕对宪法的民主理解参见 Hesse 1999, Rn. 127 ff。

可能拥有的机会。本文研究的重点将放在(大数据的)具体的[3]风险上(在本文的第三部分),即在大数据时代进行民主决策可能变得具有高度风险。最后总结了研究结果(在本文的第四部分),并指出了进一步的研究需求和可能的解决方案(在本文的第五部分),这些解决方案可以使利用大数据进行民主决策并最大限度地降低风险。

二、《德国基本法》中的民主决策、私人和公共领域

(一)民主决策

《德国基本法》第21条第1款提到了人民意志的形成,但只有《德国基本法》第20条第2款中的民主原则与其具体内容相互作用时这一概念才能被认为是具体化的(如《德国基本法》第38条第1款中的民主选举要求)。其他许多与民主有关的基本权利,如《德国基本法》第5条、第8条和第21条也是同样的情况。[4] 根据《德国基本法》第20条第2款,德国的所有国家权力都建立在代议制民主的基础上。议会代表传达了"人民的意愿"。这些代表由人民通过选举来任命。在议会立法期间,他们为立法项目的实施作出贡献,并传达和完善了人们口中的各种利益需求。[5]

民主多数制决策应该是从人民到国家机关的决策过程的结果,而不是相反,[6]这会导致对国家与社会决策之间的互动产生误解,尤其是通过政党的互动。[7] 政治意志形成过程中的公民[8]决策过程原则上必须是开放和自由的。[9] 在公共辩论中[10],应借助决策过程将公共利益与个人利益的冲突具

---

〔3〕 到目前为止,很少有人尝试抓住大数据对民主的威胁,这一点仍然很抽象。Vgl. Morozov, Datenagenten in eigener Sache,- Die Zukunft der Demokratie im Big-Data-Zeitalter, Hamburg 2014.; Schulz, Technologischer Totalitarismus, faz. net, http://www. faz. net/aktuell/feuilleton/debatten/technologischer-totalitarismus-warum-wir-jetzt-kaempfen-muessen-12786805. html?printPagedArticle = true #pageIndex_2, 6. 2. 2014.

〔4〕 Vgl. Schnapp, in: Müchen/Kunig 2012, Grundgesetz Kommentar, Band 1, München 2012, Art. 20 Rn. 19 ff.

〔5〕 Vgl. Böckenförde, in: Isensee/Kirchof, Handbuch des Staatsrechts, Band 3: Demokratie-Bundesorgane, Heidelberg 2005, § 34 Rn. 34.

〔6〕 Vgl. BVerfGE 20, 56 (99); 44, 125 (140).

〔7〕 Vgl. BVerfGE 44, 125 (139 f); 85, 264 (285).

〔8〕 Vgl. BVerfGE 20, 56 (98); 44, 125 (139).

〔9〕 Vgl. Schmitt Glaeser, in: Isensee/Kirchof, Handbuch des Staatsrechts, Band 3: Demokratie-Bundesorgane, Heidelberg 2005, § 38 Rn. 28 ff.

〔10〕 Vgl. Hesse, Grundzüge des Verfassungsrechts der Bundesrepublik Deutschland, Heidelberg 1999, Rn. 152; Robbers, in: Dolzer/Vogel/Großhof 2008, Art. 20 Abs. 1 GG, Rn. 626 f.

体化[11]。没有公共辩论就不会形成民主意愿,因为这是针对公众的而不是公民个人的意愿,甚至不是在形式上增加公民的意愿,而是基于他们的集体意志所作出的决定。[12]

(二)私人领域和公共领域

对“私人领域”和“公共领域”这些术语的合法使用存在多种含义。在法律语境中,“私人领域”可能意味着某事物被认为是属于其自身,这是因为它是供个人使用而被保留的,如私有财产或者是因为它被理解为非社区事务。但是,“私人领域”也可能意味着某些东西对其他人隐藏了或者个人有权利去做一些事情。“公共领域”可以表示透明的情况,因此在隐藏的意义上“公共领域”表现为“私人领域”的对立面。但是,“公共领域”也可以被指定为属于社区的事物或者更一般地理解为与社区相关的事物(res publica),即在自我意义上是“私人领域”的对立术语。[13] 两组对应概念的意义彼此之间都相互影响:隐藏的或透明的,与自身相关或与社区相关的,这些概念彼此之间的关系都起着重要作用。这四个方面之间的紧张关系特别体现在与民主有关的基本通信权中,这必须通过立法、判例法和公民行动不断加以平衡。这一趋势可以说是宪法的基本规则,即可以隐藏被认为是私人的事物,而与社区相关的事物则应该保持透明。[14] 但是具体而言,这些对应概念会交叉出现:一个透明或基于社区但隐藏的“公共领域”或者是有意依法建立的(请参阅下文对秘密选举的论述)“私人领域”,也可以通过隐藏或披露的社会行为进行。后者可能导致在社会上被视为独立或与社区相关的问题的改变(“私人领域也是一种政治的”)。[15] 然后这些社会变革的过程可以对法律实践中对于基本权利的处理产生影响,从而变得更加牢固。

《德国基本法》和其他德国法律中根本没有出现“私人领域”一词。“私人领域”不是德国法律的一项基本权利,也不是一个明确的概念,但在法理学中,它一方面是针对一组社会现象及其在个人基本权利范围内的不同法律保护概念的集合术语;另一方面又是其他专业学科论述中的关联术语。在宪法中,“私人领域”也不应与“隐私权”同义使用,因为该术语有时是指类似的综合术语,但是现有的理论框架下,通常还会对一般人格权进行非常具体的表达,因此这样的使用会导致误解。

---

〔11〕 Vgl. Streinz, in: Mangoldt/Klein/Starck 2010a, Art. 21 GG, Rn. 22; auch Häberle, Öffentliches Interesse als juristisches Problem, Bad Homburg 1970, S. 87 ff, 708 f.

〔12〕 Vgl. Jellinek, Allgemeine Staatslehre, 1914, S. 665 f, 711.

〔13〕 Vgl. Albers, Grundrechtsschutz der Privatheit, DVBl 2010, 1062.

〔14〕 Vgl. BVerfGE 27, 1 (6 f); 27, 344 (351); 65, 1 (45 f); 123, 39 (69).

〔15〕 Vgl. Beitrag von Dienlin in diesem Band.

(三)表达和信息自由

《德国基本法》第5条第1款第1句中的表达自由使个人观点得以传播,但也保障了个人观点的保密性。[16] 信息自由则是对其加以补充,使人们有机会获取已发布的信息并进行学习,[17]这两项基本权利都被视为民主决策的主要前提条件[18]。它们使人们有可能以传播和听取的方式参与公共辩论(透明的和基于社区的),但是如果需要的话,人们也可以不参与其中,并且保持私密性(隐藏的和个人拥有的)。

(四)新闻和广播自由

根据《德国基本法》第5条第1款第2句和第3句的新闻和广播自由,它保证了针对国家或其他压力[19]和审查制度[20]进行报道的自由,从而实现了对自由的保障。差异化和批判性的报道(基于社区的[21])除在《德国基本法》第5条第2款中明确规定的未成年人保护和国家合法地保护个人名誉之外还有其局限性。例如,一方面为了安全起见将信息保密[22],另一方面开始对公民的个人领域加以保护[23]。

(五)集会自由

《德国基本法》第8条第1款规定的集会自由保护了公众在地理空间上展示和讨论政治观点的权利[24],并被联邦宪法法院指定为特别重要的民主基本权利[25]。但这一针对公众的(与社区有关的、透明的)基本权利还包括了那些可能是在隐蔽的公共场所举行的集会活动。如果国家没有对参加政治活动的

---

〔16〕 Vgl. BVerfGE 65,1(40); Jarass, in: Jarass/Pieroth, Grundgesetz für die Bundesrepublik Deutschland, München 2012, Art. 5 GG, Rn. 6 und 6b.

〔17〕 Vgl. Wendt, in: Münch/Kunig, Grundgesetz Kommentar, Band 1, München 2012, Art. 5 GG, Rn. 26.

〔18〕 Vgl. BVerfGE 7,198(208); BVerfGE 27,71(81 f).

〔19〕 Vgl. Jarass, in: Jarass/Pieroth, Grundgesetz für die Bundesrepublik Deutschland, München 2012, Art. 5 GG, Rn. 29,31.

〔20〕 Vgl. Bethge, in: Sachs, Grundgesetz Kommentar, München 2011, Art. 5 GG, Rn. 129.

〔21〕 Vgl. BVerfGE 12,205(206 f); BVerfGE 20,162 (174 f); BVerfGE 35,202 (221 f).

〔22〕 Vgl. Starck, in: Mangoldt/Klein/Starck, GG, Band 2, München 2010, Art. 5 GG, Rn. 230 f.

〔23〕 Vgl. Starck, in: Mangoldt/Klein/Starck, GG, Band 2, München 2010, Art. 5 GG, Rn. 222 f.

〔24〕 Vgl. Kannengießer, in: Schmidt-Bleibtreu/Hoffmann/Hopfauf, Grundgesetz Kommentar, Köln 2011, Art. 8 GG Rn. 3; Jarass, in: Jarass/Pieroth, Grundgesetz für die Bundesrepublik Deutschland, München 2012, Art. 8 GG, Rn. 3.

〔25〕 Vgl. BVerfGE 69, 315 (345); Kohl, in: Umbach/Clemens, Grundgesetz, Band I, Heidelberg 2002, Art. 8 GG, Rn. 10.

公众进行登记的保护措施(以社区为基础但被部分隐蔽),那么集会参与者只有在秘密参与的情况下才能自由行使参加集会的权利。[26]

(六)居所和远程通信的保护

《德国基本法》第 13 条第 1 款中对居所的保护是因为它为个人的独立成长提供了一个隐蔽之处,在这里个人也可以与家人不被打扰地一起生活,[27]从而反映、讨论和重新思考政治观点以及个人事物(个人隐私,与社区相关但是是隐蔽的)。《德国基本法》第 10 条第 1 款中的信件和电讯的保密性,在"远距离通信的隐私"意义上[28]为超越家庭范围以及与在场人员之间的对话的机密性提供了保障,从而确保了更加自由的交流和意见形成的可能性。[29]

(七)信息自决

在这些保障措施中,《德国基本法》第 2 条第 1 款和第 1 条第 1 款相关的信息自决权起着特殊的作用。它代表了个人的选择,即对他想透露或隐藏多少信息的选择权。信息自决不是阻止人们交流,而是在个人期望的范围内保障人们进行交流和社会进行互动的权利。[30] 信息自决原则上是指允许自己决定并能够估计哪些有关个人的信息会为谁所知。这种自我决定的表达也是有权收集和处理尽可能多的有关自己的个人数据的权利。

联邦宪法法院早在 1983 年就认识到,信息自决不仅可以保护个人的发展,而且在"人口普查案"判决中明确提到民主决策:"任何不确定是否会被随时记录的异常行为者,其个人信息被永久地存储、使用或传递的人,都不会想要通过这种行为来引起注意……这不仅会损害个人的发展机会,而且会损害共同利益,因为自决是自由民主社区基于其行动能力和公民自身的行动能力的基本功能条件。"[31]

(八)秘密选举

在议会选举中,秘密选举所依据的规定为《德国基本法》第 38 条第 1 款第 1 句。通过隐藏个人投票行为(与社区相关但被隐藏),保证其不受他人控制。如果选举不是在公开场合进行,则只能保护秘密选举本身。[32] 遵守公民对其投

---

〔26〕 Vgl. BVerfGE 122,342(368 ff).

〔27〕 Vgl. BVerfGE 18,121 (131 f); BVerfGE 32,54 (70 ff); Kühne,in: Sachs,Grundgesetz Kommentar,München 2011,Art. 13 GG,Rn. 11.

〔28〕 Vgl. BVerfGE 115,166(182); Gusy,in: Mangoldt/Klein/Starck,GG,Band 2,München 2010,Art. 10 GG,Rn. 19.

〔29〕 Vgl. Schmitt Glaeser,in: Isensee/Kirchof,Handbuch des Staatsrechts,Band 3: Demokratie-Bundesorgane,Heidelberg 2005, § 38,Rn. 13.

〔30〕 Vgl. Roßnagel,Datenschutz in einem informatisierten Alltag,Berlin 2007,S. 112.

〔31〕 BVerfGE,65,1(43).

〔32〕 Vgl. BVerfGE 99,1(13).

票权的可控性[33](基于社区和透明)的约束。例如,在邮寄选票给私人的情况下,无法检查选举是否秘密和自由。[34]

(九)政党的作用

根据《德国基本法》第 21 条第 1 款,政党在民主决策过程中起着重要作用。他们参与人民的政治意愿形成。他们的任务是通过自身的定位和竞选活动来影响公众意志的形成,特别是在竞选中;并通过提名将受过教育的民意代表带入议会的候选人行列。[35] 但是,政党的这种影响可能是被允许的,尤其是对《德国基本法》第 38 条第 1 款所规定的人们不受干扰地进行自由表决时。[36] 政党可以而且也必须收集有关选民的信息,虽然不必由个人和选民进行审查,但政党必须受到信息自决和秘密选举原则的限制。[37] 因此,政党的任务是创建和动员公众,但同时要尊重其隐私。

(十)自由委任

议会中的当选议员必须与政治团体、政党和政府合作,就每一个相关问题形成其政治意愿。在这里,根据《德国基本法》第 38 条第 1 款第 2 句规定,他们是自由的,并且只能服从自己的良心。议员们常常会与议会党团和政党的目标发生冲突。[38] 因此,根据《德国基本法》第 42 条第 1 款第 1 句规定,通常议会也是采取公开表决(与社区有关的事务和公开事务)。由于其公开性,议会的程序和辩论对社会意志的形成有重大影响,而社会中的讨论最能影响民意代表的意志。[39]

三、通过大数据进行民主决策的三个机会

(一)运营数据和使用大数据的开放政府

以前是秘密的或者至少是无法获得的政府信息,现在正通过平台和举报人

[33] Vgl. BVerfGE 123,39.

[34] Vgl. Richter, Briefwahl für alle? - Die Freigabe der Fernwahl und der Grundsatz der Öffentlichkeit, Die öffentliche Verwaltung 2010, S. 606.

[35] Vgl. Kunig, in: Müchen/Kunig, Grundgesetz Kommentar, Band 1, München 2012, Art. 21 GG, Rn. 15 ff, 39 f.

[36] Vgl. Kunig, in: Isensee/Kirchof, Handbuch des Staatsrechts, Band 3: Demokratie-Bundesorgane, Heidelberg 2005, § 40, Rn. 22; Schmitt Glaeser, in: Isensee/Kirchof 2005, § 38, Rn. 31; Meyer, in: Isensee/Kirchof 2005, § 46, Rn. 25; Strelen, in: Schreiber 2013, § 1 BWG, Rn. 20, 26.

[37] Vgl. Richter, Die Wahl ist geheim... so what? Big Data Mining im US-Wahlkampf. Und hier?, DÖV 2013, S. 961.

[38] Vgl. Badura, in: Dolzer/Vogel/Großhof, Bonner Kommentar zum Grundgesetz, Band 5, Heidelberg 2008a, Art. 38 GG, Rn. 97 ff.

[39] Vgl. Klein, in: Isensee/Kirchof Handbuch des Staatsrechts, Band 3: Demokratie-Bundesorgane, Heidelberg 2005, § 50, Rn. 42.

而被披露出来或者通过电子形式的国家信息门户网站向公众大规模传播。可以使用大数据程序来有意义地评估这些开放的数据[40]，因此大数据可以使国家变得更加透明，并且针对社区的决策者们也可以更轻松地访问这些信息。

（二）大数据使专业知识民主化

根据大数据分析的结果，辩论可能变得更加客观和易于举行。目前，关于气候变化或核能风险等日益复杂和科学性的话题（以社区为基础，但对许多公民而言却不为人所知），有关它们的政治论述目前还受到科学家的强烈影响。大数据分析的结果和分析方法本身可以补充这些专家的观点（如果数据可以公开获得）。一方面，它们可以以易于理解的方式为公民解释复杂的问题，从而抵消专家的知识优势；另一方面，它们也可以给议员提供机会，让他们以较少的工作就摆脱党内专家的知识优势，从而加强他们的自由选择权。

（三）微观活动的大数据

大数据还提供了认识政治工作的影响并使这些发现具有被民主使用的可能性。在投票率下降和对政治普遍不满之时，基于大数据分析的针对性、个性化的竞选活动可以更有效地激励选民参与政治。如果每个人都可以精准地解决自己感兴趣的问题，那么从微观层面的竞选运动的意义上来说，这可以被理解为最初的民主活动者。

四、通过大数据进行民主决策的风险

在不使用大数据的情况下，某些风险已经存在或已经产生，[41]并且似乎正在增加。

（一）通过收集私人数据来控制公众

于尔根·哈贝马斯（Jürgen Habermas）在《公共领域的结构转变》中认为，民主决策的概念只是作为公开讨论而导致共同决策的概念，在实践中只能在非常有限的程度上实现。它表明影响立法项目实施的通常不是公众讨论，而是民意调查。结果是这些项目实际上应该在公共交换意见的基础上传递并讨论，但仍留在私人领域，因为每个被问询的公民都自己回答，并没有进行公开辩论。[42]

这些无可争辩的个人利益的总和（拥有但透明）不能替代形成共同意见的过

〔40〕 Vgl. Zschunke, "Big Data": Rohstoff der Informationsgesellschaft, heise online, http://www.heise.de/-1659622,3. 8. 2012.

〔41〕 在这方面，存在连接点，如来自以下分析：Crouch, Postdemokratie, engl. 2004 Frankfurt am Main 2008 和 Barber, Consumed, New York 2007。

〔42〕 Vgl. Habermas, Strukturwandel der Öffentlichkeit, 1962 (zitiert nach 1990), S. 323 ff. 关于民意与民意测验结果之间的差异以及民意测验对民主的危害参见 Hennis, Regieren im modernen Staat, Tübingen 1999, S. 37 ff。

程。人们是否作出不同的决定取决于他们是否像消费者一样被询问有关他们的私人偏好和愿望或者是否作为民主社区的一部分被视为公民,并被问及对这个社区负有什么责任。[43] 他们各自的意见通过公众讨论、批评和反思获得了更深层次的与社区相关的品质,并通过公共论述成为社区产生的公众意见的一部分。

大数据可以通过无声地查询个人利益来加深和扩大民意调查,如果简单地收集和处理相关数据,大数据的使用甚至可以使民意调查变得多余。确定谁对符合他们个人利益的项目持满意态度将比以前更加精确。公民对社区方面的思考将被对消费者和其自身利益的筛查所取代。为此,有关公民的大量准确数据将有所帮助。在大数据时代,良好的数据保护因此成为基于社区的思考的支柱,因为不应将公民视为私人,而应将其作为公众的一部分。

(二)政治取向和整合压力的预测

将来,至少有很大可能使用大数据统计来确定公民的政治态度。例如,在德国,Facebook 用户最近对“点赞按钮行为”进行了评估,他们明确表示自己与具有相同或相似“点赞按钮行为”的某些其他用户保持亲密关系。[44]

例如,将来在社交网络中可能会发现,某个年龄段的所有男性中有 80% 的人学习过某个主题,喜欢某种音乐并且喜欢在闲暇时间看某些电影和玩电脑游戏,或喜欢参加某种聚会。这些具有相同或相似经历的人,即使在社交网络中故意不出声或表现得不活跃,也将在统计时被怀疑趋向于相同的政治倾向。这些人实际上持有相同的政治立场,所以他们想要说的话就不再那么重要了。根据他们的表现和私人对话,他们在社交网络中的行为或借助他们的在线购物的历史,可以将他们划归一个相同的政治阵营,而无须让大家专门讨论政治。透明的私人生活就表明了政治态度。“私人活动也是具有政治意义的”这句话在这里具有了全新的含义。个人事务和社区事务之间的信息分界(隐藏或透明)已脱离了个人控制。即使处理后的数据不一定能在这方面揭示出全部的真相,但其也足可以对人们进行分类和进行相应的处理,以达到某些目的。[45]

无论预测是否正确,如何避免压力取决于人们所属的某个政治立场或政治组织。例如,人们会担心雇主对自己的印象或者自己的声誉受损,又或者甚至是作为一名左派成员受到联邦宪法保卫局的关注。这样的担心是否也会出现

---

〔43〕 Vgl. Barber, Consumed, New York 2007, S. 157.

〔44〕 Vgl. Theile, posten und wählen, Die ZEIT, 8. 8. 2013, S. 8, abrufbar unter: http://www.zeit.de/2013/33/ bundestagswahl-facebook-lebenswelten; auch den Beitrag von Nebel, Facebook knows your vote! - Big Data und der Schutz politischer Meinung in sozialen Netzwerken, Facebook knows your vote! - Big Data und der Schutz politischer Meinung in sozialen Netzwerken, S. 89 ff.

〔45〕 Vgl. Türpe/Selzer/Poller/Bedner, Denkverbote für Star-Trek-Computer? Big Data, statistische Modelle und lernende Maschinen, Datenschutz und Datensicherheit 2014, S. 33 f.

在应聘公职的过程中?

现在已经不再是一个关于自己的政治或非政治数据泄露的问题,而是一个可以从自己的数据中得出关于他人的信息的问题。所以,即使自己是数据禁欲主义也毫无意义。[46] 自己不留下任何有关政治偏好的数据也没有用,因为足够多的其他相关人的信息也足以揭示自己。一个人的信息披露成为另一个人的数据保护的风险。

对于私人生活而言,保证安全与保密都是必要的。这可以避免一种被归类为某个政治派别的担忧。因此,大数据的应用包含着一种潜在的顺从压力,这对假定的私人生活中的政治态度有影响。这种顺从的压力会以以下形式出现:通常只知道这种类型的人群分类是雇主或主管部门所需要的,然后个人尝试遵循一种分散的"不泄露的"主流思想。但是,也可能发生这样的情况,即人们知道了特定的(完全合法的)活动和偏好,这给使用这些数据的人造成了不利的形象,从而在社会上被取缔。这种统计数据可能产生的歧视影响在质量上远远超出了通常的社会偏见,因为它们不是个别的、分散的偏见,而是数学和计算机辅助("科学")概率或更准确地说:"风险值"。这比偏见具有更大的说服力,最重要的是与主观态度相比,它具有较高的客观性。[47]

(三)犯罪者的预测和整合压力

这种性格特征引起的压力的适应不仅会影响到朋友、熟人或雇主,而且会影响公民与国家安全部门之间的关系。

> ……美国人现在正在做什么,美国国家安全局现在正在做什么:他着眼于恐怖分子与他们有怎样的社交联系,他们有多少社交联系,这些社交联系如何与其他社交联系产生关联等。这样就可以在对人们的社交联系人的网络拓扑进行评估之后,确定经典恐怖分子的形象,随后就可以在数据库中查找其他人是否具有相似的形象,即使他到目前为止没注意到,而他或她已经进入了调查人员的视线,甚至可能受到讯问或惩罚——真正的问题是预测未来的行为,并指责人们所做的事情,但这仅仅只是用算法预测它们会做什么。[48]

---

〔46〕 Vgl. Roßnagel, Big Data-Small Privacy?, Zeitschrift für Datenschutz, ZD 2013, S. 566.

〔47〕 关于统计一致性影响的综述参见 Arendt, Vita activa oder vom tätigen Leben, amerik 1958, S. 53 ff。

〔48〕 Mayer-Schönberger/Kapern, Aus der Vergangenheit die Zukunft vorhersagen, Deutschlandfunk, http://www.deutschlandfunk.de/nsaenthuellungen-aus-der-vergangenheit-die-zukunft.694.de.html?dram:article_id=271203, 6.12.2013.

“那些没有什么可隐瞒的东西没有什么可害怕的。”这句话最终变得具有欺骗性,因为它无法再估计应该隐藏的内容。可疑的是,将来对个人行为的预测会带来什么样的结果?为了使安全机构被视为与社区有关并且尽可能透明,它可以一夜之间改变信息,因此在信息自决方面的个人控制在这里也受到严重质疑。

大数据推动了这种安全思想的逻辑,并配备了更高效的程序。它可能导致在私人生活和政治活动中人们都必须对此加以遵守。顺从压力的确切形式在此还取决于哪些关于轮廓形成的细节将是已知的或者仅仅是它们的存在或个体的命运特征。但不管确切的形式如何,从长远来看这都可能限制私人发展和公共话语,因为两者都提供了通过更改行为来“优化”人们自己的安全划分类型的起点。

此外,特勤局不仅过去直接在政权中使用收集到的政治异议人士的数据来破坏和攻击他们的活动,大数据还可以用来帮助现任政府和支持它的社会阶层[49]通过更强大的程序提供直接的支持来抵制政治变革。

(四)竞选活动中的大数据

美国前总统巴拉克·奥巴马(Barack Obama)的竞选团队在他2012年秋季再次当选时的表现令人印象深刻,他们分析出的公民个体的性格特征不仅会给社会带来压力,而且会使选举受到直接影响。当时,他们对来自社交网络、商业数据库和电话调查的数据进行了广泛的分析和计算,并对特定人员的投票行为概率进行了预测,然后又对选民产生了相应的影响。特别是他们还计算了一个公民可以通过哪个概率值被归类给(竞选的)另一方以及使用了哪种推理技术。然后从各自“令人信服”的熟人中选出适当的人来影响他们的阵营。[50]

这种遵循个性化线上广告逻辑的选举活动,一方面,可能导致选民不再像政治公民那样被对待,而像消费者一样,将民主决策作为购买决策,包括使用所有棘手的营销方法。[51] 在这里,公众也不再受到关注,个人在政治意愿的形成上与世隔绝,可以说公民被剥夺了权利,[52]并以利用他人的脆弱性说服他人的方式来运作。可以软化自身事务和社区事务之间的信息边界这一事实使消除

---

〔49〕 Vgl. Greenwald, No Place to Hide, London 2014, S. 182 ff.

〔50〕 对此的详细论述参见 Richter, Die Wahl ist geheim... so what? Big Data Mining im US-Wahlkampf. Und hier?, DÖV 2013, S. 961; auch Nickerson/Rogers, Political Campaigns and Big Data, Harvard Kennedy School, Faculty Research Working Paper Series, https://research.hks.harvard.edu/publications/workingpagers/citation.aspx?PubId=9165&type=WPN, 2/2014。

〔51〕 通常的批评意见参见 Crouch Postdemokratie, engl. 2004 Frankfurt am Main 2008 (zitiert nach der Aufl. 2013), S. 132。

〔52〕 Vgl. Barber, Consumed, New York 2007, S. 116 ff.

竞选问题与社区有关的性质变得容易,从而可以质疑社区中的民主决策过程。另一方面,根据对个人行为的准确预测,这种个人概率预测可能构成对秘密选举的侵犯,而秘密选举的破坏是在没有注意到选票的情况下发生的。当选民以外的人高度确定地知道他所投票的对象时,秘密选举就被打破了。[53] 在个别情况下,统计选举行为的预测是否实际上构成了对秘密选举的破坏,取决于该方法如何准确地预测人类行为以及如何进行选举。关键是它们所依据的数据基础。

但是,无论预测是否正确,秘密选举也将失去对"自由选择"的保护作用。只要想要对选民施加压力并信任大数据预测的人,他就可以直接作出决定,而无需真正知道选民在暗中选择什么。算法的"科学"说服力也可能意味着选民如何实际投票已不再重要,而他可能如何投票也不再重要。

一方面,个人选民将面临不确定性,即国家、政党或其他私人是否可以使用他们的个人数据和统计信息来了解他们的实际投票方式;另一方面,这不仅是他们如何真正投票的问题,而是基于人们的其他行为来预测他们在不同问题上的立场。第一种不确定因素直接限制了选择自由,因为如果您相信有可能发现自己的实际投票方式,就会开始担心对不良投票行为的制裁。第二种不确定性也限制了选举之外的私人和政治生活,因为这可能导致不利的个人选举预测。

未来的秘密和自由选举也将在很大程度上取决于在大数据时代如何构建实际上与选举没有直接关系的数据保护。由于并未在数据保护法上设置保护秘密选举的条款,谁具有披露个人数据的权利并不确定,所以每个人都有保护所有人的义务。[54]

(五)社交媒体中政治活动的风险

信息和通信媒体互联网对民主决策的积极推动作用正在弱化,这是因为人们担心每一个声明都会受到监督,并可能在以后导致不利后果,此种担忧并非毫无根据。2013 年发生在土耳其的通过社交媒体组织所谓阿拉伯之春的抗议活动,由于留下的数据痕迹,有一天这可能对激进主义者造成不利影响。在政治活动中政府将采取某些措施[55],就可以通过大数据技术轻松地在各种社会环境中组织和引导各类政治活动[56]。但是,如果没有以最低限度的保密来保护参与者不受国家监督,则行使基于交流的基本权利,即言论和集会自由就将受到影响。

---

〔53〕 Vgl. Richter, Die Wahl ist geheim... so what? Big Data Mining im US-Wahlkampf. Und hier?, DÖV 2013, 966 f; Henning/Richter, Der gefilmte Stimmzettel-Smartphones und Smartglasses in der Wahlkabine?, KommPWahlen 2014, S. 10.

〔54〕 Vgl. Strelen, in: Schreiber, Kommentar zum Bundeswahlgesetz 2013, 3 1 BWG, Rn. 94.

〔55〕 Vgl. Baumann/Lyon, Liquid Surveillance-A Conversation, Malden (USA), S. 45.

〔56〕 Vgl. auch Beitrag von Nebel in diesem Band.

(六)知情公众的分裂

如今,电子信息流中剩下的被称为“相关”的东西,在很大程度上已经取决于私法上的信息提供者,[57] 并且越来越取决于他们对个人用户的了解。这些公司如何搜索与社区有关的信息以及提供服务的标准主要与对相关共同商品和多样化信息的要求无关,而与客户忠诚度和广告收入的增加有关。信息的选择变得越来越个人化,并且取决于个人用户的偏好。政治上相关的信息也成为高度个性化的消费品。这产生了两个问题:

首先,每个公民都有可能收到不同的信息,因此很难建立公共话语。美国政治活动家埃里·帕里塞(Eli Pariser)用“泡沫过滤器”一词来描述这一过程。[58] 在算法的帮助下,每个人都专门为其选择在Internet上接收的信息,以便每个人都拥有自己的内容板块。由于新闻过滤器的存在,人们不知道没有显示什么,只看到他可能感兴趣的内容。例如,巴黎人(Pariser)指出,即使使用了相关的搜索词,Google搜索引擎也不会向某些人显示主要新闻话题。[59] 对《德国基本法》第5条第2款的审查禁止必须加以遵守,但可以使用“相关性”一词来加以规避。[60] 在这里,相关事实的更大透明度可能会导致社区的透明度降低,因为与共同利益相关的问题的存在可能会受到人们的质疑。

其次,使用目标信息来操纵信息接收者(可能在他的Google Glass后面)变得更加容易,[61] 因为设备对于用户而言变得越来越不透明,并且不清楚如何选择他们输出的信息。选择中存在哪些知识,最重要的是未显示什么。

大数据的使用可以通过优化某些兴趣组的“相关”主题来增强这些趋势,从而更安全地使人们仅接收他们特别感兴趣的内容。通过对大数据进行这样的完善,它还可以增强和深化作为一种与自身相关而不是出于普遍利益的概念思考。[62] 与以前难以评估的选择机制相比,由于复杂的程序和大量的信息,信息选择的不透明性也可能会加深,如果完全知道的话,则不一定必须将每种信息视为是决定性的。[63]

---

〔57〕 Vgl. Böckenhörde, in: Isensee/Kirchof, Handbuch des Staatsrechts, Band 3: Demokratie-Bundesorgane, Heidelberg 2005, § 34, Rn. 39 ff.

〔58〕 Vgl. Pariser, The Filter Bubble, New York 2011.

〔59〕 Vgl. Pariser, The Filter Bubble, New York 2011, S. 2 f.

〔60〕 Vgl. Wu, Ist Filtering Censorship? The Second Free Speech Tradition, in: Rosen/Wittes (Hrsg.), Constitution 3. 0-Freedom and Technological Change, S. 83.

〔61〕 Vgl. Schwenke, Google Glass-Eine Herausforderung für das Recht, Kommunikation & Recht 2013, 686 Markwald 2014.

〔62〕 Vgl. Pariser, The Filter Bubble, New York 2011, S. 164.

〔63〕 Vgl. Mayer-Schönberger/Cukier, Big Data-Die Revolution, die unser Leben verändern wird, München 2013, S. 225.

(七)无指令约束、基于数据的限制和兴趣的“消失”

对大数据的大量分析可能成为理所当然的事实,这也可能对议会内部的决策产生负面影响。在未来,环境保护部门将不得不在越来越复杂的问题中依赖越来越多的数据分析〔64〕,数据计算结果背后的评估可能会变得不可见,从而可能排除替代方案。环境保护部门可能逐渐成为具有科学合理约束条件的纯粹的执行者。对计算机处理结果的信心可能会进一步掩盖政客很少知道科学的“正确”决定是什么,但是专家的意见和分析结果是基于事先的理解和评估。但是,当在决策过程中使用计算机时,基于价值的决策变得不可见,因为他们仅参与功能性的编程和选择。因此,“利益”因素可能会从公众的视线中消失〔65〕,从而结果可能是没有其他选择,从而缩小了政治讨论范围。《德国基本法》第 38 条第 1 款第 2 句中的不受指令约束已经在议会团体纪律的强大压力下改变,它可能成为另一种法律构架,尽管人们保留了现有的这种构架,但在大数据时代它的实际影响却越来越少,这是因为由于数据量的增加,公众的话语并没有变得更广泛,而是变得更狭窄了。

五、结论与展望

大数据的使用,除了其提供无可争议的机会,还可能严重挑战民主决策过程。尽管本文第三部分列出的机会更有可能使公民和议员成为民主主体,但第四部分提出的风险更有可能使公民成为透明的对象被操纵和控制。〔66〕 大数据可以绕开针对隐私和公众的法律保护概念。大数据使公民在追求保护个人隐私时陷入安全漏洞。无论事实是否如此,从技术上大数据用户可能了解每个人的所有信息。在这样做的过程中,大数据技术将成为一部分人压缩民意形成、促进整合、分散以及缩小民主话语的工具。

当人们寻找解决方案时就可以从这些发现中得出结论,仅向公民发出更多的警告不足以使大数据的风险受到民主决策的控制。此外,很明显的是,除经典的数据保护风险,算法生成的统计信息的广泛使用在人们所讨论的风险生成中也起着核心作用。该问题超出了个人数据的范围,因为使用匿名数据还可能对整个社会产生影响,如对公众话语的阻断和所谓的顺应压力。

因此,解决方案应该既涉及经典数据保护又涉及大数据所带来的挑战,并

---

〔64〕 Vgl. Böckenhörde, in: Isensee/Kirchof, Handbuch des Staatsrechts, Band 3: Demokratie-Bundesorgane, Heidelberg 2005, § 34, Rn. 37.

〔65〕 Vgl. Weichert, Big Data und Datenschutz, Zeitschrift für Datenschutz 2013, S. 251.

〔66〕 Vgl. Mayer-Schönberger/Cukier, Big Data-Die Revolution, die unser Leben verändern wird, München 2013, S. 190.

且通常以降低风险和促进机会的方式规范大数据流程在社会某些领域的应用。这可能包括在各个领域批准或限制这些程序。也有可能将数据保护同意书限制在他人可能因自己的披露而受到损害的领域。程序的标准化、披露和审计以及独立专家的加入,可能会使社会对技术的信任处于合理的基础上,〔67〕人们迫切需要讨论哪些特征不应该包括在统计中,因为这些特征具有明显的或秘密的不可接受的歧视性影响,〔68〕在选举活动和报告中使用大数据对于这里讨论的民主决策领域尤其重要。但是,正如上文所指出的那样,与政治没有直接关系的风险也对该领域产生了间接影响。

在任何情况下都应考虑一件事:在大数据时代的个人隐私可能是一件小小的私人事务,但它关系到公共利益,所以也是公共事务。必须将私人事务理解为要保护的公众的核心利益,而不是有关它的信息源或它的替代物。“私人为了自己和公众的利益而受宪法保护。”〔69〕公众的民主生活不受个人隐私的影响,但是不能私下保护隐私,而只能在公共领域和作为公众利益而对其加以捍卫。

---

〔67〕 对于此问题的解决方案参见 Roßnagel, Big Data-Small Privacy?, Zeitschrift für Datenschutz 2013, S. 566; Mayer-Schönberger/Cukier, Big Data-Die Revolution, die unser Leben verändern wird, München 2013, S. 217 ff。

〔68〕 Vgl. Türpe/Selzer/Poller/Bedner, Denkverbote für Star-Trek-Computer? Big Data, statistische Modelle und lernende Maschinen, Datenschutz und Datensicherheit 2014, S. 34.

〔69〕 Vgl. Häberle, Die Verfassung des Pluralismus, Königstein/Ts. , S. 140.

自动化涵摄2.0:人工智能代替人类法官?

[瑞士]沃尔夫冈·沃乐斯 [瑞士]萨比娜·格蕾丝* 著 周许阳** 译

【摘 要】不可否认,任何标准化和模式化的工作领域都存在人工智能取代人类的可能。在美国和德国,人工智能已部分应用于律师的日常工作和某些简单案件的司法判决。但在许多情形中,法律的解释和适用并非仅仅是逻辑的过程,还依赖于人的直觉和评价,特别是在填补不确定的法律概念或行使裁量权限的领域。根据当前的科学和认知水平,直觉和评价元素是无法被算法化的。所以,目前人工智能不具备对形式正确但实质错误的涵摄结论进行批判性反思的能力,不具备将案外因素纳入考量的综合权衡能力,不具备在案件事实认定与该当规范择取之间"目光往返流转"的能力。但同时应看到,人工智能相对于人类法官在处理巨量信息、持续运转以及不受喜好、同情、偏见等"人性"干扰方面更有优势。未来,即便人工智能最终取代人类法官,也应当是一个渐进的过程。

【关键词】人工智能 涵摄自动化 法律适用 人类法官

一、人工智能:对法官群体的挑战?

关于生活世界数字化给我们带来何种改变之讨论——一如既往滞后地——在刑法学领域也展开了。[1] 在自律化驱动的机器人会给我们带来多大

---

* [瑞士]沃尔夫冈·沃乐斯(Walfgang Wallace)、[瑞士]萨比娜·格蕾丝(Sebina Grace),瑞士巴塞尔大学教授。

** 周许阳,浙江大学法学博士,德国慕尼黑大学LL. M.,研究方向为行政法学、人工智能法学,邮箱:wszxy98@126. com。

〔1〕 Vgl. etwa Gless/Weigand, Intelligente Agenten und das Strafrecht, ZStW 126 (2014), S. 561 ff; Beck, Technisierung des Menschen-Vermenschlichung der Technik, in: Bung/Gruber/Ziemann (Hrsg.): Autonome Automaten, Berlin 2014, S. 178 ff; Hilgendorf, Automatisiertes Fahren und das Recht, ZVR Sonderheft 2015, S. 469 ff; ders., in: Beck (Hrsg.), Jenseits von Mensch und Maschine, 2012, S. 110 ff; Markwal der/Simmler, Roboterstrafrecht, AJP 2017, S. 171 ff.

影响的讨论中,除国际刑法上"无人战机"[2]这一话题之外,以下话题占据中心:当前对自动驾驶交通工具这一科技可能性之应允,究竟会给传统刑法带来何种影响?[3] 如果(人类的)交通工具驾驶人不再是被课以刑事义务与惩戒之人,随后的问题是,是否因此产生了归责漏洞(Verantwortlichkeitslücke)以及在必要情况下应当如何填补该漏洞。[4] 说到底,主要涉及的难题是,是否或者在哪些条件下,机器人——作为智能化数据处理系统之典范[5]——自身得以作为刑法规范与刑法惩戒的收件人。[6] 因而,该讨论(讨论有时也针对将"ePersen"作为刑罚收件人)从不同视角提出了一项新问题,对该问题的回答本身也是澄明社团和企业是否具有刑事可罚性所必需的:"人格"是否构成刑事惩戒的必要条件,若回答是肯定的,要使刑事责任成立,"人格"又必须满足哪些构成要件?[7]

应注意的是,如今的争论已经不再局限于机器人是否可以作为犯罪行为的适格"行为人"的问题了。讨论范围还扩大到机器人是否可以胜任对犯罪行为进行评价——像检察官、辩护律师甚至是法官那样。[8]

无论如何律师群体已经被迫面临这样一种情形,即由智能数据处理系统来替代完成一些按照传统理解原本只能由法律人自身完成的任务。比如,在伦敦

---

〔2〕 Vgl. Bhuta/Beck/Geiß/Liu/Kreß (Hrsg.), Autonomous Weapons Systems: Law, Ethics, Policy, Cambridge 2016.

〔3〕 Vgl. Gless/Janal, Hochautomatisiertes und autonomes Autofahren-Risiko und rechtliche Verantwortung, JR 2016, S. 561 ff; Franke, Rechtsprobleme beim automatisierten Fahren-ein Überblick, DAR 2016, S. 61 ff; Sander/Hollering, Strafrechtliche Verantwortlichkeit im Zusammenhang mit automatisiertem Fahren, NStZ 2017, S. 193 ff; Wohlers, Individualverkehr im 21. Jahrhundert: das Strafrecht vor neuen Herausforderungen, BJM 2016, S. 113 ff.

〔4〕 Vgl. Gless/Weigend, ZStW126 (2014), S. 561, 566 ff; Schomo, Autonomes Fahren-erweiterte strafrechtliche Verantwortlichkeit des Fahrzeughalters, ZStrR 135 (2017), S. 81, 97; Wohlers, BJM 2016, S. 113, 121 ff.

〔5〕 Vgl. Beck, Grundlegende Fragen zum rechtlichen Umgang mit der Robotik, JR 2009, S. 225 ff.

〔6〕 Vgl. Beck, The problem of ascribing legal responsibility in the case of robotics, AI & SOCIETY 201S; Erhardt/Mona, Rechtsperson Roboter-Philosophische Grundlagen fur den rechtlichen Umgang mit künstlicher Intelligenz, in: Gless/Seelmann (Hrsg.), Intelligente Agenten und das Recht, Baden-Baden 2016, S. 61 ff; Gless, Von der Verantwortung einer E-Person, GA 2017, S. 324 ff; Gless/Siverman/Weigend, If Robots Cause Harm, Who is to Blame? Self Driving Cars and Criminal Law, New Criminal Law Review 19 (2016), S. 412, 415 ff; Seher, in: Beck (Fn. 1), S. 45 ff.

〔7〕 Vgl. Kindhäuser, Personalität, Schuld und Vergeltung, GA 1989, S. 493, 499 ff; ders., Der Vorsatz als Zurechnungskriterium, ZStW 96 (1984), S. 1, 5 ff; für den Versuch, einen auch auf Roboter passenden neuen Schuldbegriff zu entwerfen, Simmler/Mark walder, Roboter in der Verantwortung?, ZStW129 (2017), S. 20 ff.

〔8〕 Vgl. Hähncben/Bommel, Digitalisierung und Rechtsanwendung, JZ 2018, S. 334, 337 ff; Ernst, Erwiderung, Algorithmisierte Rechtsfindung als juristische Arbeitshilfe, JZ 2014, S. 1096, 1099 f.

和纽约已采用被称为“世上第一个机器人律师”的“DoNotPay”计算机程序,该程序帮助行为人上诉以免除因违章停车而产生的罚金——根据所公布数据成功率达64%。据新闻报道,该程序在21个月内帮助处理了160,000起案件,400万美元的罚金因此没有被执行。[9] 还有一些互联网平台承诺以自动化方式,根据欧盟航空旅客条例来审查因航班延误而产生的补偿请求权。另外也有一些网络服务商可以在制作法律文书方面提供各种各样的支持,甚至直接提供法律咨询服务。[10]

上述例子表明,法律人群体自我确信的不可替代性可能是站不住脚的,或许需要一个新的自我定位。[11] 下文讨论的中心并不在于律师群体的日常工作方式上可能有哪些改变,而是针对以下问题:法官群体是否也应当做好思想准备,其工作在不远的将来被机器人(部分地)替代。或者换一种表述:让人们接受由人工智能作出有约束力的裁判只是一种虚构的科学幻想,或者从长远来看,社会终将接受这种由自动化涵摄作出的法律判断?

(一)“机器决断”:科学幻想抑或真实场景?

人们迄今只在科幻艺术作品中见过法律人被机器人[12]及其人工智能(AI)[13]所替代。[14] 刑法(包括刑事诉讼法)学界显然认为,检察官、律师与法

[9] Vgl. Https://www. theguardian. com/technology/2016/jun/28/chatbot-ai-lawyer-donotpay-parking-tickets-london-new-york; auch Gurtner, L'innovation et l'avenir de la profession d'avocat, Anwaltsrevue 2017, S. 15 ff.

[10] Vgl. Buchholz, Legal Tech, Chancen und Risiken der digitalen Rechtsanwendung, JuS 2017, S. 955 f; Frese, Recht im zweiten Maschinenzeitalter, NJW 2015, S. 2090, 2092; Gurtne, Anwaltsrevue 2017, S. 15, 16; Hähnchen/Bommel, JZ 2018, S. 334, 336 f; R. Susskind, The End of Lawyers? Rethinking the Nature of Legal Services, Revised Edition, Oxford 2010, S. 243 f; Wagner, Legal Tech und Legal Robots in Unternehmen und den diese beratenden Kanzleien, BB 2017, S. 898, 900 f.

[11] 关于数字化带来的挑战参见 NZZ vom 19. April 2016, S. 36 (Der Jurist im digitalen Holozän. Bricht das Wissensmonopol der Anwälte dank technischem Fortschrit tlangsam, aber sicher weg?); NZZ vom 1. November 2016, S. 28(Ersetzen Maschinen bald auch Experten?)。

[12] 关于机器人的各种定义参见 M. F. Müller, Roboter und Recht-Eine Einführung, Aktuelle Juristische Praxis 5(2014), S. 595 ff; R. Calo, Robots in American Law, University of Washington School of Law Research Paper 2016 - 04; Gless/Seemann, Verantwortungszuschreibung in Antike und Moderne in: Gless/Seellmann (Hrsg.), Intelligente Agenten und das Recht, Baden-Baden 2016, S. 11 ff。

[13] AI被宽泛理解为通过基于机器学习来模仿人类思维的一种努力。众所周知,该概念最初来自1956年的一份研究申请。参见 McCarthy/Minsky Rochester/Shannon, 1955 (http://www-formal. stanford. edu/jmc/history/dartmouth/dartmouth. htmt):“我们建议进行一项关于人工智能的研究。这项研究是基于这样一个假设,即学习的每一个方面或智力的任何特征在原则上都可以如此精确地描述,以至于可以制造一台机器来模拟它。”

[14] Vgl. zB Asimov, The Naked Sun (1957);这里经常将法官活动(Richtertätigkeit)与法的执行(Rechtsdurchsetzung)混为一谈,如 Judge Dredd in The Robot Wars。

官在可预见(甚至不可预见)的未来并不会被自动化涵摄所取代。但是,对于另一些人来说这是显而易见的,人工智能已经嵌入法律实践并亦可在此框架内作出法律决断。[15] 所以,哲学家大卫·普雷西特(David Precht)在一次采访中,这样回答如何看待如今完全没有澄清机器能否具有与人类同样思维过程的问题:

> 对于思维过程来说我也持怀疑态度,但是法律科学本身就很少需要思考!法律体系无非就是独立而庞大的规范系统,要对其进行整体把握并不困难。而且这已成事实:您知道IBM公司开发的名为"Watson"的语义搜索机吗?您任意在电脑上输入通常的法律问题,随后就可以打印输出一份专家鉴定。当然,擅长于处理需要创造性解决方案的复杂事物的法律专家,仍将继续存在。但是,一些万金油法律人将与其他许多服务提供者一样消失不见。[16]

上述回答只能被当作一位"癫狂的民间哲学家"[17]哗众取宠之言[18],我们应当基于多项理由予以反对:

让我们忽略就连马克斯·韦伯(Max Weber)也采取上述立场的事实[19],我们不得不指出,这种对法学的看法与社会上的一种普遍态度相对应——也正是因为法学家们至今没有足够的机会越出专业讨论的界限就其学科方式方法进行澄明;因此普罗大众并不理解一项法律判断究竟判断了什么。另外,尽管法律人群体普遍认为,将法官视为自动化的涵摄机器是无稽之谈,[20]但同时却

〔15〕 Vgl. etwa: Martini/Nink, Wenn Maschinen entscheiden... NVWZ 2017, S. 681 ff; McGinnis/Peare, The Great Disruption: How Machine Intelligence will Transform the Role of Lawyers in the Delivery of Legal Services, Fordham Law Review 82 (2014), S. 3041 ff.

〔16〕 NZZ vom 19. November 2016, S. 48. 需指出的是,显然,Watson在此并未被用于作出法律决策;但是存在一些在Watson基础上开发并被用于解答法律问题的系统。Vgl. Frese, NJW 2015, S. 2090, 2092; Wagner, BB 2017, S. 898, 902 f.

〔17〕 Vgl. So die Charakterisierung Prechts in der NZZ vom 19. November 2016, S. 48.

〔18〕 耶林坚持法官的机械形象:"这让人想起沃坎森(Vaucanson)造的鸭子,它的消化过程是机械的——将案件推入审判机器,然后就能得到审判结果。"(Ihering, Der Zweck im Recht, Band 1, 3. Aufl. 1893, S. 394.)

〔19〕 Vgl. Weber, Wirtschaft und Gesellschaft: Grundriß der verstehenden Soziologie des Rechts, 4. Aufl., Tübingen 1972, S. 826.

〔20〕 Vgl. Jeschek/ Weigend, Lehrbuch des Strafrechts, Allgemeiner Teil, 5. Aufl. 1996, S. 154 bezeichnen den Versuch, den Richter an den Buchstaben des Gesetzes binden zu wollen, als „naiv"; auch Hassemer, in: Kaufmann/Hassemer/Neumann (Hrsg.), Einführung in Rechtsphilosophie und Rechtstheorie der Gegenwart, 8. Aufl., Baden-Baden 2011, S. 252; Kramer, Juristische Methodenlehre, 5. Aufl., München 2016, S. 50 f; Vogel, Juristische Methodik, Berlin 1998, S. 175.

难以指出一项法律判断事实上是如何作出的,或更确切地说,依据或应当依据何种标准作出。[21]

(二)法官作出的判断:是人类能力的保留地吗?

即便我们迄今为止依然坚信,计算机无论如何也不能在需要创造性和直觉性的领域取代人类,但仍应意识到,如今的计算机程序已不仅在国家象棋[22]和围棋[23]水平上远超我们,而且能谱曲并达到和人类的作曲相比以假乱真的程度。[24] 那么,在此背景下我们还能指望未来同样是只有人类才能评价人类的日子吗?前文提到的在法律实务中的数字化实践例子,可扩散到所有律师为委托人提供标准化服务的领域。尽管这使我们隐约预感到,数字化给律师职业带来的改变将比现有状况深刻得多,但这种改变并未触及法律工作的核心领域,或者说,只是对标准化工作(routinedienstleistung)即相对模式化(vorgestanzt)领域的影响,正如已提到的自动化法律问题咨询与解答的例子。而另一些需要在个案中进行精细恰当的法律论证与评价的领域,则不会(也不能)被所谓的法律科技(legal technology)所取代。所以,人们似乎为"在可预见的未来法庭的代理人仍然是作为人类的法律人"找到了统一的立论基础。[25]

基于上述,乍看之下法官群体比律师群体的处境相对好一些。因为法官提供的并非重复性劳动,而是要在个案中作出或多或少有些复杂的决定,而且这项决定要求——在把握历史、社会、哲学、经济、政治等内在关联结构基础上的规范适用的[26]——有效性。法官必须填补具有开放性的法律概念、行使裁量权限——甚至有些时候必须在正义面前作出宽大处理。但是,在法官的工作中,也存在无须过分细致考量个案关系而只需较少的参考因素就能作出判决的

[21] Vgl. Baer, Rechtssoziologie, 3. Aufl., Baden-Baden 2017, § 2 Rn. 2; Hassemer, in: Jung/Luxemburger/Wahle (Hrsg.) Festschrift für Egon Müller, Baden-Baden 2008, S. 252 f.

[22] Vgl. Computer schlägt Kasparow, Die Welt, 12. 02. 1996 (https://www.welt.de/print-wel/article652666/Computer-schlaegt-Kasparow.html; zuletzt abgerufen am 24. 5. 2018); auch Kasparow, Deep Thinking, London 2017.

[23] Vgl. Go-Meister gegen Computer 1:3, Zeit Online, 13. 3. 2016 (https://www.zeit.de/sport/2016-03/go-alphago-mensch--maschine-viertes-duell; zuletzt abgerufen am 24. 5. 2018).

[24] Vgl. Computer komponiert Klassik-Erkennt die Profi-Musikerin den Unterschied?, Handelsblart, 6. 7. 2017 (https://orange.handelsblatt.com/artikel/29870; zulezt abgerufen am 24. 5. 2018); Ein Algorithmus lernt zu komponieren, NZZ am Sonntag, 6. 7. 2014 (https/www.nzz.ch/wissenschaf/technik/forschung-am-epfl-ein-algorithmus-lernt-zu-komponieren-ld. 1304612; zuletzt abgerufen am 24. 5. 2018).

[25] Vgl. Hähnchen/Bommel, JZ 2018, S. 334, 338; auch Buchholtz, JuS 2017, S. 955, 959; Wagner, BB 2017, S. 898, 903 ff.

[26] Vgl. Buchholtz, JuS 2017, S. 955, 956 f.

领域,如惩戒交通违法的案件。[27] 我们或许可以严肃地提出如下问题:当人工智能发展到一定程度时,究竟是什么阻碍了人工智能作出标准化决定?

显然,我们可以以拘留决定(Entscheidung über die Anordnung)为例进行说明。因为其法定构成要件乍看之下比较清楚:作案嫌疑(Tatverdacht)、归责理由(Haftgrund)以及遵守比例原则(Wahrung der Verhältnismäßigkeit)。此外,该类型司法判决是经常作出的,这就在一定程度上积累了学习数据(Lerndata),我们可以使用这些数据充分训练人工智能以模仿人类决策。但进一步考察即会发现,光是根据案件事实判定"作案嫌疑"这一个构成要件时就已经(可能)问题重重,而这些问题也是办案法官在将有疑问行为涵摄入犯罪构成要件时必将遇到的。[28] 在个案中对"比例原则"之判定则需要更加艰深和细微的整体权衡[29],而"归责理由"涉及一种预测性评估(Prognoseentscheidung)[30],对它们进行判断的困难程度一点都不亚于缓刑(Aussetzung einer Strafe zur Bewährung)的判定。

对于这些问题,人们会认为机器是很难作出判定的。尽管如此,美国的司法系统中,人工智能已被运用于责任判定的预备工作中,特别是用于对再犯风险的预测。至于这是否说明人工智能确实在这方面可以作出可靠的决定,或者这仅仅是美国刑事司法系统中非理性的过渡行为,本文暂不讨论。无论如何,在德国,针对治疗风险评估的可操作化[31]和推进预测性警务软件使用[32]的呼声表明,人们也相信当地的刑事司法系统可以在人工智能帮助下提升资源利用效率;即便在某些特定的复杂司法任务或情形中规则不应(或不能)僵化刻板运用,也不意味着人们不会在某个时候相信人工智能能够出色模仿司法判决,从而使自动化涵摄成为可能。[33]

在上述背景下,美国对数据处理程序的发展特别是在再犯危险、侵害危险

---

〔27〕 关于惩戒税(Straftaxen)在刑事量刑中的意义,参见 NK-StGB/Sreng, Band 1, 4. Aufl., Baden-Baden 2013, § 46 Rn. 119 f; Schönke/Schröder/Stree/Kinzig, 29. Aufl., München 2014, § 46 Rn. 59a, jeweils mwN。

〔28〕 只有在可能被定罪的情况下,作案嫌疑这一要件才能成立。若只是有问题的行为无法归入有疑问的犯罪构成要件,不属于这种情况。Vgl. LR/Hilger, 26. Aufl. 2007, § 112 Rn. 16.

〔29〕 Vgl. LR/Hilger, S. 112 Rn. 55 ff; SK-StPO/Paeffen, 5. Aufl. 2016, § 112 Rn. 10 ff.

〔30〕 Vgl. LR/Higer, § 112 Rn. 28ff; SK-StPO/Paeffgen, § 112 Rn. 21b, 24 ff.

〔31〕 Vgl. Urbaniok, FOTRES Forensisches Operationalisiertes Therapie-Risiko-Evaluations System, Berlin 2016.

〔32〕 Vgl. Antwort der Bundesregierung auf Kleine Anfrage der FDP-Fraktion vom 11. 4. 2018, https://www. bundestag. de/presse/hib/-/550030.

〔33〕 Vgl. dazu den Vorschlag der französischen Regierung: Réforme Belloubet. Des logiciels à la place des juges, mirage de la justice prédictive, http://www. senat. fr/leg/pil17-463. html.

和逃逸危险等方面表现出极大兴趣。在德国,COMPAS 程序[34]通过媒体报道而闻名,它处理了大量有关被捕罪犯的数据,包括犯罪前科、雇佣关系,该程序还可回答行为人被捕后的各种提问,此外还试图通过模式识别来甄别危险人群,并将个体与某类人群相匹配以便评估该个体的危险性。[35] 批评者对 AI 有助于辅助作出拘留决策的观点表示怀疑,并指出基于机器学习的决策过程进一步加剧了不同群体间与群体属别(如基于肤色)相关的歧视。[36] 这种指责还可归因于以下事实:该程序的学习数据(Lerndaten)来自过去几十年的警察工作;但同时毫无争议的是,AI 根植于无监管状态的机器学习,无法在已识别的模式中就各种具体因果关系进行有意义的细分,所以至今不能完全避免因一揽子判断而造成的歧视。[37] 这类数据处理程序在美国得以维持,可归因于以下事实:特别是当有大量数据需处理时,人们特别信任机器,因为它们永不疲惫并且在客观上能获取并处理信息。

在德国,节省资源的愿望以及对被认为可永不懈怠运作系统的信赖,可能导致要求使用 AI 代替人类法官处理大量业务,这并非不可想象。但是,前提条件是社会能够接受机器人作出的"判断"。因此问题是,是否以及在何种情况下似乎可以认为机器人有能力作出法律判断(本文第二部分)。另有疑问的是,我们是否真的期望机器人作出如此决断,或者有理由认为,由人类评价人类会更好些(本文第三部分)。

二、作出司法判决所需的涵摄能力

认为机器人可以作出法律判断的观点,多以法官本身就是涵摄机器为逻辑起点,或者正如孟德斯鸠的名言:"法官只不过是法律的宣示者。"(Les juges de

---

〔34〕 COMPAS 是"Correctional Offender Management Profiling for Alternative Sanctions"的缩写,参见 Marini, Algorithmen als Herausforderung für die Rechtsordnung, 17. 2017. 1017. 1018。

〔35〕 Vgl. Angwin/Larson/Mattu/Kirchner, "Machine Bias": Text/html. ProPublica. May 23, 2016, https://www.propublica.org/article/machine-bias-risk-assessments-in-criminal-sentencing.

〔36〕 Vgl. Angwin/Larson/Mattu/Kirchner, Machine Bias, ProPublica May 23, 2016, https://www.propublica.org/article/machine-bias-risk-assessments-in-criminal-sentencing.

〔37〕 Vgl. Ernst, Algorithmische Entscheidungsfindung und personenbezogene Daten, JZ 2017, S. 1026, 1028; Martini, JZ 2017, S. 1017 – 1018; Angwin/Larson, "Bias in Criminal Risk Scores Is Mathematically Inevitable, Researchers Say". ProPublica. December 30, 2016, https://www.propublica.org/article/bias-in-criminal-risk-scores-is-mat hematically-inevitable-researchers-say. 关于机器学习的问题参见 Karjoth, Ist auf unsere digitalen Assistenten Verlass?, digma 2017, S. 122 ff; Simonite, Maschinenlernen für Richter, T echnology Review, https//www.heise.de/tr/artikel/Maschinenlernen-fuer-Richter-3645956.html。

la nation ne sont que la bouche qui prononce les paroles de la loi.)〔38〕根据这一观念,法官不会作出自主决断,只是表达法律本身早已确定的答案,该答案基本上是强制性的。根据今天的主流观点,上述想法"不过是一个梦"〔39〕,因为法律规范的解释和适用并不仅仅是逻辑过程,而是依赖于评价(Wertung)〔40〕,也依赖于"直觉"〔41〕,这也被称为"法官判断力"〔42〕。根据当今的科技和认知水平,这些元素是无法被——正如反对意见所指出的——算法化的。〔43〕

(一)将法学方法转换为内蕴决策逻辑的算法

法律决定是具有约束力的行为指示,具有规范性的规则由此适用于实际生活。由于规范规则的体量巨大且实际生活具有多面性,人们期待机器相对于人类能够更好地把握法律适用的规则,尤其是在作出预测性决策即不确定性和概率问题时,〔44〕机器比人类产生认知错误的风险要小。〔45〕因此,人们或许认为,如果将AI在足够大且有效的数据库中训练,譬如在作出拘留决定时,其可作出更加合理且恰当的预测与判断。

对于机器人能够作出司法判决的质疑,来自这样一个事实,即无论是对应当作出判定的事实进行查明,还是在解释规范性规则时,都有必要进行价值评价。在认定案件事实时,相关数据和不相关数据需被分离。〔46〕然后还要抽象地确定该当"规则"究竟是什么,是否适用以及如何适用。但想要确定该当规则,必须已经知道案件事实。事实上,我们在决策过程中必须一直将目光在案

〔38〕 Vgl. Montesquieu, De l'Esprit de Lois, 1748, XI. Buch, Kap. VI.

〔39〕 Baer, Rechtssoziologie, 3. Aufl., Baden-Baden 2017, § 5 Rn. 14 ff; Hassemer, in: FS Müller (Fn. 21), S. 237 ff.

〔40〕 Vgl. Hähnchen/Bommel, JZ 2018, S. 334, 336 f; Adomeit/Hähnchen, Rechtstheorie mit juristischer Methodenlehre, 7. Aufl., Heidelberg 2018, Rn. 49, 96; Rüthers/Fischer/Birk, Rechtstheorie mit juristischer Methodenlehre, 10. Aufl., München 2018, Rn. 647, 667, 695.

〔41〕 Vgl. Hastedt, Aufklärung und Technik. Grundprobleme einer Ethik der Technik, Frankfurt aM 1991, S. 70.

〔42〕 Vgl. Vogel (Fn. 20), S. 9.

〔43〕 Vgl. Kotsoglou, Subsumtionsautomat 2.0, JZ 2014, S. 451 ff; ders. "Subsumtionsautomat 2.0" reloaded? - Zur Unmöglichkeit der Rechtsprüfung durch Laien, JZ 2014, 1100 ff.

〔44〕 Vgl. hierzu auch NZZ vom 1. November 2017, S. 26, "Oft entscheiden Menschen sehr schlecht" Thomas Hofmann über das grosse Potenzial der künstlichen Intelligenz.

〔45〕 Vgl. Ernst, JZ 2017, S. 1026, 1028; auch Haffer, Strategie und Technik des Zivilprozesses. Einführung in die Kunst des Prozessierens, Zürich 2011, S. 11 ff.

〔46〕 Vgl. Forstmoser/Vogt, Einführung in das Recht, 5. Aufl. Bern 2012, § 2 Rn. 11 f; Larenz, Methodenlehre der Rechtswissenschaft, 6. Aufl., Berlin 1991, S. 279; Vogel (Fn. 20), S. 20.

件事实与潜在可适用规则之间“往返流转”[47],同时还需进一步解释潜在可适用规则的具体内容[48]。对于该项任务的完成,尽管原则上可存在某种方法适用规则,但该规则对解释行为进行引导的力量却大打折扣了,因为个别具体解释方法的内容并非清楚,而且更深层上缺乏如何处理不同解释方法之间关系的元规则。[49] 这表明法律判断并非仅仅对现有的秩序规则体系进行“筛选”(普雷西特),从而以看似逻辑的方式得出的强制的结果,而是(根据主流观点)或多或少包含一定比例的法律创作活动,尽管有人质疑这一比例的大小及其确切组成。[50] 关于法律工作的复杂性和动态性的提法是否成立还有待观察。[51] 人们应当看到,一个计算机科学家团队用其算法程序,可以准确预测美国最高法院及其个别法官的70%以上的判决。[52]

除了法学方法的运用难以被算法主导这一实质性论点,法学方法的部分组成元素还无法被还原为二进制系统(benäres System),如作为解释学“皇冠”的目的解释,[53]离开法律适用者的反思性评价是难以作成的。[54] 机器要作出这种评价,必须能够识别各种不同模式并且能够根据进一步的信息(这些信息往往不包含于最初的决策过程中)对法律适用状况作出审查。[55] 结果可从上文提到的COMPAS的使用中看出来:机器学习根植于以相关性为基础的模式识别,这强化了(歧视性的)群体标签,因为该程序既不能在相关关系和因果联系

---

[47] Vgl. Engisch, Logische Studien zur Gesetzesanwendung, 3. Aufl. 1963, S. 15; auch Larenz (Fn. 46), S. 207; Bucbholtz, JuS 2017, S. 955, 958; Jescheck/Weigend (Fn. 20), S. 153; Kotsoglou, JZ 2014, S. 1096, 1097; Vogel (Fn. 20), S. 19; Rüthers/Fischer/Birk (Fn. 40), Rn. 660; Schroth, in: Kaufmann/Hassemer/Neumann (Fn. 20), S. 278.

[48] 关于解释的方法参见 Kramer (Fn. 20), S. 60 ff; Scbrotb, in: Kauf mann/Hassemer/Neumann (Fn. 20), S. 280 ff;关于法律适用的动力学参见 auch Dworkin, Taking Rights Seriously, Cambridge 1978, S. 112。

[49] Vgl. Engisch, Einführung in das juristische Denken, 9. Aufl., Stuttgart 1997, S. 98 f. mwN in Fn. 43; Forstmoser/Vogt (Fn. 46), § 19 Rn. 148 f, 160; Kramer (Fn. 20), S. 187 ff; Mahlmann, Konkrete Gerechtigkeit, 3. Aufl. 2017, § Rn. 31, 43.

[50] Vgl. Hassemer, in: Kaufmann/Hassemer/Neumann (Fn. 20), S. 252 ff.

[51] Vgl. Kotsoglou, JZ 2014, S. 1096, 1097 f. 出发点是,认为机器做出的法律审查“虽然不是针对所有但至少是部分的法律问题可以给出令人满意的答案”。

[52] Vgl. Katz/Bommarito II/Blackman, A general approach for predicting the behavior of the Supreme Court of the United States, PLOS, 12. April 2017, abrufbar unter, http/journals. plos. org/plosone/article?id = 10. 1371/ journal. pone. 0174698.

[53] Vgl. Jescheck/Weigend (Fn. 20), S. 156.

[54] Vgl. Kramer (Fn. 20), S. 164; Mahlmann, Konkrete Gerechtigkeit (Fn. 49), § 8 Rn. 43.

[55] Vgl. Ernst, JZ 2017, 1026, 1028; Martini, JZ 2017, S. 1017, 1018.

间作出区分,从而不能纠正错误分类,也不能纠正由此带来的歧视效应。[56]

但是,如果人们据此认为人类法官当然优于机器人,则是将现实与理想相混淆。司法实践中,法官判决并不总是在方法论指引下经无所不包的权衡后作出的,法官也不总是探究判决背后的道德意义。事实上,某些领域的判决倒不如说是有点"粗陋的实用主义"(hemdsärmelig-pragmatisch),譬如在不那么复杂的交通违法和麻醉物品违法领域,法院判决相对模式化,权衡标准也比较单一。上述评价同样适用于预测性决定,如关于拘留理由是否存在的判定,基本上是依据"直觉"作出的。在这样的决定背后通常应该存在一些没有被表达的理由,它们在该决策的证立过程中是没有被论证的。例如,在有关拘留决定的话题领域,就以"隐匿的拘留理由"为关键词讨论了这种现象。[57] 然而,鉴于上述美国经验,今天我们能否使用AI进行司法判决以解决此类问题,仍有疑问。如果仅仅是用产生于人类决策的数据去训练AI,使其通过模仿人类决策过程而生成决策树(Entscheidungsbaumen),而没有采取事先预防,那么AI从一开始就存在犯与人类同样错误的危险,甚至会进一步加深,因为计算机程序不同于人类法官,它不会对自己的判断作出进一步追问。[58]

(二)对自为决定批判反思的能力

我们希望法官不仅可以依照法学方法作出裁判,还可以(在理想状态下)对每个由此获取的结果进行整体评价,并以反思是否具有主体间可理解性(Nachvollziehbarkeit)的方式加以证立。该要求不仅对于司法判决的可接受性来说至关重要,而且对于错误的辨别或法律续造的必要性而言意义重大。由此,相比于机器自动涵摄,人类法官对自为判断进行开放性和批判性反思的能力便凸显出来。只有人类才能够充分地论证其判断,认识到矫正的必要性,进而处理好自所罗门时代以来与法官职能相关的职业伦理。而AI(至少目前)无法在这一方面有所突破。[59] 尽管只要在相应的决策程序中写入算法,计算机程序在此范围内也可以就其决策说明理由,但是对此类问题的理解——尤其是

---

〔56〕 关于对COMPAS的批判参见Larson/Mattu/Kicbner/Angwin, How We Analyzed the COMPAS Recidivism Algorithm, 23. 5. 2016, https://www. propublica. org/artic le/how-we-analyzed-the-compas-recidivism-algorithm。

〔57〕 Vgl. LR/Hilger, § 112 Rn. 54; SK-StPO/Paeffgen, § 112 Rn. 21 cff; Schlothauer/Weider, Untersuchungshaft, 4. Aufl., Heidleberg 2010, Rn. 661 ff.

〔58〕 Vgl. Keim, Real-Life Decepticons: Robots Learn to Cheat, Wired, science, 08. 18. 09, https://www. wired. com/2009/08/real-life-decepticons-robots-learn-to-cheat; Ullman/Leite/Phillips/Kim-Cohen/Scassellati, How Cheating Affects Perceptions of Social Agency, https://www. researchgate. net/publication/272789612.

〔59〕 Vgl. Buchholz, JuS 2017, S. 955, 957.

在使用机器学习时——需要付出极高成本,这通常会超出可能的界限。[60] 同时,往往只有在典型情形的——如果有的话——常规决策中才能得到满意的结果。当然,若一开始就回避问题或在作出大规模决策(Massenentscheidungen)时简单放弃陈述理由义务,同样是没有意义的,因为这泯灭了纠正错误发展的机会而纵容其恣意专断。

人类法官的决策过程(理想状态下)始终是理性化的,并且应当具有整体性视野,[61]但同时也会受到无意识启发学(unterbewusst ablaufende Heuristiken)和道德评价的追问。最重要的是,法官需要有能力质疑只是在形式上正确适用法律所得的裁判结果,以便即使在非典型案件中也能公平地作出判决。之所以能具备此能力,是因为他们除了能掌握明显与案件相关的信息,还能一并考虑其他信息,如社会的新近发展。这样他们就能认识到决策过程是需要纠正的,继而在方法论上进行宪法解释或公约解释和(或)对该当规范的开放用语进行目的性限缩。自动涵摄机器的预编程是单方向指向决策树的,终究不具备对法变更(Rechtsänderung)的必要性之认识能力。即便想将一个自动涵摄机器嵌入到一个更大的网络中,仍然存在一个问题,即决策树的开放程度应如何把握,以使有可能相关的社会框架条件(gesellschaftliche Rahmenbedingungen)全都包括进来。另外,究竟需要哪些条件来评估法变更的重要性,也是个问题。所欠缺的东西总是存在于对必要道德评价的不断追问中。

认为基于算法的自动涵摄机器是不可能具备如法官一般的整体性视野之论断,包括两方面含义:一方面,人类具有认识到涵摄过程正确但决策内容错误这一情况的宝贵能力;另一方面,该能力为主观评价开辟了可能,这种主观评价或许只能通过人类法官的生平加以说明或本就是一个随意的决策过程,[62]它的正确性最终需要依靠主体间可说服性(intersubjektive Plausibilität)来保障。[63]

三、用自动涵摄替代法官判决的价值性

即便人们——有争议地——假定随着未来计算机的更新迭代,计算机程序能够作出给予生活情景以约束性指令的法律决定,问题是这样的发展目标是否真的值得期待。认为司法裁判可以且应当由计算机作出的论断在采用信息技术的初期就出现了,但从一开始就受到反对:批评者认为,在某些领域,即使计

---

〔60〕 Vgl. Ernst, JZ 2017, S. 1026, 1027 und 1030.

〔61〕 Vgl. hierzu Kahnemann, Thinking, Fast and Slow, New York 2011.

〔62〕 Vgl. Baer, Rechtssoziologie, 3. Aufl., Baden-Baden 2017, § 8 Rn. 31.

〔63〕 Vgl. Gärditz, Strafprozess und Prävention: Entwurf einer verfassungsrechtlichen Zuständigkeit-und Funktionenordnung, Tübingen 2003, S. 56 f.

算机原则上有决策能力,也不允许计算机作出相应决策。[64] 现在的问题是:法官的裁判活动是否属于排除适用计算机决策的领域?是否只有人类作出的才能被视为"裁判"?将问题进一步锐化:能否由自动涵摄机器来判定关于被告是否拘留及(或)其自由刑?

(一)法官的独立性和公正性

《德国基本法》第92条只是将司法权委托给了法官,而第97条则指出,法官具有独立性并且仅服从于法律,专职法官和按照计划最终任用的法官的任职期届满前,只能在依据法律事先规定的程序作出司法裁判后,方可违背其本人意愿予以免职或调任。虽然条文中没有提及,但显然这些宪法规定是针对人类法官的。它们涉及的是法官的独立性和公正性。在人类生存需要相互依赖的大背景下,法官人格的独立性和业务独立性由此凸显出来:众所周知,在《德国基本法》视野中,人格方面的独立性来自适当的薪水和终身职位。[65] 业务方面的独立性是通过指令自由(Weisungsfreiheit)予以保证的,其范围涵盖司法事务或与之直接相关的所有事务。[66] 公正性则应被如此保障,即判断是基于对法律评价作出的,而不是出于同情和反感和(或)个人利益。但由于存在这些风险,如果有证据表明有充分理由怀疑法官的公正性,该法官就被禁止作成裁判(参见《德国刑事诉讼法》第22条以下)。

(二)自动涵摄机器的独立性与公正性

由于机器人无须薪水也不用职务升迁,而只需用电和等待,人们或许可期待机器人比人类更加独立和公正。在理想状态下,它们可被如此编程,即只根据自身的决策树作出决策,而不受自身存在的社会联系、利己主义或来自私人生活的个性化理由的影响。这样——至少从表面上看——或许解决了判断的法外基准问题,这些基准在法律中没有规定但又能引导人作出判断,比如,人类法官不可避免地会受同情、反感以及与生活经历有关的偏见引发的影响。

但应指出的是,只有经事先编程以及数据投喂后,AI才可存在,而且为了保证其必要的更新(或可能的维护),AI的后台对其制造者永远保持一种开放状态,那么这——如同其他的安全漏洞——就可能为第三者所滥用。科技永远不是中立的,因为设计自动涵摄机器并为其选择投喂数据的企业,对该机器所作

---

〔64〕 Vgl. Hastedt (Fn. 41), S. 72 und 76 mit Verweis auf Weizenbaum, Die Macht der Computer und die Ohnmacht der Vernunft, Frankfurt aM 1978, S. 10 und 299 f.

〔65〕 Vgl. Fezer, Strafprozeßrecht, 2. Aufl., München 1995, 10/3; Peters, Strafprozeß, 4. Aufl., Heidelberg 1985, S. 116.

〔66〕 Vgl. Kindbäuser, Strafprozessrecht, Lehrbuch, 4. Aufl. 2015, § 18 Rn. 12 f; Eb. Schmidt, Lehrkommentar zur Strafprozessordnung und zum Gerichtsverfassungsgesetz, Band I, 2. Aufl., Göttingen 1964, Rn. 476 ff.

之决策具有决定性作用。[67] 因此,算法框架的设定变得越来越重要,正如前文已经提到的,投喂机器的数据本就产生于以往人所作出的各类决策,那么自动涵摄机器在这些已有经验基础上辅之以机器学习作出的决策,可能进一步加深本就内含于这些数据的偏见,而且自动涵摄机器并不具备批判性审查其自身算法或者投喂数据质量的能力。[68] 确切地说,根据今天的观念,机器学习只有经过不断地修正才有可靠性。[69]

至于如何保证自动涵摄机器能够——像人类法官那样——保证其独立性和公正性,完全是悬而未决的问题:我们是否要为自动涵摄机器设定公法上的许可制度,以保证其将所有先决条件考虑在内?对所罗门般聪慧的人类法官的信任会被对算法的信任所取代吗?[70]这种行政许可肯定要比其他领域的算法技术监督复杂得多,因为机器人法官要解决的是以社会为中心的棘手任务,不是仅仅只需控制机器学习的条件那么简单。[71] 这是否意味着在某个项目中,在确定(自动涵摄机器的)技术提供者之前必须公开招标,并让这些可能的提供者对其产品进行公开说明?还是应该让自动涵摄机器参加司法考试,并根据它们是否达到预定的最低分来作出相应调试?

四、自动涵摄机器作出的裁判:与法官裁判"不同之物"

是否真的有一天会考虑将法官的职能转移到AI,取决于许多不同方面:比如决策树编写和(或)将自动涵摄机器整合为类人神经网络的成熟程度与能力,使其得以充分描摹人类法官行为;如是否存在适当的数据库对自动涵摄机器进行恰当的训练;比如,在司法系统中进行实验的便利性以及——特别是——对机器对人作出的判决的可接受性。[72]

机器不太可能突然取代法官。一种渐进的过程更为可能,比如AI首先可以为法官作出预判决,但最终仍由人审批并由人担责。譬如,当对个案作出公

---

〔67〕 Vgl. Hildebrandt, Law as Information in the Era of Data-Driven Agency, The Modern Law Review Vol. 79 (2016), S. 1, 28 f.

〔68〕 Vgl. Ernst, JZ 2017, S. 1026, 1027 und 1029; Martini, JZ 2017, S. 1017 f.

〔69〕 Vgl. Talley, Is the Future of Law a Driverless Car?: Assessing How the Data-Analytics Revolution will Transform Legal Practice, Journal of Institutional and Theoretical Economics 174 (2018), S. 183, 185 f.

〔70〕 Vgl. NZZ vom 3. Februar 2018, S. 29: "Wie vertraut man einem Algorithmus?"; kritisch zur Moglichkeit, Softwarelosungen als Substitut für den Anwalt des Vertrauens oder den menschlichen Richter zu akzeptieren: Frese, NJW 2015, S. 2090, 2092; Häbnchen/Bommel, JZ 2018, S. 334, 340.

〔71〕 Vgl. Martini, JZ 2017, S. 1017, 1021 f.

〔72〕 参见法国政府的建议:Réforme Belloubet. Des logiciels à la place des juges, mirage de la justice prédictive, http://www.senat.fr/leg/pil17-463.html.

正可靠的判决需要处理大量数据时,机器相对于人类法官的优势就体现出来了,这一点似乎已经被人们接受。鉴于已有经验,关系人要求法官对案件进行审查的权利是不可去除的。[73] 这不仅符合以下规则要求[74],即针对个人作出的具有法律效力的决定或可能对其产生重大影响的决定不应仅由机器作出[75],而且确保了纠正机器学习缺陷的可能性。

基于算法作出的机器决策与人类作出的决策不同,因为决策者是不同的:一方面,机器可永不疲惫不停地进行信息获取、模式识别、群组分类和查找结果,并且不会被任何过于人性化的事物所干扰;另一方面,对于人类而言,尽管他必须尽其智慧和良知对结果负责、遵守其职业伦理与良心,但其许多时候仍可能感到疲惫并因不恰当权衡而导致错误。至于人们愿意选择哪种决策,取决于他们想从法律判决中得到什么。人们会反对法官判断力的数字化,除非,他们只是想要这样一个司法系统:一个一劳永逸的庞大规则体系,永远可从中筛查出该当规范(普雷西特),所有法律问题的答案基于大量同类个案的相关性而被事先设定。即便人们出于节约资源的角度考虑,对于是否以及如何将 AI 纳入法律判决的作出过程,仍是有疑问的。因为这不是效率问题,而是涉及基本观念,即判决的作出究竟应以哪项参数为根基。最后,这里还涉及法官及其判断力的正当性问题。

---

〔73〕 Vgl. hierzu Buchholz, JuS 2017, S. 955, 959; Kotsoglon, JZ 2014, S. 1096, 1098 f.

〔74〕 Vgl. die EU Datenschutzgrundverordnung (DSGVO) sowie die EU RL, 2016/680 vom 27. April 2016 zum Schutz natürlicher Personen bei der Verarbeitung personenbezogener Daten durch die zustandigen Behorden zum Zwecke der Verhütung, Ermittlung, Aufdeckung oder Verfolgung von Straftaten oder der Strafvollstreckung (RL. 2016/680). (2016年4月27日公布的欧盟指令 EU RL 2016/680 旨在规范有关机关在阻止、调查、追捕犯罪或者刑罚执行过程中对自然人的个人数据的处理行为。——译者注)

〔75〕 Artikel 11 RL 2016/680 Automatisierte Entscheidungsfindung im Einzelfall: "(1) Die Mitgliedstaten sehen vor, dass eine ausschließlich auf einer automatischen Verarbeitung beruhende Entscheidung— einschließlich Profiling—, die eine nachteilige Rechtsfolge für die betroffene Person hat oder sie erheblich beeintrachtigt, verboten ist, es sei denn, sie ist nach dem Unionsrecht oder dem Recht der Mitgliedstaaten, dem der Verantwortliche unterliegt und das geeignete Garantien für die Rechte und Freiheiten der betroffenen Person bietet, zumindest aber das Recht auf persönliches Eingreifen seitens des Verantwortlichen, erlaubt."; Vgl. auch Art. 22 DSGVO. (欧盟指令 EU RL 2016/680 第11条对个案中的自动化决策做了规定:"(1)成员国应规定,禁止仅基于自动处理(包括特征分析)做出对所涉人员产生不利法律后果或重大消极影响的决定;除非,成员国根据欧盟法律或者该成员国法律有责任做出该决定,并且,至少根据该成员国法律,已为所涉人员的权利和自由提供了恰当的保障……"——译者注)

机器的责任：技术基础与法律结论

[德]克里斯托夫·佐尔格* 著　周许阳** 译

【摘　要】近年来，机器学习的飞速发展既拓展了人工智能的适用领域、强化了人工智能的应用深度，也加重了划分法律责任归属的困难。人工神经网络与决策树是两种典型的机器学习程序，它们在决策过程的可回溯性上存在差别。人工神经网络的运用可能导致算法编者、程序使用者（训练数据投喂者）、故意影响程序进程的第三人之间的责任划分不明。机器决策缺乏可理解性原则上不能成为全盘变更现有法律责任归属规则的理由。新的法律规制只能出于实践需要，在特定应用领域逐步推行。

【关键词】人工智能　责任归属　决策树　人工神经网络

一、引论

计算机科学的进步不断为“人工智能”带来更好的程序和更广阔的应用机会，但从法律角度来看，这会带来什么后果呢？首先需要追问，智能行为由机器作出，是否就意味着机器可以或应当对其行为负责。对此，先要弄清楚机器作出的智能行为的本质是什么。长期以来，研究人员一直在关注这个问题：在 2007 年发表的一篇论文中共汇集了 71 种人工智能定义，其中有 18 种系来自人工智能领域的研究者。[1] 有作者从许多相关定义的共同概念特征中提炼出自己的定义：“智能

* [德]克里斯托夫·佐尔格（Christopher Zorg），德国萨尔大学教授。

** 周许阳，浙江大学法学博士，德国慕尼黑大学 LL. M.，研究方向为行政法学、人工智能法学，邮箱：wszxy98@126.com。

[1] Vgl. Legg, Shane/Hutter, Marcus, A Collection of Definitions of Intelligence, in: Goertzel, Ben/Wang, Pei (Hrsg.), Advances in artificial general intelligence, Concepts, architectures and algorithms; Proceedings of the AGI workshop 2006, Amsterdam, Washington 2007, S. 17.

衡量了一个动力体(agent)在各种环境中实现目标的能力。"[2]因此,"智能"并非必然指涉类似于人的行为;但是,在一项最著名的对人工智能进行定义甚至是测量的尝试中,却与此相关。艾伦·图灵(Alan Turing)曾建议以下实验设置[3]:一个(人类)提问者与位于另一个地方的人和一台机器进行交流。交流仅以文本形式进行(图灵建议用电传打字机,如今或可通过聊天系统)。提问者可以任意发问。人和机器都应努力使提问者相信他们是人。之后提问者应作出判断,这两个交流对象中哪一个是人。该实验需在同一台机器但在不同的人类(包括提问者和受问者)身上重复多次。如果大约有一半的提问者认为机器是人,那么人们就可以说这是一种——即便图灵避免使用这一概念——智能行为。

图灵认为,在其文章发布大约50年后,经过5分钟的人机对话在提问者一侧的测试成功率可能还只有70%。根据2014年的报道,这一标准或许首次被实现了。[4] 软件"Eugene"伪装成来自乌克兰的13岁男孩接受了以英语为语言的图灵测试。但这一成功并不意味着人工智能就可以像人类一样,在没有任何基本主题限制的情况下普遍解决问题。限制为5分钟的提问时间[5]和可以通过伪造外国身份来掩饰语言错误的技巧,都清楚地说明了这一点。当然,这不意味着人工智能就没有取得重大进步。但正如后文将要阐述的那样,人工智能至今被限于某些具体问题的解决上。

二、机器学习与人工智能

人工智能是一个非常广泛的研究领域。但这里仅考虑机器学习方面,因为它对于人工智能许多应用中的实质性决策至关重要,并且近来对其已经取得了重大进展。机器学习的程序基本上可以分为三类[6]:

一是受监督的学习程序(supervised learning)。该程序借助训练数据(Trainingsdaten)来学习,这些数据包括输入和与此相关的输出。在此基础上当再输入数据时,程序就能预测相关输出;也就是在进行数据训练时已经形成了

---

[2] Legg, Shane/Hutter, Marcus, A Collection of Definitions of Intelligence, in: GoertZel, Ben/wang, Pei (Hrsg.), Advances in artificial general intelligence, Concepts, architectures and algorithms; Proceedings of the AGI workshop 2006, Amsterdam, Washington 2007, S. 22.

[3] Alan Turing, Computing machinery and intelligence, Mind 59 (1950), S. 433 - 460.

[4] Vgl. University of Reading, Turing Test success marks milestone in computing history, 2014, http://www.reading.ac.uk/news-and-events/releases/PR583836.aspx.

[5] 显然,这里的"5分钟"要在交流对话的两造即人类和机器之间分配。Vgl. Holland, Martin, "Eugene" und der angeblich bestandene Turing Test: so einfach nun dann doch nicht... 2014, https://heise.de/-2218151.

[6] 这种分类很普遍,可以在许多有关机器学习的教科书中找到,比如 Sugiyama, Masashi, Introduction to statistical machine learning, Waltham, MA 2016, S. 3 f。

固定模式并且被普遍化了。这种程序经常用于完成归类任务,比如,对行为人是否诚信的判定。受监督的学习程序在工业上也有应用,如用以预测机器故障以便及时采取必要的维护措施。[7]

二是无监督的学习程序(unsupervised learning)。无监督学习过程不能使用预先给定成对的输入或输出,而只能识别输入数据中的固定模式。此类程序的重要代表是所谓的聚类程序(Clustering-Verfahren):它们的任务是将元素划分为组(簇),以使一个聚类中的元素彼此尽可能相似,而不同聚类中的元素则尽可能不同。至于相似的标准要根据具体的任务加以设定。至于聚类的运用,如可将其用于营销,在识别不同的客户群基础上有针对性地进行推广。

三是强化的学习程序(reinforcement learning)。该程序在各种可能的行动中作出决定,试图选出"效益"最大化的行动。因此有文献称,将这种强化的学习程序运用于工业机器人的行动计划后,可能就无须再对其预先编程。[8] 效益是否达成取决于目标情景是否实现以及是否避免了不被允许的行动(如某种行动导致了电线接触)。由于强化学习程序还提供了反馈,可将其视为受监督程序的一种变体;只不过没有明确地事先给定成对的输入/输出数据。

按照目前的情况,机器学习过程通常用于解决特定具体问题,如用于信用评级、产品推荐、下围棋以及技术系统、自动驾驶的错误预测等。认为机器学习能通过图灵测试并如科幻小说所描述那样发展成无所不包的、与人相当的人工智能之观点,并非不可能,但目前尚不可预见。

三、机器学习程序的例子

以下将介绍两种机器学习程序即决策树与神经网络,它们在可理解性上相互区别。

决策树[9]是一种简单的程序,该程序旨在基于一组其他属性的值(如收入

---

[7] 比如 Langone, Rocco/Alzate, Carlos/Ketelaere, Bart de/Vlasselaer, Jonas/Meert, Wannes/Suykens, Johan, A. K., LS-SVM based spectral clustering and regression for predicting maintenance of industrial machines, Engineering Applications of Artificial Intelligence 37 (2015), S. 268 – 278, DOI: 10.1016/j.engappai.2014.09.008。

[8] Vgl. Meyes, Richard/Tercan, Hasan/Roggendorf, Simon/Thiele, Thomas/Bischer, Christian/Obdenbusch, Markus/Brecher, Christian/Jeschke, Sabina/Meisen, Tobias, Motion Planning for Industrial Robots using Reinforcement Learning, Procedia CIRP 2017, S. 107 – 112, DOI: 10.1016/j.procir.2017.03.095.

[9] 这种方法由来已久,参见 S. Rasoul Safavian/David Landgrebe, A survey of decision tree classifier methodology, IEEE Transactions on systems, Man, and Cybernetics 1991, S. 660 – 674, DOI: 10.1109/21.97458。

水平、年龄阶段、宗教派别)来预测单个目标属性的值(如捐赠意愿)。[10] 其过程如下:对于一组训练数据(如表 1 所示,其中每行代表一个人),当其目标属性的值是已知的,该目标属性具有最强说服力的属性会被筛选出来,并由它们构成根属性(Wurzelattribut)。因此,假如收入水平是预测捐赠意愿的最佳属性,那么先将其筛选出来。现在可能的情况是,该程序仅根据收入水平就能作出明确判定,如在训练数据中,所有年收入超过 100,000 欧元的人都有意愿捐款。对于其他收入等级的人则须使用第二项标准。那么现在决策就以一种——在计算机科学中常见的——树状结构(如图 1 所示)的形式展现。如果要针对另一个事件进行预测,如在示例中预测另一个人,那么又要从树状结构的根部开始审查各个属性。程序会以分叉的方式进行下去,直到最终作出判定为止。

表 1　决策树的输入数据示例

收入(欧元)	年龄(岁)	捐赠意愿
20,000 到 50,000	20~40	否
20,000 到 50,000	20~40	否
20,000 到 50,000	40~60	是
20,000 到 50,000	40~60	是
20,000 到 50,000	40~60	否
50,000 到 100,000	20~40	否
50,000 到 100,000	40~60	否
>100,000	40~60	是
>100,000	20~40	是

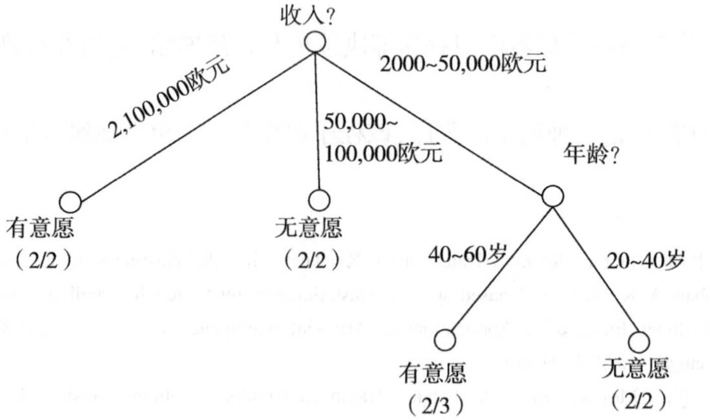

注:图中,上方的属性为根属性;以根属性为顶点分叉为树状结构。

图 1　决策树的例子

[10] 因此这也是一种受监督的程序。

生成决策树的程序在细节方面会有差异,比如,在如何避免对训练数据过度剪裁以保证其结果具有可归纳性这一问题上。但它们之间也有共性:每一次学习产生的决策树都容易为人所理解,应用到特定问题上时可以一步步解读。因此,一项预测通过——在决策树中展现的——经验被证立了。不过在某些问题上也是无法理解的,比如,各项相互关联的属性值背后的具体因果联系。此外,决策树在对训练数据进行聚类和模式化方面显得笨拙。例如,如果人们想要获取其他类型的预测,必须对年龄阶段和收入水平作进一步细化区分。

在事先知道具体预测结果情况下,可用测试数据进行检测以评估预测的质量。但这也仅仅是一种统计学意义上的结果,无法保证具体个案决策的准确性。这一点在本质上不仅适用于决策树程序,也适用于目前其他种类的机器学习程序。

神经网络(实际上是人工神经网络)比决策树要复杂得多,因此这里仅介绍一些基本点。[11] 神经网络由神经元组成,这些神经元通常被分为多个层级。输入层的神经元接收神经网络应处理的输入值。每一个神经元通常执行很简单的数学函数。该函数的运行有赖于输入值及其比重。神经元的输出值会被转送到下一层的(一个或多个)神经元,然后再历经同样的处理程序——也就是说,一个输出是由几个加权输入计算出来的。最后一层称为输出层,因为它给出了最终结果,如神经网作出的预测。学习过程(训练过程)通常主要作用于神经元输入值的权重。对基本模型进行修补是可能的,如添加反向链接。另外,在具体选取数学函数或者处理层的数量等方面,也存在许多自由空间。按照当前的情况,结构和参数通常由专家设定。

神经网络可以学习复杂的非线性关系。在所谓的深度学习(deep learning)中,使用了具有海量层级的大型神经网络。乐村(LeCun)等人[12]报告了具有数十亿链接的神经网络。微软的研究人员已经用由152层组成的神经网络,在图像识别中取得了成功,并且还试验了四位数的层数。[13] 面对这种复杂性作出的具体决策通常是不容易理解的,尤其是对于外行人来说。尽管这些决策并不必然是不能确定的(这一点在某些情况下可能会有意义),但无论如何,对于观察者来说,这些决策似乎就是随机的。当前的研究项目试图使神经网络的输出变得可以解释;但是,由于要解决的问题以及其作出的某决策的理由已经非

---

〔11〕 关于神经网络基本内容的详细介绍参见 Rojas, Raúl, Neural Networks, A systematic Introduction, Berlin, Heidelberg 1996。

〔12〕 Vgl. LeCun, Yann/Bengio, Yoshua/Hinton, Geoffrey, Deep learning, Nature 521 (2015), S. 436, 440, DOI: 10. 1038/nature14539.

〔13〕 Vgl. He, Kaiming/Zhang, Xiangyu/Ren, Shaoging/Sun, Jian, Deep Residual Learning for Image Recognition, in: 2016 IEEE Conference on Computer Vision and Pattern Recognition (CVPR), 2016, S. 770 – 778, DOI: 10. 1109/CVPR. 2016. 90.

常复杂,这一点能否在各个具体情况中满意地实现,是有疑问的。

另外,上述决策树的例子表明确实存在可被理解的学习算法。当前,之所以不再仅仅使用简单易懂的程序,是因为更复杂的程序尤其是神经网络可提供明显更好的结果,也正因如此机器学习可应用于更多领域。

四、推论

很早以前,文献就对计算机意思表示(Computererklärungen)的理论进行了研究。计算机意思表示即由计算机生成和传输的意思表示,该意思表示作出时没有掺入任何自然人的意志。由于使用软件这一行为本身通常是符合行为人意愿的,因而由其指定的相应软件作出的意思表示可以归属于该人。[14] 这一点根据目前状态至少也适用于代理软件(Softwareagenten)作出的意思表示,尽管根据定义它们是"自主"行动的。[15] 但有疑问的是,随着机器学习程序的日渐优化与复杂化,是否会因此产生一些变化:尽管决策树原则上是可被理解的,但它也可能变得非常复杂——无法预料的决策可能会出现。

但是,当人们谈论"智能的"或"自主的"系统时,总会联想到它的决策过程与人相类似。如果是这样,那么将该系统作出的意思表示归属于使用该系统之人,就不那么恰当了。[16] 实际上,这些系统(通常基于神经网络)在各个应用领域都非常成功,并且在某些领域(如图像识别任务中)已经达到了与人相当的水平。同时,这些决策的作出本身也是难以理解的——这一点也与人作出决策一样。若仅仅为此,没有必要重新调整责任规则——不仅仅是意思表示的归属而且包括侵权时的各种请求权。特别是不能因为所使用系统作出的决策是难以被理解的,就减轻该系统使用者的负担。更何况还存在巨大的划界困难,即缺乏明确的标准去认定从何时开始神经网络、决策树或其他机器学习过程的复杂性已达到可以变更法律状态的地步。

实际上,由于机器学习程序的特性,实践中出现了无法再明确划分责任的问题。例如,制造商提供了包含预设定结构的神经网络的软件——但是对它的

---

〔14〕 Vgl. Spindler, in: Spindler, Gerald/Schuster, Fabian (Hrsg.), Recht der elektronischen Medien. 3. Aufl., München 2015., Vor § S. 116 ff. BGB, Rn. 6; Sorge, Christoph, Conclusion of contracts by electronic agents, in: Sartor, Giovanni (Hrsg.), Proceedings of the 10th international conference on Artificial intelligence and law-ICAIL '05, New York, New York, USA 2005, S. 210, DOI: 10. 1145/1165485. 1165518.

〔15〕 Vgl. Spindler, in: Spindler, Gerald/Schuster, Fabian (Hrsg.), Recht der elektronischen Medien. 3. Aufl., München 2015., Vor § S. 116 ff. BGB, Rn. 9.

〔16〕 Vgl. Pieper, Fritz-Ulli, Künstliche Intelligenz: Im spannungsfeld von Recht und Technik, in: Taeger, Jürgen (Hrsg.), Recht 4.0 – Innovationen aus den rechtswissenschaftlichen Laboren, Tagungsband DSRI Herbstakademie 2017, Edewecht 2017, S. 566 f.

训练或部分训练是由软件使用者进行的。想要在个案中事后确认错误——比如自动驾驶汽车闯红灯或向供应商发出错误订单——到底是软件的瑕疵,还是训练的瑕疵,抑或第三人对程序认知进程的故意影响而引起的,是非常困难的。[17] 当多个系统交互且每个系统都由神经网络控制时,情况更是如此。[18]

如有必要,可仅根据举证责任分配作出判定;但这是否恰当,尚待讨论。无论如何,当软件制造商无法控制软件的训练过程时,由其承担基本责任是不恰当的;对软件使用者而言,至少当其无法预见软件的行为时,由其承担责任也是有疑问的。尽管在工业应用中,或许可以通过合同约定解决许多可能的争议;但这种解决方案能否具有普遍性,足够令人怀疑。

在文献中早就指出,除归责问题,还存在其他理由对机器学习(自主)系统在法律上重新归类。艾伦(Allen)和威迪森(Widdison)[19]提出了将机器人视为法人(juristische Personen)的三个可能的理由:道德要求、与社会现实的联系(Anknüpfung an soziale Wirklichkeit)、更简便的法律处理(einfachere rechtliche Handhabung)。从今天的视角看,前两个理由并不符合实际。单纯的解决问题之能力(正如许多关于智能的定义所要求的)并不足以将它们证立。或许可从前文提到的图灵测试中为这两项理由获取一些论据——但不能是在事先确定相应结果的简化的框架条件下。就目前的研究状况而言,要使机器发展出类似于人类意思形成过程中的自身意识或自我意志,还有很长的路要走。[20]

还剩下简化法律处理这一论点。事实上可以想象这样一种法人,它拥有资本并且可以(也只能)针对这些资本(根据其自身的机器学习程序对此作出的决

---

〔17〕 在"对抗性学习"(Adversarial Learning)这一关键词下,研究了攻击者如何操纵机器学习的结果。概要性介绍参见 Huang, Ling/Joseph, Anthony D./Nelson, Blaine/Rubinstein, Benjamin I. P./Tygar, J. D., Adversarial machine learning, in: Chen, Uan/Cárdenas, Alvaro A./Greenstadt, Rachel/Rubinstein, Ben (Hrsg.), Proceedings of the 4th ACM workshop on security and artificial intelligence-AIsec '11, Tagungsband the 4th ACM workshop, New York 2011, S. 43 – 58, DOI: 10.1145/2046684.2046692。

〔18〕 对此的进一步介绍参见(与程序代理有关)Kirn, Stefan/Miller-Hengstenberg, Claus D, Intelligente (Software-) Agenten: Von der Automatisierung Zur Autonomie?, Verselbstständigung technischer Systeme, MMR 2014, S. 225, 230 f。

〔19〕 Vgl. Allen, Tom/Widdison, Robin, Can Computers Make Contracts, Harv. J. L. & Tech. 9 (1996), S. 25, 35.

〔20〕 同样观点参见 Nevejans, Nathalie, European Civil Law Rules in Robotics, Studie der Generaldirektion Interne Politikbereiche der Union, Fachabteilung C: Bürgerrechte und konstitutionelle Angelegenheiten, englische Sprachfassung. 1. Aufl., Brüssel 2016, S. 15, http://www.europarl.europa.eu/thinktank/en/document.html?reference=IPOLsTU(2016)571379。欧洲议会在 2017 年 2 月 16 日的一项决议中建议其委员会限制针对有关机器人之民法规则[2015/2103(INL)]第 59 条(及以下)的审查任务,其关乎电子人格是否成立的问题。

策)做出相应处置。如此设定的好处是,即便是一个无法被理解的决策也只会耗尽可用资金而已。对此,霍夫曼(Hofmann)和霍恩(Hornung)指出,有限责任公司等现有的法人实体无法与此处假定的自主系统相对应——想免除股东责任,不是只要牺牲有限责任公司那么简单。因此,要模仿这一点,或许有必要为系统假定一种"超生命意志"(Überlebenswille)。[21] 但这样一种意志如何运作,目前是无法澄清的。而且根据目前情况,创设这样一种新型法人种类与解决问题的成本之间是否成比例,总归是有疑问的。这一评价也适用于卡诺[22]的建议,他主张以电子人代替人类进行活动以保护数据安全。

尽管如此,人工智能的发展在近几年会成为一种动因,在细节上推动意思表示归属、侵权责任等领域的归责规则的再讨论。人工智能在决策中的作用因此增长,如有助于动机错误与意思表示错误的区分。然而,人工智能在应用过程中(如自动驾驶领域)也可能伴随很高的侵害可能性,对此有一个可靠的法律框架是至关重要的。[23] 因此,在各应用领域进行调整是确有必要的;不过,没有理由进行根本的范式转换。

五、结论

人工智能的飞速发展使几年前无法想象的应用成为可能。因此,自然而然地产生法律框架应在多大程度上回应这些发展的问题。机器决策缺乏可理解性本身不能成为改变法律义务和责任的理由。此外,人工智能也缺乏类似于人类形成意思表示的过程。因此,新的法律规制只能出于纯粹的实践需要,这些规制应是应用于特定领域的,比如对自动驾驶的规制可能与用来自动订购食物的代理程序不同。

这些评估在未来可能被颠覆性改变。目前尚无法确定何时需要重新评估法律框架以适应"强人工智能"的到来——图灵在1950年表达的期望过于乐观。

---

〔21〕 Vgl. Hofmann, Kai/Hornung, Gerrit, Rechtliche Herausforderungen des Internets der Dinge, in: Engemann, Christoph/Sprenger, Florian (Hrsg.), Internet der Dinge, Aber smarte Objekte, intelligente Umgebungen und die technische Durchdringung der Welt, Bielefeld 2015, S. 190 f.

〔22〕 Vgl. Karnow, Curtis E. A., The Encrypted Self: Fleshing Out the Rights of Electronic Personalities, J. Marshall J. Computer & Info 13 (1994), S. 1 – 16.

〔23〕 Vgl. Jänich, Volker M./Schrader, Paul T./Reck, Vivian, Rechtsprobleme des autonomen Fahrens, NZV 2015, S. 313 – 314.

专题二　判例研究方法

导　读

张　挺

近年来,随着指导性案例、类案检索等司法实务的发展以及比较法对国内学人的影响,我国法学界日渐认识到判例研究的重要性,并涌现出不少关于判例研究的论文与书籍。但是,作为成文法国家,我国立法上并不认可判例的法源性。那么,就会产生如下疑问:"判例"到底是什么?判决书中的所有内容是否都构成判例?成文法国家尊重判例的依据在哪里?研究判例的目的是什么?判例研究是否有其独特的方法论?等等。对于这些问题,日本已故著名民法学者平井宜雄曾作深入研究,并在日本产生了广泛的影响。这里翻译的四篇文章便出自平井教授的《法律学基础论的研究(平井宜雄著作集1)》(有斐阁2010年)。[1] 四篇文章分别为:《判例研究方法论的再检讨》(以下简称文章一)、《判例研究方法论的过去与现在》(以下简称文章二)、《民法中"判例"论的新阶段》(以下简称文章三)、《学习"判例"的意义及极限》(以下简称文章四)。

平井教授生于1937年,卒于2013年,是东京大学名誉教授,日本学士院会员,主要活跃于20世纪70年代至90年代。平井教授毕业于东京大学法学院,本科毕业后成为法学院助手,三年后成为法学院助理教授,一直在东京大学法学院工作至1998年退休,后至筑波大学、专修大学任教授。平井教授的代表性著作为《损害赔偿法的理论》、《法政策学》(第2版)、《债权总论》、《债权各论1契约总论》、《债权各论2侵权行为》、《法律学基础论备忘录》等。平井教授的法学研究方法横贯英美法风格的经验法学和大陆法系的法解释学,虽然其被人评价为日本最具原创力的法学家,[2]但是无论是其学术观点还是研究方法,在日本学界其实还是稍显"另类"。在其活跃期,平井教授的一系列文章和著作确

[1] 下面译文中出现的"本书"即为《法律学基础论的研究(平井宜雄著作集1)》(有斐阁,2010年)。

[2] [日]平井宜雄:《追寻"法的思考样式"——三十五年回顾与展望》,章程译,载李昊、明辉主编:《北航法律评论》(2014年第1辑·总第5辑),法律出版社2015年版。

实也产生了极其重大的影响。比如,作为其成名作的《损害赔偿法的理论》,彻底批判了采用德国完全赔偿的相当因果关系说,提出了规范性保护范围说,影响极大,致使其后相当一段时间内,许多教科书里都抹去相当因果关系的提法。此外,关于法律解释,平井教授对星野英一等学者提倡的“利益衡量论”提出了尖锐的批判,当然星野教授也做出了反驳,双方及其支持者你来我往,学说史上称之为“法解释争论”。而关于判例研究方法的讨论,日本学界也曾出现过广泛争论,当然平井教授也参与其中,这是一场可以与法社会学论争、法解释学论争相提并论的战后法学界的三大论争之一。

本专题所翻译的四篇文章是平井教授在不同时期写的论文,但都是关于判例研究方法论的文章。在日本,判例研究是每位学者都必须面对的问题,也是评价研究能力的重要指标。四篇译文中,文章一是作者的法解释方法论在判例研究中的应用。文章二主张应当根据不同的目的分化判例研究的方法,这一点与文章一存在相同之处。文章三则是应对日本民事诉讼法修改后明确出现了“判例”一词后判例概念发生的变化,也弥补了文章一和文章二中没有涉及的相关理论盲点。而文章四是日本法科大学院制度设立后写作的最新文章,大致便是文章一、文章二和文章三的合成,只不过更加以法科大学院制度为出发点。这四篇文章的出发点都是相似的,那便是思考在写判例研究的时候,到底应该遵循怎样的方法。但是,不得不说的是,四篇文章都是在不同时期、基于不同目的而写作的,而主题又高度相似,编入著作集又没有进行归纳修改,所以四篇译文多少在内容上是存在重复的。

具体来说,文章一首先梳理了日本学说史上对于判例研究方法产生深远影响的两位前辈(末弘严太郎、川岛武宜)的主要观点。如文章所言,川岛继承了末弘的判例研究方法论,包括:①强调判例的法源性;②理解审判过程的方法;③实用法学(法解释学)的任务在于预见审判。在此基础上,对川岛方法论中的审判过程性质论、判例研究目的在于预见审判的观点进行了分析与批判。接下来,文章从法学教育的视角试图消解川岛方法论中的两大支柱——“审判过程性质论”和“预见性法学的构想”存在的问题,提出判例研究对培养“通过‘论证’的问题解决者”的法学家的意义。

文章二的篇幅相对较小,其探讨了判例研究盛况依旧而方法论“热潮”退去的问题。文章首先整理了判例研究的主要争论点,包括判例研究的目的、审判过程的性质、判例研究的方法等。作者认为判例研究方法论“热潮”的退去的原因如下:第一,关于判例研究方法论的讨论乍看似乎形式上是“方法论”的“争论”,但实际上并没有就具体问题展开争论。第二,热潮期过后,刚好遇上日本法发生了根本性变化,对判例的应有之义产生了巨大影响。第三,所谓法的需求者以及伴随而来的供给者(特别是法学教师)的明显增多。

文章三的背景是日本新修订的《民事诉讼法》第318条第1款新设了上告受理制度,其中明确使用了"判例"一词。本文以判例的"法源性"以及"判例"的意义为中心,探讨新民事诉讼法中登场的"判例"概念在有关"判例的过去、现在和将来的讨论中有何关联以及相互之间的影响"。

文章四在第二部分再次梳理了日本判例论的学说史,并总结了判例研究方法论的相关特征,即"判例的法源性"、"心理主义"和"学者对审判实务"。作者认为三个特征都失去了它们的现代意义,需要重新审视判例的意义。在此基础上,本文对判例理论再次进行了探讨,特别是对于判例的理论与解释论的意义、何为法学家、判例的意义以及定位、实体法上承认"判例"的意义进行了探讨。笔者认为过去的判例理论已经失去意义,当前判例研究应当追问"判例对于一般法学家而言有何意义"。而法学家应当定位为"通过'论证''解决问题'之人",判例应当是以"议论"为出发点的命题。同时,法学家的工作应该是发现迄今任何人未曾注意、未曾讨论的法律"问题",并直面解决问题的工作。

平井宜雄的判例理论至少在以下两点对我国的判例研究存在借鉴意义:第一,从法学教育的视角思考关于判例研究的目的。按照平井理论,法学教育的作用在于通过"论证"向社会输送"问题解决者"。那么,判例研究的目的到底是为了发现"法律",还是为了预判判决,抑或平井宜雄教授所言的"应当是以'议论'为出发点的命题……对于法学家的世界来说就是判决书中所表明的规范命题,经过多次反驳而留存下来的成为法学家共有财产之物"?这确实是判例研究应当解决的基础理论问题。平井宜雄文章中对日本学说史的整理以及平井提出的学说对于我们研究这个问题提供了参考。第二,正如平井宜雄教授所言,如果不讨论和解决判例中出现的具体法律问题,过于执着于"方法论"的问题,那么判例研究"热潮"将来得快去得也快。因此,"并非接触判决,就意味着必须轰轰烈烈地学习迄今各家所论述的判例研究方法论",判例应当将重点放在表明判决的法律论(言明)的理由上来。

判例研究方法论的再检讨

[日]平井宜雄* 著　张　挺** 译　[日]吉田庆子*** 校

【摘　要】本文探讨了"末弘方法论"对"川岛方法论"的影响,包括:①强调判例的法源性;②理解审判过程的方法;③实用法学(法解释学)的任务在于预见审判。在此基础上,对于川岛方法论中的审判过程性质论、判例研究目的在于预见审判的观点进行了分析与批判。本文还从法学教育的视角试图消解川岛方法论中的两大支柱——"审判过程性质论"和"预见性法学的构想"存在的问题,提出判例研究对培养"通过'论证'的问题解决者"的法学家的意义。

【关键词】判例研究　方法论　论证

一、问题

笔者曾向本刊投稿以《法学基础论觉书》为副标题的一系列论文(以下简称《觉书》)[1],以期概括性、批判性地对战后法解释论进行探讨。此后,在以这些论文为契机所举办的一些研讨会和专题报道上[2],笔者获得了出席者以及各位论文投稿者的宝贵意见,并获得进一步发表自己意见的机会。在此,笔者对这些"觉书"的主张和上述研讨会的发言进行重新整理,尽量进一步体系化编辑,同时向法学协会杂志提交了以《建立法解释论的合理主义基础》为题的论文

---

* [日]平井宜雄,日本东京大学名誉教授。

** 张挺,日本立命馆大学法学博士,杭州师范大学沈钧儒法学院副教授。

*** [日]吉田庆子,法学博士,日本大东文化大学外国语学院副教授。

〔1〕 ジュリ916号、918-921号、926-928号。此后,合本发行(1989年)。文中引用为合本中的页码。

〔2〕 参见ジュリ940号所载"法解释论与法学教育"的小型研讨会(参加者星野英一、田中成明、濑川信久等教授与笔者)以及碧海纯一教授的「合理主義と法解釈論」、甲斐道太郎教授的「『せつのないまでの憧憬』再論」、星野教授的「『議論』と法学教育(1)~(4)」(ジュリ940-943号)。这些文稿以《法解释论与法学教育》(『法解釈論と法学教育』)为名合本出版(1990年)。

(以下简称《续觉书》),并标上"法学基础论觉书之二"的副标题。本稿将沿用《觉书》《续觉书》的手法,而"法学基础论觉书之三"(刊登当时)的副标题是为了表示与上述两部论文的延续性而附加的。本文将应用一直以来的判例研究方法论[3],并进行批判性研讨。具体详细说明如下。

关于判例研究方法的讨论,曾因出现过"热潮"而得到学界的广泛关注。按照长谷川正安教授的说法,这是一场可以与法社会学论争、法解释学论争相提并论的战后法学界的三大论争之一。[4] 正如在法解释论争之后接踵而至的这种"热潮"所示[5],它与法解释论争有着密切联系,两者的基本出发点也是相通的。因此,在批判性探讨以法解释学所引发的战后法解释学论争时,不可避免地会讨论到几乎放在与法解释论争相同位置的所谓以判例研究方法论为对象的讨论。本文提出判例研究方法论的问题也是基于这样的理由。在此,有必要再次说明一下《觉书》及《续觉书》中笔者反复阐述的观点。[6]

(1)战后的法解释论中存在"非合理主义"。这对法学教育,即一般培养法学家是有害的,必须思考如何克服这个问题。

(2)作为克服问题的战略,有必要掌握法学家的一般活动是"通过'论证'来解决问题(行动)"的。

(3)在掌握上述概念的前提下,可以从战后法解释论的角度以培养法学家的观点提出问题,将法解释论置于合理主义的基础上。

本文就是站在上述观点的基础上,研讨判例研究的方法论,并根据判例研究的方法论论证上述第三个的观点。

但是,本文探讨的判例研究的方法论到底是什么?这个问题并非不言自明。正如上文所述,虽然战后法学界迎来了判例研究方法论的"热潮",但是,"热潮"带来的成果到底有哪些?其为学界留下了哪些可以共享的财产?在几乎从未探讨的状况下"热潮"就这样退潮了,似乎学界也已经不太关心这个问题了。此外,曾有人评价围绕判例研究方法论的讨论对具体的判例研究影响甚微。[7] 而且即便是"热潮"的主要呐喊者们也感叹,"判例"概念的多义性致使

---

〔3〕 笔者并不喜欢用"方法论"一词(理由参见覚書6頁注2、54頁,続·覚書中有更详细的论述)。对此,学者批判到,这"否定了一直以来方法论所具备的价值"(参见星野「『議論』と法学教育(2)」ジュリ941号115頁,小型探讨会60頁)。这脱离了笔者的本意(続·覚書也将论述),为了避免误解,以下还是按照过去"方法论"的用语。

〔4〕 关于此间情况,参见平井宜雄「判例研究方法論の過去と現在」同編『民法の基本判例』(1989)2頁。

〔5〕 判例研究方法论"热潮"一说始于20世纪60年代初期,有学者指出其与法解释论"存在重合部分"[参见長谷川正安『法学論争史』(1976)147頁]。

〔6〕 关于这一点参见覚書序言。详细参见続·覚書。

〔7〕 参见長谷川正安『法学論争史』(1976)73頁。

论争并没有什么建设性意义。[8] 但是,造成这场“热潮”论争并对学界产生重大影响的火炬手是川岛武宜博士的一系列论文(特别是“判例研究的方法”[9]),对于这一点大家基本上是没有异议的。[10] 因此,本文以川岛博士所提倡的判例研究方法论(以下简称川岛方法论)为主要分析对象,估计也不存在异议。故而,本文以川岛方法论为分析的出发点,“热潮”中的论点以及笔者对这个问题的总结将放在分析之后进行探讨。

正如川岛博士反复所言[11],川岛方法论是受到末弘严太郎博士的判例研究方法论(以下简称末弘方法论[12])的强烈影响而产生的,所以在探讨川岛方法论之时自然无法避免涉及末弘方法论。

因此,本文先探讨末弘方法论中对川岛方法论产生影响的部分,明确川岛方法论受到继承之后,再探讨川岛方法论。在此基础上,利用《觉书》及《续觉书》中的方法,批判性探讨川岛方法论的基本观点及其存在的问题,以及对培养法学家具有怎样的意义。

之后,本文将探讨,如果按照“通过论证来解决问题”这样一种普通的培养法学家的观念,对传统的判例研究方法论(尤其是川岛方法论)进行再构成的话,应当如何进行,对于法学家培养而言,有意义的判例研究方法论应当如何。

---

〔8〕 参见川島武宜「判例と判決例」同『川島武宜著作集五』(1982年,以下按“著作集五”引用)182頁。

〔9〕 川岛博士关于判例研究方法论的文稿较多,主要的文稿如下:「判例研究の方法」[著作集五128頁以下(下文以“方法”引用)]、「判例と判決例」[著作集五181頁以下(下文以“判決例”引用)]、「『法学』の現代的問題点」[著作集五206頁以下(下文以“問題点”引用)]、『教材民法(三)』(1958年)3頁以下、『民法(Ⅰ)』(1960年)の「はしがき」、「請求権の競合について(一)」法協74巻5-6号569頁以下。除此之外,还有比较重要的论述在「市民の実用法学とその科学性」[著作集五100頁以下(下文以“科学性”引用)]、「末弘嚴太郎先生の法学理論」[『川島武宜著作集第一巻』(1982年)330頁以下(下文以“法学理論”引用)]。此外,下文中所称川岛方法论恐怕与现在的川岛博士的法学的理论(按照覚書中的用语是“川岛现理论”,32頁)推导出的结论是不同的。川岛博士现在的观点可以理解为,以“有关权利的论证的争论”的观点为基础,重新构建法学。可见,川岛方法论恐怕也已经发生了变化。但是,对判例研究方法有重大影响的还是上述文稿,因此将其作为川岛方法论的分析对象。

〔10〕 座談会「判例批判の方法をめぐって」[民商56巻1号、4号(1967)]上有如何发言。川岛方法论的影响之大可以举个例子:“山下末人教授:无论怎么说,川岛教授的判例研究方法影响并不局限于东京,即便是关西也有重大影响。”(56巻1号65頁)而且座谈会一开始就将话题聚焦在“川岛理论中的判例研究”。

〔11〕 参见科学性102頁、法学理論多处、問題点269頁以下、川島武宜『ある法学者の轨迹』(1978年,下文以“轨迹”引用)307頁以下。

〔12〕 关于末弘博士的判例研究方法参见「判例の法源性と判例の研究」(『民法雑記帳上』)(1953年,下文以“法源性”引用)、『法学入門』(1952年,下文以“法学入門”引用)、「判例民法大正10年度序文」(下文以“序文”引用)以及法学理論341-353頁。

此外,值得说明的一点是,本文研究对象是过去的判例研究对法学家(且是广义的法学家)的培养是否有意义的再探讨,而不是学问式研究,或者从一定的解释学理论的关系上,来讨论判例研究应当如何进行的问题。这是因为学者的判例研究方法的讨论应当交由学者个人的创意及观点,是自由创作的领域。对此,可能有以下反驳意见。自觉意识到判例研究的方法论是在末弘博士之后,当初这与本文的问题意识并不相关,仅仅是学者之间的讨论,然而从对法学教育的意义的角度探讨这个问题,主要观点本身就包含了矛盾,显然不对吧?的确,判例研究的方法论是作为学者的研究方法论而诞生。但是,如后文所述,同时笔者认为这对于法学教育也是极为重要的(用笔者在《觉书》中的用词就是“直接连接主义”)。如果笔者在后文中的推论没有错误,虽然未必给学者的个案判例研究带来重大影响,但似乎对法学教育产生了间接性影响,是孕育“非合理主义”的温床。本文以判例研究的方法论为对象采用与《觉书》及《续觉书》相同的手法,也是出于这样的问题意识,同时也只有在这样的范围内,才能找到上述手法的根据。

二、对象

如前所述,本文的主要对象是川岛方法论,而川岛方法论是以末弘方法论为出发点的,因此为了明确川岛方法论的内容,至少应当在必要限度内探究末弘方法论。

虽然川岛博士自身也承认川岛方法论受到末弘方法论的影响较深,但是两者所关注的问题毕竟大不相同。而且如后文所述,川岛方法论从体系上继承了一直保持一贯性结构的末弘方法论,但是结合自身所关注的问题,即从末弘方法论的“切取”吸收给川岛方法论带来了理论上的不协调。因此,为了明确川岛方法论的意义,有必要关注其与末弘方法论的差异。从这个视角来讨论这个问题是否得当或许会有许多异议(关于末弘法学的体系结构,已经有矶村哲教授分析研究的优秀成果)[13],如川岛博士所言我们对末弘方法论的研究其实并不充分[14],更何况川岛方法论(除判例研究方法论争时期零散可见的以外)[15]并没有成为大家考察的对象。因此,作为本文讨论的第一步,或许大家可以允许笔者做如下尝试。

---

〔13〕 参见磯川哲『社会法学の展開と構造』(1975)62 頁以下。

〔14〕 参见方法 128 頁、法学理論 331 頁等。

〔15〕 关于川岛方法论参见本文第四部分。

(一)末弘方法论与川岛方法论的关系

川岛方法论继承了末弘方法论,如川岛博士自己所言,主要有以下三点[16]:①法院创法,换言之强调判例的法源性;②理解审判过程的方法(所谓的三足鼎立理论,即审判中,事实认定、法律解释和产生结论的心理活动构成三足鼎立……以上三者一方面是相互决定的,另一方面是同时进行着的)[17];③实用法学(法解释学)的任务在于预见审判。

但实际上,末弘方法论压倒性地将重点放在了上述①之上,而且应该说对上述①②③之间是否存在理论上的关联性乃至一体性在解释上存在质疑。与此相对,川岛方法论可以说是将重点放在②之上(或者说以此为中心吸收了末弘方法论),且以此为中心对①和③进行理论性统一的方式来理解末弘方法论。[18] 下面,我们就从这个差异入手来探讨末弘方法论。

矶村哲教授一针见血地指出,末弘方法论是与末弘法学的基本思想"社会从国家的解放、社会的自主性发展"[19]相联系的。由此引出了[20]作为对抗国家法的发现和强调社会规范的法源理论,其重要的一个环节就是承认法官创造法律以及判例的法源性。因此,可谓末弘方法论的核心就是:"在该事件中,对于判决整体来说成为具体问题的事实关系的实质为何,有必要对此进行研究确定……而且,研究者在确定其事实关系实质的基础上,还需要从判决整体解读出法官通过规制所创造的法律规范是什么。"[21]必须是在判例的法源性主张的脉络中才能够理解。[22] 根据末弘博士的论旨,其论据如下。

"大约法官在就某一具体案件进行审判时,在脑海中会浮现出应适用的法律规范并思考如何适用……"[23]但是"因为不存在完美无缺的法秩序,法官每次审判时都不得不逐一创造适用该案件的法律规范……"[24]即便如此,为了能够说这是"依据法律"做出的判决,同时在脑海中还会浮现"这并非只是对该案件的便宜性处理,如果存在别的'实质相同的案件'适用起来也不会有问题,在

---

〔16〕 从法学理論(335頁以下、341頁以下、352頁)可以解读出这一点,下面各处也可见这一点。关于本文中的①参见問題点269頁、方法138頁(可以对照末弘的法源性24頁以下);关于②参见同229頁、方法138頁;关于③参见科学性103頁、問題点275頁、轨迹307頁。

〔17〕 参见法学入門132-133頁。

〔18〕 比如法学理論341頁。

〔19〕 礒村哲『社会法学の展開と構造』77頁。

〔20〕 关于这一点参见礒村哲『社会法学の展開と構造』101頁以下。

〔21〕 法源性35頁。

〔22〕 关于这一点参见序言便十分清楚。序言中,比如批判了大审院判决中没有事实的记载,"自己抛弃了法律创造者的地位"。

〔23〕 法源性28頁。

〔24〕 法源性29頁。

坚信这样的法律规范的状况下，进行适用判断”[25]。正因如此，“重要的是法官在探讨先例判例时，应当注意到判例中所处理的案件的实质是什么，并明确当前所要处理的具体案件与之是否类型上属于同类。只有在确信是同类的情况下，才产生尊重判例的既判力义务”[26]。据此，推导出判例研究的方法论。即“法院从类型上理解该案件的实质，创造出只是可以认为是相同类型的其他案件中也可以适用的法律规范，并适用后对该案件作出判断。因此，研究者最重要的努力应当是从该判例整体中解读出法律规范是什么”[27]。这与上述末弘方法论的核心命题密切相连。

通过以上分析，按照川岛博士所理解的“三足鼎立理论”的关联性去理解[28]，就会产生一些疑问。的确，在末弘博士的论述中，并非不存在如此理解的根据。比如在《法学入门》中阐述了“三足鼎立理论”后，在展开讨论判例研究方法论时提出：“为何要在研究判例上下功夫呢？在回答这个问题之前，虽然无法简单说清，但简言之，前文笔者关于法律的解释、适用的详细说明中自然而然引导出来的结论……”[29]也就是说，“如前文所述，法律判断中，事实、法律和结论之间是相互关联并且是同时相互决定的关系……对这种运行机制的释明……很明显就是一种创造”[30]。

但是，上述文章也可能理解是叙述的法官造法，仅限于主张判例的法源性的脉络中具有意义（参见引文最后）。那么，有关判例的法源性主张与审判过程中的心理过程的考察，至少从理论上来讲是两个不同的问题，后者可以理解为是从前者中独立产生的问题。如川岛博士所言[31]，后者是在末弘博士的令尊（大审院法官）的影响下产生的，甚至可以说考虑为受到影响并非牵强。[32]

基于以上考量，末弘方法论中上述观点①与②相互独立，且②本身并不具备如此重要的意义，这样理解才比较恰当。那么，上述观点③又如何呢？下述

---

〔25〕 法源性30頁。

〔26〕 法源性33頁。

〔27〕 法源性34頁。

〔28〕 川岛博士如下理解：在法学理论中介绍末弘方法论关于判例法源性的论述，在引用了本文所述的核心命题之后，提出“毫无疑问，该作业（从判例中解读出法官创造的法律规范的作业）的必要性在于，法官的“法律判断在于事实、法律与结论是相互关联且同时相互决定的关系”（法学入門166頁）。也就是说，法源性的问题放在“三足鼎立理论”（裁判过程的性质论）中理解。

〔29〕 法学入門139頁。

〔30〕 法学入門140頁。

〔31〕 参见問題点229頁。

〔32〕 此外，川岛博士在「法律解釈における理論と政策」（『民法雑考』1922年所収）的开头提出，应与裁判过程的性质论联系起来理解，与J. 弗兰克的主张理解一致（法学理論338頁）。但是，笔者还是只将其与末弘博士的法源论相关联理解。在这里作为问题提出来。

引文是(也几乎是唯一的)上述观点③的论据。"判例研究的目的在于探究过去判例中出现的……判例即法律规范,并且,判例研究的效用在于相关法律规范在之后的实质相同的案件中,以应该适用的必然性或可能性为前提,给将来可能发生的具体案件审判应该如何裁决的'预言'提供必要的知识。通过了解过去的案件在法律上是如何在处理,就可以了解将来的案件应当如何处理。这才是实用法学最大的任务。"〔33〕

的确,我们可以从上述观点解读出"预见性法学"的构想。但是,正如矶村哲教授所示,"应该理解为是从承认判例的法源性立场出发,以法律判断的前提工作,强调了作为法源的判例的确定以及客观性研究的必要性吧"〔34〕,也可以如此解释。如果从上述末弘博士的基本理论的整合性来看,笔者认为采纳后者的理解,即定位于判例的法源性(实际上,该文章就是《判例的法源性与判例研究》的一部分)。

如果上述分析无误,那么末弘方法论最强调的一点可以理解为是法官的法律创造,即判例的法源性主张。相对来讲,②与③(特别是③)即便是末弘方法论的内在内容,与此相比只能是仅占了极小的比重。甚至可以说,末弘方法论仅通过①的主张,将末弘方法论在内的末弘法学整体以体系性的方式来理解。〔35〕 因此,②和③是基于川岛方法论对末弘方法论的特别解释,或者说针对②、③的论述使末弘方法论具备"被解读"的空间。这些是上述论述所想要指出的几个问题。

但是,我们也可以充分理解川岛方法论以②与③为着力点对末弘方法论进行再构成的意图。换言之,判例的法源性主张在明确了末弘方法论的那个时代,才可以被评价为是一个崭新的观点。关于判例法理的进展,至少在民法领域受到了末弘方法论的强烈影响,姑且不论其与法源性的理论关系如何,现实中已经成为理所当然而得到大家的接受。更何况,对于受到现实主义法学强烈影响的川岛方法论而言,上述观点几乎可以被认为是天经地义吧!川岛方法论强调了②和③,如下文所述,可以认为意图通过②对①进行再框架化尝试,也是源于这样的学问上的关注以及环境变化所造成吧?但是,如后文分析,这样的尝试也给川岛方法论带来理论上的不协调。下面,先介绍一下川岛方法论。

(二)川岛方法论

如前所述,川岛方法论继承了末弘方法论的主要是前述三点中的②,即审

---

〔33〕 法源性35頁。

〔34〕 礒村哲『社会法学の展開と構造』113頁注14。

〔35〕 结果,这就是礒村哲『社会法学の展開と構造』的解释,本文也是全面关于末弘方法论的解释。

判过程的性质论是川岛方法论。不仅如此,可以理解为这是川岛法学整体的基干和出发点。

川岛博士认为,审判过程(judicial process)是“judicial decision making process,即法官如何作出判决结论的心理过程”[36]。而且“毫无疑问,审判中影响决定的第一因素是法官的个性,而第二因素则是决定的各种环境条件(当事人诉讼主义下的诉讼关系人,特别是律师的行为)”[37]。如此一来,“不能轻易地判断为与实际作出判决的法官实际心理决定过程中被称为理由的东西是同一物,反之,应该作为论证判决的正当性所使用的‘理由’,成为科学性研究的对象。但是,传统的法学一直将两者混为一谈”[38]。川岛博士借鉴了美国的现实主义法学,特别是从末弘教授处获得的杰罗姆·弗兰克(Jerome Frank)的法律的现代精神(law and the modern mind)[39]的遗产,而得出了上述观点,在其中寻觅实用法学与社会科学的接触点的法学理论的基础。该观点与弗兰克一致,那么将领先一步[40]的“三足鼎立理论”进行大写特写也成为必然。川岛博士在理解末弘方法论时,并非从法源性出发,而是从审判过程论出发,[41]这是极其自然的现象。

那么,按照川岛方法论来考虑审判过程中的形象是以怎样的形式出现的呢?“判决,并非认定事实后作为‘适用’审判规范推导出来的,而是通过审判形成了具体的审判规范。因此,认为现有法律存在‘缺陷’……审判的结论并不是通过‘解释’得到的,所谓的‘解释’只能是判决文书中的三段论法这样的‘正当化’(rationalization)的表现形态或者手段。”[42]这样的观点立足于川岛方法论中的审判过程的形象。以此为线索,判决理由的定位也就油然而生。“‘判决理由’一词容易让人产生误解。之所以这么说……是因为该词可能容易导致人们产生这是成为判决性决定的动机的心理因素或者心理决定的基准(审判规范)……类似的幻觉。但是,许多时候事实并非如此。即便如此,在判决书中使用语言来表明的法律说明,许多情况下首先是为了论证该审判结论正当化的理论。”[43]如果将其定位为判决理由是“正当化”的依据的话,那么就应当主张从事“正当化”作业的实务家与学者的工作的分化。即“作为‘正当化’的

---

[36] 轨迹 334 頁。

[37] 問題点 285 頁。

[38] 轨迹 337 頁。

[39] 参见轨迹 334 頁。

[40] 关于川岛博士对“三足鼎立理论”与弗兰克理论关系的理解,参见法学理論 339 頁。

[41] 参见法学理論 335 頁。

[42] 方法 131 頁。

[43] 方法 145 頁。

技术,‘解释’在理论上比起说理的效果才是问题,本来这并不是学者的工作,而应当是实务家的工作,而且在大多数情况下实务家是有能力的。对于法学的使命以及机能,我们应当期待的是通过‘解释’操作这样的语言性外包装,探究发现内部存在的具体审判规范以及审判规范的记号性也就是理论性的构成”[44]。

除审判过程的性质论外,堪称支撑川岛方法论的第二大支柱则是主张判例研究的目的以及社会机能是寻求对将来审判的预见性。这样的观点不仅仅停留在川岛方法论上,也是贯穿川岛博士法学理论整体的主张(“预见性法学”的构想)。如前所述,这是以末弘方法论的文章为基础建立起来的独自的构想。[45] 在此,本文按照判例研究的方法论来探讨“预见性法学”的构想,具体内容如下。

在判例研究的目的中寻求预见性的理由在于:通过审判“为感受到很多利害关系的市民提供行动指南。特别是在资本主义社会,资本为了实现马克斯·韦伯所言的‘资本计算’(Kapitalrechnung),对自我权利义务的预见可能性(Berechenbarkeit)成为必要,那么对将来审判的预见工作,特别是在高层次社会对我们提出了这样的要求”[46]。本文的背景可以认为是川岛博士所提倡的所谓“市民实用法学”。即为了应对“社会中内在的权利秩序,特别是以资本主义的生产秩序为原则,直接得到国家法层面的承认和尊重……资本企业尤其要求将来可计算和可预测财产和货币”而产生的[47],应该说是要求政治权力和社会对等的法学。如此看来,似乎在这样的维度上与末弘方法论基础所关注的问题是相似的。但是,并非一定如此。这是因为提炼“先例中的审判规范”的工作并不是跟末弘方法论一样为了支持判例法源性的主张,而是定位于审判预见性的手段,在这个问题上与末弘方法论的问题意识是不同的。“通过判例研究,法学家发现和提炼具体先例中的审判规范的工作发挥了为审判过程提供决定基准,并以此提高审判的预见可能性的程度的功能。”[48]也就是说,说到底问题出发点在于审判的“预见”问题。如果说法学的任务及重点在于“以审判先例为素材,预见审判”[49],那么就可以提出如下假说,即通过提炼先例审判规范预见将来的审判。通过这样的定位,审判研究的方法便是“实用法学与社会法学的连接点”或者支撑“作为科学的法学”构想的重要因素。即对于“‘以预见审判为目的的’、‘作为经验科学的法学’,其研究目标的判例内容具有为预见将来的判

---

〔44〕 方法163頁。

〔45〕 该文已经在正文中引用(271頁)。川岛方法论关于这部分参见前注18引用各处。

〔46〕 方法131–132頁。

〔47〕 参见科学性140頁。

〔48〕 方法133頁。

〔49〕 科学性100頁。

断框架的假说性质”。而且“在经验科学的世界里……判断总是在试行错误的过程中得以检验和修正，是关于盖然性的命题”，因此“按照这样来构成的假说意味着包含常常受到将来审判的检验和修正的可能性”。[50]

关于判例法源性的川岛方法论与末弘方法论具有显著的差异。正如上文所述，这个问题并非像末弘方法论那样处于核心地位，而是如下文所述，通过审判过程的理论演变包容其中。即该学说以“许多民法学者虽然承认判例的‘法源’性，但是到底应该如何认可‘法源’却是一个问题”的形式为论述的出发点。[51] 也就是说，对于他们来说判例作为法源是不言自明的，此时关注的问题在于他们是否可以在此基础上理论性、系统性地并且协调性地进行说明。过去曾经有以习惯法来说明判例的拘束力的主张，虽然具有理论上的矛盾，问题并不在于这样的“正当化”的理论，而是“肯定乃至承认某判决对之后的判决产生规定性影响的现实性事实”。明确判例在日本存在于这样的意义上的约束力，“如果这样来理解判例的法源性的话，也就必须承认通过具体案件的审判形成了具体的审判规范”[52]。如此，与末弘方法论不同的是川岛并非主张判例的法源性。既然以此为立论的前提，那么就不得不给予与末弘方法论的上述核心命题不同的含义。关于这一点，下文再做叙述。

以上就是川岛方法论的基本命题，那么在具体的判例研究方法中应该采取哪些形式来体现这些命题呢？下面将探讨这个问题。

因为判例是将来审判的先例[53]，所以从这样的意义出发，“该判例中的先例要素应当从该案件的事实关系以及审判对此作出的判决结论等客观事实中推导”[54]。“因为在该判决中，与该判决中法官采用怎样的理论使判决正当化，以什么理由得出判决的结论无关，而是在该事实关系的情况下，该权利在该方法下受到保护或者不受保护的事实才是生活在这个社会生活的现实秩序中的人们决定性的重要事项。”[55]但是，“因为审判本来就是对个别具体案件的个别决定，所以对之后的审判所具有的‘先例’的含义是，审判的个别、具体的内容本身并不存在……如果不进行下述工作就无法理解审判的先例的含义。即有必要做如下一系列的工作：①从审判对象的个别具体事实（这只是一次性的既成事实）通过‘抽象’操作构建定型化事实；②从该审判的个别性、具体性结论（这也是类似于‘命令向某人支付多少金额’之类的一次性内容）通过‘抽象’操作

---

〔50〕 参见方法 176 頁。

〔51〕 参见方法 138 頁。

〔52〕 方法 143 頁。关于这一点其他论文中也有详细论述，参见問題点 266 頁以下。

〔53〕 关于这个问题判例一文中有详细探讨，特别是第 138 页以下。

〔54〕 方法 153 頁。

〔55〕 方法 152 頁。

构建定型化的决定内容;③在这样的基础上,选出对定型化决定内容的结论具有意义(relevant material)的定型性事实,来构成一个命题”[56]。

以上所述是在川岛方法论中具有具体性的判例研究方法论,这也应该是其方法论的核心命题。该命题似乎继承了末弘方法论所述的核心命题,即“从判例整体中研究确定到底什么才是该案件中具体成为问题的事实关系……在此基础上,有必要从判决中解读出法官所创造的法律规范到底为何”。但是,正如上文所述中明确的,可以理解为川岛方法论和末弘方法论各自的核心命题的意义是完全不同的。这是因为末弘方法论的上述核心命题在于阐述的是与判例法源性主张之间的关联性,简言之,意味着将判例成为“法”的工作。而川岛方法论的核心命题是由审判过程的性质论(“正当化”的概念)和预见性法学的构想(为了实现预见提炼出的先例性规范)所支撑,判例的法源性作为前提被吸收其中。

下面分别来看一下上述工作,特别是①和③(关于②几乎没有困难的问题产生[57])。关于提炼出定型化事实的工作,既然无法了解实际事实,我们只能经验性地从可检验的现象,即法院所认定的事实出发。但即便如此,这“对于预见审判具有十分重要的意义”[58]。因为“某审判作为之后审判的先例出现时,对于之后审判的法官来说只能了解到对于认定事实所作出的决定”,所以“作为先例的审判规范通常只能建构于认定事实”。[59]

对于判例规范的构建而言,应该多大程度将定型化事实抽象化,在于明确先例的含义,即得出了怎样的结论。换言之,不能脱离与定型性结论之间的关联结合工作来考虑这个问题。[60] 而且“从预见审判这种认识事实的立场(经验科学的立场)来看,对于之后的审判,先前审判(判例)所具有的先例性意义,即判例规范的内容,特别是取决于定型化事实的抽象程度”[61]。概言之,从这样的立场出发,即从作为经验科学的法学的立场出发,判例的内容是有关预见将来审判的假说。因此,“有必要整理过去的判例,对每个案件的事实进行比较,通过逐渐提炼抽象、分化作为审判对象的事实,总结归纳对各种案件的审判结论有意义的事实,努力构建假说要素的定型化事实”[62]。另外,既然是假说,如前所述就可能随时受到将来审判的检验和修正。

---

[56] 方法 162 - 163 頁。

[57] 参见方法 171 頁。

[58] 方法 169 頁。

[59] 参见方法 169 頁。

[60] 参见方法 171 頁。

[61] 方法 174 頁。

[62] 方法 176 頁。

以上是川岛方法论的结构概略。一方面,审判过程的性质论与预见性法学的构想是其判例研究的两大支柱,且两者紧密结合。另一方面,作为末弘方法论基干的法官创造法律,即判例的法源性主张已经被两大支柱所消化。以上是笔者的解释。如果上述分析没有错误,那么下面将按照本文的方法评价应该如何分析、评价川岛方法论。这是下一个问题。

三、分析与评价

假如上一节的分析无误,那么川岛方法论的两大支柱可以称为:①以末弘博士的所谓"三足鼎立理论"或者以 J. 弗兰克理论为根据的审判过程性质论(以下简称审判过程性质论);②主张判例研究(广义的法学)的目的在于审判的预见性,借用矶村哲教授的说法,以下称为预见性法学构想。本文将尝试以笔者的理解来对上述①和②的理论性关系进行分析,并对川岛方法论进行力所能及的评价。

(一)川岛方法论中的"三难选择"

必须指出的一点是,上述①(审判过程性质论)与②(预见性法学的构想)是相互矛盾的主张。也就是说,现实中审判的决定受到"法官的个人特性"以及审判的"环境诸多条件"的影响,越是强调这一点,那么就越是不得不承认预见审判的困难性。而极为强调预见审判的困难性的也正是弗兰克〔63〕,这是非常明确的。当然,按照下述内容可以解释为川岛博士也承认①与②的矛盾。甚至可以说,川岛方法论的发展就是如何努力解决这种矛盾。结论已经在《觉书》中指出〔64〕,下面将就上述相关问题阐述一下川岛方法论的发展轨迹。

在川岛方法论初期,如下所示川岛并没有强烈意识到①与②之间的矛盾。即,在《科学性》(1958 年)的论文中,"预见性法学的前提是规定审判行动的诸多因素中,最为重要的……是建立在审判的先例(判例)前提上"〔65〕。"……尽管如此,也有局限,如上文引用的 B. 卡多佐所言(强调'审判过程的创造性因素'),由于审判行动本身具有困难性。"〔66〕只有明确了"制定法以及判例的判断框架与法律构成"所具有的对审判行动的机能的"明确界限,才可以明确审判这种现象的经验法则,其预见加上影响力……才会产生现实性效果"。〔67〕 论述仅

〔63〕 这正是川岛博士自身所强调的,参见問題点 280 頁以下。

〔64〕 参见覚書 49 頁以下(本书第 130 页以下)。

〔65〕 科学性 150 頁。其理由阐述如下:"社会多少存在如下期待,即法院对于同种事实关系(何为同种事实关系也是预见性法学的一个问题),采取相同的裁判行动。特别是有利于社会的权利秩序中的裁判秩序,很大程度上存在先例拘束的原理。"

〔66〕 科学性 111 頁。关于"卡多佐所言"参见科学性 110 頁。

〔67〕 参见科学性 117 - 118 頁。

到此,至于如何明确上述问题的界限,则有待之后的研究。[68]

但是,到了 1960 年的《方法》时,川岛则已经明确意识到了上文的矛盾。即在阐述"通过判例研究可以预见将来的审判,产生这样的信念或者见解与英美法中的判例拘束原理"有着很深的关系之后,明言"但是,审判过程……主要是站在现实主义诉求以及印象(强调审判的创造性因素)的立场上的,另一方面也不得不认同现实的审判完全被过去的审判所约束的观点,从方法论上将陷入自我矛盾的结果"。[69] 当然,该文章仅仅停留于阐述了这些观点,解决矛盾只能等到下一阶段。"……资本主义社会的各种经济现象,在相当程度上产生类似形态,其中之一就是审判所示的具体性判断或处理……与其他类似案件从原理上……期待达到。或事实上相当程度期待的话,至少在理论上将仅限此范围就不得不承认审判的预见可能性……"[70]

在 1968 年发表的《问题点》一文中,川岛方法论为了解决"审判过程的性质论"与"预见性法学的构想"之间的矛盾,进行了以下理论性展开。在介绍了主张审判预见的困难性的 B. 卡多佐和 J. 弗兰克的论旨以后,指出"概言之,法官作出决定是由非常复杂的诸多因素组成的心理过程,通过判例预见其结论极其困难……因此,如果人们轻易地考虑审判的预见性的话……必须说,大概是无法维持的……如果事实如此,那么对于判例研究来说审判的预见性到底有什么意义呢"[71] 。对于这个问题,他做出了以下解答。

(a)"我认为问题在于'预见'一词的含义(基于自然科学的预见的含义有两个方面)。其一,尽可能释明自然现象中存在的无数不可知的因素(同时,也保留一些不可知的因素),预见现实中发生某种现象的方法(比如天气预报)……其二,人为性地控制以将来期待其发生的现象为前提条件的诸因素,然后提高预见将来现象的确定性的方法。"[72] 另外,"……现在我们所面对的审判以及判例的问题是属于后者的范畴的问题。如果不明确这个问题,就讨论不可能预见审判,或者关于主张预见审判的判例研究的无价值性,是毫无意义的"[73] 。

(b)按照(a)中观点来讨论审判预见性的问题时,我们可以得出以下结论:"所谓审判具有通过事先设定决定的基准(称为法或者法律规范等法律),控制决定的过程的特殊性……如此思考的话,上述意义的审判本来就包含了预见的观点……即在上述意义的审判,是想要预见审判的结果,从这样的欲求出发,为

---

〔68〕 参见科学性 117 頁。

〔69〕 方法 132 – 133 頁。

〔70〕 方法 133 頁。

〔71〕 問題点 286 頁。

〔72〕 問題点 287 – 288 頁。

〔73〕 問題点 289 頁。

了满足这种欲求,对审判发挥作用并进行控制……包含这样最重要的因素。因此,这里所指的预见就是关于这种被控制的现象的预见""既然通过判例预见将来的审判具有以上含义,那么,判例研究中的审判预见就只能是通过判例来控制将来的审判,以我们的实践行动为媒介时的预见……"〔74〕

川岛还在其他部分反复强调了这种"通过控制的预见"的观点〔75〕,这也是川岛方法论的理论到达点。

但是,上述"通过控制的预见"的观点是否可以消解"审判过程的性质论"与"预见性法学的构想"之间的矛盾呢?"通过控制的预见"的观点未必明确,但是如上文所述,这是"实践性的行动","通过过去的判例控制将来的审判是否得当,是否应该?这是政策决定的问题,是价值判断,所谓应然……层次的问题"〔76〕。因此,通过导入该学说就会出现其与"(经验)科学的法学的构想(以及基于此的判例研究方法)产生矛盾的疑念"。理由如下:川岛方法论认为"对于以预见审判为目的的'经验科学的法学'来说,其研究目标的判例内容是具有预见将来的判断框架的假说的性质"〔77〕,但是在这种"构成这种假说的工作中,不能介入怎样的审判是受欢迎的这样的假说构成者的价值判断。因为这种假说构成是建立在事实见识的基础上以预见事实为目的的,愿望与事实存在于不同的平面"〔78〕。那么,就会产生以下相互矛盾的价值取向:一方面,审判行为作为"实践性的行动",要求其能被"通过控制的预见";另一方面,"经验科学中为了预见"要求"不得在假说中介入价值判断"。本来,"假说构成"时价值判断与"通过控制的预见"中的"实践性的行动"也许是居于不同的平面。即便如此,正如《觉书》中所明确的〔79〕,一般来说,"作为科学的法学的要件在于不包含价值判断,因此作为'科学'的'预见性法学'不应该与'实践性的行动'发生联系。如此,不得不说'通过控制的预见'的观点仍然包含着与'作为科学的法学'这种支撑'预见性法学的构想'的基本构思背道而驰的要素"。

如果上述论述是正确的,那么应该说川岛方法论存在以下根本性的理论不协调。川岛方法论中的①"审判过程性质论"与②"预见性法学的构想"是相互矛盾的。如果是为了避免这种矛盾而导入"通过控制的预见"的观点,那么③将与上述②构想的支柱"(经验)科学的法学"存在理论性矛盾。也就是说,川岛方法论中上述三者之间存在"三难选择",而且这种三难选择在川岛方法论中显

---

〔74〕 問題点 290 – 291 頁。

〔75〕 参见轨迹 308 頁。

〔76〕 問題点 291 頁。

〔77〕 方法 176 頁。

〔78〕 方法 177 頁。

〔79〕 参见覚書 25 頁以下。

现于更加微观乃至具体的层面。根据上一节所述川岛方法论的基本构造[80]，下面进一步具体探讨“三难选择”之所在。

（二）“事实”的根据

川岛方法论中的“三难选择”，体现在以重视判例中出现的“事实”为基本方法的根据为何的这一问题中。

无论是末弘方法论还是川岛方法论都将基本构想的主干立足于重视事实与结论之间的对应关系，末弘方法论中重视“事实”的理论依据或者说定位很明确，即之所以可以明言法官通过审判创造法律是依据法律的审判，是因为有必要在“如果出现其他相同实质的案件，在脑海中便可能浮现出同样适用也不存在问题的法规范，并予以适用”[81]。但是，可以认为川岛方法论似乎是在沿袭末弘方法论，两者的差异归结于对“事实”的定位，却缺乏充分的依据。

如上文所述，川岛方法论中判例研究方法的基干在于“定型化事实”与“定型化结论”之间的“相关结合”。但是，如上节所述[82]，其理由归结于“审判过程性质论”，即判例中所表现出来的法律论证是论证“正当化”之物，所以先例要素应该是“与法官采用怎样的理论来正当化无关”，“而应仅从该事实关系以及对该事实关系的判决结论中……推导出来”。但是，以与“审判过程性质论”的关联来理解“事实”，应该是法官在审判中所面对的事实最终在某种程度上将对审判结论的心理过程带来某种影响，所以将“事实”与正当化手段的“判决理由”剥离开来，这种定位是不符合逻辑的，“事实”不也是结论“正当化”的手段之一吗？因此，不免让人质疑仅以上述理由来作为重视“事实”的根据是否比较薄弱？对于这一点似乎未见明确的答案，下面这段文字或许可以为我们提供一个视角：“如果我们将研究判例的目标放在预见将来审判之上的话，就不得不承认仅仅从认定事实出发是不够充分的……这是因为法官的法的决定（审判的结论）由包含摆在他面前所有的事实……包含所有微妙的含义通过整体做出的规定，即便如此，但是在审判的语言表达上，仅呈现了法的决定的结论，其动机的要因，在法院所呈现的事实仅仅停留在简单的要约记述的‘事实’，而且法官所认定的事实只是其中的一部分，有时甚至是被扭曲的。”[83]

上述文章认为，“事实”也是“审判过程性质论”的对象（因而是“正当化”的手段），而且承认将与“预见性法学的构想”不相兼容的可能性（“三难选择”之一）。那么，“事实”本身的依据和理论定位（为何先例因素只能从“事实”与结

---

〔80〕 参见ジュリ956号(1990年)67頁以下。

〔81〕 ジュリ956号64頁。

〔82〕 参见ジュリ956号68頁。

〔83〕 方法167頁。

论中推导出来），应该也不能说是十全十美的。然而，川岛博士继续谈道："即便如此，从认定事实出发并非就是对将来审判的预见无意义……其理由在于，某审判作为之后审判的先例出现时，对于之后的审判法官，只能了解到对认定事实的决定。因此，法官想要遵循先例审判时，只能从先例审判的认定事实出发。从这个意义上来说，作为先例的审判规范只能是在认定事实的基础上构建。因此，在这样的范围内从认定事实出发构成判例规范对于预见审判具有十分重要的意义。"〔84〕

上述内容阐述了从认定事实出发对于"预见性法学"并非无意义，这样说明也许解决了"三难选择"中之一。但是，这里的问题是应成为先例规范中汲取对象的"事实"是法官在审判中所面对的事实，还是认定事实。在采纳"审判过程性质论"的基础上，"事实"为何可能成为先例要素，在这篇文章中却没有对上述这些问题作出解答。对于这些问题，川岛方法论所提供的解答只能是极其一般化、社会学层面的答案。

在人类社会生活中，人类的行动具有向定型化集中的倾向，所以对此作出普遍化、客观化决定时，有必要对相同类型作出相同的决定，特别是在资本主义社会更是高度要求这一点。"存在这种要求的情况下，在个别具体的审判中，总是多多少少对同一类型的案件提供将来审判借鉴之处。如此一来，首次以个别具体的决定为目的的审判……以这种意义为焦点来考察时，可以称之为将来审判的'先例'（precedent）或者判例。"〔85〕但是，如果从这样极其一般性的社会学层面来寻求重视"事实"和结论之间的对应关系的依据，就已经失去了作为判例研究方法论所应当论述的依据的性质。换言之，川岛方法论中重视"事实"的理论基础与末弘方法论不同，甚至可以说没有真正谈及这一点。

如此分析无误，那么可以得出以下结论：①如果从认定事实出发，"审判过程性质论"与"预见性法学的构想"之间存在矛盾（起因于"三难选择"，如上文所述，川岛方法论也基本上承认这一点）；②为了解决这个问题，承认从"认定事实"出发的论证方法，难以解答如下问题（未引入"审判过程性质论"的末弘方法论不存在这个问题），即为何必须以"（认定）事实"为基础提取先例规范。想要回答这个问题，就不得不脱离"（认定）事实"范畴，将问题扩大至社会学层面，无法在判例研究方法论的框架内进行处理。即便如此，如果舍弃"审判过程性质论"，也就违背了川岛方法论的基本构想。

---

〔84〕 方法 168 – 169 頁。

〔85〕 方法 151 – 152 頁。此外，"预见性法学"要求的理由也可能是重视事实的根据，这也是一般层面（ジュリ956 号 66 頁）。

(三)所谓"判例假说"

川岛方法论中的"三难选择"之所在,从与本文第二部分介绍的"判例假说"关联性来看也是一目了然的。

如上文所述[86],与矶村哲教授一样,笔者认为"预见性法学的构想"未必师承于末弘方法论,而是川岛博士独自的解释的依据。假设将末弘方法论解释为"预见性法学的构想"的先驱,"预见"的根据和范围是非常明确且单纯的。也就是说,这里更多地考虑到"事实关系的实质",认为"提炼出来的法律规范"适用于将来可能发生的"相同实质的案件"具有"必然性或者可能性",所以只要是"相同实质的案件",预见审判便成为可能。[87] 但是,在引入"审判过程性质论"的川岛方法论中,问题就变得相当复杂了。如本文第二部分所介绍[88],川岛方法论为我们提供了预见从判决中抽象化的定型事实为基础构成的假说(判例假说),并通过将来的审判检验和修正的方法,其理由已反复论述,大致如下。

法官即便想遵循先例,其"对先前审判事实的抽象化决定,将迫于通过其自身来进行。而且在审判这种法的价值判断中,通常有必要在某种程度应对个别的具体事实进行创造性判断。另外,法官在不同社会中,要求其在固有的方法和程度上遵循审判先例,其结果有必要在与其个别具体的价值判断的关系中'正当化',所以对于先例的审判规范中的定型事实的抽象化,法官有意或无意中会受到影响(这就是末弘博士所谓'一切同时'作出的决定)。因此,法官进行的定型事实的抽象化,不可能防止他的价值判断的介入……从预见审判的立场来看,之后的审判决定了他的审判具备判例的先例性意义,即判例规范的内容(特别是定型事实的抽象化程度)……因此,从经验科学的观点来看,在考虑到上述法官的价值判断行动的同时,从客观性认识事实的层面来考虑问题……也就是说,从以预见审判为目的的'经验科学的法学'来说,作为其研究目标的判例内容具有预见将来的判断框架的假说性质"。[89]

这里也显示出"三难选择"的存在。即将"定型化事实"的抽象化解释为难以统一定义,这是因为贯彻了"审判过程性质论"(参见"一切同时"的表述),其结果才考虑到"判例假说"。但是,在"作为科学的法学"的情况下构建假说时,要求不得介入构建者的价值判断,这造成了"三难选择"之一。为了解决这个问题,导入前述"通过控制的预见"(该观点是上述论文执笔之后产生的),真正形

[86] 参见ジュリ956号(1990年)65頁。

[87] 参见ジュリ956号(1990年)64頁。

[88] 参见ジュリ956号(1990年)67頁。

[89] 方法174-176頁。

成了“三难选择”。对此已经在上文中指出。[90]

上文分析了以“审判过程性质论”和“预见性法学的构想”为两大支柱导致了川岛方法论中的“三难选择”。如果笔者的主张无误,那么因为这种“三难选择”是理论上的矛盾,所以只要这种矛盾存在就无法原封不动地接受川岛方法论。因此,必须使用某种方法解除川岛方法论中的“三难选择”。笔者认为,“消解之法”可能有多种。如果说“审判过程性质论”和“预见性法学的构想”带来了“三难选择”,那么方法之一就是回到川岛方法论之前的末弘方法论,这也是不无不可。但是,支撑川岛方法论的问题意识及内容与末弘方法论的时代毕竟不同,有明显的变化,进化乃至深化,因此这种返祖主义未必可以直接适用。那么,“三难选择”的消解之法必须根植于川岛方法论的问题意识。如本文开头所述[91],笔者想从法学教育的意义的视角来理解川岛方法论,并尝试消解“三难选择”。但即便从这个角度出发,笔者依然认为本文遵循了川岛方法论的问题意识。其理由在于川岛方法论(即便未必是相同的形式)相关论述主要体现在面向学生的教材、教科书,且“希望学生诸君使用正确的方法(基本上就是川岛方法论)研究判例”。[92]

如果想要从法学教育的意义的视角消解川岛方法论中的“三难选择”,那么,法学教育的判例研究方法应当采取何种姿态?下面将讨论这个问题。

四、再探讨

上述主要观点可以概括如下:川岛方法论中存在“三难选择”;为了理论上自圆其说,必须消解这种“三难选择”。“消解之法”有多种,但是本文从法学教育中的判例研究的方法的视角,试图消解上述“三难选择”。在此基础上,本部分如下所述展开论述:从上述视角讨论支撑川岛方法论的两大支柱之一“审判过程性质论”;同样从该视角讨论另一支柱“预见性法学的构想”;附带性地从该视角整理评价判例研究方法论争论中的论点;基于①②讨论的结果,讨论法学教育中判例研究的方法以及意义。

(一)“审判过程性质论”

本部分探讨末弘博士的所谓“三足鼎立理论”以及以J.弗兰克的理论为基础的“审判过程性质论”。

---

〔90〕 参见本书第282页以下。

〔91〕 参见ジュリ956号62頁。

〔92〕 参见川島武宜『民法Ⅰ』(1960年)はしがき5-6頁。另外,还可以参见面向学生的『教材民法(三)』(1958年)3-9頁。

那么我们从《觉书》以及《续觉书》中明确的以下两点出发。[93]

(甲)法学家的活动一般应当从“通过‘论证’的问题解决(行动)”的概念加以把握。换言之,法学教育的作用在于通过“论证”向社会输送“问题解决者”。

(乙)“论证”这种语言活动得以成立要求区分“发现过程”与“正当化过程”,且应当只有后者才能进入其视野。

(丙)上述两点可以推导出,如果“审判过程性质论”只是关于“发现过程”,就与上述(乙)中法学教育的作用相冲突。

《觉书》以及《续觉书》已经详细论述了(甲)与(乙),下面简单论述一下(丙)。

“三足鼎立理论”以及以J.弗兰克的理论为基础的“审判过程性质论”是关于与“正当化过程”不同的“发现过程”的理论。这一点,从川岛博士对“审判过程”一词的定义可见一斑。[94] 另外,还有一点明确的是瓦瑟斯特罗姆(Wasserstrom)对于上述两个过程的区别主要也是作为对弗兰克理论的批判道具而使用的。[95] 因此,“审判过程性质论”对于通过“论证”解决问题的法学家来说,在“论证”相关的范围内没有意义。“论证”中只有言明的“正当化”(是justification,而非rationalization)[96]才是真正的问题。因此,为了解决问题而提出的言明即法律论证才是问题的核心。产生这种言明的心理过程,只要是有关于“论证”,就必须排除。当然,无须赘言理解“发现过程”对发现问题、定型化乃至解决问题都是有用的。但是,既然“论证”只能从言明成立,那么只有言明才能决定“论证”的结果。因此,在法学教育中,必须充分理解上述两个过程的区别,在这样的基础上,首先把焦点放在判决中的言明(关于其含义将在后面进行阐述,在这里可以先理解为法律论证)上。作为言明的法律论证应当是被主张、被反驳、被再反驳的对象的本身,并应当定位为结论的“合理化”。如此,类似川岛方法论中的“审判过程性质论”如果想尝试通过“论证”来解决问题,就应当受到排斥。

当然,川岛方法论也承认,判决中的法律论证未必都是为了“合理化”而存在的。如上文所引述,下文就是关于这个问题的论述。

“并不能简单地断定‘判决理由’中所写的内容与法官的实际心理决定过程的理由相同,反之,为论证判决的正当化而使用的‘理由’才应当作为科学研究的对象……”[97]“‘判决理由’一词极容易导致误解,因为……让人极其容易产生……一种幻想,即这就是该审判的决定性动机的心理因素或者心理决定基

---

〔93〕 特别是关于(甲),参见続·覚書26頁以下;关于(乙),参见覚書20頁以下。另外,关于问题以及问题解决,参见平井宜雄『法政策学』(1987年)205頁以下。

〔94〕 参见轨迹334頁。

〔95〕 参见覚書21-22頁。

〔96〕 如覚書20頁使用的,以下将rationalization翻译为“合理化”。

〔97〕 轨迹337頁。

准。但是,许多场合并非如此。即便如此,判决书中的语言所表明的法律说明,多数情况下是说明该审判结论正当性的论理。”[98]

判决理由是法官直接表明“心理决定过程的理由”时或者不是“心理要素或者心理决定的基准”或“说明正当性的论理”的时候,从理论上讲,这并不是以“合理化”为目的的,那么即使承认所表明的意义也无碍。实际上,无论在任何情况下判决理由是否就成为说明“心理决定过程”等并不明确,暂且不论这一点,仅依据以上内容,判决理由是否应当定位为“合理化”,关键在于与是否反映“心理决定过程”有关系。因此,在川岛方法论中,判决中的法律论证有可能在此意义上会成为问题。但是,本来言明(法律论)的妥当性是以发出言明者的心理为基础的观点,不得不说是对言明的本身性质缺乏充分认识,其理由如下。

如《续觉书》中所述[99],语言并不单纯是将心理过程向外部传送的媒体,还规定了思考活动本身,因此应当区分言明本身的客观内容与言明者的心理,自弗莱格以来,现今已经是语言哲学的大前提。如果将弗莱格的思想延伸,就达成了波普尔(Popper)的“世界 3”的概念。[100] 即言明是与外界的物理性存在(世界 1)、言明者的心理状态(世界 2)相对独立的客观性存在,其本身影响人类的行为,被其他人利用、批判,向言明者不曾预想的方向修正、发展。巴特利(Bartley)继承了这种观点,提出“我们永远不知道自己说了什么”(We never know what we are talking about)的命题,[101] 尝试表明言明世界的独立性。或者更准确地说,不用等到波普尔、巴特利提出这样的理论,法学家比任何人都应该切身体会到“言明的不可预料的结果”吧?[102] 比如,以为对自己有利的观点而主张的某个言明(法律论证)却招致意外的反驳,变成所谓的“折返之刀”,推导出对自己不利的法律论证。两千多年前的罗马法源以及中世纪的英国法直到现代仍能发挥影

[98] 方法 145 頁。

[99] 参见続·覚書 16 頁以下。

[100] 比如,K. R. Popper, *Epistemology without a Knowing Subject*, in Objective Knowledge, rev. ed., 1979, p. 106ff。但是,该论文中使用了“第三世界”(Third World)的用语[后面将出现“世界 3”(World 3)的用语]。

[101] See W. W. Bartley, *Alienation Alienated: The Economics of Knowledge versus the Psychology and Sociology of Knowledge*, in G. Radnitzky and W. Bartley eds., Evolutionary Epistemology, Rationality, and the Sociology Knowledge, 1987, p. 423f.

[102] 社会现象中的“不可预料的结果”(unintended consequence)的问题是 R. Merton 的古典论文(The Unintended Consequences of Purposive Social Action, 1 Am. J. of Sociology 894)以来社会科学的主题之一(最近比较瞩目的成果有 R. Boudon, The Unintended Consequences of Social Action, 1982。这是从法语翻译过来的,不能阅读原文,在此声明)。“言明的不可预料的结果”是法学的守卫范畴的问题,对这个问题的研究是必不可少的,比如法学家为何拘泥于言明的一词一句,为何难以贯彻立法者或起草者的意思等,或许可以提供一个视角。

响,是言明者完全没有预料到的结果。某规定脱离起草者的意图或者规定本来的宗旨,被适用于完全不同的问题,实现了独自的发展,构建出判例法理。比如《民法》第 94 条第 2 款的类推适用问题就正是“预期结果之外”的例子。

如此,我们可以完全独立于言明者的心理,发展言明本身,并进行批判、修正,为了某种目的而使用。何况,在以言明(语言)为战场的法学家的世界,这一点就更加适用了。判例的言明正是“世界 3”的居民。判例的言明(法律论证)在任何情况下都不是法官的心理状态,而是作为独立的对象被采纳和阐述,其理由正是如此。如此,“审判过程性质论”不应该被采纳为判例研究的方法论,也难以被作为解决川岛方法论中的“三难选择”的突破口。但是,“审判过程性质论”并不仅仅是川岛方法论的支柱。如上所述,我们可以认为“审判过程性质论”给战后法解释论整体带来了巨大的影响,成为法解释的根据以及方法,成为孕育“心理主义”的一个“温床”,其结果,特别是以“利益衡量论”为媒介给法学教育带来了“非合理主义”。对于这种一般性、宏观性的归结,已经有详细阐述,这里不再赘言。[103] 在此仅限于判例研究的方法论的视角来讨论一下“审判过程性质论”问题,在这样的微观角度结合上文相关内容,简单地阐述“审判过程性质论”所导致的以下两个问题。

(1)“实质论”与“形式论”的二分化(以下简称二分论)

“实质论”与“形式论”的含义未必明确。前者指的是“关于解释结论的社会妥当性观点”或者“被称为实质性的价值判断、利益的比较衡量、利益衡量等”;后者指的是“如何思考与条文的关系”或者“对在实质论中得到的结论,以条文(如无,则以判例)为根据进行的正当化……又称之为借条文来说明”。[104] 二分论被认为是“民法的思考方法、论证的特征”,其对(民)法学教育的有益性也被广泛强调。[105]

我们从上文中已经得以明确二分论继承了“审判过程性质论”以及“利益衡量论”,将民法的解释归结于价值判断,言明不过是其“合理化”而已。二分论带来了“心理主义”,以至于形成“非合理主义”。笔者已经反复强调这样的观点对培养法学家来说一般也不合适。尤其是如果在判例研究中强调二分论,由于其中“事实”通过判决理由中的记述而成为已知,容易造成这样一个印象,即与其说通过利益衡量,不如说可以判断判决的言明(法律论证)与独立的结论的“妥当性”(“本案的事实关系中,对于结论的妥当性没有异议,问题是法律构成”宗旨的判

[103] 参见続・覚書 12 頁以下。

[104] 分别参见星野英一『民法の焦点 PART1』(1987)48 頁、米倉明「民法の学び方」法学教室 79 号(1987)11 - 12 頁。

[105] 参见米倉明「民法の学び方」法学教室 79 号(1987)11、13 頁。

例研究，当然，这种态度的学术价值就另当别论了)。但是，如“论证”构造所示，因为有主张(应当解决的问题及其定型化)才会从多样的现实中去寻找成为根据的事实。因此，笔者认为，很多造成上述印象的二分论对于培养以解决问题为出发点的法学家来说，至少在与判例研究相关联的层面，是非常不合适的。[106]

(2)所谓“实际利益论”

“实际利益论”指“不是从抽象性原则论来讨论理论是否妥当，而是思考在适用该理论后会产生具体结果的差异，即讨论其实际利益在哪里，应当将这个问题提到桌面上来讨论”[107]。“实际利益论”加上支撑判例研究方法的“审判过程性质论”，都与利益衡量论的主张有关。这一点可以通过以下发言印证：“我们之所以把实际利益作为问题，是因为在法解释中，特别是通过判例研究，采取这种解释论是为了实现某种价值或者有利于保护某种利益，特别是在判决中，虽说结论被称为是从法律规定以及所谓的法理论中推导出来的，必须明确指出实际上却是有利于某种价值或者某种利益的结果……意图是，我们需要更加直接从正面来探讨这个问题。”[108]

法学教育在几乎毫无异议的状态下接受了“实际利益论”。[109] “实际利益论”使法律概念的意义明确，我们当然必须承认其对改善法学教育的贡献。但是，由于“实际利益论”不承认言明本身具有的决定性意义，就培养法学家通过“论证”解决问题的目的来看，在理论上来说是不合适的。

第一，不得不说“实际利益论”没有理解到上述言明“世界3”的性质。如前所述，某言明脱离言明者的意图而“独步”的现象，关于通过“论证”解决问题为武器的法律上的言明，是有其鲜明的特征的。因此，当我们不得不针对某个特定的问题进行论证时，需要在与言明的“实际利益”分离后，来考虑言明本身是否妥当。[110] 具体如下所述，法律上言明的妥当与否并不是“实际利益”，而是必

---

〔106〕 这是笔者平时担任研习课的印象(参见シンポジウム『法解釈論と法学教育』10 頁笔者发言)，关于这一点，笔者也想请教法学教师们的印象。

〔107〕 加藤一郎『民法における論理と利益衡量』(1974)43 頁。

〔108〕 座談会「民法学の課題」法時 39 巻 3 号(1967)53 頁中星野教授的发言。

〔109〕 例子有许多，常用的参见米仓「民法の学び方」法学教室 79 号(1987)17 頁。

〔110〕 以加藤教授的举例[『民法における論理と利益衡量』(1974)42 頁]为例，作若干说明。加藤教授的主张是关于以下问题的学说对立：①瑕疵担保是不是只适用于特定物买卖；②不特定物买卖是否也适用。肯定①的学说想要通过《民法》第 548 条的类推适用或者诚信原则限制代物请求权的行使期限，而肯定②的学说认为，通过习惯承认代物请求权的话，就会失去对立的“实际利益”。确实，期间限制以及代物请求权上如果存在局限，可能会失去“实际利益”。但是，①中围绕诚信原则的内容，②中围绕习惯的存在，这些都是论证的对象，都与各自的问题相关联(比如①中是否可以认为是禁止矛盾行为原理的适用之一，而②与合同解释、事实习惯等问题相关)。而且必须注意的是，我们完全不能预测这些言明“独步”使用在我们思虑不及的问题解决。

须通过另外的标准进行判断。

第二,因为"实际利益论"的前提是认为言明不过是合理化的手段,不可能讨论其本身是否妥当,或许这就是导致其走向"实际利益"的原因。但是,如《续觉书》中所述[111],以"论证"为媒介,我们认为,并不是通过"实际利益"之有无,而是可以通过另外的是否为"良好的法律论证"来进行判断。而且,在法学家的活动中适用这样的判断基准(反驳可能性命题)才恰当。

以上论述了不应当采纳川岛方法论中的"审判过程性质论",而是应该将重点放在阐释判决的法律论证(言明)的理由。如此一来,这正是末弘方法论以后被排斥的目标,即"只是批评判例中所写的法律解释在学理上是否得当,而对于法律适用对象的案件本身缺乏具体的观察研究"[112],这是与判例研究背道而驰的主张吗?事实未必一定如此,理由后述。

(二)"预见性法学的构想"

本部分讨论川岛方法论两大支柱的另一部分"预见性法学的构想"。有必要阐述"预见"一词的含义。

(1)川岛方法论在论证该构想时,经常会提及价值观、"资本主义社会的预见可能性要求"。[113] 川岛认为,日本社会越来越多的权利义务变得必须由审判来判断,因此这更要求我们提高对审判的预见,以此推测其背后隐藏着"近代主义"的假说或者构想。[114] 这是给战后日本社会科学整体带来了巨大影响的一个假说,正如笔者在别的场合所言[115],此后的现实背叛了该假说。数据显示,是否利用审判可以推测与意思决定主体根据费用便益分析进行的合理选择的结果有关。那么,问题就变成在怎样的条件下人们才会利用或者不利用审判。根据上述条件如果某问题的纷争存在转化为审判上纠纷的可能性或者可能性较高,对于这样的问题,审判上的预见确实是有意义的。反之,在无论是过去还是未来都没有产生审判的可能性的领域,因为其要求"预见",这并不意味着要求法学家预见审判。概言之,要求法学家预见审判的一般性意义在于,在讨论有关审判预见的理论之前,应该有某种关于利用审判的行动的理论,在尚未充分开发的现阶段,谈论预见审判对于法学家来说仍然没有太大的意义。

以上,结合"近代主义"思想对预见审判的问题提出了质疑。这些质疑暂且放一边,先来看看"预见"的含义。

---

[111] 参见続・覚書31頁以下。

[112] 法学入門240頁。

[113] 参见ジュリ956号66-67頁所引。

[114] 广濑久和助理教授的观点,在此感谢。

[115] 参见平井宜雄『現代不法行為理論の一展望』(1980年)29頁以下。

(2)“预见法学的构想”中的“预见”如果指的是“通过控制的预见”[116]的意义,那么显然是和经验科学(自然科学)中的“预见”在相同含义上在使用。[117]从这个角度来看,努力预见审判指的是从理念上来说,至少部分就是心理学乃至统计学的研究(如过去 G. 舒伯特、D. 达内尔斯基等美国学者进行的“司法行动论”[118],虽然“通过控制的预见”的观点是何种类型的研究并不明确)。那么,从法学教育的目的来考虑这种研究对于培养“通过‘论证’问题解决者”是没有意义的(学问研究上的意义另当别论)。对于直面解决问题的法学家而言,解决问题就是首要的目标,如果与需要解决的问题相关的判例存在的话,对过去判例研究不过是解决问题的手段而已。这就是仅仅以预见本身为目的的研究无意义的原因。从解决问题的必要性观点来说,下述意义的“预见”才是重要的。即,以急需解决的“问题”与“相同的”(何为相同本身也是一个论点)“问题”在过去的判例中出现过为前提,如果服从相同的判断,那么将来或许也是如此(特别是最高法院),那么就可以说是事实上的“预见”;如果出现变化的倾向,就应该遵循这样的倾向“预见”,作为解决问题的方法之一,可以对这种“预见”下功夫。从这种意义上的“预见”对于法学家而言是必不可少的。因此,只有这样理解“预见”,“预见性法学”的观点对法学家的培养才是有意义的。但是,如下所述,这种意义上的“预见”与川岛方法论中“预见性法学的构想”的根据和归结显然完全不同:①后者的“预见”与“市民实用法学”的观点相关联,而前者与解决问题的必要性相关联;②后者的“预见”是经验科学上的“预见”,而前者则是问题解决中的“问题”的“同一性”的归结;③后者的“预见”是“事实与结论的相关结合”所构成的假说的验证,而前者只是在解决问题具有有用性范围内将“预见”作为问题。

基于此,不得不说川岛方法论意义上的“预见性法学的构想”对法学教育是不合适的。[119] 而且如前文所述,笔者也不同意“审判过程性质论”,川岛方法论两大支柱的“审判过程性质论”和“预见性法学的构想”都不能被采纳作为培养法学家的方法论。因此,也就解决了川岛方法论中的“三难选择”。我们从“三难选择”中解放出来以后应该解决的是以下问题,即培养“通过‘论证’的问题

---

〔116〕 关于这一点参见ジュリ960号42頁以下。

〔117〕 参见ジュリ960号43頁。

〔118〕 参见覚書49頁。

〔119〕 关于这点,镰田教授认为[法時61卷5号(1989年)8頁]:“判例研究以预见将来的裁判为目的,这是毫无疑问的”,理由是,确立了这种目的,就可以预估胜诉或败诉,可以发挥预防法学的事先准备可能性等机能,可以打开预测判例结果以后为达到预期目的组织最有利的法律手段等途径。但是,这里列举的“预见”理由(或者必要性)与川岛方法论的观点是完全不同的。因此,应当从其他地方寻求关于“预见”理由。

解决者”适当的判例研究“方法论”应当为何。

但是,在讨论这个问题之前,结合先前论述,简单概括一下作为战后三大论争之一的“判例研究方法论”论争的论点。

(三)“判例研究的方法论争”的论点及其评价

“判例研究的方法论争”中的论点基本可以概括为:①川岛博士和已故柚木馨教授之间关于判例研究目的和方法的论争;②长谷川正安教授与川岛博士之间关于如何看待判例研究对象的“事实”的论争。[120]

关于①,详见笔者在其他文章中的整理。[121] 简单概括其中心争点,最终可以将两者最终的对立点归结于“审判过程性质论”。即对于川岛博士主张的“审判过程性质论”,柚木教授反驳认为:“将判决理由理解为说服手段的判决理由,对于法学家来说,很多时候是违反事实的”,“现代的法官……会在判决理由中直接表明推导理由的判决理由……老练的上诉审法官不会首先根据利益衡量下结论,然后再寻求正当化的法律理由”[122]。[123] 两者的对立点体现在事实存否的争论即审判过程的现实究竟为何物,但是这样的事实无法明确,那么也可以理解为是关于审判过程理念或者理论模型的论争。我们可以对上述论争进行如下评价。

两者的对立可以解释为只是关于“发现过程”的论争。如果这样理解,那么哪些因素会作用于“发现过程”对于“论证”来说是无意义的,只有“正当化过

---

[120] 虽非中心论点,还有以下两个附随性的问题。(a)是否应当在“判例的变迁”中寻求“判民型(即旧的判例民事法的形式。——译者注)”(如果存在)(这是东京大学判例研究会运用的手法,不讨论支持还是批判判例,而是以判例是正确的为前提讨论判例。——译者注)的判例研究的基本特征,还是应当在“事实”与结论的对应关系中寻求[关于这个问题,参见座談会「判例批評の方法論をめぐって(一)」民商 56 卷 1 号(1967)67 頁以下、85 頁以下;川島「判決例」188 頁;問題点 302 頁]。(b)在实际的判例研究中,川岛方法论是否按照其主张的进行研究(前载座談会 65 – 67 頁)。关于问题(a),川岛博士的观点是,重视事实与结论之间的对应关系是“判民型”方法论的根本(問題点 302 頁),而属于“判民型”的星野教授则将“判例的变迁”作为方法论的中心[同『民事判例研究第二巻 1』(1971)はしがき],两人见解不一致。但是,如果说“判民型”方法论将末弘方法论作为出发点,那么就应当赞同川岛博士的观点[参见ジュリ 956 号(1990 年)64 頁]。本文也认为重点应当放在“判例的变迁”上,理由如后所述。关于问题(b),这不是判例研究方法论本身的问题,而是其适用的问题。本文认为,作为解释论主张的“正当化”的一种方法,其当然可以允许以判例思考方式为根据的做法,剩下的问题是“正当化”是否经得起反驳的评价问题。另外,按照提出(b)疑问的椿教授的主张[同『不法占拠』総合判例研究叢書(民法)25(1965)138 頁以下],川岛博士的解释论可以说是“屈从于反驳”。无论如何,这都不是方法论的问题。

[121] 参见平井宜雄「判例研究方法論の過去と現在」同編『民法の基本判例』(1986)2 – 5 頁。

[122] 平井宜雄「判例研究方法論の過去と現在」同編『民法の基本判例』(1986)3 頁。

[123] 此后,这种对立并无进展。根据镰田教授的观点[法時 61 卷 5 号(1989 年)7 頁],川岛博士所主张的“‘现实主义的见解’已经成为当今判例研究方法论的主流,不同意见者也或多或少受此影响展开判例研究”,所以也可以说这个问题已经有了定论。

程”具备意义。因此,两者都没有着眼于“正当化过程”,且两者都没有言明“世界3”的性质(其根本原因应该说是战后法解释论的“心理主义”),可以评价论争的成果并不多。但是,其对象只要是有关“发现过程”的理论模型,只能说川岛博士和柚木教授都有说对的地方,也有不对的地方。

关于②的论点如下:长谷川教授主张“从原始事实出发,明确法官的事实认定、结论的意识形态,在此基础上将法官的法律意识形态作为一种存在形态,以发现以认定事实与结论为媒介的具体法律规范的方法来研究判例”〔124〕。基于此,他批判了川岛方法论从“认定事实”而非“原始事实”出发的观点。相对,川岛博士反驳了上述批判。他认为这是对“判例”的多义性的误解,由于混淆了“判决例”判决的科学性研究与“先例”的“判例”研究。“先例”的研究必须是以认定事实和审判的判断的对应关系为基础才能进行的研究,在将来的案件中要求法官调查研究“原始事实”是不可能的。〔125〕至于判例研究的对象到底是认定事实,还是“原始事实”,之后似乎研究也没有多少进展。从本文的观点来说,应该解释如下。

笔者认为,从培养法学家的角度来看,如果主张判例研究的作用在于探究“原始事实”,长谷川教授以呗孝一教授的所谓婚姻预约有效判决研究〔126〕为模型开展的研究为念头〔127〕是不恰当的。法学家最关心的是发现问题和解决问题,判例(也是培养发现问题、解决问题的手段)不过是其手段而已。更何况以法官的“意识形态性”为对象显然与通过“论证”解决问题不相兼容。〔128〕因此,对于培养法学家的目的,川岛博士主张的以明确“(认定)事实与结论的对应关系”为前提,是否对此需要投入如此大的能量,如下所述笔者并非没有疑问。因为仅仅是由于“论证”构造的需要,而将“认定事实”放入视野之内,结果就连是否应当强调作为“先例”的判例研究的意义也成为一个问题。这些都交由后文再谈。

(四)法学家的培养与判例研究

本部分想讨论一下,判例研究对培养“通过‘论证’的问题解决者”的法学家到底有何意义。

对于上述意义的培养法学家而言,判例研究的目的如下:①现实社会中出

---

〔124〕 长谷川正安『法学論争史』(1976)165 頁。长谷川教授的详细观点,参见同「判例研究の方法」[法律時報 35 卷 9 = 10 号(1963)]および『憲法判例の体系』(1965)。

〔125〕 参见判决例 197 頁。

〔126〕 参见唄孝一「『婚姻予約有効判决』の再検討」法律時報 31 卷 3 = 4 号(1959)、唄孝一 = 佐藤良雄「続・『婚姻予約有効判决』の再検討」法律時報 31 卷 10 = 11 号(1959)。

〔127〕 参见长谷川正安『法学論争史』(1976)160 頁。

〔128〕 参见覚書 47 頁。

现的问题到底是什么？如何形成定型化？为了解决问题应当主张什么样的法律论？法官对此应当如何加入怎样的主张以及反驳来解决问题(判例是培养发现问题解决问题的手段)？②此时采用的法律论是不是“好的法律论”？如果不是,那么应当如何在构建“好的法律论”上面下功夫(同样是创造“好的法律论”的手段)？③目前以及将来需要迫切解决的问题是什么？为解决这些问题应当创造怎样的“好”或者有用的法律论？上述①是“问题解决者”,②是“论证”,二者是分别推导的,③则是①和②的综合,大概这些是以法学家最重要且创造性的作用为念头的目的。

上述内容不过是本节开头所述内容的反复罢了。因此,下面将对上述命题进一步具体展开论述。由于本文的立场是反对目前支配性地位的判例研究方法论(川岛方法论),因此与川岛方法论进行对比展开相关论述。

(1)川岛方法论强调了明确判例研究对象“判例”到底是什么的重要性[129],在对比之前首先不得不论述“判例”的含义。川岛方法论强调(末弘方法论以来),“判例”指“审判上的先例”,“判例”研究并非指批判“判决中的法律论”,而是明确“先例”的意义。因此,重视具体审判中的“事实关系(与结论的对应关系)”是归结于这样的观点。

如前所述,本文认为如将“审判过程性质论”作为上述方法的基础将带来“非合理主义”,而且理论上也存在难点。但是,如将末弘方法论中的“判例的法源性”主张作为上述方法的基础,又已经不具有现代意义。从与“非合理主义”绝缘的培养法学家的角度来看,“判例”研究应当以“论证”作为基础。根据“论证”的一般构造,采用“言明”形式的“主张”及其根据才是出发点。毋庸置疑,判决中的“主张”自然是法官的法律意见乃至判断,所以“判例”之所以是“判例”,首先是判决中必须存在法律论。因此,从这个意义上来说,“判例”不过是判决中的法律论。[130] 许多人认为这似乎回到了末弘方法论而对此多有批判,对此有必要在此做若干说明。

(a)根据“通过‘论证’的问题解决”的观点,判例中的法律论既然是“主张”,那么首先必须是解决某个问题所订立的命题。为了明确什么是问题(其定型化)并非法官而是交给当事人(尤其是民事判决),在最高法院判决上诉理由的主张中,原则上法官应当解决的问题已经被定型化。当然,并不是所有情况下都是根据当事人的主张将问题定型化,法官自己将问题定型化,自己确立需要解决的法律论的情况也并不少。因此,并不能简单地将“判例”说成就是“判

[129] 判决例一文的主要观点也是如此。

[130] “判例”一词大概就是在这种意义上使用,如果笔者理解无误,正如中野次雄編『判例とその読み方』(1986)4頁以下所言。

决中的法律论”，而必须从中解读什么是问题，哪些部分是回答这些问题的，并有必要以言明的形式进行搭建工作。而且判决中的事实关系（这不可能是“认定事实”以外的）是构成这些问题的一部分（波普尔所谓的“问题状况”），因此只要构成问题，事实关系就是解读“判例”的所属部分，而且是对此定型化时的重要因素。从这个意义上来说，事实关系的重要性自始未变（还有一个重要性与后述的“反驳可能性”相关）。但是，这是“论证”构造所带来的，与末弘方法论以及川岛方法论中的事实关系的定位、基础是完全不同的。

（b）上述（a）中所获得的“判例”的规范言明，是在具体的事实关系中推导出结论所必不可少的法律论证，虽然其通常被区别于“旁论”意义上的“判决理由”（ratio decidendi），但该二者也有许多地方是一致的。但是，若以与“先例”的观点无关的“论证”来作为基础的话，当然与英美法中的“先例拘束性”的观点无关，“旁论具有‘先例’的机能”的问题意识，与这样的川岛方法论似的问题搭建方法（所谓“先例价值的审判规范”与“先例机能的审判规范”的区别〔131〕）并无关系，没有必要拘泥于此。（a）的言明与“判决理由”呈现相同的外观，不过是以“论证”为基础所致。

（c）根据“论证”的多层构造〔132〕，如果某主张存在争议，其主张也包含其中，前提的言明也构成了“论证”的前提，以此为根据的下一个主张将在“论证”中出现。如果把这个放入“判例”来考虑，上述通过（b）得到的“判例”的言明，不仅仅是上述（b）的部分，其前提也必须包含在内。〔133〕 如上所述，属于（甲）的言明中，（a）（c）所限制的应该被认为是“判例”。

（2）如上所述，对培养法学家有意义的判例研究并不以川岛方法论中的“审判的预见”为任务，而是如上（甲）所解读的，将“判例”的规范言明本身所面对的解决问题是否有用作为法学家关心的最大事。至于是否有用的判断标准就是《觉书》《续觉书》中所说的是否是“好”的法律论的标准，即由“反驳可能性命题”所赋予。〔134〕 因此，判断上述（1）所得的言明判断是否具有很高的反驳可能性，且如果较高的话，定型化就按照如下步骤：①该言明是为了解决什么问题而确立的？②对于这个问题，特别是假设事实关系变更和修正后，会产生怎样的反驳？③提高反驳可能性与提高有用性的同时，也将增大屈服于反驳的危险性，那么应当如何考虑这种危险性与有用性之间的平衡？④预想将来可能发生

〔131〕 首先使用这种区别的是川島武宜「請求権の競合について」［法協 74 巻 5 = 6 号（1958）569 頁以下］，具有较大影响，但是在「方法」中明确表示不使用（154 頁）。

〔132〕 参见覚書 16 頁以下。

〔133〕 结果，中野次雄編『判例とその読み方』（1986）所言“理由命题”（39 頁以下、46 頁以下）、“判例理论”（67 頁以下），依据本文的要件，也可以认为是“判例”。

〔134〕 特别是続 · 覚書 33 頁以下。

怎样的问题?对此是否是有用的规范言明?

判断上述问题的工作与此前的工作——明确迄今判例的“射程范围”在何处,对类似案件会产生什么影响——所考虑的与结果是否大概一致?但是,“射程范围”的想法与“先例”的判例研究相结合,在此是从对问题解决的有用性的视角来处理相关问题的,这就是差异。

(3)与上述(2)工作相并列的是必须对(1)中所得到的“判例”的规范言明是否“可堪反驳而留存”进行判断。因为这也是判断是不是“好的”法律论的基准之一。为了“留存”经历时间是必不可少,所以对相同的问题必须调查过去的判决。这种工作从结果来说相当于明确“判例的变迁”。川岛方法论中将明确“事实与结论”之间的对应关系作为判例研究的基本目的,而“判例的变迁”的研究则定位于仅限于为了预见“判例假说”的结构相关联的位置。[135] 但是,本文的立场是将“变迁”的研究置于中心,且与“预见”没有关联,根据是否“可堪反驳而留存”,尽管这个问题还有解释的空间,其表达方式也未必明确,但为了通过一个规范基准,还是应当尽可能提供一个方针。同时,如果能得到“可堪反驳而留存的‘判例’的规范言明”(笔者一般称为“判例的准则”[136]),对于法学家而言其有用性是极大的。比如,对急于解决的某个问题,如果已经形成“判例的准则”,法学家便可以使用,因此可以预想的是可以再次“可堪反驳而留存”,在这个意义上审判才可以被“预见”,可以解决问题。如果要求与此不同的解决方式,就需要在“留存”的强有力的“反驳”上面下功夫或者创造全新的法律论。总而言之,明确何为“判断的准则”对于法学家而言是最重要的工作。

本文关于“判例”研究的方法论大致如上所述。

五、结语

对于本文所阐述的“判例”研究的“方法”,暂且不论诸位是不是有意识地运用,也或许会有声音指出其实这就是大家非常自然地做的事情(大概来自法律实务家方面)。但是,笔者认为,即便是“自然”的“方法”,此前也并没有充分论证这种“方法”的依据。其后果是造成(虽说可能用词有些过了)由鲜明的问题意识所支撑的末弘方法论以及川岛方法论具有了很强的影响力,特别是后者,至少在法学者之间,川岛法学(比如“市民实用法学”或“作为科学的法学”的构想,关于法的价值判断的“客观性”观点)获得了包含反对者在内的广泛支

[135] 参见ジュリ956号(1990年)68頁。

[136] 平井宜雄『債権総論』(1985)「はしがき」2頁。当然,这与“准则性”的称谓还是存在差距的。

持。[137] 但是,将这样的构想作为一种有价值的事物引入法学教育,即培养法学家时,其内在的“非合理主义”将不一定带来好的结果。这是本文的基本性问题关注点,也是出发点,对川岛方法论提出质疑,并提出了比较合适的培养法学家的“方法论”建议。

更重要的是,正如川岛博士所强调的[138],这完全不妨碍判例研究方法论的多义性。因此,为了实现预见审判,或为了暴露法官意识形态,或为了调查“真实的事实”,自然无法否定判例研究方法的必要性。本文只是从排除法学教育中的“非合理主义”的角度论述判例研究的方法论罢了。

---

[137] 参见镰田教授所言。

[138] 参见判决例 199 頁。

判例研究方法论的过去与现在

[日]平井宜雄* 著　张　挺** 译　[日]吉田庆子*** 校

【摘　要】本文整理了判例研究的主要争论点，包括判例研究的目的、审判过程的性质、判例研究的方法等。本文认为判例研究方法论热潮退去的原因如下：第一，关于判例研究方法论的讨论乍看似乎形式上是"方法论"的"争论"，但实际上并没有就具体问题展开争论；第二，热潮期过后，刚好遇上日本法发生了根本性变化，这对判例的应有之义产生了巨大影响；第三，所谓法的需求者以及伴随而来的供给者（特别是法学教师）的明显增多。

【关键词】判例研究　方法论　论争

一、序言

从昭和30年代后半叶到40年代前半叶，我国法学界（特别是民法学界）经历了判例研究方法论的"热潮"[1]时代。围绕判例研究的方法论，众多学者发表了各种论稿，同时几个学会举办了研讨会，主流法学杂志也竞相登载了大量的特辑。[2] 10年后，长谷川正安教授将判例研究方法论的讨论、所谓法社会学讨论以及法解释学讨论并列称为三大争论。[3] 可是，即使"热潮"已过20年，现今的判例研究本身盛况依旧，但是方法论的"热潮"却几乎已经无影

---

* [日]平井宜雄，日本东京大学名誉教授。

** 张挺，日本立命馆大学法学博士，杭州师范大学沈钧儒法学院副教授。

*** [日]吉田庆子，法学博士，日本大东文化大学外国语学院副教授。

[1] 该词多出现在当时发表的论文之中。比如下山瑛二「行政判例の法社会学」法社会学16号(1964)68頁、椿寿夫「判例研究の目的と方法」法セ1963年12月号(1963)53頁。

[2] 关于判例研究方法论的文献总括目录，参见長谷川正安『法学論争史』(1976)、渡辺綱吉『判例研究の基礎理論(改訂版)』(1976)的卷末。

[3] 参见長谷川正安『法学論争史』(1976)147頁以下。

无踪了。[4] 当初,以川岛武宜教授、柚木馨教授为首的"热潮"中心,民法学者大量参与到判例方法论的整理中,那么目前为何这种"热潮"就消散了呢?思考这个问题,对于学习民法判例的人而言也不是全然无意义。本文从上述视角对比过去与现在的判例研究方法论,希望对民法判例初学者有所借鉴。

二、判例研究方法论"热潮"中的论点

如前所述,围绕判例研究方法论的讨论可以理解为一种"论争"。该论争始于川岛教授与柚木教授[5]的争论,即川岛教授在其论文《判例研究的方法》[6]中提及了柚木教授的方法论,对此柚木教授在法社会学会的报告上以《判例研究的目的及方法(民法)》[7]做出了反驳,由此引发了这场争论。[8] 由于方法论的讨论多少是围绕两位教授的见解而展开的[9],因此下文先简单地整理一下两位教授的见解。

(一)关于判例研究的目的

川岛教授认为,"现实中由法院审理或者已经审理完毕的判例,其存在是为了阐明审判规范或者为了进一步预见将来的审判",由此"为感觉受到巨大利害关系影响的市民提供行动指南"。[10] 基于此,柚木教授认为判例是以"除了预见审判,更为重要的作用是发挥使审判走向正确"[11]。

(二)关于审判过程的性质

根据川岛教授的观点,"着眼(思考)于审判过程,审判结论并不是通过'解释'而导出,所谓'解释'只不过是判决文书中三段论法的'正当化'(rationalization)的表

---

〔4〕 昭和40年代后半叶以后的判例研究方法论,如果笔者没有记错的话,就只剩下川岛教授的论文(「判例と判決例」(1971)『川島武宜著作集第5巻』(1982)所収)、石田让「判例研究の方法」法協90巻9号(1973)以及ジュリスト杂志第469号所收的座谈会文稿「判例研究の再検討」。最近就只有梅本吉彦「判例研究の意義と方法」法せ1981年6、7、8月号。

〔5〕 参见柚木馨「判例と判例研究」神戸大学法学雑誌1巻2号(1951)225頁、同『判例民法総論』(1951)129頁以下、同「判例と判例研究についての再論」司研所報27号(1961)。

〔6〕 参见川島武宜「判例研究の方法」法時34巻1号(1962)4頁、同『科学としての法律学(新版)』(1964)171頁以下所収、『川島武宜著作集第6巻』(1982)128頁以下(以下引用出自该书)。

〔7〕 参见柚木馨「判例研究の目的と方法(民法)」法社会学16号(1965)1頁以下、椿寿夫「判例研究の目的と方法」法せ1963年12月号(1963)55頁以下。

〔8〕 比如長谷川正安『法学論争史』(1976)153頁。

〔9〕 比如座談会「戦後判例の特質とその研究方法」法時34巻1号(1962)61頁以下、椿寿夫「判例研究の目的と方法」法せ1963年12月号(1963)55頁以下。

〔10〕 参见川島武宜『川島武宜著作集第6巻』(1982)130-131頁。

〔11〕 柚木馨「判例研究の目的と方法(民法)」法社会学16号(1965)14頁。

现形态或者手段"[12],判决理由"大多首先是能让该审判结论自圆其说的说理"[13]。与此相对,柚木教授认为,"将判决理由理解为作为说理手段的判决理由,在与法律审相关的部分,多数情况是违反事实的"[14],"现代的法官都会直白地在判决书中表明推导出结论的判决理由……很难想象老练的上诉审法官会首先基于利益衡量得出结论,然后才思考正当化的法律理论"[15]。

(三)关于判例研究的方法

为了预见审判,从先例的意义上解读判决自然重要。但是川岛教授的方法如下:"从审判对象的个别具体事实中通过'抽象'的操作来构成定型化事实",并通过同样的操作,从个别具体结论中组织定型化的决定内容,通过定型化内容选出具有关联性的定型化事实,从而构成规范命题或者假说。[16] 柚木教授对上述方法进行批判。他认为"判决理由并不具备先例的意义,这是因为只有当结论能够断开理由与事实相关联的部分,其才能构成先例,至少这种做法在上诉审是不妥当的"[17]。此外,柚木主张实现上述(一)"关于判例研究的目的"的方法是"在结论的利益衡量与推导理由的理论结构的相关结合中,给予批判修正"[18]。

以上是两位教授见解的对立点[19],在民法学界相关的领域[20],上述论点大致可以看作讨论的主要论点。

三、判例研究方法论"热潮"与现在

如上文所述,判例研究方法论的"热潮"熄火于昭和40年代前半叶。该"热

---

[12] 川島武宜『川島武宜著作集第6卷』(1982)131頁。

[13] 川島武宜『川島武宜著作集第6卷』(1982)145頁。

[14] 柚木馨「判例研究の目的と方法(民法)」法社会学16号(1965)8頁。

[15] 柚木馨「判例研究の目的と方法(民法)」法社会学16号(1965)9頁。

[16] 参见川島武宜『川島武宜著作集第6卷』(1982)162-163頁。

[17] 柚木馨「判例研究の目的と方法(民法)」法社会学16号(1965)9頁。

[18] 柚木馨「判例研究の目的と方法(民法)」法社会学16号(1965)14頁。

[19] 此外,还有以下方面的差异:①如何考虑判例的法源性;②如何理解所谓的判决理由(ratio decidendi)以及旁论(obiter dicta)作为先例的意义。这些差异比正文中的差异更加显著,这大概是归因于路径差异,实质上差异并不大。关于①参见川島武宜『川島武宜著作集第6卷』(1982)137頁、柚木馨「判例研究の目的と方法(民法)」法社会学16号(1965)2頁以下。关于②参见柚木馨「判例研究の目的と方法(民法)」法社会学16号(1965)154頁以下[另外,参见法社会学17号(1965)3頁]。

[20] 对于川岛教授的观点,除正文中所述,长谷川教授的批判也可以作为参考的角度[同「判例研究の方法」法時35卷9号、10号(1963)、『法学論争史』(1976)159頁以下,川島武宜「判例と判決例」(1971)『川島武宜著作集第5卷』(1982)所収,195頁以下]。但是,这里仅限于民法学界的讨论,对于长谷川教授提起的相关讨论,这里不再讨论。

潮”到底给学界带来了什么成果？其对判例研究具体带来了什么影响？这些问题并没有得到充分的整理乃至检验，从笔者的印象来说几乎没有带来重大成果以及影响。[21] 即便若对此持相反印象，至少目前“热潮”已经不见踪影。因此，以下是笔者针对问题的推测。

1. 关于判例研究方法论的讨论乍看似乎形式上是“方法论”的“争论”，但是至少[22]在川岛、柚木两教授（以两教授为代表的各自的方法论）之间没有就具体问题展开“争论”。即对于上文提到的这个问题，针对柚木教授在上述学会的报告，据称川岛教授立即有如下宗旨的回复：“预见审判是次要的，如柚木教授报告所言，判例研究的目的是对审判造成影响。”[23]事实上，川岛教授无论是在之前的论文还是之后的论文中，都反复强调了对审判的“影响”或者调节审判的重要性。[24] 关于前述内容，尽管可以感受到川岛教授的表达方式的不明确性，但柚木教授批判川岛教授，认为那些被写成“判决理由”的语言构成物无意义的观点似乎并没有切中要害。虽然川岛教授使用了“定型化结论”的表现方式，也使用了“决定性内容”的表现方式，但可以认为川岛教授在针对该词以及“定型化事实与定型化结论的相关结合”的作业过程中，已经认识到“判决理由”的重要性。[25] 事实上，据称川岛教授针对柚木教授在学会上的报告[26]也发表了类似言论，此后，在川岛教授的论文中也强调了法学中“法律性构成”的重要性。[27] 结果，上述两位教授的观点截然不同，而且其他诸多观点的差异的根源也是在于如何看待审判过程的性质。对于这个问题，川岛教授也承认受到了美国现实主义法学，尤其是其中J. 弗兰克（Jerome New Frank）所提倡的法官的现实行动模式的强烈影响。该模式针对传统法官的行动模式的问题，以批判性论调登场。实际上即便现实中法官的行动与该模式部分一致，该模式也无法说明所有问题（由于只是一种模式，在这样的范围内本身就存在从现实中抽象出来的一面，这一点另当别论）。笔者认为，川岛教授的主张大概并不包含这层含义。因此，川岛教授的主张可以解释为，相对于提倡具体的判例研究方法，更注重理论性地将审判过程的现实主义法学的某种观点投射到判例研究，针对迄

〔21〕 参见長谷川正安『法学論争史』(1976)173頁。

〔22〕 长谷川教授对川島教授的批判是另一个话题。

〔23〕 椿寿夫「判例研究の目的と方法」法せ1963年12月号(1963)56頁。

〔24〕 比如川島武宜「市民的実用法学とその科学性」同『川島武宜著作集第5卷』(1982)121頁以下、同「『法律学』の現代的問題点」同289頁以下。

〔25〕 参见川島武宜『川島武宜著作集第6卷』(1982)163、174頁。

〔26〕 参见椿寿夫「判例研究の目的と方法」法せ1963年12月号(1963)56頁。

〔27〕 比如川島武宜「『私法の方法論に関する一考察』について」同『川島武宜著作集第5卷』(1982)324頁以下。

今讨论的判例研究的各种问题,从理论上以怎样的不同姿态,构建、强调这样一种理念型模式框架。如此,如果理解为并不存在具体的判例研究方法的"争论"的话,那么"热潮"因对现实不一定产生影响而熄火,反而是一个必然的结论。

2."热潮"时期接踵而来的日本法现象的根本变化[28]对判例研究的对象即判决的应有方式也带来影响,在判例研究方法论的讨论中,出现了最为超越外围框架的判决。下面举几个例子。

(1)进入昭和40年代后,机动车损害赔偿请求诉讼爆炸式增长,之后又急剧减少。这种戏剧性变化引发了种种理论上的问题,尤其重要的是再次提出了一个问题,即在何种条件下人们选择诉讼或者不选择诉讼。作为条件之一,浮现了一个迄今从未关注的"诉讼代价"问题。[29] 换言之,并不是只要知悉法的动态考虑判决即可,重要的是让大家意识到视点必须放在哪些领域,以多大程度关注判例这个问题上。这是对大家认为预见审判是判例研究的任务,且毫无怀疑地迅速将此转换解释为"给予市民行动指针"提出的疑义吧?为了了解现实中法的实际形态无法回避一些与判决并驱或许更为重要的、正在增加的领域,如对条款、交易习惯的研究以及当事人的社会心理学事实等。

(2)从昭和四十二年11月6日的最高法院判决(民集第21卷第9号第2430页)开始,于昭和四十九年10月23日的大法庭判决(民集第2卷第7号第1473页)结束的关于临时登记担保的判例法理的猛然、剧烈发展,恐怕这是谁也不曾预料到的。最高法院不顾此前先例、学界的讨论,甚至当事者的主张完全不相干地以一个决断为起点,创造了一种全新的权利义务关系。不可否认,这个冲击一定程度地减少了"判例研究方法论主要是从判例中解读出现实中妥当的审判规范及其变化,从而预见审判"(即使只是主张中的一部分)的主张力度。临时登记担保的判例法展示出它所具备的另一个方面,即在认识社会现实的某种权利义务关系的基础上,是否应该将此认为"合理"?是否应该认为这是符合"公平正义"?那么明确决断的结构以及多种层面,并且在诉讼中建立、改变可运用的法技术更为重要。

(3)学界根据以所谓四大公害诉讼以及大阪国际机场诉讼(最高法院判决昭和五十一年12月16日民集第35卷第10号第1369页)(非正式称呼为"政策指向型"诉讼[30])为代表的判决提出了判例研究方法论的新问题。在这些诉讼中,在阐明事实认定上的高度技术性问题的同时,为了达成一定的目标,从某

---

〔28〕 关于这一点参见平井宜雄「現代社会への法的戦略」法協百年記念論文集第一卷(1983)87頁。

〔29〕 关于这一点参见平井宜雄『現代不法行為論の一展望』(1980)29頁以下。

〔30〕 参见平井宜雄『現代不法行為論の一展望』(1980)66頁以下。

种意义上不得不或多或少地采用“期待的政策”“符合正义”的法律制度，并以此来界定诉讼当事人之间的权利义务关系。这样的观点在审判制度中发挥作用是因为审判活动在决定性质上存在局限[31]，因此法院不得不依赖法院以外的知识、资源，通过鉴定等进行判断，同时也不得不依赖当事人的各种各样的讨论，来订立某个“符合正义”的法律制度或政策，设计改造“最合适”的法技术。对于这种类型的诉讼，迄今的判例研究方法论几乎无人涉及，自然也不存在充分的论证，而且由于这些诉讼给社会整体带来了巨大的冲击，无法否定这种类型诉讼的登场让传统的判例研究方法论感到了无力对应。

3. 所谓法的需求者以及伴随而来的供给者（特别是法学教师）的明显增多。众所周知，昭和40年代学习法律的学生人数显著增加，加之企业法务部的发展、律师业务的扩大、价值观的多元化以及社会生活的复杂化所带来的纠纷（虽然未必都发展到诉讼）的发生及其可能性的增大，也带来了法的需求者的显著增长。[32] 当然，这也必然带来了法律知识供给者的增多。对应各种目的（从大学的法学教育到企业担任法务工作人员的研讨），法律知识的传授方法的多样化，也自然引导判决使用方式的多样化。比如，如果将学习法庭辩论技术解决问题作为大学法学教育的目的，那么就这种目的而言，判决将成为讨论的素材，成为思考种种法律主张的构思的基础。此时，法学家在执笔判例研究时关注的方法论也就失去了它活跃的场所。总之，根据不同目的，对判决的处理方式也各不相同。从这个意义上来说，判例研究方法论本身就失去了它的意义。

四、结语

如上所述，如果已经失去探讨判例研究方法论的意义，那么根据我们的目的来规定判例研究的意义，这样的方法也是根据各自的目的确定判例研究的方法。预计接触本书的大部分读者都是民法初学者，对于他们而言接触判例的意义，最首要的是研读判决，这是学习法学过程中不可回避的基础训练。那么，重点是熟悉判决文所特有的结构、独特的用语、表达方式，为此必须学习民事诉讼法（而不是民法）的基础知识，比如有必要了解为何判决主文需要分离，为何需要对原告请求的主旨、请求原因、答辩进行分类，为何按照这样的顺序书写，为何没有争论的事实分开书写等。并非接触判决就意味着必须轰轰烈烈地学习迄今各家所论述的判例研究方法论。判例研究方法论的“热潮”20年的岁月已逝，感觉这才是笔者对本书读者的民法初学者们的赠言。

---

[31] 参见平井宜雄『現代不法行為論の一展望』(1980)192頁以下。

[32] 关于这一点，可以通过法学本科生数目、法律论文数目、法律协会会员数目等数据得以检验，这里不再展开。

民法中“判例”论的新阶段

[日]平井宜雄[*] 著　张　挺[**] 译　[日]吉田庆子[***] 校

【摘　要】日本新修订的《民事诉讼法》第318条第1款新设了上告受理制度，其中明确使用了“判例”一词。本文以判例的“法源性”以及“判例”的意义为中心，探讨新民事诉讼法中登场的“判例”概念在有关判例的过去、现在和将来的讨论中有何关联以及相互之间的影响。

【关键词】上告受理制度　判例　法源性

一、问题

1998年1月开始实施的民事诉讼法（平成八年第109号法律，以下简称新《民事诉讼法》）对向来以民法学者为中心的“判例”（如后文所述，“判例”是个多义词，但是本文以终审判断为基础展开讨论）探讨带来了一个新的时代。即新民事诉讼法新设了上告受理制度，同时作为可受理案件的要件规定了“如原判决与最高法院判决［或大审院判决以及作为上告（二审）法院或控诉（三审）法院的高等法院的判决］的判断相反的案件以及被认可的其他相关法令解释重要事项的案件”（该法第318条第1款以及第337条第2款，同时参见民诉规则第203条）。这是民事法律［可以对比《刑事诉讼法》第405条第2项以及第3项。另外，旧民诉规则第48条（1956年最高法裁判规则二）中虽然也使用了“判例”一词，但仅限于最高法院规则的层度］中“判例”概念的首次登场。本来上告受理制度是面对大量的上诉案件不得已的应对手段，鉴于最高法院案件负荷过重的现状，在一定范围内限制上诉，为了让“最高法院充分发挥宪法判断以

* ［日］平井宜雄，日本东京大学名誉教授。
** 张挺，日本立命馆大学法学博士，杭州师范大学沈钧儒法学院副教授。
*** ［日］吉田庆子，法学博士，日本大东文化大学外国语学院副教授。

及法令统一解释的重要机能"而设立的制度。[1] 无须赘言,该款中所谓的"判例"概念终究还是要按照上述目的来进行解释。即便如此,这也并不意味着民法学上长期积累下来的有关判例研究的讨论就此完全丧失意义吧！反之,从另一方面来讲,对于那些今后从事判例研究、学习判例的人来说,在面对何为判例之时,明中暗里也不得不在脑海中建立上告受理要件的"判例"的概念。本文将以判例的"法源性"以及"判例"的意义为中心,探讨《新民事诉讼法》第318条第1款中登场的"判例"概念在有关判例的过去、现在和将来的讨论中有何关联以及相互之间的影响。[2]

二、判例的法源性

1. 民法学界之所以如此自觉地呼吁判例的必要性,与主张认可判例的"法源性"有着深厚的关系。实际上,正如笔者多次反复强调,"法源"的含义具有多义性,那么首先我们就应当明确究竟是从哪一种意义上在主张判例的"法源"性。

"法源"的多义性用法大致可以分为以下几个种类:①法源是了解认识现行法的资料意义的用法。在有人主张"判例能否应该成为法源的讨论已经过时了……如今无视判例想要掌握现行法已经完全不可能"[3]的时候,"法源"一词就是在这种意义上在使用。而且,在民法学界这种意义上的判例的"法源"主张的背景是承认法官具有创造法律以及在国家法以外在社会中也有规范的形成,同时可以说是在几乎毫无异议的情况下认可这种"法源"性。②法官在进行审判时所依据的基准(约束法官的明确断言)意义上的"法源"。在论证与制定法、习惯法相提并论的判例能否成为"法源"时(一般民法体系书中亦是如此),"法源"便是这种意义的用法。许多学说都否定了②这种含义的判例的"法源性",其理由是日本没有采用英美法式的先例拘束性的法理,而是立足于制定法主义[4]。但是,也有学说以存在法律规定最高法院做出的"判决"在一定范围内具有"拘束力"(参见旧《民事诉讼法》第406条之2、旧民诉规则第58条)为依据,认为判例可以解释为"特殊法源";[5]也有学说认为,如果表明相同宗旨的法律判断反复出现,那么其判断部分可以解释为是法例第2条规定的所谓

---

[1] 参见「研究会新民事訴訟法をめぐって(23)」ジュリ1140号(1998)76頁中柳田幸三法官(法务省新民事诉讼法的立法负责人)的发言。

[2] 笔者推测本书的读者大多为民法的初学者,由于篇幅所限,本文省略了针对初学者关于判例的解说。取而代之,可以参见中野次雄编『判例とその読み方』(1986)。

[3] 『判例民法 大正十年度』序文(末弘嚴太郎博士執筆)。

[4] 参见谷口和平ほか編『新版注釈民法(1)』(1988)5頁。

[5] 参见四宮和夫『民法総則(第4版)』(1986)9頁。

“习惯法”的法源。[6]

2. 对于上述讨论的判例“法源性”问题,新《民事诉讼法》第 318 条第 1 款(以下简称该款)大概具有以下意义。

(1)对于肯定①意义的判例“法源”性的学说,新设该款可以说具有补充强化该学说的意义。即旧《民事诉讼法》第 394 条规定的“以(明显影响判决)违背法令为理由”的上告理由中,“法令”本身可以解释为不包含“判例”。[7] 与此相对,该款作为“关于法令解释的重要事项”举出的唯一的违反判例的示例,确立了“判例”与“法令”的所谓“同层度”的地位。[8] 由此,这对于强调审判的创造法律作用和判例的“法源”性的前人来说,可谓有“实现夙愿”之感。这种感觉由于如下原因更加强化。

(2)新设该款的重要意义在于,根据对该款的不同解释或许可以肯定上述②意义上的“法源”性。

如前所述,大多数的民法学者一直都不承认这种意义的法源性,对上述少数学说的肯定说提出了质疑。即②意义上的“法源”性是指对法官的判断具有某种拘束力,但是肯定说作为依据所引用的上述法律规定并不是判例(条文上规定的是“裁判”)的拘束力(仅仅只是规定的法院的内部处理),如前所述,该学说的主要提倡者解释为“特殊”法源,可见也是承认这种质疑是恰当的[9]。另外,对于将反复做出的判决作为习惯法理解为“法源”的学说,有批判者认为并不存在法律规定承认判例上“习惯”的拘束力[10](根据《法院法》第 4 条的反对解释,这样说明反倒自然)。因此,迄今的民法学说中,②意义上的“法源”性主张并不得力。

但是问题在于该款规定“对于做出与判例……相反判断的案件,可以作为上告审受理案件”,因此如果将该款中的“可以”转换为“应当”的宗旨,那么该款中的“受理”可以解释为是必须而非任意,不得不就变成了拘束法官判断的规定,成为肯定②意义上的“法源”性的依据了。

如前所述,如果将上告受理制度解释为让最高法院发挥其本来的机能,以

---

〔6〕 该学说早已有之,最新的文献参见四宮和夫『民法総則(第 4 版)』(1986)4、5 頁。

〔7〕 参见新堂幸司ほか编『注釈民事訴訟法(8)』(1998)239 - 240 頁(但是,其认为,判例违反只要不是判例变更,几乎都会违反法令)。

〔8〕 关于上告受理制度的立法过程,有批判者认为,当时使用的是“违反裁判时”的表达(法制审议会民诉分会纲要草案第十三之四甲案),并没有明确判例的定位。受此影响,法制审会议总会决定的纲要以后,修改为“与判例相反的判断”的表达。参见山本克己「上告制度に関する改正の経緯」三宅省三ほか编『新民事訴訟法体系(3)』(1997)。

〔9〕 四宮和夫『民法総則(第 4 版)』(1986)赞同这一点。

〔10〕 关于肯定说参见川島武宜「『法律学』の現代的問題点」同『川島武宜著作集(5)』(1982)267 頁以下。

减轻其负担为目的的制度，似乎上告受理不得不解释为是任意的，[11]也有民诉学者认为这是必要性的[12]，学说上存在分歧。问题在于如何解释该款“与判例……相反判断”为示例的“有关法令解释的重要事项”的含义，可以预见今后民事诉讼法学的相关讨论将会得到进一步深入。重点在于现阶段该款是隐含承认判例“法源”性的可能性的依据规定[13]，必须指出在这一点上对于迄今有关“法源”性的讨论来说具有划时代的意义。

三、“判例”的意义

1. 与判例法源性问题有密切关联的是迄今民法学者所讨论的“判例”的含义的问题。即一方面主张“判例”的概念的多义性，因此有必要明确规定，另一方面却在探讨“判例”是③意味着每个判决或者其中出现的案例，还是④意味着“判决的先例”。[14] 如前所述，上述①意义上承认判例的法源性也就意味着承认了法官创造法律的作用，在承认这种作用的同时，仍然可以断言是“依据法律”做出的判决，需要是“不是为了便宜上处理该案件，而是如果另外存在‘实质相同的案件’，坚信无疑也会同样适用，在头脑中描绘这样的法律规范并运用到审判中”。那么“判例”就是④意义上的判例，同时每个判决中哪一部分“先例”是根据“在确定该案件中具体问题的事实关系的实质的基础上，并概观判决整体解读出法官作为规范所创造的法律到底是什么[15]”。因此，⑤作为先例的“判例”并不是指判决中出现的所有法律论（更不是判例集编纂者附加的“判决主旨”），而只能是针对该事实关系成为判决结论前提的法律判断［一般模仿英美法用语中的“先例拘束性”（stare decisis）原则，称为“判决理由”（ratio decidendi），并将除此之外的法律论称为“旁论”（obiter dicta）］。如前文所述，上述①已经得到普遍承认，因此由此推导出的上述④与⑤的归结，也可以认为

〔11〕 参见出口雅久「最高裁判所に対する上告」三宅ほか編『新民事訴訟法体系（3）』（1997）856 頁。山本克己「最高裁判所による上告受理及び最高裁判所に対する許可抗告」ジュリ1098 号（1996）86 頁认为上告受理“只能是任意的”，主张在判例违反的情况下，尽可能地受理。同时参见下注 12 中的各位发言。

〔12〕 参见「研究会（24）」；参见伊藤真教授的发言（ジュリ1141 号 151－152 頁，这一点意见有所分歧）。同时参见同「上訴制度の目的」竹下守夫編『講座民事訴訟法Ⅲ』（1998）15 頁。另外，虽然条文上“可以”，但是解释为“必须”，这存在《民法》第 7 条解释的先例（关于「為スコトヲ得」的解释，通说认为是“必要”）。

〔13〕 伊藤真「上訴制度の目的」13 頁承认该款是判例的“补充的法源性”。该观点的主旨可以认为是正文中②意义上的“法源性”。

〔14〕 关于“判例”概念的多样性参见川島武宜「判例と判決例」同『川島武宜著作集（5）』（1982）127 頁以下。

〔15〕 末弘严太郎「判例の法源性と判例の研究」同『民法雜記（上）』（1958）30、35 頁。

目前已经获得民法学者的共同认可。

2. 那么,新《民事诉讼法》第 318 条第 1 款将对上述讨论产生什么影响呢?

首先,必须指出该款的新设"什么是'判例'"这个问题对实务将具有极其重要的意义。从上文可知,关于这个问题,迄今的讨论主要还是围绕民法学内部的学术性、理论性关心所展开。但是,上告受理制度新设以后,打算争诉到最高法院的诉讼当事人如果无法满足新《民事诉讼法》第 312 条的要件,那么只能主张适用该款所谓"重要事项"来申请上告受理。而且,在旧民事诉讼法时允许以"违反法令"为由的上告,"什么牵强附会……寻找某种理由我们才能够上告"[16]这些实务家所述的情况并非一朝一夕间就可以更改。那么,该款中所谓的"重要事项"到底是什么呢?就是该款中所谓的"与判例相反的判断"吗?因此,该款中所谓的"判例"又到底为何呢?可以预测围绕这些问题必然会产生频繁的讨论。因此,长期源于学术、理论性趣味讨论的"判例"概念将开始承担起实务性意义,在"判例"概念史中也不得不说将成为划时代的现象。

其次,该款的"判例"概念赋予了与"法令解释"的同等地位,所以至少是具有包含该案件在内,其他同种案例都妥当适用的一般性,故而对于之后出现的案件也必须显明具有被继承资格的"先例"的法律论。也就意味着理所当然是作为"审判中的先例"的判决。[17] 那么,为了贯彻限制上诉这样一种上告受理制度的目的,我们越是要采用这样的解释态度(加之,越是将上告受理的裁量幅度限制解释),作为"审判中的先例"的该款中所谓"判例"的概念就会更加受到限制。

最后,一直以来所提倡的"判决理由"作为发现"审判中的先例"的理论工具,与"旁论"区别(也发挥了严格限制"判例"概念的作用),在解释该款的"判例"概念时是否应当作为参考呢?这种区别在解释《刑事诉讼法》第 405 条的"判例"概念时曾作为例证(关于《法院法》第 10 条第 3 项的解释时亦是如此[18]),对此已经积累了许多讨论。[19] 关于如何考虑民事诉讼法的解释问题,应当结合上述解释,交由今后的民事诉讼法学研究。但是,考虑到民法学中"判决理由"和"旁论"的区别是以适用实体法为基础诞生的,不仅是主张实体法的法律论,今后将会在所有种类的法律论(特别是对于将来法院处理案件的方法有必要提示先例必要性的法律论等范畴)主张受理上告制度中,无法排除这样

---

〔16〕 参见出口雅久「最高裁判所に対する上告」49 頁注 3。

〔17〕 参见伊藤真「上訴制度の目的」15 頁。

〔18〕 参见兼子一 = 竹下守夫『裁判法(新版)』(1983)149 頁。

〔19〕 参见松尾浩也『刑事訴訟法(下)(新版補正版)』(1997)248 – 249 頁、藤永幸治ほか編『大コンメンタール刑事訴訟法(6)』(1996)500 – 504 頁。

的区别是否恰当地限定了该款的"判例"概念的疑问。[20] 即便如此,以"审判中的先例"的"判例"概念为目的进行适当限定,其他还需要考虑怎样的理论性道具,不仅是民事诉讼法学,也是民法学需要思考的问题。

四、结语

如果参考《刑事诉讼法》第 405 条(但是,该条的违反判例与新《民事诉讼法》第 318 条不同,是绝对性上告理由)的解释论,关于该款,笔者认为除上述问题以外,还存在一些细微的解释论中的论点。比如:①未登载在判例集中的判决也可以成为该款中的"判例"吗？②还没有确定的判决也是该款的"判例"吗？③与"判例""相反"的含义到底为何(仅指法律性判断呢,还是也包含案件处理的方法呢)？④判断与"判例""相反"的标准时间(如原判决当时还不存在"最高法院的判例",如果之后出现的"最高法院判决"与原判决做出了"相反判断"的情况,是否符合该款的要件)等。[21] 这些问题有待于今后的判例学说(特别是民事诉讼法学)的研究发展,最后,结合"判例研究的方法论"作为本文的结语。

如本书旧版开头所言[22],民法学曾经有一个时期"判例研究的方法论"研究如火如荼,以至于被称为"判例研究方法论的热潮"。但是,通过各种不同性质的判例的积累以及法律知识的需求者层面的分化,判例的处理方式也不得不走向多样化、多元化,一般意义上的判例研究方法论失去了它的意义,与此相关的讨论也烟消云散。在这样的状况中登场的上告受理制度,为我们带来与此前完全不同的、全新的论点,即从纯粹的解释论的视角思考如何看待"判例"问题。这不仅促使了方法论的多样化、多元化倾向,反过来也可能引导全新的方法论的诞生。至此,自 1921 年年末开始的末弘严太郎博士所提倡的判例研究在历经八十载岁月,迎来了全新的阶段。

---

〔20〕 刑事诉讼法的多数说认为,没有必要严格区分。参见松尾浩也『刑事訴訟法(下)(新版補正版)』(1997)248 – 249 頁、藤永幸治ほか編『大コンメンタール刑事訴訟法(6)』(1996)500 – 504 頁。

〔21〕 参见藤永ほか編『大コンメンタール刑事訴訟法(6)』(1996)505 頁以下。

〔22〕 参见平井宜雄「判例研究方法論の過去と現在」同編『民法の基本判例(新版)』2 頁以下(本书第 315 页以下)。

论学习“判例”的意义及极限

[日]平井宜雄[*] 著 张 挺[**] 译 [日]吉田庆子[***] 校

【摘 要】本文再次梳理了日本判例论的学说史,并总结了判例研究方法论的相关特征,即“判例的法源性”、“心理主义”和“学者对审判实务”,但是这三个特征都失去了它们的现代意义,需要重新审视判例的意义。在此基础上,本文再次探讨了判例的理论与解释论的意义、何为法学家、判例的意义以及定位、实体法上承认“判例”的意义。当前判例研究应当追问“判例对于一般法学家而言有何意义”。而法学家应当定位为“通过‘议论’‘解决问题’之人”,判例应当是以“议论”为出发点的命题。同时,法学家的工作应该是发现迄今任何人未曾注意、未曾讨论的法律“问题”,并直面解决问题的工作。

【关键词】判例研究 方法论 议论 法学家

一、问题

(一)问题的设定

由于《专修法律评论》的编辑方针,为了整理每期预定登载的重要论稿需要准备大量采用判例研究的论文。在此,再度思考学习判例的意义,毫无疑问是符合本刊创刊精神的。本文也尝试能够完成这样的工作来撰写〔1〕,或许也可以对考察现今的法学状况提供若干的论题。按笔者的浅见,以现在不断定期发

---

* [日]平井宜雄,日本东京大学名誉教授。

** 张挺,日本立命馆大学法学博士,杭州师范大学沈钧儒法学院副教授。

*** [日]吉田庆子,法学博士,日本大东文化大学外国语学院副教授。

〔1〕 关于判例的各种论点,笔者曾经发表过几篇论文(主要有『判例研究方法論の再検討(1)-(3)』)『続・法律学基礎論覚書』(1991)所収(下文以“续觉书”引用);「判例研究方法論の過去と現在」『民法の基本判例』(1986)所収(下文以“过去与现在”引用);「民法における『判例』論の新段階」同編『民法の基本判例(第二版)』(1999)所収(下文以“新阶段”引用)。本文内容可能与这些论文有部分重复。

行的判例要旨集为代表,即使是以判例解说和判例研究冠名的论文,也就是说那些以判例为中心的出版物也完全没有针对判例究竟为何物、引用判例时究竟应该以什么为依据、为什么需要尊重判例等这些基础性、理论性问题予以解答。甚至在源源不断出版的教科书、体系书之类的书籍中虽然都引用了不少判例,但是也都没有对上述问题做出相关论述。另外,最近在不少学者的论文以及专著中也出现很多来源于判例或者判例研究的主题以及观点,或者是一些以判例或者判例研究为问题意识的论著。即便如此,这些论稿对上述基础性、理论性问题也少有回应。此外,虽然在实务工作中判例占据极大的比重理属自然现象,但是出现了实务家视判例为绝对,奉之为"金科玉律",认为只要是判例的意见就必须遵守的现象,还出现了在处理一些新出现的法律问题时,只要有这些问题的判例出现就算"大功告成"的风潮。其实,笔者倒认为学习判例的意义也有它的极限,有时判例甚至可能作为被批评的对象。因而从思考上述理论问题的关联性的角度来看,也有必要进行明确。

日本判例所占据的比重之大,从比较法的观点来看也是一种较为特殊的现象(关于这一点,他文再述)。本来,即便是在英美法系国家也不会去探究判例的意义以及学习判例的目的。因为在这些国家,无论有多么庞大数目的制定法存在,也是以判例法为前提的。因此,学习法律就是学习判例,判例的意义以及学习判例的目的就成为理所当然的事情。与此相对,在大陆法系法典国家,法律规定适用于每个事例(所谓"涵摄")的过程便成为学习法律的中心工作,判例不过是显示适用结果的事例而已。因此,无论判例的数量变得如何庞大,从传统上来讲并非因此就获得重要的地位。日本虽然是一个法典化国家,但是从传统上判例却一直占据法律知识的重要地位,最近这种倾向似乎越发明显。照理对于上述判例的基础性、理论性问题应该有更多的讨论,但如前所述状况却不尽如人意。那么,本文就此为讨论的对象或许具有一定的存在意义。简言之,本文将从一直被忽略的理论性视角来探讨学习判例的意义及其极限。

（二）叙述的顺序

关于研究判例目的、意义及方法这一问题,迄今以民法为中心曾经有过多次讨论,已经有了相当数量的积累。因此,再次讨论有关判例的理论性问题时,有必要对这些讨论的发展史进行回顾(以下简称判例论)。本文将在第二部分讨论这个问题。而此前关于判例研究的意义、目的等仅仅是基于特定立场的出发在特定文脉中的讨论,而且大部分应该说是已经丧失了其现代意义。在此,本文将在第三部分探讨对于一般"法学家"而言的"判例""研究"究竟有何意义(因为针对"一般法学家"而言,与其说判例"研究",还不如说"学习"判例似乎更为妥当,尤其是在第三部分,将根据上下文的语境选择使用学习判例的表达方式)。因此,第三部分将深入讨论何为"法学家"这个基本问题,明确为何之前缺乏"从法学家"的视角的讨论,在此基础上,对“法学家”的含义进行再定义,并从这样的立场来讨论何为“判例”,从这个意义上来考虑为何需要尊重“判例”,学习“判例”的局限性等问题。最后,将在第四部分对本文的宗旨进行概括为结尾。此外,如前所述,此前的判例论主要是以民法领域为基础的展开。而笔者的专业也是民法,因此下面的论述也将主要以民法为中心展开讨论,望读者了解。〔2〕

二、判例论的展开

(一)末弘理论的提倡

众所周知,最早触及该问题的是“集聚于东京帝国大学法学部民法研究室”的研究者在将大审院判决录的研究成果归纳于《判例民法》(后改称《判例民事法》)第1卷(大正十年)时在序言中强调了判例研究意义。宣称“现今,想要了解现行法的内容却忽视判例几乎完全不可能(并举出如关于不动产物权对抗要件的问题、关于未登记婚姻的妻子的法律关系问题等无法忽视判例的事例)”,并主张法院也是法律的“创造者”。但是,该序言同时也指出创造的这种“法律”与立法机关制定法令不同,是一种“不与 kasuistisch 的具体事实相分离的极其微妙之物”〔3〕。并规定了判例研究的目的及其方法如下:“研究的目的是知晓具体的法律。”〔4〕由此研究的方法则是从判决的记载中“尽量收集详细的事实关系”“法院对该事实如何进行裁决”,即“注意不要脱离具体事实进行抽象性的讨论”。〔5〕进行评价和解释。这种方法排除“一直以来学者们所尝试的判例批评”,即“停留于指出审判结论的理论推演有误的方法”,〔6〕该判决“寻觅与传统的判例之间的联系并说明该问题的法律具体变迁以及其内容逐渐充实的状况”〔7〕。

该“序言”虽然没有署名,但当时就推测应当是由末弘严太郎博士所执笔。实际上,之后末弘博士在以《判例的法源性与判例的研究》为题的论文中〔8〕也阐述了相同宗旨的意见,也印证了作者的推测。总而言之,该论文中,末弘博士强调在判例研究之时“有必要针对在该案件中成为具体问题的事实关系的实质来对审判整体进行研究和确定……而且研究者……在确定这一点之后,有必要

---

〔2〕本文对于判例的用法如下:本文从严格规定意义上使用“判例”时,会附加引号(“”),引用文或者一般意义时会直接使用判例。“判决”是指个别具体的判决,而“判决例”则指还未成为“判例”,仅仅只是个别判决的集合体而已。

〔3〕『判例民法』第1巻序5頁。

〔4〕『判例民法』第1巻序7頁。

〔5〕参见『判例民法』第1巻序7-8頁。

〔6〕参见『判例民法』第1巻序9頁。

〔7〕『判例民法』第1巻序7頁。

〔8〕参见末弘严太郎『民法雑記帳上』(1953)所収。

从审判整体中解读出法官规制该问题时所创造的法律规范为何"[9]。

因为末弘博士断言判例是"法源",所以研究的目的在于探求"具体的法律",因此其方法是从具体的事实中解读出法院所创造的法律规范。末弘博士的这种观点(以下简称末弘理论)以博士的有关物权变动解释论的业绩为基础[10]对民法学界产生了巨大的影响。下文的考察也是以末弘理论为主轴展开讨论。

(二)川岛理论的登场

在末弘理论的基础上进一步发展并在学界引发论争的是川岛武宜博士(下文将川岛博士所主张的观点,简称川岛理论,引用时省略了原文中的旁点)。川岛理论在继承末弘的"由判例形成具体审判规范"理论的基础上,进一步提出了①由于"既有的法律存在'缺陷'",因此"裁判结论并非由'解释'所引出,并提出所谓的'解释'无非只是判决中的三段论法这种'正当化'(rationalization)的表现形态或手段罢了",[11]因此提出了判决理由中"首先是针对审判结论说理的理论居多"[12]的观点。此外,川岛理论与其说判例研究的目的是①命题的归结,还不如说是独立主张[13]的②"明确现实中法院妥当的或者已妥当的审判规范,进而预见将来的裁判"这一命题。[14]其理由是"对感知与审判具有重大利害关系的市民提供行动指南";"尤其是在资本主义社会,资本有必要了解自身的权利义务的预见可能性(berechenbar-keit)"。[15]由此,如果将判例研究的目的理解为预见审判,要求我们有必要从每个审判中发现、抽出成为将来审判先例的审判规范,其方法为③"从审判对象的各个具体事实中,通过'抽象'的操作来构建定型化的事实"[16],并且通过同样的操作方法,从个别具体结论中构建定型化的决定内容,并挑选出与决定内容具有关联的事实,从而构成一个命题。通过这样的工作构建的命题因为是具备预见将来审判的假说,将具备通过将来的审判得以不断检验、修正的可能性。[17]

---

〔9〕末弘严太郎『民法雑記帳上』35頁。

〔10〕1925年出版的博士所著《物权法》以判例分析为基础,提出《民法》第177条中所谓第三人的限制说,支持大审院的态度,于是当时民法通说的无限制说突然改变为限制说,带来了极大的影响。

〔11〕参见川島武宜『判例研究の方法』131頁,同《川島武宜著作集第5卷》所収(下文作为"方法"从《著作集》引用)。

〔12〕川島武宜『判例研究の方法』145頁。

〔13〕该说法包含了与川岛博士之意图不同的解释,所以有必要进行论证,参见続·覚書48頁(本书第274页)。

〔14〕参见方法130頁。

〔15〕方法131-132頁。

〔16〕方法162-163頁。

〔17〕参见方法176頁。

(三)柚木博士的批判

柚木馨博士对川岛理论提出了批判。首先,对于上述有关判例研究的目的命题②,柚木博士主张“比起审判的预见功能,更重要的是通过对审判发挥影响纠正并使审判走向正确”才是判例研究的目的。[18] 其次,柚木博士对命题①也提出了猛烈的批判,认为“将审判理由解释为‘说理手段’的观点,在法律审范围内,很多时候违反事实”[19],“作为裁判理由,现代的法官大多都会在审判中直言推导出(结论)的判决理由……难以想象老练的上诉审法官首先会基于利害衡量得出外行式的结论,然后再思考使其正当化的法律理论”[20]。最后,对于判例研究方法的命题③,柚木博士提出了“判决理由并不具备先例性意义,仅仅是与此遮断的结论,在与事实的关联中可被视为先例,至少在上诉审是不妥当的”[21]的反对意见,以此为基础柚木博士主张为了达到上述“纠正并使审判走向正确”的目的的方法应当是“在对结论的利害比较,以及推导理由的理论结构的相关结合中达到批判修正”[22]。

柚木博士的主张在1961年度的法社会学年会上发表后,各家主流的法律杂志都以此为契机刊登了大量关于判例研究方法论的论文,有若干学会也以此为主题策划了研讨会。就这样产生了被称为“判例研究方法论热潮”的现象。后来,其与所谓的“法社会学争论”以及“法解释学争论”并列为三大法学争论。[23] 但是,与法学界其他论争一样,对于判例研究方法论的论争没有论点的整理和发展,之后也没有反复讨论,既没有成为学界的共同财产而被固定,也没有在法学传统中形成意识性构造,就这样无声无息地熄火了,现在更是无人问津。

(四)判例论的特征与分析

以上大致是以判例研究方法论为中心的判例论的概况。接下来,将对其特征进行归纳并做一些分析。

(1)判例的法源性

我们从末弘理论中可以明确了解到判例研究的讨论以主张判例为“法源”为出发点,这同样也是川岛理论的前提(以批判川岛理论为目的的柚木博士的

---

〔18〕 柚木博士对判例的研究方法,有若干论文:『判例と判例研究』神户大学法学杂志1卷2号(1951)225頁、『判例と判例研究についての再論』司法研修所论集27号(1961)、『判例民法総論』(1951)129頁。这里主要引用的是有关研究判例方法论的法社会学年会中的报告,『法社会学』16号(1964)14頁。

〔19〕 柚木馨『法社会学』16号(1964)9頁。

〔20〕 柚木馨『法社会学』16号(1964)8頁。

〔21〕 柚木馨『法社会学』16号(1964)9頁。

〔22〕 柚木馨『法社会学』16号(1964)14頁。

〔23〕 关于这一点参见过去与现在2頁。

主张虽然并不明确，但是从后述②意义上的“法源”性来看可以解释为也是理所当然以此为前提）。可见，将判例的“法源性”作为讨论的出发点是它的第一个特征。因此，笔者就从“法源”一词是如何使用开始来探讨这个问题吧。

①“法源”一词最正统的用法是判决时作为基准的规范，换言之，该词是指拘束法官的规范。特别是欧洲在形成统一国家的时期，迫切需要否定之前源于身份、自治团体、地区习惯等发展而来的各种规范的约束力，因此讨论是否只有国家制定的法律才是法源或者应将哪些纳入“法源”便成为一般法学的最重要的课题。正因如此，许多体系书中所阐述的是否将法律、习惯法与判例并列认可为“法源”也是继承了这样的传统。但是，即便可以在解释论上下功夫〔24〕将判例解释为“法源”，由于我国的法律制度不认可先例拘束性，在这样的法理状况下，既然无法否定存在随时变更判例的可能性，那么从这种意义上讲认可判例为“法源”是有困难的[关于平成十年以后新施行的民事诉讼法（以下简称新民事诉讼法）的状况，见后文]。

②“法源”一词的第二种用法的含义是为了认识“法”（特别是现实中法院妥当的“法”）的资料或者素材。末弘理论中的“法源”的含义大概就是这个意思。如果将判例理解为这种含义的“法源”，那么根据具体的事实关系创造“法”，就不得不以这样的意识为前提。因此，可以归结为探求所创造的“具体的法律”就是判例研究的目的，从理论上我们应该如此下结论。那么，从这种意义上来看，无人可以否定判例就是“法源”（可参见末弘理论所列举的物权变动的对抗要件、未婚同居妻子的法律关系的事例）。在法律已经规定了一般性或者概括性条款的情况下，法院对条款的内容进行具体化，这是一开始就预设的，并且在类似民法这样的历史悠久的法律中，根据时代的变化对条文进行解释本身就是法院的任务。由此，认可①意义上的判例为“法源”在制度上是有困难的，如果对于认可②意义上的“法源”没有异议，可以说对于有关判例“是否是法源”的讨论就逐渐失去意义。也引导出以下的新特征。

（2）心理主义的特征

我们从有关判例的“法源性”问题出发，如下所述，以至于使附带“心理主义”色彩的问题成为讨论的焦点之一，这便是这个讨论的第二个特征。川岛理论在继承末弘理论的基础上，以判例的“法源”性为前提，以期通过法官进行裁判的心理过程（在此将强调心理过程的观点简称为“心理主义”）进行再定义。通过这样的方式为判例研究添加了新的视角，对法的解释以及当时的学界带来了巨大影响。即川岛理论认为判例创造具体审判规范的原因是既有的法律存

〔24〕 关于这种解释论的事例参见新阶段3頁以及『判例民法』第1卷序9頁（本书第327、329页）。

在缺陷,因此判决中所表明的解释不过是为了说理审判结论的正当性“正当化”(rationalization)[25]而已。其前提是,法官在拿出审判结论的心理过程中其人格等各种因素发生作用,而判决理由中所表明的“解释”并非法官的实际心理过程,是以精神作用或有关心理学知识(主要来源于美国的现实主义法学)为基础的。如前文所介绍,虽然柚木博士对这种观点提出了批判,但是可以认为在法学界川岛理论的主张和柚木博士的批判都无法拿出定论。这是因为川岛理论正确与否只能通过探求言明者的心理过程才可以进行判断,并不是针对言明本身的妥当性究竟应该依据(言明)何物进行判断而言。[26] 且如后文所述,法学家是专门处理后者问题的专家。大概是因为川岛理论深受末弘理论的影响,将判例的法源性作为天经地义之事,可以理解尤其是在认为没有必要将其作为一个问题来对待的时代背景下,法学的任务就是“预见”审判。那么,就应当将这样的“心理主义”从法学家的世界排除。因此,从这样的观点来看也可以认为有关判例研究方法论的讨论已经失去了它的现代意义。

(3)从学者或者研究者的立场出发的主张(学者对审判实务)

第三个有关判例研究的相关讨论的显著特征是从学者或者研究者的立场对判例(支撑判例的审判实务工作)研究的批判。即针对末弘理论的批判是,其研究目的是对于“不知晓‘从具体事实所创造的’具体法律”,而作为研究对象的《大审院判决录》里“原则上没有记载事实”,但详细叙述了“抽象理论与案件没有直接关系的部分”。[27] 后来《大审院判决录》转变为《大审院判例集》,开始记载“判决主旨”以及“事实”,从外表上似乎是为了应对这样的批判,但是以上述研究目的为宗旨的末弘理论的批判却并未因此而停止。这是因为从“法院针对某个具体案件所做出的审判整体中解读出真正的判决主旨”的目的来考虑,在“从所谓的‘判决主旨’中抽离出抽象原则乃至理论”的基础上,“为了说明而仅仅只是向公众公开抄写的判决中的一部分”的做法,无法称为是“充分理解了

---

〔25〕 川岛理论虽然将 rationalization 翻译成“正当化”,但是该词是表示“为了表现自身的言行合理而事后安排的理由”的心理学意义的用语。(该用语因受美国现实主义法学影响而被大家使用,而部分现实主义法学家与当时美国知识界整体,都受到弗洛伊德精神分析的巨大影响)这与言明意义上的可验证、批判的客观妥当依据的“正当化”(justification)的含义不同。

〔26〕 根据言明理论,必须明确区别某言明产生的心理过程与言明的“正当化”(参见前注)的过程。前者是应该通过心理学探求事实来得出的答案,而后者则是应该通过被客观承认、确立的检验或论证的程序得出的结论。笔者曾经将前者称为“发现的过程”、后者称为“正当化的过程”,将不明确区分两者的思维方式命名为“心理主义”,并指出这是战后法学解释理论的一大潮流,法律家的言语活动仅与后者相关。因此,笔者认为,应当从法学家的世界排除“心理主义”[参见『法律学基礎論覚書』(1989)33 頁以下、46 頁以下(本书第 126 页以下),以下以“覚書”引用]。本文在讨论相关问题,笔者再次强调了这一点。

〔27〕 参见『判例民法』大正十年序 5 頁。

判例法的精神的态度”，[28]“记载‘事实的内容’通常仅限于有必要说明‘主旨’……完全没有关注到判例研究最需要的具体事实”，其结果堪称“被新的判例集剥夺了了解具体案件的路径”[29]。综上所知，这是在高举明确的研究目的，并站在这样的立场上对审判实务(判例集的应有状态)做出的批判。

川岛理论就更彻底地讨论了“学者的工作”与“实务家的工作”的分化。即“在‘正当化’技术的‘解释’中，比起理论的正确性，更重要的是说理的效果，本来这并非学者的工作，而是应当由实务家承担的工作，而且多数情况下实务家更具备这样的能力。而对法学家所期待的使命或机能是发现‘解释性’操作这种在语言的外包装下所具有的具体审判规范以及探讨审判规范的记号性，也就是说理论性的构建”[30]。总而言之，川岛理论认为“实务家”(从文脉来看主要是指法官)是“正当化”(如前文所述，rationalization 的译词)[31]的专家，而与此相对的学者的工作则是在不受“正当化”这种“语言的外包装”的影响下发现“具体审判规范”。

柚木博士的说法即使没有上述两说那般明确，可以理解为是以站在研究者的视角考察判例为前提的。如前所述，如果将判例研究的目的解释为“对判决带来影响引导审判走向正确”，既然以此为目的，那么作为前提的“正确的审判”除学说研究成果的主张或形成物以外别无他物，理应如此吧。

如此建立的学者的视角与审判实务的对立化形式，似乎已经失去了它的现代意义。其理由一言概之便是判例这样的“与现实妥当的法律”的需求者(通过需求创造出了“与现实妥当的法律”，从这种意义上讲也是“法律”的供给者，本文将侧重于需求者展开讨论)的层面正出现前所未有的扩大化。首先，现实中行政作用基于“法律”实施的程度已经明显深化、扩大。尤其是在权力作用与一般国民直接相关联的层面(如税务行政、土地征用等)判例发挥着极大的作用。行政作用从原则上将是遵循判例(对此观点的赞否，自然无人问津)发挥作用。特别是昭和 40 年代以后，在笔者命名的“政策志向型诉讼”[32]中，对于公共制度和行政应当发挥的作用等问题，即要求依据“法律”(广义上包含所有实体法以及其理念“正义”意义在使用)进行判断，同时也要求公共机关的政策实施本身(同时与适合并有效地达成目标的要求)以“法律”为依据，这样的观念明显普遍化。私法领域的状况也不例外。随着家庭关系的多样化以及继承法、继承习

---

[28] 参见『判例民法』大正十一年序 8 頁。

[29] 『判例民法』大正十一年序 11 頁。

[30] 方法 136 頁。

[31] 根据川岛理论，rationalization 被翻译为“正当化”，与以下正文中的 justification 的译词“正当化”含义完全不同，参见前注 25。

[32] 参见平井宜雄『現代不法行為理論の一展望』(1980)66 頁、同『現代法律学の課題』同编著『社会科学の招待——法律学』(1979)25 頁。

惯的变化,加之个人财产所有者阶层的增大,要求第三方对亲属间的纠纷进行判断的案件也不断增多,通过遗言处分财产的比例也在不断增多。比较有代表性的特征就是许多企业都设置了以遵守法纪为名的部门,一般企业活动中"法律"的作用增大到无以比拟的程度。对于所谓企业法务部的工作人员来说,更逐渐要求他们比起通才成为法律方面的专业人士。另外,随着保护消费者的需求、雇佣关系的流动化、竞争对手企业的收购等现象的出现以及衍生金融、证券、保险等必须依靠规则或者规范才能成立的商品的企业活动比重的扩大,"法律"的作用也相应变大。相对应,企业间的纠纷必须在诉讼这样的场所解决的事例也出现了史无前例的增加。此外,随着国际化进程的推进,企业间的竞争也愈加激烈,随之来自国际市场的具备高水平的法律知识以及制定精练的法律战略能力和巧妙的交涉能力的人才开始不断涌现,他们也参与其中。这些人才带来了我国迄今无法想象的高水平的法律技术,为了对抗这样的形势,迫切要求我们以新法律技术的开发能力为中心,急速提高法律专家能力的多样化。在这样的状况下,可以认为无论判例的意义还是学习判例的方法,都需要以全新的方式来开展。既然"法律"的需求层面如此增大,那么就不能按照学者与审判实务的这种思路来理解判例的意义以及研究方法,而应该根据不同的需求层分别考虑。

如上所述,判例论所具备的"判例的法源性"、"心理主义"和"学者对审判实务"三个特征都失去了它们的现代意义。因此,以此为主轴的过去关于判例研究的目的、方法也就丧失了它的意义。况且,现今已经到了重审"判例"本身的意义并从根本上思考这些问题的时候,在此做如下阐述。

三、判例论的再探讨

(一)判例的理论与解释论的意义

在上一节中,我们论述了一直以来民法学说所讨论的判例的理论意义。至少在民事法领域中,"判例"一词因缺乏实体法上的依据,关于判例的讨论自然只是局限于学说上的问题。但是,如上文所述,我们有必要从根本上对判例论进行再思考,那么首先就必须讨论"判例"的理论性意义。本部分将从讨论这个问题开始入手。但是,如后文所述,鉴于新民事诉讼法在条文上已经采用了"判例"一词,那么从解释论的角度来讲就出现需要重新思考如何解释"判例"意义的新问题。本部分将主要针对这个问题展开讨论。

(二)何为法学家

前文指出因为"法律"需求者的分化而使我们不得不对判例的意义以及研究方法也进行分化,如果这一观点是正确的,似乎无法从一般意义上来概括判例。但是,或许我们不应当如此考虑。因为"法律"的需求者是以法律相关知识为精神食粮而展开社会活动的人士。而现今这种人士史无前例地广泛存在,从广义上来说也意味着“法学家”阶层的成立。换言之,共享与法律相关的知识,并利用这些知识开展工作,因为从事与法相关的工作而产生的具有共通伦理的群体,即在日本也终于出现了可称之为法学家的共同体。因此,现在问题就应该转换为:对于一般法学家以及他们的培养而言,判例的意义及其研究方法,或学习方法到底是什么?但是,与其他国的情况不同,日本没有经历过起因于民族、宗教权力主体之间的激烈纠纷,相较之下身份制度的制约也比较薄弱,充分确立职业性的法学家阶层或者法学家共同体的历史比较短暂。明治时期以后,从结果来说日本的大学法学部发挥的主要作用是对政府官厅和企业等培养通用人才,并不像大陆法系国家或者美国的法学院(Law School)以及英国的律师学院(Inns of Court)一般以培养法学专家为主要任务。培养法律实务家的体系(并且作为培养官僚的法官与培养律师间也存在差异)与法学家或者法学教师也完全不同,两者间并没有形成法学家的一体化。因此,与作为职业的法学家的存在是不言自明的,与其他并未将法学家概念作为问题的国家情况不同,在解答上述转换的问题之前,日本有必要重审何为法律家这一问题。

那么,到底何为法学家?形成法学家这种职业最本质的构成要素到底为何?正如迄今为止在各种文稿中反复讨论的那样〔33〕,“法学家是由‘议论’来‘解决问题’之人”,这也是目前笔者对这个问题的解答。关于由“议论”来“解决问题”之人的意义,笔者已经多次阐释〔34〕,以下仅就“由‘议论’来‘解决问

〔33〕 如統・覚書45、66頁。

〔34〕 关于“议论”的含义及结构,参见覚書16頁以下(本书第36页以下)。希望大家注意这里所谓的“议论”并非日常用语意义的议论,而是一直到最近语言哲学家也没有充分意识到的全新的形态(过去,笔者在使用“议论”一词时没有充分理解这一个问题,有过较大的误解)。关于“解决问题”的意义及程序参见平井宜雄『法政策学(第二版)』(1995)165頁以下。另外,曾有法官在与笔者的个人交流中提出了如下疑问:“法学家是指‘通过议论解决问题者’,这样的定义只是以律师、检察官的观念意识为基础的概念,是不是并不适用于法官?因为法官并不是参与议论,而是作出决定的一方”。或许本文的读者也可能存在同样的疑问,因此借此机会,笔者对这个问题予以解答。的确,法官作出“决定”。但是,如果在意志决定理论中考虑这个问题,法官的决定与一般意志决定有着明显的差异。即法官的决定原则上只是对诉讼当事人的主张,仅限其以在框架内作出回应(对此表示同意或者反对,明确表示赞同与否)的形式进行,而且是在具有受到规范的要求(即使例外出现不受当事人主张的束缚作出决定的情形,也仅限于规范所允许的情况,如符合“众所周知的事实”“对法院来说明显的事实”)的情况时。与政治家、经营者或者军队指挥者的决定相比,这种特征就比较明显。因为后者并不受到必须听取某个人的意见来作出决定这样的规范所约束(虽然在事实上指挥官大多要听取参谋的意见)。与此同时,这些人必须对决定的结果承担负责。相对,法官不需要对决定的结果负责。只需要在当事人主张的框架内解答即可,这也是所谓“免除”责任的依据。从而可以说法官也是在与当事人进行“议论”的基础上作出决定,也是通过“议论”解决问题者之一。法官的决定方法与法的思考模式有着密切的联系,而法的思考模式又是只有在特定社会结构下才出现的一种现象,所以笔者认为“通过‘议论’解决问题者”的定义具有极其深刻的含义[关于这一点参见平井宜雄『法政策学(第二版)』(1995)15頁以下]。

题'之人"在判例中的意义展开论述。

(三)"判例"的意义及理论位置

如上所述,末弘理论认为判例是发现"具体法律"的源泉。而在川岛理论中,判例是将来审判的"先例"。按照柚木博士的观点(虽然未必明确),判例似乎是通过"应然审判"来"修正"的对象。但是,在"议论"中,这种判例的定位并不恰当。即由"主张"开始,如果"议论"得到对方的接受,则"主张"的内容便成为"议论"当事人共有的认识或者共通的前提,这就是"议论"的出发点。另外,存在如下构造,即如果出现了对"主张"的相反意见,那么为了解答"主张"便会要求"主张"的"正当化"(justification)问题("论证"展开的路径就是这种构造逐渐叠加并连续展开)。如果以这样的构造为前提,那么"判例"将定位为"主张""正当化"[35]的依据之一(并且是重要的依据)。为了实现"正当化"而援用的该判例所示的规范命题(法律论证),比如该诉讼的争点是通过有关"取得时效与登记"的判例法理之一来解决的主张,对方如果对此毫无异议,以此为前提,对方的"主张"或"反驳"进入下一个阶段(比如,虽然对上述判例法理的适用没有异议,但是对方对该案件中时效的起算点存在异议等诸如此类的"反驳"),那么通过"判例"实现"正当化"的依据,仅限于这个阶段来说,是与对方共有,在当事人之间将出现共同的(从这样的意义上讲也是普遍性的)规范命题所支配的世界。但是,如果是对法律论本身提出的"再反驳"(比如,出现可将超过时效期限前的登记解释为中断事由,因而时效尚未完成的"再反驳"),就有必要进一步"正当化"(比如,提出上述"再反驳"在最高级别审判中被反复否定,以此为"主张"来提出依据)。

如上所述,如果我们将"判例"作为"正当化"依据之一,那么"判例"的意义以及理论性定位应该成为如下所述的内容。下面,笔者将对此进行详细论述。

1. 按照末弘理论来看,"判例"就是"具体的法律",因此从这个意义上讲如前文所述,将其视为"法源"已经失去了它的现代意义。总之,在将"判例"作为"正当化"的依据的范围内,就成为"议论"的当事人所共有的规范,因此从这个意义上来说,称作"法源"也无碍。但是,只有在符合上述一定条件范围内才能成为"法源",因此也就脱离了上述"法源"一词的传统含义,没有必要一定称其为"法源"。此外,如川岛理论所言,即使解释为后来审判"先例"的"判例",这种观点如果基于将"预见"审判作为法学家的任务,以这样的观念为基础所考虑的"法源"的话,那么对于一般法学家而言并无意义。并且,将"先例"这样的命题与审判的定型性事实和定型性决定内容(结论)联系起来的构想,在源于前述

---

〔35〕 很早便有哲学家 S. Toulmin 开始关注"议论",将"主张"的论据进行分类后用不同的词汇来进行表达。本文将这些论据统称为"正当化"。参见覚書17頁以下(本书第64页以下)。

"心理主义"的范围内,如下所述,对于通过"议论"来解决问题而言是不恰当的。如果我们如此定位"判例",那么迄今学说中所提倡的"判例"的理论性意义将被全部否定。

2. 既然"判例"是"正当化"的依据,这种意义上的"判例"将支持"主张"的内容,并论证其"正确性",以此作为"议论"的对方,其内容必须是以刺激或者诱发"反驳"为目的所表明的判决书中的命题。在具体的审判中符合这种情形的,首先是引导出该审判的结论[用"议论"的用语来说便是导出"主张"的或者成为该结论依据的规范命题(法律论)]。并且,这种法律论并非如川岛理论所主张,不应该理解为是否表明与推导出结论的法官的心理过程之间的关系。的确,在做出判决的过程中,法官的人格、法官相互间的社会关系等各种心理要素将发挥作用,这是毋庸置疑的事实。但是如前所述,这种事实应该是心理学或社会心理学知识所探求的问题,语言化的命题(言明)一旦作为言明发出,将独立于发出者的心理状态而成为独立世界之物。更何况,在法学家的"议论"中,言明是解决问题的武器,在与法学家心理毫无关联的情况下,每次随着需要解决的问题而产生、积累,为后世所继承,并为了成为更加强大的武器而修炼,受到修正而演变,得到新的发展,这样的言明最终会演变为最初的言明人完全没有意图的、与之截然不同的言明结果。

3. 如上所述,如果将"判例"定义为判决文中的法律论,那么,这是否意味着"判例"是具体事实抽离的抽象命题呢?简言之,就好像末弘理论的批判论之前大家对判例的一般性观点一样,这不是一种返祖性的思考方式吗?或许会招致这样的批判。但是,如果遵循前述"判例"的理论定位,可以说这样的理解本身就失去了它的意义。

其理由在于,在这样的法律论与审判的具体事实关系中,既有可能存在成为"判例"的情况,也有可能存在不成为"判例",只是这种法律论脱离具体事实的"判例"的情况,所谓由因及果,因为我们无法断定判例只有在具体事实的关联中才具有意义[因此,判例研究的方法也向我们显现出具体事实(或者定型事实)与具体结论(或者定型结论)之间关系的问题]。而最终采取何种观点,是由法学家共同体中被作为"正当化"依据所共同决定的。比如,在共同继承和遗产分割时,虽然继承财产在继承开始时以直接归属于继承人为大前提,但是根据最高法院的见解,在该争议是否成为对抗问题这一点上来说,两者还是存在差异的。但是,现在一般法学家都以此为前提来解决法律问题吧。在此,是否存在与遗产分割协议这样的具体事实的差异相关联的"判例"。另外,关于准占有者的偿还问题,最高法院不论具体事实关系如何,将民法旧规定(平成十六年修改前)第 478 条中的"善意"解释为抽象性的、一般意义上的"善意无过失"之意(现行第 478 条就是按照这个解释修改而来的)。这种解释也应该评价为在法学家共同体中被广泛接受的“判例”,所以这也可以评价为抽象意义的法律论本身成为“判例”的事例(正由于是抽象论,或许可以认为基于这样的理论修法才没有出现较多的反对意见)。

4. 由于判例成为“主张”“正当化”的依据,因此作为法律论的“判例”才为对方提供了“反驳”的线索,那么相应的必须是能够引起这种讨论的挑战性(challenging)的东西。若非如此,就不会产生“议论”,如果没有“议论”,便不可能通过“议论”来解决问题了。如上文③所述,正因为“判例”被法学家共同体所接受,成为他们共有的规范命题,他们才能容忍基于判例的“反驳”,并且“判例”在共同体中必然成为所谓的“生息”的命题。而哪些问题可以成为这样的命题,最初应该是由各个法学家在主张具体的法律论时所判断。但是,从结果来讲则是要求这样的命题为法学家共同体所接受,成为他们的共有财产,最终要交给法学家共同体进行判断。但是,典型的是,经历漫长年月的反复判断,许多法学家将其作为主张的法律论的理所当然的前提来援用的命题,极端地说就是等同于条文的规范命题,只有这样的规范命题才有资格成为“判例”。〔36〕学习法学的人们在接触“判例”这个词汇时所持有的印象,也在大量的审判事例中反复出现,其结果将吸收成为法学家知识中的法律论证。其实,在多数情况下能够经得住“反驳”而留存下来的法律论也与其一致。“判例”作为“正当化”的依据得到尊重的原因,不仅是这种法律论所表明的内容,还有存在“判例”的价值以及学习的必要性。这意味着“判例”的正当化依据并非由于著名的法学家所提倡的学说之故,也不在于这是最高法院的法官做出的判断(如后文所述,最高法院的判决具有意义是统一法令解释这样的审判制度的要求)。

5. 接下来,笔者想讨论一下对于“解决问题者”的法学家来说,“判例”的定位问题。

对于众多法学家而言,必须解决的“问题”往往以纠纷(典型的是诉讼及诉讼的争点)的形式出现。

法学家中接触这样的“问题”较多的应属法官。但是,即使一些难以成为诉讼的“问题”,法学家会思考:“如果成为诉讼时,应该如何来判断权利义务关系?以此为判断的前提时,怎样主张才能获得有利的结论呢?”法学家们就会以如此形式将“问题”进行定型化后归纳论点,对判例和学说进行调查,并

〔36〕 笔者曾经将这种规范命题称为“判例的准则”,并纳入学习法学的学生必修内容之一[参见『債権総論(初版)』(1985)序言],并强调这样的表达或许与法条具有相同程度的重要性,从这种意义上来讲虽然贴切,但这是关于“判例”意义上的讨论,因此没有使用。但是,在此应该是使用了相同的表达。

努力从中寻觅这些论点的解决方法和策略。因此,无须赘言"诉讼后结果将如何"这种形式的定型化对于发现问题和解决问题都极其有效,而"判例"此时便作为构成"主张"最重要的素材之一。但是,一般来讲,对于解决问题者而言最重要的是当遭遇不知如何定型化的混沌局面时,发现大家不曾关注的未知"问题",摸索无人探讨的问题,构想、探求全新的解决方案的能力。对于解决问题者的法学家而言亦是如此。即使是针对难以预测是否发展为纠纷的人际关系,也需要从中预想到将来可能发生的所有事态,并根据"正当的人际关系"从各种角度进行详尽的探讨,构想出未曾有人想到的全新的权利义务关系,通过提起诉讼、"主张"、"正当化"、"再反驳"等流程,构建出全新的规范命题乃至法律论,并从共享者中创造出一个世界,这才是法学家最具有创造性和挑战性的工作。只有具备这样的能力才能称为真正优秀的法学家。在我们要求这样的能力时,或许并不存在需要解决的"问题"的相关判例和学说,即便存在,也可能成为解决问题的障碍物、创造全新法律论的桎梏。此时,法学家只能依赖于自己的思考力、想象力以及创造力。任何牢靠的判例法、畅行学界的学说如果成为发挥这样的能力的阻碍,也必须鼓起勇气对它们进行批判。到了这个阶段,相对于"正当化的素材","判例的意义"更重要的是对解决未知问题指出飞跃性的提示,或为了实现这样的飞跃性发挥"反面教材"的作用。而丧失学习"判例"的意义也正在于此。并且,在这样的时候发挥决定性重要作用的是"思考问题的方法"或者哲学、想象力以及刺激这些作用的"理论"。[37]

四、实体法上"判例"概念的登场

自平成十年开始实施的新民事诉讼法新设了上告受理制度,其要件之一有如下规定。即该法在第 318 条第 1 款(以下以条文数字作简称)规定:"上告法院为最高法院的,最高法院对于其认为原判决中的判断存在与最高法院判决(也包含大审院判决以及作为上诉或控诉法院的高等法院判决)相反的判断的案件以及判决中含有与法令解释相关的重要事项的案件,可依申请以决定的形

[37] 这里所说的"理论"的含义,将成为解决未知法律问题的一个方法,而体系性构成的规范命题,是由引发各种反驳,并经得起反驳[如笔者在続・覚書 31 頁以下(本书第 230 页以下)所详述的,按照笔者的说法就是具备"高度反驳可能性"]的语言来表达出来的。这与过去常见的没有意识到"反驳可能性"的学者所构建的独自的"学说"的含义不同。另外,如果从这种意义上来讲理论对于法学家而言最为重要,那么以"特化为培养法曹的实践教育"(转引自《司法制度改革审议会意见书》)为目的而开始起步的法科大学院也必须以这种意义上的理论开发和传达为最终任务。因此,应该说我们不能简单地拘泥于"实践性教育"的表达,而只是传授一些实务工作的做法(如事实认定论、要件事实论)或判例、通说等就完事。

式,作为上告审受理该案件。"根据本条规定,法律上首次提出了民事案件的"判例"一词(可对比《刑事诉讼法》第405条第2项、第3项。旧《民事诉讼法》虽然在第48条也使用了"判例",但是仅限于最高法院规则的层面),判例(以下包含该条括弧的意义使用,称为"该条的判例")到底有何意义,这个问题发展到具有解释论上意义的层面。本来,上告受理制度是"最高法院为了充分发挥宪法判断与法令解释的统一这一重要机能的制度"。[38] 故而,理所当然"法令的解释"所例示的"该条的判例"的意义也应当按照该目的进行解释。但是,目前还并不存在围绕这种意义有争议的案件,学说上也未见太多讨论。因此,关于"该条的判例"的详细解释论上的问题[39],只能交由今后民事诉讼法学的讨论,这里也就不多涉及了。在此仅就"该条的判例"对上述理论意义上的"判例"概念所带来的影响进行若干说明。

1."该条的判例"包含了前述部分中所定义的理论意义上的"判例",而且似乎含有更广泛的含义。这是因为:①成为法学家共同体的共有财产的"判例",应该解释为类似于"法令",因此对于与其相反判断的案件的上诉自然应当理解为可受理案件;加之,②对于即使未达到这种程度,且只有一次,包含与此相反判断的案件判决,法院既然以统一法令为已任,那么就应当理解为可以受理。在这样的情况下,"相反的事项"如果是②时,要求在该判决的哪一部分存在,这将是今后解释的课题。但是也并不是意味着无法区分所谓"判决理由"(ratio decidendi)与"旁论"(obiter dictum)。采取以在"判决理由"中相应的部分的存在为要件的解释也未尝不可。[40] 但是,这种区别是在实体法相关判决中的说理,"该条的判例"不仅包括实体法的解释,对于所有种类的上告都成为问题,笔者认为这种区分似乎并不恰当。这个问题只能以后再论了。

2.与上述1相关联,该条末尾的"可以……"的解释成为问题。如果说上告受理制度的目的是减轻最高法院的负担,并让其可以专注于法令解释等统一的工作,那么"可以……"似乎可以解释为只是授予最高法院受理的权限而已,这样的解释应属自然,但是也有人认为这是规定了受理的必要性。[41] 到底哪种解释更为合理,这只能仰赖于今后的民事诉讼法学的讨论,至少从上述①"判例"的含义来看,这里的"判例"具备与法令解释相同的重要性,应该解释为有必

---

〔38〕 关于出处参见新阶段2頁(本书第326页)。

〔39〕 新阶段5頁(本书第330页)中有若干事例。

〔40〕 在解释《刑事诉讼法》第405条中所谓"判例"概念时,就引证了这种区别,参见新阶段2頁(本书第332页)。

〔41〕 关于这一问题,民诉法学家间的观点对立,参见新阶段3頁及4頁注12(本书第328页及第329页注12)。

要受理。[42]

3. 第318条第1款关于判例的“法源性”对于传统的讨论发挥了投石问路的作用。如前所述，对于拘束法官判断，这种从本身意义上承认判例具有“法源性”的见解，反对学说应属有力。但是，该条款中“该条的判例”通过至少赋予与“法令”相同的地位，进一步增强了它的“法源性”。更何况如上文2中所述，如果采用上告受理有必要性的解释，那么可以认为该条款采纳了判例本来意义上是“法源”之一的观点。如此解释的话，对于迄今学说上的讨论，可以说“该条的判例”具有划时代的意义。[43]

4. 另外，特别是对于律师而言，第318条第1款可能成为刺激法学家能力发展的一个契机。由于新设的上告受理制度是为了让最高法院可以专注于其本来的任务，毫无疑问可以发挥限制上诉的功效。但是，在允许以“违反法令”为由进行上诉的旧民事诉讼法时代，正如律师所言[44]“可谓牵强附会……其实我们存在以某种事情为理由提出上诉的情况……”借助“违反法令”为由（比如，即便是事实认定的问题），上告的事例接踵而至从未间断。即便是在新民事诉讼法出台以后，通过上诉抗争到最后可以推测为是律师们共通的愿望。由此，在上告受理制度下，如果律师还想继续上告，必须想尽办法指出与最高法院的判例相反的原判决来争取获胜。这种情况对于律师来说，将不会把判例视为“金科玉律”，而是促动他们独自开拓并创造出全新的法律论，有可能刺激上述（参见本文第三部分）高水平法学家能力发展的可能性。如此设想，这或许将成为318条乃至上告受理制度所隐含的最重要的意义。

五、概括与总结

民法教科书和体系书中关于判例的描述逐渐增多，判例研究和判决主旨集等出版物也在不断刊发，似乎让人感觉实务家将视判例为“金科玉律”而展开法律论。对此，本文的问题意识出发点在于：判例究竟为何？为何判例如此重要？我们究竟应该视判决书的哪一部分为判决？尊重判例的依据为何？在怎样的情况下判例将丧失其重要性？对此做出以下论述。

1. 关于判例的意义、判例研究的目的等有关判例的理论性问题，战后曾经有一个时期，以民法学者为中心展开了空前的讨论，也引发了被称为“判例研究

〔42〕 但是，由于无法避免在决定理论意义上的“判例”的基准的不明确［参见本文第三部分（三）4］，造成主张解释论时存在难点。不过，关于这个意义上的“判例”的典型事例，可认为见解上分歧的可能性较小（参见前载所举例子），因此笔者暂时作为解释论提出。

〔43〕 关于这点参见新阶段3頁（本书第327页）。

〔44〕 关于出处参见新阶段4頁（本书第331页）。

方法论热潮”的现象。但是,这种是仅限于学者在审判实务的语境中的讨论,判例需求层面扩大以后,现今已经失去了其意义。而应当将问题转化为“判例对于一般法学家而言有何意义”形式的课题。

2. 一般来讲,法学家应当定位为“通过‘议论’‘解决问题’之人”。因此,判例首先应当联系“议论”的结构来展开。

3. 由此,判例应当是以“议论”为出发点的命题,即在“议论”当事人之间共享的,以“议论”为前提的被言语化的命题,对于法学家的世界来说就是判决书中所表明的规范命题,经过多次反驳而留存下来的成为法学家共有财产之物。法学家应当尊重判例的根据就在于此,并非所谓的权威法学家或者最高法院的法官的观点的缘故。

4. 怎样的规范命题才符合上述要求呢?这是每一位法学家应当判断的问题,但是是否能够成为“判例”就与该判断是否能够得到法学家共同体的合意相关联。从这种意义上来说,何为“判例”最终取决于法学家共同体的判断。但是,如果多次反复出现,法学家在遇到问题构建法律论时必须作为前提的,与法律条文相匹敌的命题,可称为“判例“的典型。从这种意义上来考虑,“判例”才是法学家研究、学习的对象,具有价值之物。

5. 法学家是“解决问题”者。解决问题者必须发现迄今任何人未曾注意、未曾讨论的法律“问题”,并直面解决问题的工作。在这样的状况下,必须质疑此前未有人怀疑的作为“议论”大前提的规范命题,并进行修正、发展,从而创造出全新的法律论。在这种情况下,将失去研究、学习“判例”的意义,而“判例”仅仅只是从事这项创造性工作的刺激或者素材之一而已。学习“判例”的局限性在此。而且,意识到这样的局限性将可以让法学家领会到从事应当真正有价值的工作到底为何。

6. 新民事诉讼法的实施从制度上认可了最高法院(上诉法院)对判例的特殊处理。那么,该法中所谓的判例到底为何?这个问题只能交由今后的解释论,但是至少4中所言的“判例”应当是其中之一。因此,即使为了实现上告受理这样一个实践性目的,获得对既有“判例”法理提出疑问的下级法院判决,成为法学家的任务。因此,5中所叙述的法学家的创造性工作就变得更为重要了。

本文所主张的上述观点,从结论上或许与迄今许多法学家所得出的判例意义和判例研究的结构有相似之处,可能让人有“马后炮”之感。但是,如本文开头所言,本文的目的在于探究何为“判例”、区别获得尊重的判例与不应得到尊重的判例的依据为何、引用或者援用判例需要怎样的依据以实现正当化、这些是否可以评价为“判例”等这些几乎无人讨论的基础性、理论性问题。现今,在引用判例的教科书、体系书泛滥于世,到处充斥着判例研究和判决主旨集的状况下,在祈念本文所尝试做出的上述考察可以有所益处中就此搁笔。

关于判例*

[日]中野次雄** 著 张 辉 应丰羽*** 译 张 挺**** 校

【译者摘要】本文是日本资深法官关于日本判例整体的相关思考的集大成之作,明确回答了到底什么是判例的本质问题。主要从判例“工作者”的裁判实务家的立场出发,系统回答了判例的概念、作用、识别、形成过程以及与学说的关系等种种判例相关问题,以期人们更好地理解判例乃至日本司法裁判的运行机制。

【关键词】判例方法论 判例形成 判例与学说

一、何为判例

(一)“判例”概念的多义性与严格意义上的判例

“判例”一词,就其语义而言应是裁判上的先例之意,由于原本并非法律用语,长期以来被赋予各种意义使用,至今仍是如此。比如,指包含成为先例的判断的各裁判本身,往往用“某年某月某日的判例”代替“某年某月某日的判决(或决定)”;也有只是针对某个审判理由中所明示的判断,称为“判例”。另外,抛开具体的裁判,更抽象性地从某些判决中推测出法院对某些问题的基本法律观点,也称为“判例”,比如“最高法院的判例采用了某某学说”,类似例子并不少见。可见,从个人措辞问题的角度而言,上述用法也并不能说是误用。

---

* 本文译自[日]中野次雄编:《判例与判例解读》(『判例とその読み方』)(第三次修订版),有斐阁出版社 2009 年版第一部分(该书即下文正文和脚注中出现的“本书”所指)。

** [日]中野次雄(1910~1999),毕业于东京帝国大学法学部,1935 年起先后在最高法院司法培训所,东京、大阪等地方法院担任法官。

*** 张辉,日本大东文化大学外国语学研究科 2020 级硕士研究生;应丰羽,杭州师范大学沈钧儒法学院 2020 级法律硕士研究生。

**** 张挺,日本立命馆大学法学博士,杭州师范大学沈钧儒法学院副教授。

但是,本文作为以判例为主题并尝试从各种角度进行考察的文章,自然首先必须明确判例的定义。关于这一点,战后于 1948 年制定的现行《刑事诉讼法》第 405 条第 2 款首次对“判例”一词进行了规定,同年制定的《刑事诉讼规则》第 253 条、1956 年制定的《民事诉讼规则》第 48 条以及 1996 年制定的《民事诉讼法》[以下简称《民事诉讼法》或者《民诉法》。《旧民事诉讼法》或者《旧民事诉讼法》(有时只标记为旧〇〇条)是指 1890 年制定、1926 年修改的《民事诉讼法》]第 318 条第 1 款、第 337 条第 2 款以及 1996 年制定的《民事诉讼规则》(以下简称《民事诉讼规则》或者《民诉规则》都作了规定。涉及《旧民事诉讼规则》或者《旧民诉规则》是指 1956 年制定的《民事诉讼规则》)第 192 条、第 199 条第 1 款,第 203 条也使用了“判例”一词,这是“判例”作为法律法规用语的伊始。现在我们不得不将“判例”作为法律上的概念看待,这与我们所认为的“判例”的概念一致,下文中我们将使用这种意义的“判例”一词。

那么,“判例”究竟为何物?

(二)所谓判例是指法院所作出的一个判断

参见上述《刑事诉讼法》第 405 条第 2 项、第 3 项规定中将原判决“作出了与法院判例相反的判断”作为上告理由的规定。以此为依据,这里所说的“判例”应该是指违背原判决的判断,当然这也是一种判断。换言之,判决、裁定本身并不是判例,其中所明示的法院的判断才是“判例”。

对最高法院变更判例作出规定的《法院法》第 10 条第 3 项中“当意见与之前最高法院所作出的裁判相违背时”,用“裁判”的用语指称我们所认为的判例。但是,既然意见与此相违背,那么即使写为“裁判”,我们也必须将其解读为“对于裁判的意见”。况且,这里所说的“意见”只能是判断。因此,即便从此规定中也可以明确地看出判例就是一个判断。

(三)判例是指某个特定的裁判中所作出的判断

所指的判例是每个特定的裁判(判决、决定)中法院所作出的判断。这一点我们可以由下所知:《民事诉讼规则》第 192 条(《旧民事诉讼规则》第 48 条)以及《刑事诉讼规则》第 253 条规定了上告理由如果是主张违背判例的,“必须明确该具体判例”。此外,上述《法院法》第 10 条第 3 项将判例解释为“之前最高法院所作出的判断”,由此可见“判例”是指某个特定审判的判断。

对此,在每个审判中所体现的判断基础中的法院的一般思维方式,从学说的角度而言相当于“〇〇学说”,如前所述也可以称之为判例,这与本书所指的判例不同。虽然这也是预测将来判例的一种重要途径,但是在本书中为了与判例区别使用,将其称为“判例理论”。[1]

---

〔1〕 参见本书第 69 页之后内容。

（四）判例是指裁判理由中的法律判断

判例当然就是法院所作出的判断。它必须具备对此后审判其他案件时的先例性质。为了使之可能成为先例，这种判断必须具备可适用于其他案件的一般性。

的确，认定事实、计算损害赔偿、量刑等判断，能够对此后的裁判提供大量的参考，[2]从广义上讲可以称之为先例。但是，实际上作为每个案件前提的证据和事实关系千差万别，并且我们一旦忽略其中的微妙差别就会失去判断的意义。因此，将其转化为直接适用于其他案件的一般命题的形式其实是不可能的。由此，这些判断并不能被认为是判例。[3]

相对而言，如下文所述，抛开前提事实，法律判断在某种程度上可以作为一般性命题，[4]直接适用于之后的案件。因此，有观点认为只有法律判断才可以称为判例。对于此问题，我们可以从上述《法院法》有关变更判例的第10条第3款"关于宪法以及其他法律法规的解释适用，当意见与最高法院此前判决相违背时"的规定看出，针对《刑事诉讼法》第405条的有关"判例"的意义，最高法院自身也认为"仅明确量刑理由，并不包含可适用于其他案件的法律见解"并不是判例。[5]

当然，法院作出的类似法律判断被记载于判决理由之中。因此，我们可以将"判例"定义为法院在每个判决理由中所明示的法律判断。

（五）法律判决的形态

这种法律判断，通常是以回答当事人主张的形式出现的或者法院对于自身提出的问题（论点）进行论述。在这种情况下，不仅是结论，对理由进行相当详细叙述的情况也比较多，因而让人容易理解为只有这些有意识地针对论点所记载的法律判断才是判例。

但是，既然判决理由具备法律判断的性质，那么其他部分也是判例。比如，在刑事案件一审的有罪判决中对于被告人的行为适用了某法条，毫无疑问，这就是作出了该事实符合该法条的法律判断。对此，无论是否附有特别说明，结果都是一样的。那么，对于这个事实的法律判断不仅是在一审，甚至在二审（上诉审）、三审（上告审）时撤销原判决重新进行判决时也不会发生变化。只是，在这样的情况下，如果适用法律条款是否得当不存在问题，那么也许是法官缺乏问题意识而欠缺深思熟虑。即便如此，这也不能成为辩解，不能逃避对所作出

[2] 关于这一点参见本书第94页以后部分。

[3] 与此相对，有关事实认定的判断，当涉及合法与否的问题时，也可能成为一种法律判断。

[4] 关于本问题参见本书第41页以后的部分。

[5] 参见最（一小）决昭和二十八年1月12日刑集7卷1号211頁。

的法律判断的责任。因此,这种方式的判断也仍然被认为是一种判例。[6]

(六)仅此一次的判断也是判例

为慎重起见在此强调的是,即使某一次审判所作出的仅此一次的法律判断,其本身也是判例。归根结底,问题的关键在于判例为什么具有作为先例的约束力。关于这一点,希望读者阅读本文第二部分的说明,这一点至少作为结论而言是在英美等判例法国家所认可的。[7] 此外,日本最高法院的见解也是如此,即仅此一次的判决也被视为《刑事诉讼法》第405条所规定的判例,因为变更判决必须通过大法庭的判例变更程序。由此可见,这一点是明确的。

(七)真正的"判例"与旁论

最后,实际上也是最重要且存在意见分歧的问题是,在法院判决理由中所示的法律判断中,哪些部分具备先例的效力,即所谓"真正的判例",哪些部分不具备也就是"旁论(或者余论)"呢?我们在解释判例的定义时,应该也无法回避这个问题。这可以说是我们讨论有关判例的中心课题之中的瓶颈问题,因此在接下来的"三、判决理由中哪些属于'判例'"中另作详细说明。因而,这里需要引起大家注意的问题是,即使法院在判决理由中作出了法律判断,也并非都是判例,只有其中特定的部分才可以成为判例。

(八)本书论述的对象——"判例"

那么,以上从严格意义,同时也作为法律用语意义上,对判例的概念进行了概括性阐述。且只要符合这个概念定义,任何法院作出的都是判例。对此,我们也可以从前述《刑事诉讼法》第405条第3项中的"高等法院的判例"的表述得到明确。

但是,同样是判例,作为先例的约束力与对实务工作的支配力是有差别的。只有最高法院(战前为大审院)的判例具有强大的影响力,其他法院的判例并不具备这样的力量,仅具备参考资料的意义而已。这一点在本书第二部分中会具体说明。[8]

本书以判例为课题并进行考察,是着眼于其支配实务的功能。由此,考察对象自然就限定于最高法院的判例。因此,值得注意的是,接下来在本书中所提到的判例仅限于最高法院的判例。

二、判例支配实务工作

(一)在实务工作中判例的重要性

现在,无论大学的讲义或教科书,毫无例外都会言及判例。但是,他们大多

---

〔6〕 关于此论述参见本书第25~26页。

〔7〕 参见田中英夫『英米法総論』。

〔8〕 参见本书第23页以后。

以阐述自己的学说为中心，只是将判例作为参考，或是作为批判的对象，与其他学说一起引用。为此，学习法学的学生和应试考生，往往有将判例当作一般学说来考虑的倾向也是无可厚非的。

但是，当这些有志成为法律工作者（法官、检察官和律师）的学生顺利地通过司法考试，作为司法进修生在司法研修所开始为成为实务家而学习时，一开始感到惊讶的应该是，判例具有学说所不可比拟的权威性。在学习的过程中会发现各种法律问题，首当其冲的问题就是判例是如何处理的，并且会了解到只要有判例大都应该遵循判例。无论个人是否赞成判例的结论，判例支配着实务工作的方方面面是不争的事实。对于学生而言，过去一直学习的某某教授的学说，在判例面前也会黯然失色。因此，司法进修生们一开始都会对此感到非常困惑。

这样所谓的判例支配实务工作，换言之，就是大家普遍认为实务工作者应当尊重并遵循判例。这与法律约束市民的状况非常类似，一般我们把它称为“判例的约束力”。

准确地说，判例直接约束的对象只有法官。相对而言，对检察官和律师没有直接约束力，所以他们可以自由地阐述自己的意见。但是，他们只要是处于期待法官按照自己的主张而判决的位置上，那么完全无视判例的一切言论都是毫无意义的。相比之下，实际上以法官受判例的约束为前提而展开诉讼活动才是有效的选择。比如，决定是否提起民事诉讼和刑事公诉时，自然有必要预测审判的结果。那么，毋庸置疑在构建这种预测时，约束法官的判例就具有重要的意义。由此可见，也可以说判例实际上间接性地支配着检察官和律师的工作，即判例支配着实务工作。

不仅如此，必须承认判例对一般社会也具有巨大的影响力。后文我们将阐述这个问题，通过判例的不断积累形成一种叫作“判例法”的新法。这就属于最显著的例子。即使话不至此，由于判例对审判所带来的巨大影响，自然也会波及一般社会的法律生活。因为将问题提交法院，无疑就会按照判例来解决，自然实际的法律生活也会有此倾向。从这种意义上甚至可以说，判例已经超越了实务工作的范畴，全面地支配着社会法律生活的方方面面。

（二）判例本身是法律吗

如上所述，判例直接约束的对象是法官。那么，它为何会约束法官呢？

在被称为判例法国家的英国，似乎有将判例本身当作法律或者在传统上被当作一种既存的不成文法的宣言。[9] 这与英国本来就是不成文法的普通法主

---

〔9〕 参见グルダート『イギリス法原理（第八版）』9頁、高柳賢三『英米法総論』69頁以下、伊藤正己・田島裕『英米法』12頁以下。

导的国家有密切关系。总而言之,判例本身具有法律的性质或者是一种法律宣示,那么约束法官便自不待言。但是,在继承英国法并认可先例约束性原理的美国法,“总体来说,美国的法院是十分谨慎地遵从着先例约束性原理”〔10〕,笔者并不明确是否将判例视为法。〔11〕况且,在不同法系的欧洲大陆各国完全不存在将判例视为法律的观点。那么,日本的情况又如何呢?

在日本法律制度中,并不存在将判例作为法律的明文规定。但是,第二次世界大战后修改的《刑事诉讼法》(如前所述,修改后的法律首次作为法律用语采用了“判例”一词)可以认为是由于将判例视为法律,才将违反判例规定为上告理由(《刑事诉讼法》第405条第3项)。这是由于上告理由本来应为违反法律,那么将违反判例作为上告理由的原因,只能说这是将判例视为一种法律的缘故。但是,从这种观点来看,被认为不具备约束力的高等法院的判例(该条第3项)也成了一种法律。然而,事实并非如此。此规定的宗旨在于作为上告理由一般可以是违反法律,可以解释为考虑到最高法院的负担,为了实现法律解释的统一性,仅限于紧急情况下出现抵触、违反判例时,才认可上告。〔12〕换言之,违反判例只不过是限制上告范围的一个条件而已,无法得出判例就是法律的结论。反之,根据《法院法》第4条的规定,上级法院的撤销理由对下级法院审理“该案件”发挥了约束作用。从这个角度而言,也显示出对于其他案件并不具备一般性法律约束力。

德国有一种由一定的判例积累而形成的习惯法,在日本,已故的美浓部达吉博士也持同样的主张。〔13〕的确,我们不得不承认随着判例的累积,会形成一种不成文的判例法。〔14〕但是,这将另当别论。显然并不能说每个判例都是法律。

(三)判例为“法源”的意义

尽管如此,即便是日本也普遍认为判例是一种法源。最早提倡的是已故末弘严太郎博士。早在1921年《判例民法》的一篇有名的序言(众所周知这是末弘博士执笔之作)中就强调过判例的法源性。但是,究竟是什么意义的法源呢?该序言认为:虽然“判例形成的法律意义与通过议会制定法律的意义并不完全

---

〔10〕参见ゲルホン・22頁。

〔11〕参见伊藤正己・木下毅『アメリカ入門』99頁及田中英夫『英米法総論』480頁,美国从未出现过类似于英国那样严格的先例约束性原理,ゲルホン・基本的人権——日米憲法の比較法的研究のために22頁以后部分内容也似乎是从先例约束性的依据中寻求未来判决预测的可能性。

〔12〕相同意思参见団藤重光『新刑事訴訟法綱要』553－554頁、平野龍一『刑事訴訟法』327頁その他。

〔13〕参见美濃部達吉「非制定法小論」200頁以下。

〔14〕参见本书第27页以后及第二部第五《基于判例之法的创造》。

相同”,但是“由此所制定的法在某种意义上仍然是法律,成为社会普遍或某种程度的行为规范”,[15] 并且指出“谈论是否可以在遣词上将其称为法,本身已经无济于事。事实上与法律毫无区别”[16]。但是,末弘博士在其他论文中也认可法官有时为“实现法的正义要求”应当忽略判例。[17] 而且,在“善意法官的注意义务”中,寻求判例的约束力的依据。[18] 综上所述,末弘博士并不认为判例具有像成文法那样的绝对约束力,而且这样的拘束力也不像成文法那样其本身具有法律效力。总之,判例事实上可以左右法官的判断,换言之,“实际上,法院依据先前的判例进行审判,同时也是社会的期待”[19]。从这样的角度来看,判例可以视为法源之一。如此看来,我们还是要回到如何理解“法源”这个概念的问题上来。基于不同的理解方式,将判例视为“法源”也不能算是误用。但从以上引用的末弘博士的论述也可以看出,虽然判例与成文法是同样意义的“法”,但是由此就认为可以直接约束的法官的说法并不妥当。

如此看来,在日本所主张的判例的约束力只能是“事实上的约束力”。[20] “事实上的约束力”的概念并不十分明确,是相对于“法律上的约束力”的一个概念。诚然,由于存在法官依照判例进行审判的倾向,从这个意义上讲不得不说判例具有约束力,但是这种约束力的背后并不存在法律的明文规定,也无法想象如果做出违反判例的判决,就马上可以说判决不合法(有时甚至有可能必须做出违反判例的判决)。[21] 易言之,判例的约束力远远小于法律所具有的约束力。

即便如此,这种事实上的约束力究竟来自何处呢?关于这个问题,笔者曾有拙文发表[22],基本观点至今未变,内容如下。

(四)法的约束力源于法的稳定性?

经常有人说判例在事实上的约束力的依据是法的稳定性。但是,如果我们把这个问题单纯地考虑为“有先例时就要遵循”是法之稳定性原理的要求,那么所有法院的判例都应该具有约束力。但是,这与法官的观点、裁判现状都不吻合。的确,法的稳定性是一个重要的法原理,但是在裁判中,更需要优先考虑的

[15] 参见本书序言4頁。

[16] 本书序言3頁。

[17] 参见末弘严太郎『法源論』31頁。

[18] 参见末弘严太郎『判例の法源性』32頁。

[19] 川島武宜『判例研究の方法』141頁。

[20] 根据田中英夫『実定法学入門』198頁,并非“制度上的法源”只是“事实上的法源”。

[21] 参见樋口陽一「判例の拘束力・考——特に憲法の場合」『佐藤工先生古希記念・日本国憲法の理論』682頁以下。

[22] 参见中野次雄『判例の拘束力』。

是具体的正义要求。实际上,在下级法院之间(在高级法院及下级法院之间也是如此),对于某一法律问题即使某个法院已经作出了判断,如果其他法院认为自己的判断正确,也会毫无顾虑地作出不同的判断。换言之,法官并不会感觉受到下级法院的判例的约束,这一事实显示出上文所阐述的问题,即法的稳定性原理并非约束力的依据。

相对而言,即便同样从法的稳定性来考虑,可以着眼于最高法院判例的法的稳定性,从与此的关联性来解释事实上的约束力。也就是说,对于某一事项,如果最高法院已经确定了法院的判断(判例),那么违反该判断则是对法的稳定性,即"普通人对怎样的行为会导致怎样的法律效果所具有的不必要担心的状态"的违反。[23] 因此应该遵循判例。

如此看来,法的稳定性的确是一个重要的原理,下级法院法官遵循最高法院的判例时,这种观点也会发生作用。但是,如果因此说这就是判例约束的基本性、本质性理由,不得不说这仍然存在疑问。

为了实现法的稳定性应该遵循判例,换言之,即有则必遵,可以说判例的存在本身就具有约束性。但是,只要是判例不考虑其内容如何,无论是否有例外情况,仅仅因为是判例就必须一味遵循,是否容易造成将一切违背判例的判决都束之高阁,过度无视下级法院法官的主体性呢?仅为了追求法的稳定性并以此为由,不论判例是否得当都一味必须遵守,仅凭这样的理由是无法让有良知的法官真正接受的。因此,法的稳定性固然重要,但是对于审判更重要的是具体的正义的要求。为此,即便是最高法院的判例也会发生变更,因为法的稳定性原理在审判中并不是一个必须贯彻的最高原则。如此看来,在审判中,法的稳定性仅仅只是原理之一,将其作为判例约束力的本质性的、符合所有情况的理由,笔者认为这样的主张并未见到问题本质。与此相比,应当存在更切合审判制度本身的,充分考虑到法官主体性的理由。接下来,对这个问题进行探讨。

(五)作出不被撤销的判决的意义

判例具有事实约束力的理由,多数解释为"如果下级法院的法官作出违背上级法院的裁判,若对该裁判上诉的话,结果一定会被撤销,所以法官才会遵循判例进行裁判"。如下文所述,这样的解释并非没有触及问题的核心。但是,为什么法官要如此作出不容易被撤销的判决呢?如果仅仅是源于担心被撤销的心理,这显然并不是一位有志于作出正确判决的法官所应有的态度。为了将其正当化,应该有作为法官更加主体性的、更合理性的理由。

关于这一点,有观点通过诉讼的经济性来说明。也就是说,因为违背判例的判决,最终会在上诉审被撤销,为了避免徒劳的上诉所导致的诉讼延迟,避免

---

〔23〕 参见『新版新法律学辞典』(有斐阁,昭四二)1106 頁。

造成国家和当事人不必要的负担,所以应该遵循判例。的确,不可否定如果作出违背判例的判决会存在这方面的问题。但是,一般而言,即使作出违背判例的判决,也有可能因此而变更判例维持原判,并不是所有的都会被撤销。不仅如此,审判视正义为第一要义,在低层次的诉讼经济性之类面前让步的考量本身就存在问题,有良知的法官不会仅仅因为这样的理由就被说服。

(六)所有法官都判断一致只是理想状态——事后协调

必须进行前提说明。

全国有不计其数的法官,各自进行审判。但是,对于接受判决的一方而言,如果不同的法官作出不同的裁决,就会造成不公平。当事人无法选择法官,但法官所作出的不同判决将左右当事人的命运。这不仅是当事人之间的不公平,判决是一种国家行为,代表着国家的意志,法官也不是代表个人,而是站在代表国家机关的立场进行审判活动。因此,审判本来就应该具有无论谁来负责都会得到相同结果的性质。这与行政作用的情况完全一样,无论谁来负责处理,行政窗口的处理结果必须完全一致。

那么,如何统一不同法官呢?如果是行政事务,可以通过上级机关事前发出一般性或者个别性指挥命令谋求统一。但是,司法裁判具有法官独立的原则,不允许通过事前的指挥谋求统一(另外,裁判本身也具有不易事先指挥的性质)。因此,这无法避免地会导致判决结果之间的差异,所以才会采用上诉制度来进行修正统一。换言之,通过上诉将案件最终移交到单一的最高法院,再通过最高法院的判断来对全国的审判进行统一。[24] 总而言之,相对于行政行为的事前协调统一,裁判是通过事后协调来对国家意志的表达进行统一的。

由此可以明确看出,最高法院的判断是国家的判断,是最终性、确定性意志的表现。而就法律解释而言,这是国家权力的解释。当然,我们可以自由地从第三者的角度批评其内容是否得当,但是从别的角度而言我们也不得不承认这是具有权威性的国家判断。以上这些有必要作为前提性认识。

(七)法官应有的态度

接下来,我们以上述内容为前提来探讨下级法院的法官应该以怎样的态度来面对法律问题的判断。

一种态度是单纯地按照自己的想法进行审判,不考虑上级法院(尤其是最高法院)会作出什么样的判断。这种态度貌似是一种遵从良心的态度。但是细细思量,这难道不是一种忘却自己是审判组织的一员,自我感觉良好的无责任的自我满足行为吗?如果这种观点绝对化贯彻的话,即便在上诉审案件中将非常明确地被反驳,都要将之贯彻自己的观点,作为法官是不可取的。

---

〔24〕 在后文将会涉及最高法院的统一解释机能。

其实,前述以上诉方式对裁判进行修正,从某种意义上讲是次好的方案,在一审阶段就作出最高法院所指示的判决才是理想状态。笔者认为在实际问题中,并非易事,至少作为法官应该留意做到这一点。

当然,对此也许会有反对意见,认为放弃自己认为理应作出的正确判断,将问题推给最高法院是违背法官的良心的行为(《日本宪法》第76条第2款)。但是,宪法中说的"遵从良心"的"良心",并不是指个人的良心,而是一个作为法官站在公共立场的角度所应该持有的"良心",两者必须有一个明确的区分,混为一谈显然会造成对法官独立性原则的误解。而且,以最高法院有可能会作出的判断为目标是法官应有的态度,也是一个法官的职责义务,这正是法官的良心。"法官如果固守自己的、作为学者的观点,拘泥于解释性意见而忽略司法整体的协调关系进行判决,其就违背了一个善良法官的注意义务。"[25] 末弘博士的这段话可谓一语破的。

(八)最高法院会作出的判断与判例

如前所述,法官从一开始对案件的判断就应该以最高法院将会作出的判断为目标,那么,如何发现这样的判断呢?对此进行预测的一个有效线索就是如果最高法院的判例已经存在,这就是"判例"。这是因为虽然判例仅是就之前某一案件作出的最终判断,但对该法院的判例进行变更需要履行特别的程序,并且制度上要求对这样的变更必须特别谨慎。[26] 因此,一般而言,判例不被变更的可能性比较大,其结果就是将来法院也很有可能会作出与之前一样的判断。所以,下级法院的法官基于对当下自己承办的案件会作出与既有的判例同样判断的预测,来判断自己所审判的案件,我们所说的法官遵循判例、判例在事实上约束法官的意思就在于此。

如果试想,法官会被"最高法院会作出如此判断"的意识所约束,判例的意义也就在于可以成为这种预测的重要资料,显而易见的是判例并不会直接约束法官。只是判例似乎具有这样的约束力,所以在一般情况下,称为"判例的约束力"而已。

(九)几个结论

按照上述观点考虑,可以明确以下几点。

1. 真正意义上具有约束力的只有最高法院的判例。因为能够预测最高法院的判断的材料除判例别无他物。相对而言,未被最高法院认可的战前大审院 * 的判例,除了已经成为不成文法的另当别论,未履行特殊程序,也就是在小

〔25〕 末弘严太郎『判例の法源性』32頁。

〔26〕 参见本文第四部分"判例的变更"。

* 依据明治宪法日本设立的最高法院。——译者注

法庭可以自由变更的这些判例,在制度上并没有禁止其变更。终审法院作出的判断,最高法院也许会作出与之相同的判断,虽然一定程度上这种推断成立,但存在与下级审判不一致的判例也是事实。

另外,还需要指出的是,既然是最高法院作出的法律判断,无论是大法庭还是小法庭,也不论是一次还是反复多次,那么判例是毋庸置疑的。因为无论任何情况,之后要进行变更都需要履行同样的程序,至少从制度上而言,可以说具有继续维持的可能性。其余的是关于可能性的程度差别问题,将在后文叙述。[27]

另外,还需要指出的是,这样的判例能否被收录在最高法院判例集之中,这与判例具有的效力并无关系。并且即使案件被收录在该法院的判例集之中,如果作出不同的判断时,变更程序也尤为必要。

2. 判例的约束力存在于实践中,结合之前的叙述,归根结底重点在于法官在职务上的义务,即预测最高法院可能会作出的判断。即使没有明文规定,但不得不说是立足于法律地位上的义务,从这种意义上讲这样的约束力,虽然是间接性的,但是仍然具有法律依据。需要注意的是,虽说这是事实上的约束力,与由事实的累积所形成的习惯法的约束力并不相同。

3. 一个重要的结论是,如果我们认为判例的意义是预测将来最高法院的判断,显而易见这种"约束力"并不是绝对的。换言之,这种"约束力"体现在最高法院将会作出相同判断的预测之上,只有在这种情况下,人们通常才可以作出这种预测。但如果由于某种原因期待法院作出不同的判断,判例将失去预测资料的机能,也就不具备约束力。这是判例约束力的局限性。

那么,如何分辨某个判例的判断将来会由最高法院维持或会被变更呢?这种辨别从实际问题来讲是相当困难的。仅从一般论来说,以下内容或许可以作为参考。

(十)生命力强的判例与弱的判例

下面,我们将变更的可能性较小的判例称为"生命力强的判例",反之则称为"生命力弱的判例"。

第一,那些被长期引用或者说"确立的判例"的生命力极强,相比之下仅出现一次,特别是那种之前仅仅出现过一次的判例的生命力就比较弱。第二,即使都是最高法院,大法庭的判例一般认为要比小法庭的"强"。在小法庭的判例中,各小法庭都作出同样的判断的情况也可以视为如此。第三,可以说法官整体意见一致的判例与有反对意见的判例相比,稳定性就更高。特别是,8:7这样的只是微小的差距所决定的判例,如果在持反对意见的一方也有一定理由的

---

〔27〕 参见本书第25~26页。

情况下,法官以后变更判断的可能性就比较高,可以认为力量较不稳定。[28] 第四,还需要注意的问题是学者、实务家异议较多的判例,具有变更的可能性。这种由外部的批评或者相反意见的下级法院的判决会督促最高法院再次考量,以此为契机带来变更。此外,补充一点,在没有提出明确论点的情况下作出的法律判断,比如最高法院在刑事案件中撤销原判决时,法律的适用等,[29] 有可能是法官并没有特别的问题意识而导致未予以充分讨论,一般认为这样的判例稳定性比较弱。

(十一)违背判例判断的情况

按照上述状况来考虑,作为初审法官,对于自己所面临的问题如果存在判例的情况,可以认为是上述生命力较强的判例,尤其是如果存在"已经确立的判例",便可以遵循判例,这是审判实务中的常规操作方法。但是,有时候会出现没必要维持判例,而且最高法院也有可能作出不同判断的情况。遇到这种例外情况时,初审法官可以作出与判例不同的判断,甚至可以说这才是应该采取的态度。因为通过具有说服力的理由,下级法院敦促最高法院变更判例,这样有利于最高法院的权威性判断,促进判例向更好的方向发展。

但是,实际问题是如何区分应该遵循的判例和特意作出相反判断的判例。由于这个问题与预测未来相关,判断的难度也比较大。况且对路径的选择难免也会因人而异,而且法官的性格也可能会影响判断结果。在这种情况下应该采取什么样的态度,归根结底还是交由法官自主选择。如此一来,下级法院的法官不仅受到来自外部的判例的约束力束缚,同时需要积极地对判例作出自主判断,甚至有时候还需要作出与判例相反的判断,这是一个充分具备主体性的存在。[30]

(十二)判例形成的法律——判例法

如上所述,在日本判例本身并不具有法的性质,法官尊重并遵循判例是出于职责与职务上的义务要求。此外,需要注意的是,随着同样的判例的不断重复而形成所谓的"已经确立的判例",其内容开始具备不成文法的效力。因为通过判例的确立,相同宗旨的判决反复出现,由此带来法院内部甚至是一般社会都逐渐形成该判例不可动摇的意识,并逐渐成为一种定型法意识。通过这样形成的不成文法可以称为"判例法",需要注意的是,这区别于每个判例本身是否是法律的问题。

这样的判例法所形成的新的法律规范,就实体法的领域而言,在刑事领域

---

[28] 对此问题可以从实例中得到明确验证,参见本书第79页。

[29] 参见本书第7页。

[30] 强调法官的主体性,参见团藤重光『裁判官の良心』。

因为有“法律无明文规定不为罪”之罪刑法定主义原则存在，可以不加考虑。相反，在民事领域将成为一种显著现象，并发挥重要的作用。因为与刑事案件不同，对于民事案件而言，不允许法院以没有适用法律为由拒绝作出实体判决。在这样的情况下，必须找出或创造出适合的规范并做出判决。在此，为了弥补法律的空白（缺陷）形成的法律命题成为法院根据判例创造法律命题的契机，通过这样形成的判例法也有理由在实际生活中发挥重要意义。这种实际例子还很多，请移目“第二部分第五章 判例创造法”。

同样的道理也适用于民事、刑事诉讼法领域。即使现行法律、法规都有详细的规定，仍然不可避免出现法律预想之外的问题。遇到这种情况，判例法将发挥重要的作用。[31]

三、判决理由中哪些属于“判例”

（一）“判例”与旁论

如前所述，并不是所有在判例中表达的法律判断都是真正意义上的判例。其中有相当于判例价值的判断部分，也就是所谓的具有约束力的部分，在英美被称为“判决理由”（ratio decidendi），除此之外的部分被称为“（法官的）附带意见”（obiter dictum）。本节接下来的内容把前者称为“判例”，后者称为“旁论”。

无须质疑，在将判例视为法律的英国，对判例与旁论的区分也是一个极其重要的问题。实际上，在日本就此问题而言也并没有什么变化。第一，刑事案件中作为上诉理由，是否存在违反“判例”的情况；另外，无论民事还是刑事案件，是否有必要采取“判例”变更程序，在这些方面都具有重要意义。第二，如果这是在相当程度上被保证的“判例”，那么一般情况下，法官必须予以尊重（所谓的判例的约束力）。如果仅是旁论便不具备这种效力，这一点是两者的重要区别。

（二）“判例”存在于判决理由中——判决（裁定）要旨并非“判例”

如上所述，“判例”是在判决理由中法院明示的法律判断。因此，判例应当是可以从这些判决、裁定中直接被发现并获得。

但是，实际上在判例集中所登载的各种判例、裁定的起头有用黑体字印刷的“判决、裁定要旨”，不熟悉的人可能会直接将其误认为判例。但是，由于这是在下达判决、裁定后，由作出其判决的大法庭、小法庭之外的第三者（判例委员

---

〔31〕 参见“第二部第六 依据判例形成的程序规则”。此外，本问题还可参见田中英一「判例による法形成——立法による法形成との比較を中心に」法学協会雑誌94卷6号。

会)〔32〕编撰而成,所以不能认为这是构成判决、裁定的一部分。当然,作为制作者,将其所认为的审判判例以要旨的形式进行记录,这的确对我们发现判例提供了有效的参考线索。至少要承认其具有充分的索引价值。但是,一旦涉及如下文所说的类似究竟何为"判例"的重要问题时,制作者所认为的判例和真正的判例之间是有区别的。实际上,在要旨中存在只是旁论的内容。〔33〕虽然是比较罕见的案例,但是判决理由与要旨不相吻合的例子也并非不存在。〔34〕将判决、裁定要旨直接视为判例是极其危险的,判例必须通过阅读判决理由得出阅读人自身的理解。即使在英国,也是将判例集的眉批中所标记的作为非"判例"来表述。〔35〕

(三)所谓"判例"就是针对论点的判断

所谓"判例"必须是在上诉案件中〔36〕,针对法律上的论点所做出的判断,除此之外的有关法律问题的论述都只是旁论。

这种法律上的论点,根据当事人的上诉理由一般会有一个或多个。在某些情况下,法院也会基于职权提出一些论点。在最高法院,在刑事案件中,对上诉法院撤销或废除原判决时所涉及的适用法条问题,〔37〕即便没有明确地将此作为论点,从某种意义上而言可以认为是一个默认的论点。

但是,一个论点要成为真正的论点,必须是类似于针对这个问题初审法院的判断有误,那么原判决就必须被撤销或者发回重审,像这样与结论有直接联系或左右结论的问题点。因此,在二审上诉案件中,如果是民事案件,会表现在是否存在权利、义务的关系;而刑事案件,则表现在是否构成一定的犯罪;在程序法层面,则是对判决带来影响的违反诉讼程序的等相关内容。此外,实体法上的论点不仅仅涉及是否存在权利、义务关系或者是否构成犯罪等结论性内容,而是以更加细化问题的形式出现。换言之,首先,是否存在权利、义务关系问题可细分为是否存在该权利、义务问题的发生、变更、消失的事由;而犯罪是否成立则可细分为是否满足犯罪的构成要件以及有无阻碍各罪责成立事由。另外,这些事由各自都由多个法律上的要件组合而成,所以,各个要件成立与否都能成为独立的观点,比如在民事案件中,该合同是否违背公序良俗(《民法》第

---

〔32〕 参见本书第106页。

〔33〕 比如,最高法院(第一小法庭)1982年7月19日判决民事判例集36卷6号1229頁的要旨,最高法院(大法庭)1977年5月4日判决刑集31卷3号182頁的要旨第三等。

〔34〕 参见最高法院(第三小法庭)1948年4月13日判决刑集2卷4号2頁的要旨。

〔35〕 参见高柳賢三『英米法源理論』111頁。

〔36〕 以下将上诉案件作为例子进行论述,对特别上诉案件、非常上诉案件等也可以按照相同的观点考虑。

〔37〕 参见本书第7页。

90 条);被告的行为是否“侵犯原告的权利或受法律保护的利益”(《民法》第 709 条);债务人是否可以认为是债权的准占有者(《民法》第 478 条)等。而在刑事案件问题上则体现为该“物”是否为“财物”(《刑法》第 235 条),被害人的行为是否属于“紧迫……的侵害”(该法第 36 条第 1 项)等,这些都是独立论点(程序法上的问题也适用此标准)。理所当然,审判应当是依据法律首先确定是否满足各法律要件而作出是否成为论点的判断。[38]

如以上事例所述,论点就是所认定的事实是否适用于一定的法条即适用问题,换言之,就是所谓的法律解释的问题。但除此之外,还有适用前提的法条自身是否有效或者该法条本身是否适用该案件。另外,就适用法条而言,由于与一定的法律效果的要件相关联,这些都可以成为论点。某法条是否违宪的问题就属于前者,而全递中邮案件(东京、名古屋)[39]的争议,即关于公共企事业单位的职员的争议行为是否适用《劳动组合法》第 1 条第 2 款之规定,则属于后者。

(四)主论点与附属论点

上述论点,在第一审法院或者民事案件的上诉审法院可以直接仅就此作出判断,需要注意的是在事后审查的上告审与刑事的上诉审中,另外还附有两个论点。在下文中,我们将核心的、原本的论点称为主论点,附属的论点则称为附属论点。

附属论点之一,按照判断顺序,先于主论点,将主论点的论点资格作为问题的论点。因此,在判断这种附属论点时,如果否定了主论点的论点性,那么就失去了对主论点做出判断的必要性。

然而,最高法院作为上告法院,在接受高等法院移送[40]以及决定受理上告案件民事案件[41]时,或决定受理上告的刑事案件[42]时,由于论点性已经很明确,就不会产生第一附属论点。但是,在一般的上告案件中,如果当事人的主张不符合法律所规定的上告理由就不可能成为主论点,那么附属论点就成为了问题所在。此外,因为在民事高等法院进行的上告案件中,法律上的问题都具备主论点资格,[43]相比而言问题较少。但是,由最高法院受理的民事上告案件[44]、特别

---

[38] 比如即使否定正当防卫的成立,否定其侵害的紧迫性与否定防卫行为的正当性的论点各不相同,自然判例也各自单独成立。

[39] 参见本书第 39 页、第 84 页、第 178 页。

[40] 参见《民事诉讼法》第 324 条、《民诉规则》第 203 条。

[41] 参见《民事诉讼法》第 318 条。

[42] 参见《刑事诉讼法》第 406 条。

[43] 参见《民事诉讼法》第 321 条第 3 项。

[44] 参见《民事诉讼法》第 312 条第 1 项和第 2 项。

上告案件[45]、刑事上告案件[46]以及特别抗诉案件[47]中,由于上告(抗诉)理由在很大程度上受到限制,这时附属论点就具有重要意义。另外,最高法院可以依据职权设定主论点[48],是否作为职权来设定的问题也可以视为上述附属论点的一种。

另一种附属论点就是在肯定第一附属论点后进入主论点的判断时,主论点被肯定后产生的论点。在确定原判决的判断有误的情况下,这种错误是否会影响判决,或是在不撤销原判决的情况下是否会明显违背正义,类似这样的关于撤销原判决的要件问题,在被肯定之时就能得出撤销原判决的结论。

然而,关于是否可以认为影响判决的所有问题都来自第二附属论点却存在疑问。之所以这样说是因为我们可以通过《刑事诉讼法》第410条第1款之规定明确就是第二附属论点,但是《民事诉讼法》第312条第3款(参见旧《民事诉讼法》第194条)是将对判决的影响作为向高等法院提起上告的理由要件的规定。如此,此问题还涉及论点资格的问题,即存在是否等同于第一附属论点的疑问。[49]

笔者认为,这仍是一个需要充分探讨的问题。目前拙见认为,可以分为两种情况:对判决造成的影响成为论点资格问题和成为撤销理由问题。换言之,如果上告理由中所提出的论点本身从性质上不会影响判决,那么明显属于论点资格的问题。因此,应该作为第一附属论点予以讨论。在认可这个问题的论点资格的基础上,并且依据该案件的具体事实也有可能不会对判决带来影响,所以从这种意义上可以认为能否对判决产生影响将成为第二论点(实际上后者的情况占大多数)。民事、刑事案件都可以如此考虑。由此可见,《民事诉讼法》第312条第3款(旧《民事诉讼法》第394条)以及《刑事诉讼法》第411条第1项对判决的影响可以认为是针对论点性(第一附属论点)做出的规定。而《民事诉讼法》第325条第1款后半段、第2款,以及《刑事诉讼法》第410条第1款附言对判决的影响、第411条的“明显违背正义时”就成为针对撤销原判决的事由(第二附属论点)所做出的规定。

(五)论点的顺序

同一案件如果出现两个以上主论点,需要在多个论点中优先对哪一个做出判断时,一般按照论点的性质做出判断。这样的判断顺序,就结论而言在所有

---

〔45〕 参见《民事诉讼法》第327条第1项。

〔46〕 参见《刑事诉讼法》第405条。

〔47〕 参见《民事诉讼法》第336条、《刑事诉讼法》第433条。

〔48〕 参见《民事诉讼法》第322条、《刑事诉讼法》第411条。

〔49〕 这点与《民事诉讼法》第325条第2项的“明显违反法令影响判决的内容”、《刑事诉讼法》第411条第1款“违反法律必定影响判决”是一样的。

的论点最后都被否决时也并没有那么重要。但是,如果某个论点得到肯定,就没有必要对其后的论点进行判断,这些论点失去作为论点的资格(论点性)。这一点具有重要意义。因为如果丧失论点性,那么主张违反判例的论点也就无法成立,[50]而且即使做出某些相关判决,也不能称之为判例。

原本我们无法断言这种论点顺序总是明确,在某些情况下也不得不尊重法院所设定的顺序。不仅如此,即使从第三者的角度而言,法院所设定的顺序存在明显的错误,但是既然法院按照其观点有意识地提出了论点,那么尊重这样的顺序并依此做出的判断还是应该被认为是判例。比如,最高法院大法庭1969年6月18日判决刑集23卷7号950页的案例:(1)伪造机动车驾驶证;(2)携带并使用(伪造机动车驾驶证);(3)同时无证驾驶时,虽然在(1)与(2)之间存在确定判决,但是,大法庭认为原判决是将(1)之罪与(2)之罪作为具有牵连关系的罪行,而将检察官主张的应该作为合并罪的上告宗旨作为第一顺序的论点视为问题,针对这一问题最终同意原判决的判断,随后通过职权提出(2)伪造公文书罪是否成立的论点,针对此论点表示不构成犯罪从而撤销了原判决。就问题的性质而言,判断的顺序明显颠倒了。一旦认可(2)之罪行成立,(1)、(2)两罪的罪数关系也就成了问题。而且,由于在该判决中原本属于第一顺位的论点得出了撤销原判决的结论,那么罪数的论点就丧失了论点的资格。正因如此,有关该论点的判断是旁论的观点[51]是有充分理由的。然而,回想在这种情况下首先要回应检察官的上告宗旨,再做出职权判断,这样的判断顺序也并非不能考虑。总之,由于判决明确地对论点做出了判断,也只能将其视为“判例”吧。

(六)所谓的“附注”是否也是判例

迄今这只是刑事案件才涉及的问题,最高法院在驳回上告的决定中,对当事人的主张“不符合《刑事诉讼法》第405条(或合法的)的上告理由”予以驳回,并经常以“而且……”这种形式提出对当事人主张的实质性否定判断的意见。[52]这种判断由于认为当事人的主张不符合上诉的合法理由,有学者认为这是旁论不是“判例”[53],笔者对此很难表示赞同。在民事案件中,这种“附注”虽然明显是旁论的情况居多,但是刑事案件则不同。作为最高法院,其即使认

---

〔50〕 最高法院(第二小法庭)1982年5月26日判决刑集36卷5号509頁对于辩护人主张的违反判例的某个论点,通过职权提出之前设定的优先顺位的论点的判断,由此法庭做出辩护人的主张并不符合法定上告理由的判断,可以解释为这就是以丧失论点为理由的判断。

〔51〕 参见早川義郎「刑事事件におけるはんれい変更をめぐって——生きている判例・死んだ判例」司法研究所論集1973年Ⅰ79頁。

〔52〕 关于这部分的判断内容,以往经常放在括号内,现在往往省略了。

〔53〕 比如西原春夫「刑事裁判における判例の意義」『刑事裁判の課題』(有斐閣,1972)321－322頁。

为当事人的主张不符合法律规定的上告理由,如果具有实质性理由证明原判决违法,维持原判决会明显违背正义的,根据《刑事诉讼法》第411条之规定必须撤销原判决。为了审查是否符合上述情况按照职权将主张作为论点提出,并针对该论点作出的判断就是"附注"。因此,这是针对作出驳回上诉结论的一个必要论点的判断,理所当然应该视其为"判例"。[54] 如果是按照这个论点撤销的原判决,对此论点的相关判断无疑就是"判例",这应该是没有任何争议的。因此,即使是否定的判断,如果不一致也就无法得到贯彻。最高法院也将此视作"判例"。[55]

(七)与论点无关的旁论

通过以上叙述,我们可以了解,如果附注不是针对该案件的论点作出的判断,这显然就是旁论,对此也并不存在异议。最明显的例子应该是1967年5月24日大法庭对朝日诉讼案件所作出的判决。[56] 在这起行政诉讼案件中,由于提起上告后原告死亡,大法庭作出了"本案诉讼……因上诉人死亡而结案"的判决。虽然本案中上告理由已经丧失论点性,但在判决中仍然加了括号,"而且,为了慎重起见……"的表达对本案的论点,即对生活辅助标准是否得当作出了冗长的判断。此外,1966年10月26日所谓的全递东京中邮案件的大法庭判决[57]也认可公共企事业单位等职员的争议行为适用《劳动组合法》第1条第2款。[58] 为审理被告人等行为的正当性,虽然已经发回原审法院,但在判决理由的末尾,作为一般原理举了争议行为不正当情况的例子。但是,由于为审理此问题已经作出发回重审的决定,那么此问题在上告审就不再是论点,显然这就是与论点无关的旁论。[59]

(八)结论命题与理据命题

如上所述,判例必须是法院针对某一案件的论点作出的判断。然而,关于论点的判断,可以划分为结论与结论的说明理由两个部分。[60] 此外,对于这两个部分中哪一部分应该被视为判例的问题,现在也存在意见分歧,这也是"何为判例"的中心课题。

虽然我们只是将它们划分为结论与说明理由两部分,再深入具体了解,可

---

〔54〕 相同意思参见金築誠志「主論と傍論——刑事判例について」1973年Ⅱ 156頁。

〔55〕 参见本书第146页。

〔56〕 参见民集21卷5号1043頁。

〔57〕 参见刑集20卷8号901頁。

〔58〕 值得一提的是,该判断之后在1977年5月4日的大法庭判决时被变更。

〔59〕 在以上两个判决中为何大法庭自身明确意识到是旁论还作出说明虽仍存在疑问,但在此不再深入探讨。

〔60〕 不过在不少最高法院判的判决中,只指出了法律上的判断结论,没有理据说明的。

以得出以下结论。

结论的部分根据论点的内容,一般都以类似于“依据本案的具体事实,本案中契约违反公序良俗而无效(这里的该物指刑法上的财物)”或者“《刑法》第200条违反《宪法》第14条第1款”以一个命题的形式提出。因此,在接下来的内容中将此命题称为“结论命题”。

相对而言,说明理由的部分则包含各种各样的内容。其中,仅有针对该案件做出的说明,这样的说明不具备先例的意义,也不会引发是否是判例的争议。问题在于具有一般性质的命题部分。比如,涉及该行为与该事实之间是否构成民事或刑事上的因果关系,对于这样的论点,为了说明其肯定性结论因而提出“如果不存在A行为B事实就不会发生的关系成立,那么A与B之间就存在法律上的因果关系”,此种一般性命题(所谓的条件关系方程式)或者为了说明已被认定的事实符合某法条上的概念,而为了说明理由而对概念的一般性定义做出说明。因为这是许多其他案件也适用的命题,由此“可以将其视为判例”的观点也无可厚非。在此,理由说明中所出现的类似于这种一般性命题,我们将其称为“理据命题”。

那么,如上所述,重点就在于各自命题的判例性问题。在讨论这个问题之前,按照顺序就此类命题的性质、内容做简单说明。

(九)结论命题的某种程度的抽象化即“重要事实”

在上述的结论命题中,阐述某法律(法条)有效、无效的命题等,其本身就具有一般性,在涉及其他案件的适用上不存在任何问题。但是,结论命题的大部分并不是这样单纯形式的命题,而是以该案件的具体事实为前提的,对法律效果的叙述。但是,这种具体事实根据案件各有不同,可以说不存在完全相同的案件。那么,照搬这种形式的结论命题是不可能适用于其他案件的,将其视为判例自然也毫无意义。

但是,细想会发现,在这样的结论命题的前提事实中,也包含很多对于这种法律结论毫无意义的事实。简单举个例子:一般而言人的姓名、地名等与结论毫无关系,该事实发生的特定时间等也是如此。当然,根据情况夜间(特别是深夜)有时会显得重要,但大多不会影响结论。如此一来,如果将该事实即使更换到别的事实中也不会影响结论,那么就应该将这种事实从具体事实中剔除,仅保留对结论有价值的事实,这种命题在某种程度上就成为抽象化的内容,从而可以适用于类似案件。如此,在某种程度上被抽象化的命题实际上就是我们所称的结论命题。

如上所述,把具体事实抽象化后所保留下来的事实,即其存在与否会改变结论的事实称为“重要的事实”(material facts)。而且存在一种这样的关系,即这些重要的事实越多其命题的射程范围或者说适用范围就越狭小,而越少其适

用范围就越广。〔61〕

那么,由什么来决定这些重要事实呢？比较自然的观点是认为由作出该结论的法院本身决定。这是因为其结论应该是基于众多认定事实中获得的重要事实。但是,仔细思考我们会发现,法院立足于所有的认定事实所得出的结论,整个过程只是代表法官实际的心理历程,有意识地将其中的重要事实与非重要事实一一甄别后所作出的结论。此外,也无法保证法院为了说明理由之后所列举的事实全部都是重要事实。比如,考察判决、裁定的理由,存在将得出法律性结论的前提事实进行筛选并写在判决书的情况。我们可以理解为这是法院所认为的重要事实,因此这也是了解重要事实的有力线索。然而,严格地说,在行文关系上可能存在一些并不重要的事实,而且也存在实际上会影响结论但由于法院缺乏明确的意识而漏写的可能性。因此,只将这种重要事实作为决定性因素考虑是比较危险的,况且在判决理由中不指出事实的情况也有很多,最终要求我们从第三者的立场出发客观地判断什么才是重要事实(也就是说,脱离作出结论的法院的考量)。而现实问题是,判定者直面的问题是在其他法院该命题是否可以适用于自己案例。

那么,判定标准如何呢？众所周知,针对这个问题,为我们提供了判断的客观性以及精密标准的是英国牛津大学的古德哈特(Goodhart)教授。〔62〕 但是,依据其观点会让人产生一种重要事实过多的感觉。古德哈特教授的观点与笔者前述的见解不同,比较重视作出判决的法官意见,而且在英国每位法官都可以各自阐述个人意见。同时,可以想象在这样严格的先例约束力的制度下,具有一种政治性考量即尽可能地将判例的射程范围缩小,为之后法院的自由裁量留出余地。

然而,至少在日本并不存在缩小判例射程范围的必要性。尤其是上文所提到的什么是重要事实,应该从第三者的立场进行客观的评判,这是因为判定人(实际上是之后的法院)可以独立地通过事实不同结论是否会发生变化的基准进行判定即可。〔63〕 当然,如果对究竟是哪一种产生疑问时,根据日后判例的积

---

〔61〕 ウィリアムズ『イギリス法入門』98 頁以下就阐述了颇具意思的“重要事实”的相关事例。

〔62〕 See Arthur L. Goodhart, *Determining the Ratio Decidendi of a Case*, in Essays in Jurisprudence and the Common Law (1931),尤其是第1章第10页以下的相关介绍,参见高柳賢三『英米法源理論』12 頁以下,佐々木史郎「上告理由としての判例違反——判例とは何か3」判例タイムズ67 号 34 頁以下,内田力蔵「イギリス判例法における『レイオジ・デジデンダー』の決定について」ジュリスト97 号 59 頁以下。

〔63〕 比如本书的“四、(四)刑事判例的解读方法”所引用的 1974 年 5 月 29 日的大法庭判决将“无法成为正常驾驶的原因”归结为极度疲劳、困倦,还是酒醉都没有作为重要事实,参见第 388 ~ 389 页。

累,直至明确这些并非重要事实为止,暂且将其视为重要事实是一种谨慎之举。

（十）各种理据命题

另外,考察理据命题可以发现其中包含各种内容。况且认为理据命题也是判例的主张者并不是将所有的理据命题都视为判例。

第一,要将某个命题称为判例,必须是这种命题具备适用于其他案件的事实而且对于论点能够直接推导出结论的命题,是“在具体案件中作为做出决定所不可或缺的前提性法规则的命题”〔64〕。因此,为了说明这样的直接理据是正确的,即使再引用一些一般性命题,由于这种命题从根本上不具备成为判例的资格,只能是一种旁论。具体案例可以参见伪造照片复印件作为伪造公文书罪的判决。〔65〕 因为该案的判决理由中有:

“即使是原件的复印件,具有与原本相同的内容,且只要认为具有与证明文书相同的社会机能与信用性,这〔66〕就可以解释为具备与原本相同的效力。”

将这样的命题(第一命题)更具体化:

“使用照相机、复印机等,通过机械的方式对原件进行复印的文书(以下称为照片复印件)……除照片复印件从本质上具有与原本同样机能和信用情况以外,都可以成为公共文书伪造罪的客体”的命题(第二命题),都是如果适用于具体事实,可以得出“是文书”的结论的命题。因此,从理据命题就是判例的观点而言,它具备判例的资格,而前述“实际上,伪造公文书罪是以公共文书的公共信用作为法律保护的利益,保护公文书作为证明手段所具有的社会机能,谋求社会生活的安定”的命题,并不是据此直接推导出结论,是为了论证上述第一命题的正确性所进行的叙述,不能成为判例。

第二,要成为判例,除前述具有直接性的命题,还必须是该审判结论的理据说明。可见,以与该案件事实不同的事实为假设所叙述的命题并不是判例。比如上述伪造照片复印件一案的判决理由“手写的复印件……之类的誊抄文书……不能称之为是伪造公文书客观对象的文书”就是一例。因为该案件与手抄副本毫无关联。这是通过列举上述第一命题中所不包含的事例使命题的意义、适用范围更加明确,从而引导出更加具体的第二命题所做的叙述,并非不可或缺的理据。因此,对于这种命题属于旁论的观点并不存在异议,毋宁说一般情况下这是被认为具有代表性的旁论。〔67〕

---

〔64〕 中村治郎「判例について」司法研究所論集 1976 年Ⅱ 34 頁。

〔65〕 参见最高法院(第二小法庭)1976 年 4 月 30 日判决刑集 30 卷 3 号 452 頁。

〔66〕 构成伪造公文书罪的客体文书。

〔67〕 上述内容参见中村治朗「判例について(講演)」司法研究所論集 1976 Ⅱ 34－35 頁、金築誠志「主論と傍論——刑事判例について」司法研究所論集 1973 Ⅱ 161 頁。

由此可见,即使对于视理据命题为判例的人而言,也并非认为理据中所叙述的所有命题都是判例,显然只有直接推导出论点相关结论的命题才是判例。换言之,只是指以该案件的具体事实为小前提,并通过三段论推导出结论时的相当于大前提的命题。

(十一)抽象化结论命题、同一内容的理据命题以及由此形成的一般性理据命题

由此,我们将理据命题限定为可以直接推导出该论点结论的命题。在考察大量的判决、裁定后我们可以发现,可以进一步将这种理据命题划分为两类。一种是与该案件结论抽象化后的结论命题内容一致的理据命题,另一种则是比前者内容更加广泛、更一般化的法命题。

对于前者为何物的问题,考察具体的实际案例是一种有效的方法。举一个较近的案例:1983 年 11 月 1 日第一小法庭的裁定认为[68],根据《刑法》第 231 条,在公共场所张贴侮辱某股份有限公司内容的传单构成侮辱罪。股份有限公司作为法人是否可以构成侮辱罪中客体的"人"成为此案的论点。对于这一点,判决理由中以"《刑法》第 231 条中所指的'人'包含法人"的理据命题予以明确。这与抽象化后的决定结论命题完全一致。另外,前述伪造照片复印件一案的判决理由中的第二命题,即使不能完全认为与判决的抽象化结论命题一致,但可以说在很大程度上是相同的。

理据与结论本来应该是两个独立的事物,为什么会出现这种现象呢?这是因为作为大前提的命题不仅包括原本结论还包含更广泛的内容[69],将结论命题抽象化并扩大其适用范围以后,就可以作为大前提使用,这并不奇怪。此外,将这样的命题作为大前提进行演绎推理时,由于此类命题是抽象的、一般性的内容,结论是具体的,因此并不是对同一内容的不同解释,也不会成为预导结论。

这种类型的命题同时兼具结论命题以及理据命题的双面性。因此,对于此类命题,无论是认为只有结论命题才是判例的人,还是对于认为理据命题也是判例的人,都是判例,因此并不存在争论的实际意义。

因此,是不是判例的关键问题在于理据命题是否构成一种类型的法命题,换言之就是包含更广泛、更一般化内容的法命题。也可以说这是超越了该案件结论命题的抽象化范围的更一般化的命题。比如,将法律上某一概念或者关系进行一般性定义的命题等就是如此。以下,为方便说明,在本书中称为"作为理据的一般性法命题"或用类似的字眼来表示。对于这样的一般性法命题,有必

---

〔68〕 参见刑集 37 卷 9 号 1341 頁。

〔69〕 参见近藤洋逸・好並英司『論理学入門』156 頁"结论……藏在前提之中"。

要对其特征进行若干考察。

(十二)一般性理据法命题的特征

一般性理据法命题的特征有两个。

其一,如前所述,抽象化后的结论命题,由于抽象化存在局限性,该案件无法与同类型案件分离出来,因此相对于其适用范围的狭窄,由于这种理据法命题更抽象化和一般化,其适用范围就更广。仅就此问题而言具备可以包罗所有状况的概括性与完整性。另外,有必要注意的是其结果自然也包含着解决该案件论点所不需要的判断。

比如,在某案件中,其事实是否符合法律上的概念成为论点,对此做出肯定的判决作为理据说明就出示了此法令上概念的定义。如上所述,这种定义具有概括性和完整性,虽然具有符合该定义的所有命题都适用该概念的积极性的一面,当然也包含如果欠缺定义中任何一个要件就无法适用的消极性一面。〔70〕这是因为定义不但可以明确概念的内涵,同时也能确定外延。〔71〕然而,因为上述判决的结论是肯定的,所以定义中有关内涵的相关部分(也可称为积极的部分)被当作理据使用,而外延的相关部分(缺少要件就无法适用概念的消极部分)就没有使用的必要,或未被使用。这个部分与案件不同,当事实因缺少某一要件成为问题时才变得有必要。由此可见,在此类一般性法命题的定义中包含着对解决案件所不必要的,但将来会适用于别的案件的内容。

再举一例。关于行为与结果之间在刑法上的因果关系,大审院的判决曾经有这样一个一般性法命题:"在一般犯罪行为与严重结果之间,如果不存在前者也就不存在后者,无论一般犯罪行为是否是导致严重后果的直接原因,绝对应当认定其构成结果加重犯"〔72〕。其同样指出了因果关系概念的一个定义(依据条件说),在只有与概念一致并不允许例外这一问题上具有决定因果关系外延的含义。特别是从上述文言中"绝对"一词也可以明显看出这一点。换言之,不得不说,该定义否定了相当因果关系(除了条件关系还以相当性为要件)的观点。但是,上述判决的结论中认可了因果关系的存在,所以作为理据只使用了定义中与内涵相关的积极部分,与外延相关的消极、否定的部分对于该结论而言是没有必要的,也就并未使用。该部分只有在将来某个缺乏条件关系的相当性案件出现时才会发挥其作用。〔73〕我们通过这个案例可以得知,一般性法命

〔70〕 金築誠志「主論と傍論——刑事判例について」司法研究所論集1973年Ⅱ 157頁将此称为"双面判断基准的性质"。

〔71〕 参见近藤洋逸·好並英司『論理学入門』12頁。

〔72〕 1928年4月6日刑集7卷291頁。

〔73〕 附记:该判决的案件是相当性得到认可的事实。

题也包括解决该案件所不必要的判断。

由此可见,一般性法命题具有可广泛适用于与该案不同类型案件的特质,这一点也成为以下两种主张的理论依据:正因如此才应该将一般性法命题视为判例的主张;相反,正因如此才不应该视其为判例的主张。关于这个问题将另行作详细论述。[74]

其二,这种类型的一般法命题的另一种特征是,在很多情况下,缺乏作为结论的独一无二的理据的必然性。在审判中做出的法的判断的结论,至少就法官而言具有不可动摇的必然性和绝对性。反之,作为理据使用两个以上一般性法命题的情况,显而易见,上述因果关系的具体案件的结论,既可以通过条件说,也可以通过相当因果关系说予以说明。此外,这样的命题随着学术的不断进步完善,具有可能被新的命题所取代的性质。作为理据,缺乏必然性也是这种类型命题的另一特征,这是我们在思考是否具有判例性时应予以留意的一个问题。

(十三)结论命题的判例性

已故的穗积重远博士在1917年的论文中曾提到,"历来,在我们法学界论述、引用判例时,存在只注重判决理由中的法理论之风气"[75]。此外,已故的末弘严太郎博士在论文中也指出,"至大正年间中期,以'判例批评'为名,有很多学者对判决的理据所使用的理论说明进行了理论批判。这些都是将判决的理论说明与学者的学说视为一物,而进行的抽象性批判而已"[76]。由此可知,当时的学界认为判决理由中所指出的一般性、抽象性法命题就是判例。而且,不仅在学术界,在1921年、1922年的《判例民法》中,由末弘博士执笔的序文中也指出即使大审院自身也存在将"抽象性原则"视为判例的倾向。

在这种风气之下,结论命题是否为判例甚至并没有被视为一个问题,这也许是很自然的事情。此外,结论命题通常以具体事实为前提的具体内容,或许是被认为不能成为先例。

但是,从当今的视角出发,不得不说这样的观点显然是对审判的误解或者认识不足所造成的。审判的使命归根结底是解决每个具体的案件,并不是为了阐明一般性法律原则。就法律问题而言,最重要的是针对该案件的论点做出怎样的结论。这是审判中法的判断的本质部分,应该说正是这种结论判断才是法官的固有活动领域。但是,相比之下,附加理据就是二次性产物,这一点从很多最高法院的判决、裁定未出示理据就可以得知。显而易见,否定结论命题的判

〔74〕 参见本书第55页以后内容。

〔75〕 穗積重遠「婚姻予約有効判決ノ新意義」法学志林3~4頁。

〔76〕 末弘严太郎「判例の法源性と判例研究」[民法記帳(上巻)昭和二十八年]22~23頁。

例性，只将一般法命题视为判例是本末倒置，判例也就是能成为判决的先例，首当其冲必须是就审判而言本质性的结论命题。另外，如上所述，此类结论命题，通过舍弃具体事实中无关紧要的部分，一定程度抽象化以后可以作为很好的先例发挥其有效机能。

在前面所提到的论文中穗积博士指出，“作为判例，对审判产生法律上或事实上的约束的，是如何解决该具体案件的事实……”主张结论命题才是判例，[77]堪称新判例观的先驱。此外，持此相同观点的还有以末弘博士与穗积博士为中心成立的民法(之后的民事法)判例研究会[78]，在1921年以后，随着研究成果的不断涌现，认为结论命题就是判例的观点逐渐普及，至今应该已经无人能否认。现今包含将理据命题视为判例的人(暂且不论主次)，也应该认为结论命题就是判例。[79] 此外，最高法院也持相同观点，这个问题将在后文加以论述。[80]

(十四)理据所引用的一般性法命题的判例性

如上所述，如今结论命题被视为判例已经得到普遍承认，那么剩下的问题就是为了说明理据的一般性法命题是否也可以与之相提并论成为判例。

关于这个问题，早在1917年，穗积博士就在前文所提到的论文中对一般性法命题的判例性予以否定。穗积博士在文章中谈道：“判决不是叙述抽象性法理的学说，而是解决每一个具体的诉讼……判决理由中不论罗列了多少名论高见，如果与该案件的具体问题没有直接关系或者是超出了具体问题范围的抽象理论，仅作为一篇论文具有学术价值，相信无法成为构成判决内容的判例。”[81] 另外，之后成立前述民法(后为民事法)判例研究会也是基于同样的观点，上述末弘博士执笔的1921年度《判例民法》的有名序文中也提到：“判例法以具体为本”。由此可见对当时大审院致力于“抽象性理论”“抽象性理据”所提出的强烈批评。而后，该观点作为此研究会的传统得以继承，现今尤其是以川岛武宜博士[82]为此观点的代表。

在英国对此持相同观点的人当中，较有名的是前述古德哈特教授。教授在论文中指出：“对某一案件的原理[83]，在审判意见所陈述的理由(或法的准则)

---

[77] 参见穂積重遠「婚姻予約有効判決ノ新意義」法学志林4頁。

[78] 参见本书“第七章 判例与学说”。

[79] 中村治郎「判例について」司法研究所論集1976年Ⅱ 35頁以下也是如此。还有金築誠志「主論と傍論——刑事判例について」司法研究所論集1973Ⅱ135頁以后。

[80] 参见本书第66~67页。

[81] 穂積重遠「婚姻予約有効判決ノ新意義」法学志林4頁。

[82] 参见たとえば『判決と判決例』674－675頁。

[83] 指ratio decidend。

中无法找到踪影。”〔84〕另外，持相同观点的已故英美法权威高柳贤三教授在1938 年发表的著作《英美法源理论》中，介绍了古德哈特教授的主张，并指出做出判决的“理论过程”“法院所宣布的一般性抽象性规范”并不是案件原理〔85〕，这无疑对日本的各个领域都带来了重大影响。在刑事法领域，大量的学者、实务家只将结论命题视为判例。〔86〕

即便如此，相对而言，将理据的一般性法命题视为判例的观点似乎已经根深蒂固。根据内田力藏教授的研究，在英国对古德哈特教授学说也存在相当的异议。〔87〕在日本虽然相关文献资料并不多〔88〕，但这样的观点，可以想象尤其广泛存在于实务家之间。因此，不得不承认作为一种观点还没有完全形成定论。

(十五)对视理据说明的一般性法命题为判例的疑问——其一

接下来探讨一下将理据说明中所示的一般性法命题视为判例是否得当的问题。

肯定的理由有哪些？对此有明确叙述的是金筑诚志法官。金筑法官承认此类一般性法命题包含“或多或少是对超越案件事实关系判断的法律解释”，这样的一般性法命题“将事实相关的法律判断在更大的框架内进行规制，有助于引导判决的方向”，可以认为这也“可以成为主论”。〔89〕从制度上，之所以将变更判例作为大法庭的权限，是因为预料到“判例可以作为法律适用的基础或者出发点的重要法律解释”。另外，刑事案件将违反判例作为上诉理由是因为“仅通过事实关系的法律判断〔90〕，在通过判例确保法律解释的稳定性、统一性上，并非充分”，“通过这种方式对下级法院审判的法律解释发挥强有力的指导性”。〔91〕总而言之，这种立场是着眼于上述一般性法命题具有比结论命题更广泛的适用内容〔92〕，若将此视为具有约束力的判例，最高法院可以对下级法院在

〔84〕 Goodhart, *Determining the Ratio Decidendi of a Case*, p. 25.

〔85〕 参见高柳賢三『英美法源理論』110 頁。

〔86〕 参见たとえば、井上正治『判例学説刑事訴訟法』326 頁以下、佐々木史郎「上告理由としての判例違反——判例とは何か4」判例タイムズ68 号 33 頁、谷口正孝「判例の理由」判例時報26 号 1 頁以下、平野龍一『刑事訴訟法』327 頁。另外，相同主旨参见松尾浩也「刑事法における判例とは何か」法学セミナー279 号 10 頁。

〔87〕 参见内田力蔵「判例というものの考え方・1」法学セミナー75 号 47 頁以下。

〔88〕 在并不多的文献中，可以列举的有中村、金筑等，其中可见中村氏似乎始终认为一般性法命题是首要的判例。

〔89〕 ratio decidendi，也就是在严格意义上的判例。

〔90〕 在本书中指结论命题。

〔91〕 金築誠志「主論と傍論——刑事判例について」司法研究所論集 1973 Ⅱ 158 – 159 頁。

〔92〕 参见本书第 48 页以下。

较广的范围内发挥指导性积极作用。同时,平野龙一博士也指出,日本最高法院将一般性法命题作为判例的理由是“案件很少送到最高法院”,为了规范法庭外解决案件,“有必要在某种程度上确立一般性命题”。其结果是,“法院不是仅针对一个案件,而是存在将其他类似案件都纳入一并考虑的倾向”[93],这也是所谓的将一般性法命题视为判例的效果。[94]

然而,实际上这才是问题所在。即使最高法院,就审判而言,对所受理的每个案件除审判之外,并不具有以外的任何权限。在后文将会涉及的[95],隶属于法院的法令解释统一机能也是通过对每个案件的审理事后性发挥的作用,并非事前寻求一般性的统一。换言之,如果通过事先的公文对各法官做出“此条文应该如此解释”的指示,毋庸置疑将侵犯法官唯独受宪法和法律的约束(《宪法》第 76 条第 3 款)的法官解释权,并妨害法官的独立性。然而,将一般性法命题解读为判例,在考虑到判例所具有的约束力上,实际就等于肯定了上面所说的一般性指示。对此,有学者提出了重大疑问,川岛武宜博士指出:“通过最高法院在判决中所写的抽象性法律理论,以‘判例’的形式‘立法’,是不能予以认同的”[96]。这实际上指的就是这一问题。

就此而言,仅将结论命题作为判例,在这样的范围内就成为认可了最高法院对下级法院法官的指导,或许读者会认为这岂不是殊途同归吗?但是,结论命题是最高法院在履行职务时,审判每个案件理应做出的判断内容,即使作为判例赋予一种约束力,也不过是做出判决后所产生的附属性的、反射性效果,无法与审判切割开来。这与川岛博士所说的“判例”,即将对于该审判而言不是必然性的理据作为一般性法命题,而实际上是一种立法,是完全不同的。

以上是笔者对将一般性法命题视为判例观点持疑问态度的第一个原因。

(十六)对将理据说明的一般性法命题为判例的疑问——其二

此外,即使从法官判断的特征而言,认可理据说明的一般性法律命题与结论命题具有相同价值和权威,也是存在疑问的。

迄今关于何为法官的判断的深入探讨并不多见[97],笔者一直对此颇为关心,但研究并未成熟。不过,仅就与此问题之间的关联性而言:其一,在法官的判断中,某种直观性判断扮演着重要的角色。其二,法官的判断归根结底是针

---

〔93〕『刑法の基礎』241 頁;なお、シンポジウム判例 22 頁以下、特にその27 頁。

〔94〕实际上,平野博士采用仅将结论命题作为判例的观点,而“法律理据并非判例”(参见平野龍一『刑事訴訟法』327 頁)。因此,有必要注意并非承认将一般性法命题视为判例。

〔95〕参见本书第 86 页。

〔96〕川島武宜「判決と判決例——民事裁判に焦点をおいて」『兼子博士還暦記念・裁判法の諸問題・下』674 – 675 頁。

〔97〕其中,据笔者所知,原法官村松俊夫的著作『裁判についての一考察』应予以关注。

对处理(审理)自己所承办的具体案件。

1. 直观性判断并非由笔者首次提出。早在昭和初期,已故的末弘严太郎博士在题为《教育与直观》的文章中就有所涉及。根据该文的介绍,末弘先生年轻时,听其父亲末弘严石法官之言,“我看待案件时,完全不考虑理据等因素,在脑海中自然而然地产生类似于判处几年的徒刑,或罚款多少之类的判决。而后,依据法律条文或者判例学说赋予其理据。于是才发现原来脑海中自然产生的判决与理据是相吻合的。对于你们这些新任法官而言,似乎认为判决是经过三段论法的推理由理据所产生,实际上我们完全不会那么做”。当时,末弘先生以为父亲信口开河,去美国留学接受法学教育以后,才深切地认识到的确如此。[98] 笔者在大学课堂亲闻先生此言,此后一直铭刻于心。在实务经验的不断积累过程中,才感同身受的确如老师所言。

如后所述,法官的直观判断发生在法律判断以外的领域是比较容易理解的,但是在法律判断中也发挥作用,就会让人感觉比较奇怪。众所周知,法律判断是通过三段论法的演绎推理方法得出结论的判断领域,考察判决理由等也是以这种形式予以说明。但是,实际上姑且不论前面所提到的“新手法官”,即使具有一定经验的法官也无法否定直观判断在法律判断中发挥着重要的作用。

直观判断,对于法官而言并非类似于第六感或从天而降的某种神秘之物,而是更能够做出合理性解释的判断。另外,就目前而言,笔者认为所谓法官的直观判断可以分为两种形态。

第一种直观判断,即积累了获得结论的理论过程的经验的法官,在意识的表面下瞬间展开的活动,也就是首先意识到结论的一种判断形态。这是法官基于常年的实务经验的一种娴熟之举。这种类型虽然存在理论性推理,但是法官本人对此并没有明确意识。因为只有结论浮于意识表面,因而认为是直观的形式。

毋庸置疑,这种直观判断是法官在平时审判中经常运用的,比如确定损害赔偿金的额度、量刑等相关领域及事实认定等。这些判断基于无数的先例及大量的证据,具有极其复杂框架的判断而形成。然而,在法律判断领域中,由于判断框架不同,虽然存在类似的直观判断[99],不过,在进行法律判断时的直观判断不属于上述类型,在本质上应该属于接下来的第二种类型的直观判断。

那么,何为第二种类型的直观判断呢?这就是法官所具有的类似于法律的直观性,左右并决定最终的法律判断。这种对法律的直观认识,是以法官

〔98〕 参见末弘严太郎「教育と直観(法窓雑記三)」『末弘著作集Ⅳ』252 頁以下。

〔99〕 比如,在已知的大量判例中发现了接下来要阐述的判例理论,可以适用于该案件并能得出结论。

的法学素养为基础，立足于常年的实务经验或者是对最高法院的无数判例的调查，在这种念头下对大量具体案件做出的法律判断所培养出来的判决经验，由此自然形成的法官的法律思维方式，应该称为法官的法的感觉。[100] 这是一种以最高法院为顶点的作为法院的法律见解，是与常人的一般常识等不同的法律感觉。[101] 这种感觉不仅是对一般法，甚至是对宪法、民法、刑法等不同法领域的法律感觉。而且，在进行法律问题的判断时，将决定法官对这些问题的结论。

不过，如此说明会让人误解为法官只凭法律感觉进行法律判断，而不是依靠理论判断。法官在面对某个法律问题时，即使仅凭直观判断暂且认为结论在某程度上是正确的，大多数情况下，为了确认其正确性也会参考学说并尝试进行理论性的自我验证后，再做出最终结论。这应该是再普遍不过的方式。根据前面所引用的末弘严石法官所言"之后寻找理由"，可知是在直观性结论判断后进行了理论性验证的。另外，虽然像末弘法官这样精通法律的人可以通过直观判断得出大概结论，但包括笔者曾任法官期间，对于一般法官而言，如果遇到问题首先保留结论，然后大多是从查阅判例、学说着手。而且，如果存在与该问题相关的判例，或是直接适用、或是类推、或是从中找出适用的判例理论从而做出结论。[102] 另外，如果遇到毫无判例可依的全新问题，查阅相关学说或者调查下级法院的判例，以此为参考绞尽脑汁自行思索，这些都是我们经历过的事情。

即使是法官，在做出结论的过程中以某种形式进行理论性思考应该是较为普通的事情，绝非完全不顾理论思考，仅凭直观判断得出结论。然而，尽管如此，笔者想要强调的是通过所有这些过程，最终决定法官做出法律性判断的是第二种意义上的法的直观、法官的法律意识。比如，在遇到完全没有判例可依的全新问题时，选择可以考虑的可能性结论中的哪一个，最终只能是法律的直观意识。另外，即使存在判例，依据判例也可认为这是法官的法律直觉在主导。总而言之，对于法官的判断最终发挥重要作用的正是这种直观，甚至可以说是决定性的作用。同时，法官的实际判断过程并不是先有大前提这种不可动摇的一般性法律命题，并根据"三段论法的推理"推导出结论。前述末弘法官所说的

---

〔100〕 村松俊夫「裁判についての一考察」一橋論叢71巻9頁以后将其认为与黑田亮博士在其著作『勘の研究』(昭和八年)(讲谈社学术文库版・昭和五十五年)中所说的"勘"字相当。

〔101〕 田中英一「判例による法形成——立法による法形成との比較を中心に」法学協会雑誌94巻6号778頁中称为"健全人的综合价值判断"。这并非一般人所联想的外行人的主观性意识，而是法世界的并带有客观性的意识。

〔102〕 这是另一种理论性思考，当然也存在前述第一种意义上的直观判断发挥机能的情况。

应该也正是对这个内容的论述。[103]

这种法律感觉是法官所固有的,属于法官的职业能力。因此,法官必须对这种感觉所做出的法律判断负全部责任。正因如此,法官才有对外做出权威主张的信心。尤其是要求最高法院法官具有更卓越的法律判断。另外,这种法律感觉本身在性质上就只是关系到法律问题的结论,并不涉及理据说明。这也是最高法院的判决理由中,关于法律论点的结论即结论命题具有作为判例权威的理由。

相对而言,理据说明部分的目的是说明其结论的正确性,在结论确定之前的判断过程中,多以由理论性考察所展现出的内容加工而成的形式呈现。无论是哪一种,理据说明并不是法官的法律感觉的产物,如果将其进行大致划分,无非是属于学者对学问思考范畴工作。[104] 因此,比如对一个结论存在两个以上的一般性法命题的理据说明时,最终采用哪种还是要回归到法官的学识问题上。因此,对于并不要求成为学者的法官而言,理据说明中所引用的一般性法命题一般不具备结论命题般的权威性。因而,现实中偶尔会出现法院判断结论虽然正确,但理据说明中的一般性法命题的引用并不恰当的事例,这也反映了这个问题。

2. 需要再说明一点,作为理据引用的一般性法命题,不仅适用于该案件,即使适用于其他案件也可以得出合理的结论,这是事实。否则,“判例”就会有名无实。然而,从审理每个审判案件的法官的心理而言,最为关心的是如何对案件的法律性判断的结论进行论证,只要能够论证就已经足够。思考所引用的一般性法律命题可否在其他案件妥当使用,从法官的职业任务来说是不必要的,而且事先预想事实或法命题可以适用的其他所有案例是件极其困难的工作。另外,“即使是考虑到这个理论可以广泛适用于其他类似案例,但是许多时候没有对该案件面临的情况进行全面探讨”[105]。因此,从这个角度也可知,对这种一般性法命题作为判例的价值和权威予以认可是存在问题的。

以上是对将一般性法命题视为判例所持疑问的第二个理由。

(十七)关于西原春夫教授的观点

以上,从对立性角度讨论了只将结论命题视为判例和将判决理由中的一般性法命题视为判例的观点。除此之外,这里稍微介绍一下可以称为第三种观点

[103]　关于这个问题,常常有学者认为“法官是首先通过直觉做出结论,然后再思考理据”。这个观点有过于夸大之嫌。结论与理据的时间前后并不重要。对几个理据进行思考后决定结论也是常有之事,重要的是在这样的情况下法官的直觉决定了结论。

[104]　如后文本书第 111 页所述,学说也具有助于审判的作用。

[105]　加藤一郎「はしがき——『判例の拘束力』について」『民法の判例(第二版)』2 頁。

的西原春夫教授的观点。

由于篇幅所限,不做深入展开。总之,西原教授的学说是可以将充当结论的大前提的“有关法律解释的抽象性一般命题”视为判例,这一点似乎与前面所论述的一般性法命题判例说相同,[106]但并非一定要求从“判决理由中以文字形式呈现”,而是应该从未以文字呈现的内容中根据“理论的必然性”标准去挖掘,这是西原教授学说的特点。[107]

因此,这种观点具有与前述两种观点不同的独到之处。另外,从不局限于法院所书写的内容这一点与笔者的观点完全一致,虽然在关于挖掘判例的方法论“受到与事实关系之间的关联性制约”的问题上存在难以理解的内容,但确实是值得倾听的学说。仔细思考可以发现,西原教授所言“判例”即“非书面写出的抽象性一般命题”应该是指下文提到的判例理论,即被认为潜藏在每个判例根底的一般理论。[108]

如下所述,判例理论在预测未来的审判时扮演着重要的角色。因此,将其称为“判例”也不无道理。然而,问题在于是否与现行制度中的“判例”相吻合。此外,关于这一点如本书“判例为何物”中所述,现行法将在每个特定的审判中所体现出来的判断视为判例,然而并未将判例理论这种脱离了审判的一般性理论视为“判例”。[109] 此外,就本质而言,如下所述,发现判例理论是件困难的工作,见解也因人而异,欠缺意义上的明确性,也必须要考虑违反判例或变更判例时,作为“判例”的不恰当性。从这些角度而言,西原教授所主张的“判例”与现行法上的判例分割开来,应将其定位为不同的判例理论。

(十八)最高法院关于何为判例的见解

综上所述,结论命题之外是否应该将理据命题也视为判例,从理论上而言可以认为是一个还未达成一致意见的大问题。相反,在现实层面,当今最高法院对此如何看待?如何处理?这是已经确定的。因为无论任何命题,如果最高法院认为是判例,那么上告理由无论是否涉及违反判例都会作为判例处理。尤其是如果未履行大法庭的判例变更手续就无法更改判例,对于下级法院的法官而言,如果预测最高法院将来也会维持判断,从前述判例的事实上约束力的理由考虑,实际上是作为判例在发挥作用。就这种意义而言,可以说“如果最高法院认为是判例就是判例”。

---

〔106〕 参见西原春夫「刑事裁判における判例の意義」『刑事裁判の課題』(有斐閣,1972 年)315 頁以下。

〔107〕 参见西原春夫「刑事裁判における判例の意義」『刑事裁判の課題』(有斐閣,1972 年)316 頁以下。

〔108〕 参见本书第 69 页之后内容。

〔109〕 参见本书第 5 页。

然而,最高法院实际上是如何考虑、如何处理的呢?相关具体内容将在第二部分的“第一 最高法院作为判例处理的实际事例”中阐述。仅就结论而言,最高法院无疑是将结论命题视为判例,实际上也存在将理据说明的一般性法命题作为判例的案例。当然,是否将所有的一般性法命题视为判例还有研究的余地,在别的章节[110]中也介绍了另外的观点。在此,对松尾浩也教授的有趣见解[111]稍做介绍:“一般而言,想要维持以前的判例,在巩固该案件而使用判决时,可放宽采用的范围。相反,如果排斥以前判例以期推导出不同结论,则有严加限定的倾向。”

(十九)判例类推与判例理论

以上,对于判决、裁定的理由中的结论命题是判例这一点并无争议。对于理据说明的一般性法命题,虽然存在较强的反对意见,但是在最高法院存在将其作为判例的案例。其中,后者的一般性法命题的适用范围极其广泛,若将其视为判例,毋庸置疑在预测未来的判例时会大范围地发挥作用。但是,这种一般性法命题并非总是出现在最高法院的判决、裁定中,实际上结论命题占据了判例的大部分。然而,这种命题不论将其内容如何抽象化,还是摆脱不了“重要事实”的制约,因此其射程范围(适用案件的范围)在某种程度上不得不趋于狭小。其结果就会导致法官时常必须面对一些没有判例的案件。在这种情况下,是否存在任何形式的可以预测未来判例的辅助手段?此时有两种方法可以考虑,即既存判例的类推与判例理论的发现、类推两种方式。

首先,所谓判例的类推,是指对适用法条或者重要事实可能与既存判例不完全一致的类似案件,可以称之为“准用”判例。这种类推在最高法院时常被使用,在这种情况下,判决书中就采用类似“遵循判例要旨”的表达方式有意识地与“依据判例”进行区别。[112] 本书在第二部分第一章列举了几个案例。[113] 其中,对于要求非法入境的外国人履行登录申请义务是否违反《宪法》第38条第1项之规定的论点,将旧外国人登记令时期的判例“征集概要”引用到全面修改后的外国人登记法案件等,应属最无争议的类推。但是,针对究竟在什么样的情况下可以类推这个问题,现在的研究还不够充分,允许范围也并不明确。原本“在某种程度上,类推是经常得出一些不确定的结论的推论”[114]。因此,通过类推实际上具有将判例的射程范围扩展到一定范围的可能性,虽然存在案件的类

[110] 参见本书第149~150页。

[111] 参见松尾浩也「刑事法における判例とは何か」法学性みな一279号8頁。

[112] 当使用“判例的宗旨”时,并不代表完全类推。对此,下文有详细叙述。

[113] 参见本书第133页以后内容。

[114] 碧海純一『新版法哲学概論・全部改订第一版』156頁。

似性制约,但不能过高期待这种方法的利用价值。[115]

其次,本书所提到的"判例理论"是鉴于一定的法律问题存在大量的判例(结论命题),在这样的根基中产生的法院的一般性法律思考方法。这与学术界的"某某说"或者"某某理论"基本相同。

这样的判例理论的存在,可以从以下内容予以假定,即作为判例的结论命题,通常是为了解决各个案件的个别内容。但是,既然都是法院的判断,就不能毫无准则可循,必须认为应该有贯穿各种不同判断的一贯性准则。既然承认这种一贯性准则,那么支持这种一贯性的只能是相关问题的普遍性、抽象性的法律思考,这应该就是判例理论存在的理由。[116]

即使如此,这种判例理论并非事先由法院自身有意识地进行假定,然后得出适用于各个案件的结论。这也违背前文所述的法官实际的判断过程。实际上它是一种无形的存在。可以从相关问题的大量判例的结论命题中,通过事后归纳推理的方法得以发现,而且这种推论是从第三者的立场出发的,具有客观性质。大概在通常情况下,这种判例理论是在考虑到第一个判例的类推的同时,之后的判例也做出同样的判断,以此类推,在判例不断的积累过程中,自然形成逐渐确立。正因如此,法官本身也没有明确意识到这一点。假如法官认为某个命题是判例理论并尝试写入判决的理据中,我们并不能认为这就一定是真正的判例理论。西原教授所言不仅限于"判决理由中用文字所表示的内容"就在于此。[117]

以上关于判例理论的阐述,是建立在将结论命题视为判例的立场之上的。此外,如果将理据说明的一般性法律命题也作为判例,情况就会变得复杂。即使采用了这种观点,最高法院的判决、裁定并不一定总是有一般性法律命题,那么在没有指出的情况下,思考判例理论还是有价值的。但是,如果存在一般性法律命题,且其与相关的判例理论一致的话,便不会有问题,否则就会衍生出一些复杂问题,比如一般性法律命题优先于判例理论,那么后者是否被否定或者如果认可两者并存,如何处理它们之间的关系等。

(二十)判例理论的发现与适用

那么,怎样才能发现判例理论呢?

关于这个问题,在只有一个判例的情况下,只能将其作为理据理论,别无他选,可以将其视为判例理论。但是,可以考虑到存在两个以上时,由于无法发现

〔115〕 此外,英国的判例类推,参见高柳賢三『英米法源理論』116 頁、新井正男「先例の约束性と類推の機能」『内田力蔵先生古希記念・現代イギリス法』422 頁以下。

〔116〕 将这样的判例理论视为判例有西原教授学说,对此,本书第 64 页已做过介绍。

〔117〕 参见本书第 65 页。

真正的判例理论,一般而言只有出现数个判例才产生探索判例理论的问题。寻觅原理的关键在于寻找出能够说明全部判例结论命题的共通理论,这就是判例理论。

通过以下案例可能更易于理解。关于刑法上的因果关系,长期以来有条件说和相当因果关系说的对立。然而,由于大审院以及最高法院过去所认可的存在因果关系的判例事实,无论通过上述两种学说的哪一种都是可认可因果关系的案件,不得不说在此阶段判例理论究竟是哪一个并不明确。然而,在 1967 年 10 月 24 日小法庭裁定否定了行为与结果之间的因果关系的结论〔118〕,这是条件说无法说明的,因此判例理论是相当因果关系说才得以确立。那么,判例理论是相当因果关系说中的主观说、客观说还是两者的折中说呢?另外,存在如果不采用相当因果关系说的客观说就无法说明的判例。〔119〕 综合考虑,就不得不说判例理论采用了客观的相当因果关系说,这就是一例。〔120〕

不过,我们必须注意发现的方法有两个前提条件。

其一,判例理论不仅限于既成的理论,不可否认存在更完善的可以取而代之的新理论的可能性。因此,在一定程度上断定判例理论就是(既存的)某某说时需要保持谨慎。

其二,如上所述的发现判例理论的方法是以其大量判例之间不存在判例理论变更以及法院的观点存在一致性为前提。但是,现实中长时间不发生变化的判例理论是不存在的。因此,如果出现过去的判例理论无法解释的判例时,有必要怀疑判例本身发生了变化或者迄今认为的判例理论并不是真正意义上的判例理论,是否存在可以解释新判例的其他判例理论,或者判例理论并未发生变化,只是新判例脱离了判例理论?提出这些疑问是很有必要的。也许为了界定判例理论,还需要添加之后的判例进行比较研究。〔121〕

所谓判例理论,如果能够明确,根据适用的案例,当然必须以此后也不会变更为条件,不但可以在很大程度上对未来的判例进行准确的预测,由于这是极其一般内容的法命题,其射程范围非常广泛,所以也是实务审判最有效的方法。实际上,最高法院自身也存在类似于判例类推一样的将“判例宗旨”作为判例理论适用的情况。〔122〕 但是,利用这种方法时面临的最大问题在于何为判例理论。

---

〔118〕 刑集第 21 卷第 8 号 1116 頁。

〔119〕 比如最高法院(第二小法庭)1950 年 3 月 31 日判决刑集 4 卷 3 号 496 頁。

〔120〕 对于这个问题,笔者对判例的理解可能会有不同的见解。请各位读者仅作为发现判例理论的一个事例理解。

〔121〕 此外,关于发现判例理论,直接作为判例的观点暂且不论,可以参见西原春夫「刑事裁判における判例の意義」『刑事裁判の課題』(有斐閣,1972 年)320 頁以后的叙述。

〔122〕 参见本书第 133 ~ 134 页。

就现实问题而言,准确地发现判例理论绝非易事。因为经常会产生见仁见智的情况,还存在缺乏明确概念的弱点。因此,利用判例理论的确是切实有效的方法,但不能忘记的是,过度依赖也存在危险性,只是将其作为对未来判例预测的方法之一是无可非议的。

四、判例的变更

(一)变更判例的必要性

考虑到判例在审判实务中所具有的强大支配力,改变判例就意味着改变法院整体的法律判断,甚至对国民的法制生活带来巨大影响。因此,从法的稳定性视角而言这并非受欢迎之举。但是,就另一个视角而言,如果某个判例的内容并不恰当(或者是存在不恰当之处),那么继续延续这种判例违背了审判关键的实质正义。法的稳定性固然重要,变更判例也必须谨慎行事。但也存在极限,就结果而言,无法否定它变更的必要性。当然,变更判例使判例在正确的道路上继续前行。

在判例法的英国,19 世纪中叶以来确立了严格的先例约束性原理之后,即使是最高法院的贵族院也无法变更自己的判例,只有国会制定的法律才能变更。即使如此,英国直至 1966 年贵族院才开始认可变更自己的判例。[123] 这是涉及判例问题时无法回避的一个话题。

(二)变更判例的意义及成为变更对象的判例

变更判例由法院在具体案件的审判中,指出与之前判例相违背的法律性判断(判例)而进行。但是,并非仅仅是做出与之前相反的判断内容的审判。这种现象虽然常见于下级法院,但这只是代表相反判例的并存而已。所谓“变更”判例就是之后的判例会取代之前的判例,换言之,对于未来的判决而言,之前审判过的判例失去其所具有的效力。这是相反判例的并存与变更判例的区别之处。

那么,为何有必要使之前的判例丧失效力呢?一般而言,这是因为法院的判断简而言之就代表国家的判断,必须具有一贯性,不允许存在相反的判断。而且,变更判例的对象只局限于最高法院的判例[124],由于这是法院的最终判断,不允许出现与之相反的判断。换言之,即使从事实上的约束力层面而言,如果不使以前的判例丧失效力将会招致混乱的隐患。

按照《刑事诉讼法》第 405 条、第 410 条第 2 款之规定,法律允许“变更作为

---

[123] 参见田中英夫「イギリスにおける先例拘束性の原理の変更について」法学協会雑誌 84 巻、新井正男『判例の権威』。

[124] 关于旧大审院的判例参见旧《裁判所构成法》第 49 条、关于最高法院的判例参见《裁判所法》第 10 条第 3 款。

上诉法院的高等法院判例”。但是,该规定是为了通过否定其作为判例在法律上的效力,阻止以后以与判例相抵触为由的上诉案件。读者需要注意的是,这个问题与本书提起的变更判例,即最高法院的变更判例的宗旨是不同的。

(三)变更判例的效果

如上所述,变更判例就是使该判例丧失作为判例的效力,进一步而言,变更判例后会出现以下几种情况。

1. 被变更的最高法院的判例不符合《法院法》第10条第3项的“之前最高法院所做出的判决”,以后该法院即使做出与之前相反的判断时也无需再次履行该条所规定的变更判例程序。

2. 变更后的判例,之后就民事而言,不再是关于上告理由的《民事诉讼规则》第192条、关于上告受理申请的《民事诉讼法》第318条、《民事诉讼规则》第199条第2项准用的该规则第192条意义上的“判例”,同时也不再是作为上告法院的高等法院向最高法院所移送的案件,即《民诉规则》第203条所规定的“判例”。就刑事而言,也不再是《刑事诉讼法》第405条第2项和第3项所规定的“判例”。[125]

3. 就本书而言也是最重要的问题,即被变更的判例不再是最高法院之后对自身的法律见解(判例),其结果在事实上将丧失其约束力,取而代之的新判例将支配实务。

(四)有权变更判例的法院

在现行制度下,具有变更判例权限的只有最高级别法院即最高法院。高等法院,就民事案件而言,有时作为上告法院(所谓的简易法院案件)。即使在这种情况下,不仅不能变更作为过去的上告审的高等法院(或者上诉法院)的判例,而且不能做出与之前相反的裁判。如果意见与判例相左,需要将案件移送至最高法院,寄希望于最高法院的判断。[126] 这是为了实现判例统一。

由此可见,变更判例是属于最高法院的专权,其中大审院的判例[127]与高等法院的判例(或者上诉法院的判例)可以在小法庭上进行变更。但是,最高法院对自身判例的变更,不论判例是大法庭做出的还是小法庭做出的,都必须在整体的合议即大法庭进行。[128] 这类似于过去在大审院时期,变更判例必须经由民事、刑事的各联合部或民事刑事联合部的审判。[129]

---

[125] 关于后者,参见最高法院(第三小法庭)1951年10月16日判决刑集5卷11号2249頁。

[126] 参见《民事诉讼法》第324条、《民诉规则》第203条。

[127] 参见《事务处理规则》第9条第6项。

[128] 参见《裁判所法》第10条第3款。

[129] 参见旧《法院构成法》第49条。

当然,理论上其实只要是上一级法院就可以变更判例。因此,从理论上讲,无论哪个小法庭对变更自身的判例也并非不可能。但是,即便如此,仍将权限设定在大法庭,这是为了借机实现判例的统一,同时慎重考量变更判例。

(五)变更判例的程序

与旧大审院变更判例相同,如果可以在小法庭变更直接审判即可。在必须经由大法庭才能变更判例的情况下,对变更深思熟虑的小法庭审判长将其概要通知[130]大法庭审判长,并将案件移送至大法庭。在这种情况下,大法庭只对存在争议的问题进行审判,其他内容可以由原小法庭审理,[131]但是实际上变更判例时,对整体案件进行审理的情况也比较多。

变更判例是否有必要进行口头辩论?在上告审,无论刑事还是民事案件,因为有规定可以仅通过书面审理就可以驳回上告。[132] 在驳回上告时,依据此规定即使不经过口头辩论而变更判例也不违法。此外,事实上这样的例子也并非不存在。[133] 但是,变更判例大多针对法律上重要的问题,即使从谨慎的角度考虑,一般而言通过口头辩论或许是较妥善之举。事实上这样的事例也较多。

对是否变更的评定,与一般情况相同,单纯通过投票的多数来决定。[134] 根据这种评定方法,对于有可能出现意见势均力敌的对半的微妙问题,随着法官的卸任、上任所带来的大法庭成员组成的变动,结论也会出现变化。由此,有可能存在经常变更判例而危害判例稳定性的风险。实际上有关《利息限制法》的1962年6月13日的大法庭判决(10∶5),由于是在法官人事调动之后的仅两年半之时,1964年11月18日由大法庭判决(10∶4)变更为相反结论,[135]就有评论指出"是否可能造成大法庭精心构建的判例理论的安定性在崩溃"[136]。因此,关于变更判例最高法院有特别规定[137],评定方法并不单纯采用多数意见,比如要求"三分之二的人数投赞成票如何"的意见。但是,这种意见之所以不能作为制度实施,是因为相比法的稳定性而言,不妨碍推动判例的改善、进步更为重

[130] 参见《事务处理规则》第9条第2款。

[131] 参见《事务处理规则》第9条第3款和第4款。比如,最高法院(大法庭)1962年5月2日判决刑集16卷5号495頁、最高法院(大法庭)1976年3月10日判决民事判例集30卷2号791頁。

[132] 参见《民事诉讼法》第319条、《刑事诉讼法》第408条。

[133] 比如关于"不道德的繁荣"的判例,最高法院(大法庭)1969年10月15日判决刑集23卷10号1239頁等。

[134] 参见《裁判所法》第77条第1款。

[135] 参见本书第183页。

[136] 我妻荣「債務者は、任意に支払った制限超過利息の元本充当を出張しうる——最高裁大法廷判決の変更」ジュリスト314号12頁。

[137] 参见《裁判所法》第77条第1款。

要。但是,就之后的变更判例的实际情况而言,上述《利息限制法》的事例毋宁说是例外情况。值得庆幸的是对频繁的变更判例所造成的判例不稳定性的忧虑,到目前为止仅停留在杞人忧天的程度。

(六)变更判例的审理

如前所述,变更判例就是针对与之前判例具有相同论点的具体案件进行审判,在审判中也存在几个问题。

1. 在考虑判例变更时,分为两种情况:①在依据最高法院的判例所做出的原判决中,法律判断有误予以废止;②对违反以前判例的判断予以认可。此外,在所有的以违反法令为上告理由的高等法院受理的民事上告案件中,似乎没有以上问题。但是,在上诉理由受限制的,由其他职权予以废止的刑事案件以及最高法院受理的民事上告案件中,问题就变得较为复杂。换言之,《民事诉讼法》第312条第1款、《刑事诉讼法》第405条第1项中规定的以违反宪法为上告理由时,可以认为是属于以上提到的①②两种情况。《刑事诉讼法》第405条第2项和第3项中规定的以违反判例为上诉理由时,变更判例只发生在②的情况中,[138]不涉及违反判例的①的情况,由于上诉理由不成立,所以作为《刑事诉讼法》第411条所规定的问题予以处理。向最高法院提起的民事上告案件,违反判例不过是上告受理申请的理由,涉及相关法令解释的重要事项,由于违反判例本身并不能作为上告理由,因此往往是作为《民事诉讼法》第325条第2款规定的问题予以处理。另外,由于适用《民事诉讼法》第325条第2款、《刑事诉讼法》第411条的情况应当废止原判决,据此而形成的判例变更就只局限于上述①的情况。然而,结果上无论哪种情况都可能变更判例。

此外,应予以变更的判例,在以违反、抵触判例作为上告理由或者作为受理上告申请的理由时,有人提出必须由当事人提出。但是,有通过当事人提出的,也有法院通过其职权发现的情况。关键是该案件的判决如果违反之前的判例就应该变更判例,当事人是否指出并不重要。

2. 变更判例的审理,从形式上与判决或裁定都毫无关系。即使是特别抗告案件的裁定也可以变更[139],也存在以非常上告案件的判决的形式变更以前判例的例子[140]。

3. 是否可以在民事案件的审判中变更刑事案件的判例,或在刑事案件中变更民事案件的判例?如果论点完全一致,是可以变更的。其典型案例是在民事案件的请求国家赔偿案件中,虽然对某刑事程序是否合法的论点做出了判断,

---

[138] 参见《刑事诉讼法》第410条第2款。

[139] 本书第192页有相关事例。

[140] 参见本书第199页。

但在之后的刑事案件的审判中也会对此类判例进行变更。但是,即使是同样的问题,如果分别属于不同领域所特有的论点,就不可能进行判例变更。比如,同样是关于损害名誉案件中的事实证明问题,是从民事上的侵权行为角度还是从刑事上的处罚角度分析,其论点性质就各不相同。[141]

4. 有必要讨论一下,在变更判例的审判中,是否需要特别明示"变更之前的判例"的意思表示。

由于判例是否已被变更是极其重要的问题,毋庸置疑在变更后的审判中对这个问题做出明示更为理想。实际上,《刑事诉讼法》第 410 条第 2 款所规定的情况也是如此,即使变更一般判例,一般会在判决书中明确变更判例的宗旨。[142] 尽管如此,有些极端的案例,由于法院对之前的判例缺乏认识,也存在虽然做出与之前判例相反的判断,但并没有明示的情况。但是,即便是这种情况,既然这样的判断是由有权变更判例的法院[143]所做出,就应该认为它具有变更判例的效力。[144] 在这种情况下,之后通过别的审判确认其为变更判例的例子也明显证明最高法院自身对此也予以认可。[145] 不过,暂且不论类似这种事后被确认的情况,即使在这种默示的情况下到底是否发生了判例变更也并不明确,因而造成角度不同而见解各异的问题。尤其是通过小法庭的审判,逐渐变更旧大审院判例的情况[146]更是如此。因此,在这种暗示的情况下,谨慎探讨是否真的变更了判例,还是非常难以判断的。

(七)变更判例的溯及力

判例被变更通常被认为是由于之前的旧判例的法律判断有误。如此考虑,那么,变更后的新判例的"正确"法律见解自然理应溯及并适用于变更前的事实吧?现实中,变更判例的案件当然会溯及变更之前的案件事实。变更判例后,即使内容与变更前的事实相同也会按照新判例的观点进行判决。从这种意义上讲变更判例的效果具有溯及力。

但是,溯及原则也会产生两个问题。一是可以溯及何时,这种溯及时间的限度问题。二是如何解决由溯及力所带来的不平衡问题。

---

[141] 参见本书第 189 页。

[142] 参见早川義郎「刑事事件におけるはんれい変更をめぐって——生きている判例・死んだ判例」司法研究所論集 1973 年Ⅰ62 頁以后所说的"明示的变更判例"。

[143] 最高法院的判例则是大法庭。

[144] 参见早川義郎「刑事事件におけるはんれい変更をめぐって——生きている判例・死んだ判例」司法研究所論集 1973 年Ⅰ65 頁以后所说的"暗示的变更判例"。

[145] 参见本书第 198 页。

[146] 参见早川義郎「刑事事件におけるはんれい変更をめぐって——生きている判例・死んだ判例」司法研究所論集 1973 年Ⅰ76 頁之后所说的"迂回性变更判例"。

1. 如何处理按照新判例是违法的,但是变更时判决已经生效的问题。民事案件因为不存在这种纠正制度,只能"原封不动"。这是由于不改变已经生效后的法的状态,更适合维护法律秩序的和平稳定。但是,由于在刑事案件中,具体正义的理念在发挥着更强的作用,在变更判例为对被告人更有利的情况下,即使判决已经生效也应该有足够的理由对其予以救济。因此,在美国,在过去的类似案例中,在判决生效后由服刑人提起申诉,通过人身保护令予以释放,就属于这种情况。[147]

那么,日本的情况如何呢?可以倚靠的措施之一就是立法。1962年11月28日的大法庭判决[148]变更了一直以来的判例,也就是将所谓的没收第三者财产判断为违宪之后,制定了《刑事案件中关于没收第三者财产程序的应急处理办法》,在该办法的附则第2款中,溯及力涉及对过去已经确定的没收判决,并制定救济规定以解决此问题。此外,作为《刑事诉讼法》措施,1966年10月26日全递东京中邮事件的大法庭审判[149]在变更之前的判例后,报告称检察官撤销了正在处理的第一审阶段的同类案件的公诉。[150] 但是,纵观变更判例的案件,并不存在总检察长对判决已经生效的案件提起非常上告的案例。但是,1973年4月4日的大法庭判决[151],当法院变更处罚杀害近亲的《刑法》第200条违宪后,对已经依据该条进行处罚之人,通过行政手段以个别赦免的形式予以救济。[152] 根据记载,因此获减刑的为22人、免除刑罚执行的有23人、复权的有5人。如上所述措施之所以如此多种多样,有的是根据不同情况所采取的适当的处理方式。无论是哪一种方式,都是无论审判发生于何时,都不能将偶然情况下发生的不公平置之不顾。

2. 如果适用新判例的溯及力,有可能造成遵从旧判例形成的法律关系的混乱,那么,是否会对遵守这种旧的法律关系的行为人带来难以预测的损失呢?这在民事以及刑事案件中都会成为问题。在民事审判中,如前所述[153],存在充分的理由不变动变更前已经形成的法律关系。但是,在根据实体法的罪刑法定主义原则所支配的刑事案件审判中,比如,出现将本来视为不可罚的行为通过

---

[147] 参见田中英夫「判例の不溯及的变更」法学協会雑誌83巻7=8号以及关于违宪判例的溯及力效力372頁以下。根据田中英夫及上述第1031页之后内容以及佐藤文哉「刑事司法に関する米連邦最高裁判例の動向(5)」判例タイムズ275号35頁以后的内容,之后对这种溯及力似乎有限制的趋势。

[148] 参见刑集16卷11号1577頁。

[149] 参见刑集20卷8号901頁。

[150] 参见河上和雄『公訴の取消』[公判法大系Ⅰ(昭四九)]337-338頁。

[151] 参见刑集27卷3号265頁。

[152] 参见平田友三『恩赦』(现代刑罰法大系7(昭五七))440頁以下。

[153] 参见本书第83页。

变更判例成为该处罚的情况，那么，适用新判例的溯及力是否会违反禁止事后法的原则呢？[154] 这个问题在日本仍然存在争论。[155]

在美国，这个问题很早就引起了重视。有研究介绍，对于民事案件，对变更后的新判例只适用于变更后发生的事实的一些判例以及联邦最高法院判例在某种程度上否定了在刑事程序相关新判例的溯及力。[156]

笔者认为变更判例的溯及效力问题是极其重要的。在日本直到1996年发生的案件才涉及此问题，最高法院（第二小法庭）1996年11月18日判决[157]对判例不溯及性变更的法理未予以认可。

五、最高法院的裁判除判例以外的机能

我们在前面介绍了最高法院作为最高级别的法院，它的判决作为判例对全国的法官、法院都发挥着强有力的指导作用。然而，除此之外，从最高法院所处的特殊地位而言，其判决还发挥着各种各样的其他机能。接下来，我们阐述以下其他的相关机能，但由于这部分内容已经偏离了本书的中心主题，仅做一些简单介绍。

（一）统一法令的解释机能

1. 何为统一法令的解释

本文已经在前文"二、判例支配实务工作"中有所阐述[158]。全国所有的法院无一例外都是代表国家的机关，从根本上法令解释也就是法律判断作为国家的判断，在任何法院都应当且必须是相同的。但因为存在法官独立的原则而造成无法从制度上进行事先统一，不可避免地要通过事后的上诉审修正原判决的方式来进行统一。这也是设立单一的最高级别法院的原因，现在最高法院履行着这样的统一法律解释的机能。

2. 统一法令解释的极限

最高法院的法令解释事后统一机能，在实际操作过程中也存在它的局限性，并非完全可以实现。之所以这样，是因为如果力求完美实现，要求所有下级法院的判决都必须接受最高法院的审查，然而事实并非如此。第一，从制度层

---

〔154〕 参见日本《宪法》第39条前段。

〔155〕 对溯及力予以否定的有西原春夫「刑事裁判における判例の意義」『刑事裁判の課題』（有斐閣，1972年）310頁以下、小暮得雄「刑事判例の規範的効力」北大法学論集17巻4号641頁以下、村井敏邦「判例変更と罪刑法定主義」一橋論叢71巻1号32頁以下等。

〔156〕 参见田中英夫「判例の不溯及的変更」法学協会雑誌83巻7＝8号1013頁以后、佐藤文哉「刑事司法に関する米連邦最高裁判例の動向（5）」判例タイムズ275号35頁以下。

〔157〕 参见刑集50卷10号745頁。

〔158〕 参见本书第19～20页。

面而言,对上诉到最高法院的案件存在上诉理由的限制。第二,即使能够上诉至最高法院,当事人也未必一定会行使上诉权。由于存在这样的原因,虽然是统一法令解释但实际上本身就存在其局限性。然而,对上诉至最高法院的限制从法院的事务负担来考虑是无可奈何的事情,况且在现行的上诉制度下,不能违背当事人的意志撤销案件。因此,《民事诉讼法》中针对向最高法院提起的上告案件,在排除以绝对的上告理由以外的违反法令为上诉理由的情况下(第312条第1款、第2款),其上诉理由除由于违反法律法规应当上诉,在违反法律法规的理由当中,明确指出被认为涉及法律法规解释的重要内容的违反判例的案件,应予以受理(第318条)。针对裁定案件,制定了依据最高法院许可可以上告制度(第337条)以谋求法律法规解释的统一。另外,在对迫切需要法律法规统一解释的,与判例相抵触的或者违反判例的情况时,应接受最高法院的指示(《民事诉讼法》第324条、《民事诉讼规则》第203条、《刑事诉讼法》第405条)。仅就刑事案件而言,通过针对生效判决的非常上告制度,现在至少针对重要法律问题考虑到了判断的统一。

(二)合宪违宪的判断

1.《宪法》第81条

在旧宪法制度下,法院不具备审查国会表决通过的法律内容是否违宪的权力(违宪立法审查权)。现行《宪法》第81条规定:"最高法院为有权决定一切法律、命令、规则以及处分是否符合宪法的终审法院。"这在日本是具有划时代意义的,而且可以理解为此规定认可了将审查权赋予下级法院,与战前相比此规定无疑大大提升了法院整体的地位。

然而,一般而言最高法院就是终审法院,按照上述规定中所说的"终审法院"来看也是不言自明的,但实际上却并非如此。关于是否违宪必须由终审法院的最高法院做出判断,也就意味着不论是判决案件还是生效案件,涉及宪法判断的所有案件都可以向最高法院提起上诉。因此,无论民事诉讼还是刑事诉讼都将宪法问题作为上诉理由或者特别抗告的理由。〔159〕就民事案件而言,制定了对抗告法院的决定进行再抗告的制度。〔160〕而对于刑事案件,制定了作为二审法院的高等法院自身不能做出是否违宪的判断,需要将案件移送至最高法院的制度〔161〕和涉及违宪判断的越级上告制度〔162〕。这与一般法律问题不同,应

〔159〕　参见《民事诉讼法》第312条第1款、第327条第1款、第336条第1款,《行政诉讼法》第7条,《刑事诉讼法》第405条第1款、第433条。

〔160〕　参见《民事诉讼法》第330条。

〔161〕　参见《刑事诉讼规则》第247条。

〔162〕　参见《刑事诉讼规则》第254条。

该说对于是否违宪的判断本来就是隶属于最高法院固有的权限。

2. 违宪判断的方法与程序

有些国家(如德国、澳大利亚等)设有抽象性地审查法律法规是否违宪的宪法法院制度。在日本,一直是在每个具体案件的审理中,在必要的限度内(与美国的制度相同)实施。既然法院被赋予这个权限,这是理所当然的权限。

在最高法院,做出是否违宪的判断原则上是大法庭的职权,[163]对于这个问题大法庭已经做出了合宪判决(对此也可扩大解释为“判决的宗旨”),如果出现与此同样的意见,在小法庭也可做出判决。但是,假如做出违宪判断,即使之前存在相同宗旨的判例,也必须交由大法庭审理。[164] 而且,为此无论参与法官的人数多少,要求必须是8名以上的法官意见一致。[165] 毋庸置疑,这是为了违宪判断的慎重起见。

另外,在做出违宪判断时,有必要将官报上的公告、判决书正本提交内阁及国会。[166]

3. 违宪判断的效果

在最高法院做出确定的违宪判断的情况下,该违宪的法律条文是一般的、普遍性丧失效力(一般效力说),还是仅仅针对该案件丧失效力(个别效力说)?众所周知,对此,理论上还存在争议。即使采用“个别效力说”,作为判例实际上在审判中将被作为无效处理,这与采用“一般效力说”的观点也基本上不存在差异。只能牵强地认为如果采用“个别效力说”的观点,有一点不同的就是保留了之后通过变更判例再次修改为合宪的可能性。

那么,回归到实务中是如何处理的呢?虽然最高法院并未正面对这个问题做出明确的说明,国会似乎是以“个别效力说”为前提处理案件。[167]

4. 宪法判断特别是违宪判断的克制

如前所述,法院被赋予违宪审查权是战后具有划时代意义的举措,法院可以对国会所制定的法律及行政机关的命令、处罚等一切是否合乎宪法进行审查并做出判断。但是,鉴于违宪判断所造成的重大影响,不直接掌控民主的法院是否可以对国会所制定的法律以及行政机关的措施等进行无限制的违宪、无效判断,这是一个问题。这个问题在美国很早就引起了重视[168],在日本虽然无明文规定,在不断参考美国做法的同时,最高法院在审理每个宪法判断时,对违宪

---

[163] 参见《裁判所法》第10条第1款。

[164] 参见《裁判所法》第10条第2款。

[165] 《刑事诉讼规则》第12条。

[166] 《刑事诉讼规则》第14条。

[167] 参见本书第153页以下。

[168] 参见高柳賢三『司法権の優位』参照。

判断往往保持克制。

其一,存在对违宪判断本身应当保持克制的事项。比如,特定团体或议会等自治、自律范围内的事项就是其中之一。关于具有高度政治性的事项,被视为不涉及审查权,这涉及统治行为的理论。

其二,即使是可以进行宪法判断的情况,如果存在其他方式则应尽可能回避违宪判断。观点之一便是应仅在非常明确的情况下进行违宪判断(合宪性的推定)。前述对违宪判断特别裁决规定就是建立在这个观点之上而言的。另外,法律应当在合宪范围内尽可能进行有效解释(合宪限定解释)。例如,若无法做出有效解释,只适用于该案例即违宪或者通过采用适用违宪(或者运用违宪)的方式尽可能地回避法令本身的违宪、无效判断。[169]

以上,概括性地介绍了违宪判断。至于在最高法院的判例中如何体现的相关问题可参考本书“二、(二)通过判例的违宪判断”,尤其是第 154 页以下的内容。

(三)撤销、发回重审判决的约束力

1.《法院法》第 4 条

《法院法》第 4 条规定:“上诉审法院在判决中做出的判断对该案件的初审法院具有约束力。”[170] 从该规定中的“对该案件”的表达方式也可以明确,这规定的并不是判例的一般性拘束力。[171] 在上诉审法院将案件驳回或者撤销原判决或者发回初审法院的情况下,该撤销、发回重审的判断理由的宗旨可以约束初审法院,不管上级法院是哪一个级别都一概适用。那么,这里所出现的问题并不是最高法院所特有的。然而,就其适用而言,最高法院有一点是与其他法院不同的,在这里略做介绍。

2. 最高法院的一个例外

原本这个规定是因为如果不承认上述约束力,那么接到退回、移送案件的下级法院有可能再次做出与此前相同的判决。如此一来案件就如同弹力球一样将不断地往返于二审与一审之间,为避免这种情况的发生或者说为了在撤回、发回重审之间的判断中画上句号,以后不再为同样的问题发生争议,特设立了“例外”规定。由此,如果该案件出现再次上诉,上诉法院如果不受之前撤回、发回重审判断理由的约束就会失去其意义。[172] 目前,最高法院承认某小法庭

[169] 以上内容参见佐藤幸治『宪法』234 頁以下,同『憲法訴訟と司法権』65 頁以下。

[170] 另外,《民事诉讼法》第 325 条第 3 款后半段,关于上诉也有类似的规定。

[171] 参见本书第 13 页。

[172] 参见兼子一・竹下守夫『裁判法(第四版)』134 頁。

发回重审的判断理由对其他小法庭也具有约束力。[173] 另外,按照相同的宗旨,在上诉审法院被撤销发回重审的案件经过上诉、上告至最高法院时,如果说最高法院也不受到案件初次上诉法院所做出的撤销、发回重审判断理由的约束,有可能无法维持其一贯性。但是,1957 年 10 月 9 日最高法院大法庭的判决提出[174],在这种情况下,最高法院不受二审法院所做出的发回重审判断理由的约束。不得不说,这是无视《法院法》第 4 条的宗旨的行为。但是,鉴于最高法院的判断是国家法律性的最终判断,其更重视法令解释的统一与追求具体正义的平衡。

(四)关于事实认定和量刑的判断

1. 作为事实审法院的最高法院

一般而言,上告审原则上应该是法律审,在日本就民事案件而言明文规定“原判决中被认定的合法的事实对三审法院具有约束力”[175]。相对而言,如果原判决存在事实认定错误或者量刑不当,若不将其撤销会明显违背正义的情况,《刑事诉讼法》明确认可最高法院具有撤销原判的权限(第 411 条第 2 项和第 3 项)。因此,从这个角度来说,刑事案件的上告审还具有包含量刑的事实审性质。

2. 有关事实认定的判断

为了方便叙述,从作为刑事上告审的最高法院被赋予的上述“事实审”的权限开始,原则上事实认定本应由初级法院负责。由于这是为了确保具体正义的最后的例外的屏障,因此不能频繁行使。但是,就事实误认而言,长期以来以此为由撤回的原判决已经达到一定数量。其中比较有名的案件,比较早的有二俣事件、松川事件、八海事件等。有很多作品对这些案件的判决有关事实认定的驳回理由有详细的记载,而且也有作品对驳回上告的判决,像松川事件的第二次上告审判决中维持原判的无罪判决的理由进行了详细的叙述。

这样的事实判断原本是各案件本身特有的,无法直接适用于其他案件。但是,如果认真解读就会发现,我们可以从下级法院的法官那里学到很多东西。尤其是,就刑事案件而言存在“合理的怀疑”(reasonable doubt)即无罪推定原则。实际上较多案件中存在这种合理怀疑的争点。而最高法院就具体的案件认为存在合理怀疑的一些案例,对其他案件的事实认定也极具参考价值,这是

---

〔173〕 参见最高法院(第一小法庭)1953 年 5 月 7 日判决民事判例集 7 卷 5 号 489 頁、最高法院(第三小法庭)1971 年 10 月 19 日判决民事判例集 25 卷 7 号 952 頁等。

〔174〕 参见刑集 11 卷 10 号 2520 頁。

〔175〕《民事诉讼法》第 321 条第 1 款。本来,由于原判决的事实认定、违背经验原则、不行使解释权等形式会成为法律问题,三审法院并非完全不涉及事实认定问题。

笔者作为法官的经验之谈。最高法院的判决对刑事案件的事实判断也发挥着指导性作用。

另外,作为民事案件的事实认定相关的法律问题,经验规则的适用、解释权的行使等,最高法院的判断毋庸置疑也会影响下级法院对事实认定的方式方法。

3. 关于量刑的判断

最高法院以量刑不当为由对原判决予以撤销的案例并不多。[176] 而且,这是仅就"明显违背正义"的情况,无法期待对量刑整体发挥指导性作用。然而,不可否定的是,虽然在某种程度上有点模糊不清,但是根据内容的不同还是会对下级法院的审判的量刑标准发挥作用。

比如,对刑罚的执行是否可以缓期的相关问题。在发回重审的案件中,较多案件应当将实际刑罚改为缓期执行。在某些情况下,即便不直接将刑罚的执行改为缓期,也会对下级法官做出是否缓期执行的标准产生某种程度的影响。

除此之外,就是判处死刑的标准。虽然很久之前有一个因量刑不当将原判决的死刑改为无期徒刑的案件,[177] 但是在所谓的永山事件中,对于认为判处死刑过重而改判为无期徒刑的原判决,1983年7月8日第二小法庭认为量刑不当应该适用死刑而做出了撤销判决,[178] 这是一个特别重要的判例[179]。这些无疑对下级法院判处死刑的量刑带来重大影响。

(五)旁论与少数意见

1. 旁论

在前文中我们已经阐述了在判决、裁定的说明中,哪些是判例,哪些是旁论的问题。[180] 这个问题不论采取何种立场,旁论的存在是确实无疑的。一般情况下,旁论都是为了让人更好地理解判决理由,增强说服力。无须赘言,旁论不具备像判例那样的约束力,但是作为预测未来案件的资料,就有必要引起大家的注意。

虽然称为"旁论",但它也代表着大法庭或者小法庭法官整体一致或者多数意见。而且,在将来审判其他案件时,其本身会成为判例或者至少含有引导判例的内容。虽然旁论不会像判例那样具有事后不变更的制度性保障,但是对于

---

[176] 至2001年7月末共23例,参见原田国男「上告審の量刑審査と量刑破棄事例の研究」(上)(下)判例時報1765号3頁、1766号3頁。

[177] 参见最高法院(第一小法庭)1953年6月4日判决刑集7卷6号1251頁。

[178] 参见刑集37卷6号609頁。

[179] 此后,关于最高法院适用死刑或无期徒刑成为争论点的案件,参见前田雅英「死刑と無期の限界」判例評論506号8頁、507号2頁。

[180] 参见本文"三、判决理由中哪些属于'判例'"。

判决中的该意见，法官将来改变观点的可能性不大，从这种角度出发，或许某种程度上其可以成为预测未来判例的一种材料，[181]就这种意义而言可以认为这是旁论的一个作用。

2. 少数意见

关于少数意见，将在后文叙述。[182]但是，少数意见除作为国民审查的资料，对预测将来的判例也发挥着重要的作用。换言之，虽然反对意见不过是一名法官或者几名法官的意见，但是随着日后法官的卸任、上任会造成法庭结构的变动，那么这种少数意见有可能成为占据多数的法庭意见。特别是在持少数意见的法官数量居多，而且内容富有说服力的情况下，这种可能性将会更大。换言之，这种情况下的判例（法庭意见）就成为稍微"弱势的判例"[183]。需要注意的是从这种意义上来说，反对意见根据情况可以成为衡量判例稳定性的一个重要的标准。[184]

此外，毋庸置疑的是，少数意见中的补充意见对增强法庭意见的说服力也发挥着重要作用。

六、判例形成、编纂与公布

（一）案件的受理、调查

案件分为上告、特别上告、上告案件受理、特别抗告以及其他案件，最高法院受理后按照规定的顺序分配到第一小法庭至第三小法庭中的一个法庭，同时决定主任法官和负责该案件的最高法院调查官。

负责案件的调查官在调查记录后，明确论点，查阅相关判例、学说等，并将调查结果汇集成书面材料向各位法官报告。当然，调查官在事先对案件整体进行调查后，如果法官有追加调查的指示，将按照其指示进行调查报告。

（二）调查官制度

在此，简单说明一下调查官制度。

在大审院时代，在最高级别法院里并没有设立调查官一职。这是在最高法院设立后制定的制度。这种制度大概是参考了美国联邦法院的法官助理制度。现今，美国的法官助理与日本的调查官有几点不同。美国的法官助理是在法学院毕业后直接被录用，任期通常是一至两年，而且专属于每位法官。相比较而言，日本的调查官是由在初级法院积累了丰富经验的法官担任，在职时间更长，

---

〔181〕 参见加藤一郎「はしがき——『判例の拘束力』について」『民法の判例（第二版）』3頁。

〔182〕 参见本书第104页以后。

〔183〕 参见本书第25～26页。

〔184〕 参见加藤一郎「はしがき——『判例の拘束力』について」『民法の判例（第二版）』3頁。

也不隶属于某个特定的法官。现在调查官大约为30人,以首席调查官为中心分民事、行政、刑事三个部门负责调查工作。

另外,或许不熟悉内部情况的人可能会问,这样的调查官制度,实际上在最高法院是由调查官决定判决,不就变成了“调查官审判”吗?不得不说这是一个相当大的误解。调查官不过是扮演着辅助法官的角色,决定审判实体的只能是法官。即使法官征求调查官的意见,也不过是自己决定的一个参考而已。当今,已经不太听到这种批评了,为“防患于未然”多此一言。

(三)审理

接下来,调查官完成对案件的调查报告结果后,由承办该案的小法庭开始评议(合议,最高法院称之为“审议”),有时也会出现以下将案件移交至大法庭的情况。

(1)依当事人的主张有必要判断是否违反宪法时。但是,已经有大法庭做出符合宪法的判断时,小法庭也可以做出同样宗旨的判断。但是,就违宪判断而言,即使有大法庭的判例,也必须由大法庭来判断。[185]

(2)变更最高法院的判例时。[186] 对此,大审院的判例可以在小法庭进行变更。[187]

(3)小法庭由偶数的法官组成,法官的意见一半一半时。[188]

(4)其他应由大法庭审判时。[189]

案件一旦被移交至大法庭,通常大法庭会对案件整体进行审理,但是有时也有只针对具有争议的内容做出判断,其他的审理、判决交由小法庭的情况。[190]

下面,大法庭、小法庭对案件审理时,除特别抗告案件以外,如果判断维持原判决,有无必要进行口头辩论就成为问题。原则上,如果上告程序违反诉讼法,无须通过口头辩论而决定,若是民事案件,采取不受理或者驳回,刑事案件则是驳回判决。[191] 此外,由于刑事案件的上告理由仅限于涉及宪法问题和违反判例,根据上述规定无须口头辩论予以驳回上告的案件相当多。另外,民事、刑事案件都一样,即使需要其他的实体审理的案件,如果认为可以通过书面审理驳回上告,可以不经过口头辩论驳回其上告请求。这是上告审才有的特殊规

---

〔185〕 参见《裁判所法》第10条第1款和第2款。

〔186〕 参见《裁判所法》第10条第3款。

〔187〕 参见《事务处理规则》第9条第6款。

〔188〕 参见《事务处理规则》第9条第2款第2项。

〔189〕 参见《事务处理规则》第9条第2款第3项。

〔190〕 参见《事务处理规则》第9条第3款和第4款;本书第78页。

〔191〕 参见《民事诉讼法》第371条、第361条第1款,《刑事诉讼法》第414条、第385~386条。

定。[192] 最终,撤销原判时无论如何都要进行口头辩论,而驳回上告时是否进行口头辩论则由法院酌情处理。这种衡量的标准关键在于论点。因此,在听取当事人的辩论后再判断判决是否得当。实际操作中,对于原判为死刑的案件,现在一定要进行口头辩论,相比之下大法庭的案件进行口头辩论的情况比较多。

口头辩论在公开法庭进行。辩论的目的在于各自强调并明确主张,而直接宣读上告理由书或者上告概要书并不是辩论。

另外,审理案件法官的规定人数为:大法庭为9人,小法庭为3人。[193] 大法庭审判长为最高法院长官[194],而在长官不参与的小法庭,现在的惯例是由审判长担任主任法官。

评议时按照论点的顺序展开。如果整理不够充分,将导致制作判决书时产生混乱。即使某一个论点的评议结果属于少数意见的法官,在针对下一个论点时,也必须以之前的多数意见决定为前提阐述自己的意见。从多数决定原理的角度而言,这是毋庸置疑的。

(四)裁判

通过一次或数次的评议以及根据情况有时需要进行口头辩论,法院的判断成形后,根据结果制作判决书。判决理由是整体法官一致或者多数法官的意见(之前称之为"多数意见",现在称为"法庭意见")形成,由参与其中的某位法官负责起草,但并不像外国那样由一名法官代表法庭意见,其他法官赞同的方式。由于判决书体现了持相同意见法官的整体意见,通过法官协商,必要时进行修改、添加,最终需要所有法官作为自己的意见进行确认。

此外,如果有少数意见(对此,在后面有详细叙述),会在法庭意见的后面附加上,由参与的法官署名(裁定时是记名),捺印后完成判决书的原件制作,据此下达判决通知。

判决结果的通知,裁定是通过正本、副本的送达,而判决结果会当庭宣读。未经过口头辩论做出判决的民事案件,对于宣告日期一般不传唤当事人。[195] 根据《民事诉讼规则》第156条的规定,原则上是由法院书记官通知当事人。

(五)法官的少数意见

在此,对法官的少数意见做简要介绍。

《法院法》第二编"最高法院"中新增加了第11条"判决书必须要体现各法

---

[192] 参见《民事诉讼法》第319条、《刑事诉讼法》第408条。

[193] 参见《事务处理规则》第7条、第2条第2款。

[194] 参见《事务处理规则》第8条。

[195] 参见本书第239页以下。

官的意见”。本来,在审判的评议阶段,各位法官的意见应属保密事项,[196]然而唯独在最高法院有公开的例外,因为设置了最高法院法官有下级法院法官所没有的国民审查制度,[197]为了给国民提供审查的资料,引入了英美的制度。但是,这样的制度同时也为预测将来判例动向等发挥着重要的作用,这一点已经在前文中明确。[198]

现在将少数意见分为反对意见、意见、补充意见三种。这是按照不同论点来区分的,有反对意见的某个论点的法庭意见是针对多数意见结论的反对意见。“意见”是指虽然对结论表示赞成但是理据不同的意见。[199] 相对而言,“补充意见”是参与法庭意见的法官,附加上个人意见的情况。“反对意见”以及“意见”是指法官只阐述了这个意见;而“补充意见”是指法官的意见具有作为共同意见的法庭意见和补充意见的特点。[200]

少数意见既有作为单独意见书写的,也有采用表示赞成的两名以上法官的共同意见的方式。另外,也存在称为对其他法官的少数意见表示“同步”,比共同意见要稍微宽松的形式。而且,如果反对意见是作为共同意见,参与的法官有时候会再添加附加意见。反对意见和这种附加意见之间的关系与法庭意见和补充意见的关系相同。[201]

(六)最高法院判例集

判决一旦通知后便是公开之物,其中许多作为判例所包含的重要判断的内容将刊登在市面的定期刊物,通过这种方式,一般民众得以了解。最高法院为了便于日后参考,同时为了公布这些正确内容的事物,也编辑、刊行汇集这些判决的刊物。这些刊物分为两种。

其一,最高法院(民事、刑事)判例集。挑选出包含值得公开的判断的判决,通过编辑后出版。除内部分发以外,由财团法人最高法院判例调查会对外出售。

哪些判例可以刊登在判例集中,在大审院时代似乎采取了严选主义。就现在而言,未被刊登在判决录或者判例集中的重要案例并不少。(大审院)改为最高法院后,可以说具有意义的判例基本上都包罗在内。即使相同宗旨的判例,

---

[196] 参见《裁判所法》第75条第2款。

[197] 参见《宪法》第79条第2款和第4款。

[198] 参见本书第98页。

[199] 因此,如果省略理据或者将理据的共同点在最大公约数范围缩小后作为法庭意见而言,就具备法庭意见一致的性质。

[200] 我们观察实例可以发现,有时三种的区别,尤其是对“意见”认定模棱两可的情况很多。

[201] 关于少数意见,参见中野次雄「最高裁判所における各裁判官の意見の表示」『兼子博士還暦記念・裁判法の諸問題・中』(昭四四)59頁以下。

如果是由不同法庭做出的也会刊登其中。作为判例并非耳目一新,即使一般不会登载的,如果新任的法官附加了少数意见也会刊登。因此,与之前相比,这大大降低了通过其他资料(如前面提到的判例集)寻找判例集中未登录的判例的必要性。

登载于判例集中的判例的筛选工作由隶属于最高法院的判例委员会负责。[202] 该委员会由7名以下的法官担任,调查官以及事务总局的职员为干事,原则上每月召开一次会议。对于委员会已经决定收录于判例集的判例,由干事起草的判决事项、判例要旨(判决要旨或者裁定要旨)、参见条文等也通过审议来决定。

判例委员会决定通过以后,就会附上第一、第二审的判决、裁定进行印刷。[203] 例如,将第一、第二审的判决原封不动地登载,这是在大审院时代没有过的事情。这样判例集成为大家了解案件具体事实的重要资料,有时也有利于正确掌握上诉审的论点,对于阅读判例的人来说极其便利。[204]

(七)最高法院裁判集

最高法院(民事、刑事)的裁判集包含登载在判例集中的判决,可以成为日后参考的,尤其是具有先例意义、有收录价值的裁判都尽入其中已成为收录的原则。因此,不论是体现了法律判断的判决,还是对之前判例的重复,由于没有登载到判例集中,那么在需要的时候只能通过裁判集查阅。不过,与判例集不同的是登载在裁判集中的只有最高法院的判决、裁定(包括上诉理由、上诉概要)。[205]

(八)调查官的判例解说

下面简单介绍一下判例解说。与上述内容相关联的,虽然不是由最高法院制作,但对于登载于判例集中的判例,调查官会写一份判例解说。

判例解说以书面形式出现是在1953年以后,登载于《法曹时报》。[206] 1954年以后每年汇总为《最高法院判例解说民事(刑事)篇》,由财团法人法曹会出版。其内容是介绍解说各种判决的案件概要、诉讼经过、最高法院的判决要旨,问题点以及相关的判例、学说等,对理解判例具有重要意义。因为是由调查记录的调查官执笔,有时也可以了解到判例集所无法触摸的事实。

不过,需要引起大家注意的是这种解说只代表了调查官的个人立场。因

---

〔202〕 参见《判例委员会章程》第1、2条。

〔203〕 然而,上诉理由、上诉概要,第一、第二审等根据情况不同会省略其中的一部分或者全部内容。

〔204〕 关于判例集,参见本书第279页以后。

〔205〕 参见本书280页。

〔206〕 参见《法曹时报》6卷2号以下。

此,对判决要旨的解释以及判例的适用范围等叙述,也只是执笔者本人即调查官的个人见解,并不代表下达判决的大法庭或者小法庭的意见。过去,曾经发生过调查官对于最高法院发回重审的案件,在退回判决解说中对于撤销原判理由的部分发表貌似法院意见的见解,造成误解和若干问题。这是对判例解说理解不足造成的。有必要充分了解这些情况后阅读。但是,只要留意这个问题,可以确切地说判例解说就是理解判例的有力线索。

七、判例与学说

(一)从"判例批评"到"研究判例"

如前文所述,至大正时期中叶,将"判决理由中的法理论""用于判决理据的理论性说明"视为判例是学术界的一般性风潮。[207] 因此,判例被完全"等同于学者学说",学者们对待判例的态度也与对待其他学说的态度一样,认为判例不过是"抽象性批判"。正如"判例批评"的字面意思一样,当时"完全没有研究诸如判决中哪一部分是真正实质性的判决理由,是否具备将来作为法的先例的价值等问题"[208]。

相反,开始以崭新的处理方式对待判例的契机应是1921年由东京帝国大学法学部的穗积重远、末弘严太郎等学者组织成立的民法判例研究会[209]。最早收录研究会研究成果的是1921年度《判例民法》的序言,据称出自末弘博士之手。该序言从"现今将判例置之度外,完全不可能了解现行法为何物""法亦可通过法院制定"的意识出发,指出这种"法"区别于立法机关所制定的法律,由于是"不能脱离极其决疑论的具体事实的微妙之物"、而"判例法以具体为根本",所以判例研究的目的也与以往的判例批评不同,应当"在于对具体法律的不了解"。因此,首先有必要尽可能详细了解相关事实关系。判例评释应当主要着眼于"寻找该判决与过去的判例之间的联系,阐明与该问题相关的具体法律的变迁以及其内容不断完善的情况"。对于附加意见,也"注意不要脱离具体事实进行抽象性议论"。这是对判例前所未有的重新认识与基于这种新认识之上的判例研究新方法的高调宣言,具有划时代意义,是流传后世的佳作。

之后,秉持这种新理念的研究会的相关判例研究新成果,不仅在法学协会杂志上陆续发表,而且每年以《判例民事法》的形式汇编出版。此外,在刑事领域1938年在东京帝国大学法学部小野清一郎教授的主持下,成立了由学者和

〔207〕 参见本书第51~52页。

〔208〕 末弘厳太郎「判例の法源性と判例の研究」『民法雑記上巻』23頁。

〔209〕 即之后的"民事法判例研究会"。关于当时发起成立该研究会的具体情况,参见我妻栄「判例研究会の生い立ち」(《判例研究会的回忆录》)。

实务家组成的刑事判例研究会，每年汇总研究成果的《刑事判例注解集录》也出版发行（但于 2000 年 3 月停刊）。现在，其他各种法律杂志刊登的判例研究的数量也极其庞大。这些判例研究并非过去的"判例批评"，或多或少是结合了各种案件具体事实的"判例研究"。由此看来我们不得不对前述以穗积、末弘两位博士为代表的学术前辈的贡献再次由衷地表示敬意。

毋庸置疑，这样的判例研究的进展自然而然地促进了学者对判例研究的正确理解。现在，几乎没有学者会将判例与学说相同看待。这逐渐成为一种稳固的现象，正因如此，判例与学说才有可能建立起保持各自独立的同时又从正确的意义上相互影响的理想关系。那么，这是一种怎样的关系呢？

（二）学说对判例的贡献

在思考判例与学说的关系时，也会触发对代表判例的审判实务与作为学说的法学之间的关系的思考。那么，这种略微延伸的意义上学说是如何给判例带来影响或贡献的？这可以从两个方面来考虑。

其一，一般意义上的贡献。众所周知，通过大学课堂和教科书获得的基础法学知识与认知是法官的资格条件。换言之，法官是从理论的世界出发"入行"的。不仅如此，如果法官上任后怠慢了学习探索法学知识，尤其未能留意学说的新动向，则称不上优秀的法官。这种扎实的法学素养对于审判而言将成为培养法官最重要的法律感觉的基础。从这种意义上说，学术理论对实务的影响极大。

其二，在每个具体审判中，只要法官感觉有一点点小问题，其不仅要参考判例还要参考理论学说。即使是最高法院也同样，调查官必须向法官报告针对问题点的学说。

在遇到没有判例存在的情况时，参考学术理论就具有特别重要的意义。原则上，法官不受学说限制，可以站在独立的立场给出结论，但是在得出结论的过程中不仅需要了解各种学说理论的观点，即使在通过直观判断已经得出大概结论的情况下，为了自我检验结论的正确性，大多不得不参考理论。[210] 另外，即使判例已经存在，通过学者的判例研究也可以了解判例的真正含义及射程范围。而且，有时学者对判例有说服力的批判也能促使最高法院改变自身观点，也有可能促成判例变更。[211] 最后，毋庸置疑，法官在书写判决理由中的法律判断理据时[212]，在很大限度上有必要借助学说。

---

〔210〕 参见本书第 61 页后。

〔211〕 参见本书第 25 页。相关实例参见本书第 360 页、第 367 页。

〔212〕 这就是本书第 63 页所提到的具有学问性质的工作。

(三)判例对学说的影响

那么,判例是否也存在对学说的贡献或者影响呢?

可以预想的是判例给学说提供了无数的成为法律问题的具体案例。这些事例就学说而言,是检验理论正确性的绝佳材料。尤其是其中不乏存在一些学者所没有预想到的,从未探讨过的法律问题的案例。这些案例引发学术界的讨论,促进理论发展,也是我们经常遇到的事情。在此仅简单介绍。比如,民事案件中指明债权被双重转让,附有确定日期的转让通知同时送达债务者的案例;[213]而就刑事案件而言,通过照片复印的方法伪造公文书的案例。[214]

不仅如此,以判例形式出示的法院有关法律判断的结论部分,尤其是立足于具体事实的部分,如前所述这是法官固有之物,法官不但对结论判断承担全部责任,同时也保持着一颗不输于其他领域任何人的自尊心,在此就蕴含着判例的独特性。[215] 当然,即便如此,并不代表法官的所有结论判断都是正确的。但是,就总体而言,的确应该对这种判断予以尊重。尤其是最高级别法院的判例,特别是多次被重复的判例中的判断,至少应该说在其结论部分中存在值得信赖的内容。显然,通过对此问题有所理解的学者,判例中的结论判断会影响学说。

笔者认为,刑法的共谋共同正犯的判例就是其中一例。众所周知,从早时开始,大审院的判例就认可将并未参与事实行为的共谋者视为共同正犯。战前的学说除极少一部分(如已故的草野豹一郎教授)以外,大都不赞成这个观点。然而,战后最高法院依然继续秉持大审院的这种观点,在这样的过程中对其表示认可的学者也逐渐增多。尤其是最近,即便是持强烈反对观点的学者也有改变其观点,认为在一定条件下可以予以认可。而今天,认可的已经是连少数说也称不上了。

是什么导致了这样的学说状况的变化呢?对此,可以举出如下略微消极的理由:“在判例已经确立的情况下,修改判例不如通过立法手段,而解释论不得不以判例的基本线为前提”[216]。笔者认为,大审院以及最高法院长年固守这种观点有它的合理性根据、原因,不可否认这是促进学说再三考虑这种考量的原因。[217] 由此看来,不论从哪个角度通过这个明显的事例可以看出,已经确立的判例是促使学说发生变化的一个原动力。

---

〔213〕 参见最高法院(第三小法庭)1980 年 1 月 11 日判决民事判例集 24 卷 1 号 42 頁。

〔214〕 参见最高法院(第二小法院)1976 年 4 月 30 日判决刑集 30 卷 3 号 453 頁等。

〔215〕 参见本书第 63 页以下。

〔216〕 平野龍一『刑法・総論Ⅱ』403 頁。

〔217〕 相关内容,参见最高法院(第一小法庭)1982 年 7 月 16 日判决刑集 36 卷 6 号 695 頁,从中团藤重光法官的意见也可了解。

(四)两者理想的关系

由上可知,判例与学说之间是一种相互影响、相互配合的密切关系。一言以蔽之,学说为判例(审判实务)提供理论依据,而判例为学说提供素材并对相关结论判断提供参考从而有助于理论研究。从这种意义上而言,法官应该认识到自己在理论方面的局限性,虚心倾听学者的理论。同时,学者应该正面认识到判例是“具有生命力的法”,而不仅是站在第三者的立场一味地进行批评,采取尽善尽美的态度并给予协助的姿态才是理想之举。这恰似中村治郎先生所言,审判“应该是包括法学家在内的,全体法律工作者的共同事业”[218]。

八、判例的解读方法

(一)解读判例的目的

关于判例的具体解读方法可参考本书“第四部分 判例解读方法实例”。在此仅针对读者解读判例所需要的一般性事项做简单说明。

虽说是解读判例,读者为何解读,根据其解读目的的不同,判例解读的方法也各有不同。比如,对于学习法律的学生或者参加国家考试的人而言,在当下可以说判例无法抛开法解释学,而在课堂和教科书中必然会引用判例,那么主要是了解判例是怎样的判例。因此,至少对于一些重要内容,不能仅是通过课堂或教科书间接引用的判例原文,应该直接了解判例本身。抱着这样的目的解读时,大概了解判例的内容,然后再对相关的评论、注解进行解读就比较充分。另外,即使不是学习法学,而是出于工作的需要或其他原因而对特定的判例进行解读,这样的方式也大概足够了。相对而言,从事法律实务的法律界人士针对其承办的案件,出于职务上的需要对判例进行解读,或学者、实务家为了研究判例进行解读时,不论是阅读资料还是解读方法自然都要求更彻底、更明白。

这样即使是相同的判例,根据解读目的其解读方法也自然各有不同。比如,就笔者自身而言,为了研究判例的解读与为了了解曾经出现过什么样的判例的查阅性浏览,方法显然是不同的。基于这种原因,希望读者根据各自的解读目的,可以对以下叙述的内容进行适当的取舍。

(二)通过怎样的资料解读判例

有类似于判例概要集之类的资料,是总结判例要旨后分类、整理而成的判例要旨集。阅览之后其让人感觉似乎已经解读了判例。但是,如前所述[219],判例应该是从不同的判决、裁定理由中来解读,判例要旨即使被刊登在正规的判例集里,也不能算是判例。判例要旨集作为判例索引是有实用意义的,在此再

---

[218] 中村治郎「判例について」司法研究所論集 1976 年Ⅱ2 頁。

[219] 参见本书第 30 页、第 31 页。

次想要明确强调的是仅仅阅读过判例要旨集进行解读并不等同于“解读了判例”。

因此,为了使“解读判例”名副其实,至少要直接解读有关判决、裁定理由中的论点的相关解释说明部分。不过,并不一定要通过印刷有判决全文的判例集才能达到这个目的,还可以通过阅读汇集了重要判例的书籍的方式。[220] 这些出版物在相关问题的解释说明部分直接登载了原始记录,通常也将事实关系和论点都进行了清晰的梳理,所以通过阅读这些资料也能了解判例的大概内容。除此之外,这些资料或多或少附有解说,再加上对解说的解读,应该有助于理解判例所蕴含的意义及其与学说之间的关系等问题。因此,阅读这样的资料的确是解读判例的一种方法,对于不以判例研究为目的、不需要进行深层次解读的诸位学生而言,这些资料就足够了。

但是,在严格意义上,这种资料在编撰过程中由于存在编者的取舍,在某些情况下并不能说是全面的。其由于附有解说和注解反而有可能妨碍我们对其观点的直接认识。因此,如果想抛开这些中间环节直接对判例进行解读,还是直截了当地从解读判决、裁定的原文出发,这才是真正意义上的判例解读方法。

如前所述,最高法院的判决、裁定,被认为重要的判例大都收录在最高法院(民事/刑事)判例集中。[221] 但在出版时间上可能存在滞后,就及时性而言,定期出版物《判例时报》《判例 TIMES》等就具有优势。此外,这类定期刊物也附有较短的评论,便于理解。从这种意义上来讲,利用这些杂志掌握新判例也是不可或缺的。

但是,如果真正深入解读、研究判例,比较理想的还是通过最高法院判例集。这是因为前面所提到的杂志类出版刊物会出现省略上诉理由(上诉概要)的情况。尤其是在一般情况下,对案件第一、第二审下达判决前是不会刊登的。相比而言,最高法院判例集是以刊登为原则,如后所述,从正确把握案件的事实关系和论点而言具有重要的意义。

(三)解读判例时的基本注意事项

在此阐述一下解读判例时最重要的注意事项,这就是要留意该案件的事实关系,在与该事实关系中揣摩法律判断的结论。无须赘言,法院是基于认定的具体事实做出法律性判断,这种判断是建立在事实基础上的。如果只是将结论部分抽提出来,即使看似具有一般性命题(判例),但是对事实关系调查后就会发现,很多时候是其中存在的特别事实影响了最后的结论。这是笔者在阅读学

---

[220] 比如『〇〇法判例百選』『判例コメンタール・〇〇法』等这样的出版物有很多。另外,相关记载比较全面的有判例民事法、刑事判例评释集等。

[221] 参见本书第 105 页、第 106 页。

者引用所谓判例的判决、裁定的具体事实和直接阅读判例集时时常有的经验之谈。可以说,判例在不同案件的具体事实的关系上具有独特性,这种独特性决定着判例的适用范围,所以既然要对判例进行解读,就不能脱离事实。我们这些从事实务工作的人在阅读判例时,有时候会神经质地对具体事实刨根问底以便确认判例的独特性,原因就在于此。这一点是希望所有解读判例的人应予以注意的地方。

当然,以上所说的内容并不适用于与具体事实无关的结论命题,如某项法条合宪还是违宪之类的例外性命题。另外,从为了说明理据而引用的一般性法命题或判例的立场出发〔222〕,可以将这样的法命题与该性质的案件事实分开考虑。但是,由于这是立足于具体事实的法结论的理据,因此即便是批判性、研究性解读判例,了解事实也不会毫无意义。不仅如此,即使将这种一般性法命题视为判例,除此之外结论命题也是判例,如前所述在今天已经不存在异议。因此,除个别特殊案例以外,无论哪一种情况,结合事实对判例进行解读是重要的,也是必要的。

(四)解读事实关系

如上所述,解读判例首先要了解案件的事实关系,这是不可或缺的。最高法院在判决、裁定理由中并非未对事实相关重要内容做出说明,但总体而言完全未予以说明的情况居多。在这种情况下只能依靠其他资料,即使理由中在一定程度上有对事实的记载,为了尽可能详细地了解事实有必要参考其他资料。

这种资料中最重要的还是第一、第二审的判决。〔223〕根据判决,我们大概可以对事实进行了解。特别是刑事案件,虽然是第一、第二审判决,但大多在某种程度上对事实的描述采用了抽象文体,此时参考上诉宗旨书的记载对进一步详细地了解事实是有帮助的。当然,并不能保证这些记载是完全正确的,关于这一点需要留意,对于供词内容的引用部分等大多可以信赖。这也是了解具体事实的一种方式。

(五)了解论点

接下来是如何寻找论点。通常,上诉理由书或者上诉宗旨书中有明确提示,必须仔细阅读把握论点。在刑事案件中,一方面以上诉宗旨不合法予以排斥,另一方面又在"附录"中出示其判断,这种情况与实质上论点已在上诉宗旨书中出示是同样的。只是,这些理由书、宗旨书中有一些无用冗长以及与宗旨无关的内容,这时需要进行反复细读,此外还要根据第一、第二审的判决来了解

---

〔222〕 笔者对此所感到的疑问已经在前文有叙述,特别是本书第 55 页以后的部分。

〔223〕 尤其需要注意的是《民事诉讼法》第 321 条之规定,民事上"原判决已经明确的合法事实对上诉法院具有约束力"。

在哪些方面发生过争论,通过这样的方式大多有助于把握论点。论点并不是在上诉审中才初次被提出来,通常是第一审以来一直的主张。

(六)解读判例宗旨

最后就是解读与论点相关的法院的判断。汇编判例的出版物或者判例解说经常会作为"判旨"被引用。按照最高法院的判决、裁定,就是理由中的"此判决(裁定)经过全体法官一致同意(法官……的……意见之外)",由这样的表达方式来归结记载的部分,相对于少数意见可以称为"多数意见",现在被称为"法庭意见"。

然而,虽说是解读判例要点,其实只要能理解其内容就足矣,并没有特别的解读方法。不过,对于还没有习惯的人还要劝君一言,这就是就判例的性质而言,只需要将之前所解读的案件具体事实关系与论点时常挂在脑海。明白对此相关的结论怎样或者做出了怎样的理据说明,暂时就完成了对判例的解读。[224]

此外,通过阅读判例的解说等,更加理想的状况是,了解该判例与以往的判例或者学说之间存在一种怎样的关系。解读判例如果达到这种程度,就"解读判例"而言可算是"名副其实"了。

(七)研究性的判例解读方法

如果解读程度进一步深化,法律实务界或者学者更深入地解读判例的时候,在某种意义上可以认为已经进入"判例研究"的领域。那么接下来,对于这种研究性判例解读方法,简单地谈一下自己的认识。同样是判例研究也存在多种方式,主要区别在于研究焦点究竟放在何处。

话虽如此,现实中公开的判例研究并不局限于某一种方式。实际上暂且不论重点在何处,一个判例研究中存在几种模式是比较普遍的。接下来,为了方便说明,笔者将考虑到的几种类型进行分类说明。

(八)以判例内在之物为中心的解读方法

该类型是注重判例是一种"有生命力的具体的法律",并对此进行挖掘的研究。这是建立在判例对实务具有支配力的事实基础上,明确适用范围,着眼于预测将来法院判断(判例)的研究方法。对于实务家而言至关必要,同时这与前文1921年度《判例民法》的序言中末弘博士所主张的研究态度是一致的。[225]即研究"其判决与以往判例的联系"以及"与该问题相关的具体法律的变迁及其内容不断完善的形态"。自然,发现大量判例的根基中的判例理论是重要课题。而且,这样的研究即使是对于特定的一个判例研究而言,实质上具有判例综合研究的色彩,推动真正的判例综合研究的进程。

---

〔224〕 如果存在少数意见也应该阅读,很多时候有助于更好地理解问题。

〔225〕 参见本书第69页。

这种研究着眼于判例的独特存在理由与性质，是探索其内在的一种解读方式，可以说是判例研究的正宗渠道。事实上，现今的判例研究大都包含此类研究。从对审判实务的巨大贡献而言，我们不得不由衷地感谢穗积、末弘两位博士。

即便如此，如果将判例的解读方法仅局限于这种方式就未免太过狭隘了。也应该存在其他不同的解读方法，实际上，在当下的判例研究中通常包含不同于此的解读方法。那么，这是怎样的方法呢？

（九）批判性解读方法

该解读方式即针对判例"我"会如此考虑的处理方式。这是将个人的法律思考方式、学说观点套用到某一案件上的做法，进而涉及判例批判。的确，这也是一种解读方式。而且，这种批判有时可以影响最高法院，有助于判例的健全发展。[226]

首先，这种批判如果仅仅是将判决理由中的"理论性说明"即前述一般性理据命题切割出来，并进行批判，其不过是向过去的判例批评的倒退而已。现在的判例批判是建立在判例是解决具体案件的判断之上。在这样的认识基础上，如果不是以具体性的结论命题以及理据是否得当为对象，那就毫无意义可言。

其次，这种批判原本不论从怎样的立场出发都可以，即使是与最高法院的立场完全不同的批判，也具有一定的意义。但是，对于审判方而言，特别有帮助的是立足于以往判例的基础之上，即站在与法院相近的立场的批判。平野龙一博士所说的"保持一步距离的批判是学者的任务，判例批评的目的"，"如果与判例的距离一旦拉开五步甚至十步……对判例的影响力也会消失殆尽"，[227]这真是至理名言。如果是"一步之间"的适当批判，法官也会洗耳恭听。就理据而言，如果是批判者提出比参见新学说更合理的理据，对将来的审判将会具有重要的参考价值。那么，这样的判例研究对实务也会发挥建设性作用。

（十）学术理论研究的解读方法

最后还可以考虑的是从判例中获取什么的解读方法，尤其对于从事学术研究的人而言大有益处。

这也曾在第七章有过阐述，可以说判例为学术研究提供了无数的具体案例，其中包括之前完全没有预想到的案例，对于研究者而言不仅是检验理论实际应用的绝佳材料，研究者更可以通过尝试性运用来反思理论的正确性，有时还可以发现新理论。

此外，判例的结论还可以给理论以自我反省的机会。当然，如前所述判例

---

〔226〕 参见本书第 112 页。

〔227〕 平野龍一「判例研究の効用」『刑法の機能的考察』270－271 頁。

的结论并非完全正确。但是,的确存在常年通过实务经验磨炼出的法官的法律直觉,这种直觉可以逐渐影响学说,增加赞同的学说,最终成为多数说的情况也是事实。因此,在此期待年轻的研究学者,如果由自己的理论所推导出的结论与判例的结论不同或者发现判例的结论似乎更正确时,至少一定程度尝试着用怀疑的眼光去看待、保持一种谦虚的态度。如果发现的确是自己的理论存在不足,那么这就是阅读判例而带来的学术上的巨大收获。

如此看来,判例为理论研究也提供了重要的素材,从这种角度出发解读判例,无疑是一种极具意义的探索方式。

为类比推理辩护*

[美]劳埃德·魏因瑞伯** 著　孙海波*** 译

【摘　要】类比推理在法律中占据何种位置，学者们长期以来有过不少的争论。一种常见的观点是将类比视为演绎推理的一部分内容，并借助于演绎推理才能真正发挥作用，这种观点从根本上否认类比推理具有独立性。相比于演绎与归纳，布鲁尔提出的溯因推理更加细致地展示类比推理的三个步骤，他试图驯化类比法律论证，并将其纳入推论逻辑的范畴内，但最终并没有维护法治反而却破坏了法治。

【关键词】类比推理　相关相似性　由类比保证的规则　由类比保证的理由　法治

人们已经注意到，学界对类比论证在法律推理中的核心地位问题作出了各种各样的回应。其范围涉及从赞成将其作为达成政治共识的手段（以承认它们在逻辑上有缺陷为条件），到简单地反对，因为它们并不能解决重要的实际问题，最为常见的是，将其拒斥为有缺陷或伪装的演绎性论证而非一种独特的推理形式。几乎所有的回应都没有把类比论证看作他们声称的那样：论证在其特定条件下是有效的。尽管如此，律师和法官还是习惯性地依赖类比论证，并对它们的优点毫不怀疑，当然他们也会尽力辩护自己的类比论证，并对对方的论证提出质疑。除此之外，学界的批判性回应在很大程度上被法学教授们忽视了。类比推理是苏格拉底教学法的核心，而法学教授们在课堂上毫无歉意地大

---

* 本文节选自 Lloyd L. Weinreb, *Legal Reason: The Use of Analogy in Legal Argument*, 2nd edition, Cambridge University Press, 2016, Chapter 3，翻译已取得作者授权。

** [美]劳埃德·魏因瑞伯（Lloyd L. Weinreb），哈佛大学法学院荣休教授。主要著作包括《自然法与正义》（1987年）、《芬威公园的俄狄浦斯：什么是权利以及为什么存在权利》（1994年）等。

*** 孙海波，北京大学法学博士，中国政法大学比较法学研究院副教授、硕士生导师，主要从事法哲学与法律方法的研究。

量依赖这种教学方法。

那些轻视法律类比推理的人有着更为普遍的基础,而并不仅是突发奇想的。他们共同分享着一个信念,那就是似乎以类比来推理,即从一个相似性推断出另一个相似性,是无效的,它不会也不可能发挥作用。问题不在于我们无法感知一个事物、事件或情况与另一个之间的相似性,比如葡萄酒与蔓越莓汁之间的相似之处,或旅店与轮船之间的相似之处。相反,我们确实能够察觉这些相似之处,也能察觉到它们的不同之处,所有这些相似点或不同点太多了。一个具体(concrete)实体和另一个相同类型的一般(general)实体之间存在无数相似之处。[1] 问题也不在于说我们所依赖的相似性就真的不存在。但是,可以断言,没有任何相似性能这样以类比的方式将有关实体联系起来。从表面上看,与其假设葡萄酒和蔓越莓汁都是红色的,并且盐能去除酒渍,它或许也能去除蔓越莓汁的污渍,不如假设人们可能会认为喝太多酒容易醉,喝太多蔓越莓汁也同样会让你喝醉,或者人们会说盐和滑石粉都是白色的,加一小撮滑石粉会改善汤的味道。与其推论到,既然提供过夜住宿的轮船是在与旅馆类似的情况下受托保管他人财物的,那么其经营者应当对客人的损失承担同样的责任,还不如这样轻易地推论到,既然轮船和铁路卧铺车箱都运送乘客,那么其中一方的经营者不应比另一方承担更多的责任。只有当一个相似性包含了对后者(后案)的解释或者至少是指明了这种解释时,人们才能从一个相似性迈向另一个相似性。因此,有人认为,为了成功地进行一项类比,它必须明示或默示地包含一项能适用于被比较的两个事物的一般性规则,并且规定这两者所共属的那一类别中的所有成员(或许通过观察它们之间的相似性来表示)都具有一些值得商榷的深入特征。有了这样一条规则,类比就很容易被转化为一个演绎性论证,借此就可以很容易得出关于进一步相似性的结论。对类比推理的各种批评之间的区别,并不在于它表面上有什么问题,对此已形成普遍的共识,而在于它的回应应该是什么样的:是将其重构为一种演绎性论证,还是把它弃之不理或者赋予它一些推理以外的功能,以解释其在法律分析中的普遍性。

一、演绎

彼得·威斯滕(Peter Westen)清楚地表明了这一立场:

如果不首先制定使 A 与 B 具有相对相同性的法律平等对待规则,就永远不能断定 A 与 B 具有法律上的相似性……在确定主导性的法律规则之前,人们无

---

〔1〕 如果两个实体是完全不同的种类,比如一周之中的一天和一头猪,我们可能很难察觉到它们之间有任何相似之处。隐喻暗示着它们之间不同寻常的相似性,它之所以有力量是因为它们避开了通常的范畴。

法知道这些行为在法律上是相似的还是不相似的。在确定了主导性的规则之后,两种行为之间的相似性或不同点就成为了一种合乎逻辑的结果:它们的相似性或不相似性……只是变成了另外一种说法,即它们要么完全满足要么不完全满足主导性规则的条件。[2]

彼得·威斯滕特别提到了法律上的相似性,但他提出的观点更为笼统。他认为,如果不找到一个你所想到的,可以说明它们无数相似性和不相似性的根据,而只是在抽象意义上说明一个事物与另一个事物相似是没有意义的。在大多数普通情况下,这一提法是显而易见的或被视为理所当然的,不必多说什么;但是,在一项关于两个事物是相似的宣称中,必须包含或暗示某些类似的指示,以确定相关的特定相似性(以及不相似性的无关性)。丹尼·普里尔相应地也指出,"立足于类比并不是'基于逻辑或现实',任何试图证成类比推理的做法结果都属于一种遵循规则的情况,特点在于其中一般性的规则并未被具体化"。[3] 因此,就需要一种能适用于比较的两种事物的"法律平等对待规则"。威斯滕究竟想要描述做出这种宣称之人的心理过程还是宣称本身,这一点尚不明了。无论如何,比较清楚的是,大多数类比都是在没有明确提及他所设想的那种规则的情况下进行的。但这与他心里的想法并没有什么区别。因为无论是在实际从事类比推理的过程中,还是在类比进行重构的活动中,通常都找不到这样的规则。

例如,在亚当斯诉新泽西轮船公司案中[4],纽约上诉法院必须判定轮船经营者是否应对乘客的财物损失承担保险责任,而在此之前并无现成的先例规定轮船经营者的相关责任。然而,我们可以找到一些其他可能相关的规则:其中一条是关于旅店老板的规则,它给旅店老板施加了一项保险责任;另一条是关于铁路卧铺车厢的规则,它并没有为经营者设定这样一项责任;除此之外,还有一条一般性的侵权责任规则,它也没有创设这样一种保险责任。但所有这些法律规则都没有明确提到轮船。当然,有舱房的轮船和旅店、轮船和卧铺火车、轮船与许多其他东西之间都存在许多相似性和不同点。由于法院的任务不是凭空地以任何理由做出判决,而是要依法裁判,如此一来法院必须要回答的问题是:这些规则中的哪一个应适用于轮船经营者的责任问题?也就是说,轮船与其他的那些事物之间的相似性或不同点中何者与轮船经营者的责任问题最具相关性?如果提供私人住宿是最重要的,那么轮船就像(类似于)旅店,除非水

---

〔2〕 参见 Peter Westen, *On "Confusing Ideas": Reply*, 91 Yale L. J. 1153, 1163 (1982)(注释省略)。

〔3〕 Danny Priel, *Book Review*, 57 J. Legal Educ. 579, 581 (2007).

〔4〕 See 151 N. Y. 163 (1896).

上交通运输工具和建造于陆地上固定建筑这个不同点具有压倒性的意义。如果为交通运输提供住宿是最重要的,那么轮船和卧铺火车就是相似的,除非一个在水上航行而另一个在陆地行驶,一个是客舱而另一个是卧铺,这些不同点具有压倒性的意义。如果蒸汽的排放是最重要的,那么轮船和茶壶就是相似的,但是没有人会认为这一相似性是相关的。法院得出的结论是,轮船"出于所有实际的目的来看是一个漂浮的旅店",并据此做出了判决。[5]

法院在解释其判决理由时说,公共政策倾向于对旅店老板施加一项高度注意责任,因为"信任已经寄托在他们身上",并且"存在欺诈的诱惑和抢夺的危险"。[6] 轮船经营者也被(乘客)寄予(同样的)信任,而且也经受类似的诱惑,法院由此得出其结论。人们可以为这类案件建构一条一般性的规则:旅店老板和轮船经营者被公众寄予信任,并且容易受到欺诈的诱惑,因此应对客人的财物损失承担保险责任。但是,这仅仅是一种类比的自我重复。该规则取决于类比,而不是其他方法。没有比仅提及轮船却不在一般意义予以讨论的法院判决理由更笼统的规则了。如果此后出现了这样一个案件,一艘帆船在巡航中为少数乘客提供包舱服务,尽管这个案件与亚当斯案存在种种不同之处,关于旅店老板的那个规则能不能适用于这个案件呢?或者是一个涉及一艘没有舱室只有铺位的轮船,是不是有点儿像卧铺火车?这类案件的双方律师都会辩称,通过指出亚当斯案与眼前待决案件之间的相似性与不同点,亚当斯案的判决都能支持他们那一方的当事人。而法院在每一个案件中的裁决都将扩大亚当斯案中的规则或者仅在该案事实需要的情况下才对其加以限定,从而将一项规则的进一步阐述留给后来的案件,在这些案件中,法官将再次争论与过去案件之间的相似性与不同点。

类似地,在卡茨诉美利坚合众国案中[7],尽管法院表示是否存在非法侵入并不重要,而且卡茨对在电话亭里(就像在商务办公室、朋友的公寓或出租车上一样)隐私的正当期待支撑了他根据宪法第四修正案所享有的权利,但在卡茨案判决以前并不存在指示相同结果的规则,尽管先前的判例可能会引导人们朝着这个方向推测。在卡茨案判决以后,也没有什么规则能够比源自这一判决的类比项本身(the terms of the analogy itself)更宽泛的了。如果律师和其他人在

---

[5] See Peter Western, *On "Confusing Ideas": Reply*, 91 Yale Law Journal, 167(1982). 威斯腾援引了"压倒性的法律规则",但并未说明如何确定哪一个规则是压倒性的,这回避了真实的问题。如果轮船与旅店是类似的,那么就有一条现成的法律规则可用。如果它与铁路卧铺车厢相似,那么另一条规则就具有压倒性。如果这两者都不是,那么还有第三条规则。压倒性的规则也不能完全反映具体案件中的所有特点,这将会使它丧失规则的品质。

[6] See Peter Western, *On "Confusing Ideas": Reply*, 91 Yale Law Journal, 167(1982).

[7] See 389 U. S. 347 (1967).

涉及第四修正案的案件中把“对隐私的正当期待”看作关键性因素,那么它就不是一个确定的规则,而是一个推测性的、不确定的概括,而随后那些展示了其他相似性或不同点的案件将会让这个规则变得更清晰。尽管人们可能认为,一个人事实上对隐私有着正当期待,由此在朋友的汽车中、高高的篱笆围起来的院子里、放在路边供收集的密封垃圾袋内都有着受第四修正案保护的利益,但事实证明在某些情况下并非如此,法院似乎在卡茨案中表达了一些相反的立场。[8]

在法律推理中使用类比取决于一条确定相关性的规则,这一论点的困难不仅在于在其所要阐明的判决摘要和意见中找不到支持,这些摘要和意见中充斥着没有任何规则支持的类比论证。出于同样的理由,需要一条关于特定相似性的规则,借此类比才能够得以展开;同样地,对于被比较的两个事物之间无数的其他相似性或不同点而言也需要一条这样的规则。否则,人们怎么会知道其中的一个或两个其他特征与结果无关呢?[9] 在亚当斯案中,法院认为相关的相似性体现为房客或乘客对旅店老板和轮船经营者的信任和容易受欺诈的诱惑,相反而不是其他的相似点,如两者都提供餐食(这意味着不提供餐食的船将不承担类似的责任),又如旅店是固定的而轮船是漂浮的,这有什么不同吗?法院根据什么得出以上这些判断呢?对旅店和轮船之间可能进行的这些以及所有其他比较是否体现在“一般性的法律规则”之中?这个提议本身是自相矛盾的。尽管如此,法院的论点仍然是可理解和具有说服力的(即使事实并非如此),因为根据我们对法律的了解,类比推理确实如此。

专注于大前提,那些将类比重构为演绎性论证的人完全忽视了小前提。除非我们能够识别出该规则所适用的那类对象,否则这条规则不能发挥效用。[10] 我们使用一般概念的能力以及在特殊性中识别一般性的能力,不仅要求我们认识事物的特殊属性,还要求我们将这些属性分为与一般概念相关的和不相关的两类,借此我们可以在不同时候识别它们。因此,当提到同一个物体时,孩子可

---

〔8〕 E. g. ,Rakas v. Illinois,439 U. S. 128 (1978) (automobile); California v. Ciraolo,476 U. S. 207 (1986) (yard); California v. Greenwood,486 U. S. 35 (1988) (trash).

〔9〕 “如果我们所生活的世界只有有限的特征,而我们能知晓这些特征的所有组合模式,那么我们就可以预先对每一种可能性都加以规定。我们能够制定出规则,在特定案件中对它的适用无需进一步的选择。既然我们能够知道所有的事情,我们就能事先采取措施,提前以规则做出规定。如此一来,这将是一个适合于‘机械法学’的世界。很显然,这个不是我们的世界……”See H. L. A. Hart, *The Concept of Law* 128 (2nd ed. 1994).

〔10〕 “所有的glot都是蓝色的。”/“但是并不存在glot。”/“这个我知道,他们都是蓝色的。”(glot系作者所编造的词语——译者注)这段对话可能会让刘易斯·卡罗尔的崇拜者们感到兴奋,但它并没有告诉我们有关这个世界的任何事情(当然,除不存在glot)。

能会把它当作玩具、卡车、消防车、存钱罐或丹尼尔叔叔送的礼物。正是所有这些以及其他那些诸如此类的事物,根据注意力所引导的方向,小孩子能在无须诉诸任何规则的情况下识别它们。人们可能会提出一条规则:“嗯,空心的并且顶部有一个用来放硬币的插槽可能是一个存钱罐。”但是,除了一些需要其他一般概念的规则,这对我们有什么用?要求用规则来解释类比推理,将会把思考埋在大量的一般性命题之下,每一个一般概念的解释都需要诉诸某些规则,而对于这些规则的理解,同时又需要借助于解释其他概念的规则。

因为案件要依法裁判,所以很容易假定,案件所形成的“裁判规则”必定已经是法律的一部分了。由此,对于“依规则裁判”以及威斯腾所提及的“规则在先”与“规则决定判决所依类比推理的有效性”这两种观点而言,该假设并没有进一步的意义,反而使问题更无法解决。尽管裁判案件所依据的材料(成文法及其解释、先例案件等)都是手头现成的,但是待决案件适用的规则却没有。规则是来源于案件判决的一般性陈述,而非盖棺定论。可以肯定的是,案件一旦得到裁决,其中所凝练的规则就成为后来案件裁判所依据的材料的一部分(同时它本身也要接受解释)。在这些情况下,类比推理便是使法律材料对特定事实产生影响的方式。[11]

那些认为类比推理在形式上是演绎性推理的论者,并不是偶然地将一条未明确表达的“规则”作为三段论的大前提而提出来,并且不说清楚这样一条规则在具体的案件中是什么内容。他们的论证是形式化的,除满足三段论所必须包含的两个比较项,他们很少谈论规则是从何而来的,也很少讨论它应该包含什么样的内容。在亚当斯案中,这样的规则可能是指有舱室的轮船、一般轮船、小船或者是车辆,所有这些东西都能涵盖案件的事实。而在卡茨案中,那个规则可能是指电话亭、封闭空间或一种对隐私权的合理期待等。将结果所依赖的类比转化为基于规则的演绎性推理中,预先决定了本应在案件裁判之后才能知悉的判决理由。诚然,判决理由包含了案件事实,但它是否也适用于其他多少有点类似的案件,仍有待于今后案件中的类比论证。由此可见,不可避免的是,被提出来的“一般性规则”仍然是抽象的和不确定的,只不过是必要前提所投射的一个阴影。严格地说,假定规则所适用的范畴是封闭的,仅包含了类比的来源

---

〔11〕“普通法的优点是先确定案件事实后确定要适用的原则。从逻辑形式上看,人们可能推断出:当你有一个小前提和结论时,一定还会有一个大前提,你也会为此做准备并将它提炼出来。但事实上,律师就像其他人一样,常常十分清楚地知道在判决理由不清楚的情况下如何就特定事实做出裁判……只有在对同一问题做了一系列的裁判以后,才有必要‘一致性地梳理这些案件’,也就是说,通过真正的归纳来凝练在此之前人们还只能模糊感觉到的原则。”See Oliver W. Holmes, Jr., *Codes, and the Arrangement of the Law*, 5 Am. L. Rev. 1 (1870), reprinted in The Early Writings of O. W. Holmes, Jr., 44 Harv. L. Rev. 717, 725 (1931).

与目标,这两者决定了规则,反之则不然。

总而言之,通过将类比融入当前案件事实中演绎性地(作为一种逻辑性后果)适用一般性规则,来试图消除类比重要性程度所倚重的相关性(以及运用它进行类比),这种假定是错误的。它类似于形式主义的观点,即如果已充分阐明了某个法律秩序中的规则,那么一个案件的正确裁断可以通过演绎推理获得。事实并非如此,续造规则是司法裁判的一个本质性特征,类比推理离开了这一点将会失去方向。这并非要取代类比推理,而是要使它能够在法治的框架内运行。

二、归纳

对类比法律论证的另一种批判认为,除非它们有助于阐述一种归纳性论证,否则就是没用的,甚至比这还要更糟糕。人们认为,寻找案件之间的相似性会转移人们对法院适当关注(proper concern)的注意力,而这种适当关注是法院以某种方式判决的实际后果。尽管这一批评似乎触及了类比论证的实质而非形式,但其一般性(generality)显然取决于这样一种假设,即类比论证在形式上是不充分的,而不仅仅是特定案件中出现推理不当。人们认为,无论是否有支持演绎推理的规则,目标案件与来源案件之间的相似性对于结果而言并不具有决定性意义。律师和法官不应依赖类比论证,相反应当根据经验进行归纳论证。因此,著名的法官和法律学者理查德·波斯纳指出:

如果(律师)有一个涉及新自然资源(如石油)的适当产权制度的案件,他们将审查那些处理"类似"资源(如水或野兔)的已决案件。他们不用出去和石油工程师、生态学家或自然资源经济学家交谈。他们把这一问题看作一个法律材料的内部问题,是一个法律概念之间关系的问题。[12]

波斯纳对法律研究的公然蔑视,让人非常地吃惊。除非他们谈论的内容在法律上有所反映,否则在世界上与工程师、生态学家甚至经济学家所进行的所有谈话都是无关紧要的。[13] 波斯纳本人就是一个杰出的法官,他不遵循自己

---

〔12〕 Posner, *Overcoming Law* 519. 他说:"难道不是习惯和懒散导致律师和法官在以前的判决而非学术文献、统计汇编及日常经验中寻找伦理和政治材料?" Richard A. Posner, *The Problems of Jurisprudence* 94 (1990). 为了回应自己的这个问题,他说,"'确实,不仅如此',因为由此带来的'盲目态度'有助于实现'法律上更大的稳定性'。" Richard A. Posner, *The Problems of Jurisprudence* 94 (1990).

〔13〕 波斯纳颇具影响力的法律经济分析理论也含糊地提及了这个问题。但是,他的理论究竟是要分析法律实际上是什么,揭示法律中所隐含的政策,还是作为对法律应当是什么的一个指示,对此还并不是很清楚。See Richard A. Posner, *Economic Analysis of Law* (6th ed. 2003). 如果是前者,该理论则描述了法官的工作;而如果是后者,则该理论首先规定了立法者的情形,并且(因为它也揭示出了法律中隐含的政策)法官只能在缝隙中造法。而对法官仅是间歇性的规定。

过去的判决,当然他不能无视立法和司法裁判之间的区别,他并没有按照自己所说的方式行事。当然,如果不忽略立法和司法裁判之间的区别,他也不能按照自己所说的方式行事。[14] 只要他承认一条规则具有作为规则的效力——这并不是因为它正确而是因为它是规则——他就必须依靠类比来协调规则与案件具体事实之间的关系,尽管他正确地猛烈抨击了对这些规则的随意或粗心的使用。正如他所言,他赞扬过去的这些来源案件(resources)是如此的宝贵,并不是因为它们使法官能免除类比,而是因为它们有助于确保类比是正确的。

波斯纳并不建议完全忽视过去的判决。他说,法院应该"搜集"或"挖掘"它所引用的判决,以揭示案件所确立的目的("潜在的规则")。[15] 但他很少谈及如何利用这些挖掘出来的成果,人们可能由此推断,他在这方面的让步主要是一种外在修饰。当他着手去做时,他认为法院应根据其对最佳政策的判断来做出判决(律师大概也应该为有利于其当事人的政策辩护)。将法院明确依赖类比推理描述为一种"表面现象"[16],当他赞同结果时,可能会辨识出另一种不同的论据,在他看来这就是"政策分析"。[17] 而当他不赞同结果时,他承认法院实际上可能依赖于类比推理,但有可能会失败;法院未能按照他的建议使用政

---

〔14〕 对于法官职责范围的清晰阐述,参见波斯纳在如下案件中的判决意见:Scheiber v. Dolby Laboratories, Inc. ,293 F. 3d 1014 (7th Cir. 2002).

〔15〕 See Richard A. Posner, *Reasoning by Analogy*,91 Cornell L. Rev. 761,763 (2006). 波斯纳煞费苦心地避免使用类比的方式来描述律师和法官的思维(如果不是推理的话)。他说,如果两种情况非常相似,这就不是"类比而是涵摄"的问题,并且如果它们只是相似,那么问题就在于"这两种情况是否可以区别开来"。他还提到了"模式识别(pattern recognition),这是人类根深蒂固的一种能力。"Richard A. Posner, *How Judges Think* 183 (2008). 所有这些词句,就像"挖掘"和"搜集"的隐喻一样,都是对探究作为类比思维之核心的相关相似性的迂回表达。

〔16〕 Posner, *Reasoning by Analogy*,91 Cornell L. Rev. 765(2006).

〔17〕 Posner, *Reasoning by Analogy*,91 Cornell L. Rev. 764(2006). "我们最好将法律视为一门政治科学——尽管可能是一门古老的科学,因为它对那些可以从公开发表的司法意见中挑选出来的政策有着一种古怪的依赖性……"Posner, *Reasoning by Analogy*,91 Cornell L. Rev. 519(2006).

在讨论卡茨案[Katz v. United States,389 U. S. 347 (1967)]时,波斯纳认为该案中将"一个商务办公室……一个朋友的公寓,或者……一辆出租车"和"一个电话亭"进行类比在法院对结果的解释中起到了十分重要的作用。波斯纳驳斥了这一类比,认为这和一个"外围的"问题相关,而主要的问题是在没有非法侵入的情况下进行窃听是否属于第四修正案中的搜查,对此"类比是不相关的,而且也不能被采纳"。事实上,法院草率地解决了后一个问题,认为非法侵入的要求已经"遭到了破坏"。Katz,389 U. S. at 353. 这一类比被置于在很多人看来属于判决理由核心段落的中间。第四修正案的适用范围是否延伸到了一个人的住宅之外,就是波斯纳所说的"外围的",这一问题仍然困扰着法院。比如,参见伦奎斯特和斯卡利亚大法官在"明尼苏达州诉卡特案"中的判决意见。Minnesota v. Carter,525 U. S. 83,85(伦奎斯特),91(斯卡利亚)(1998). 正是在这个问题上,法院依赖于在公共电话亭和家之外其他地点之间的类比。

策分析,这就意味着"会胡说八道"。[18]

因此,在讨论最高法院审议广播和电视广播台是否可以在未经授权的情况下传送受版权保护材料的案件时,他拒绝了法院的判决意见,因为法院的判决意见在很大程度上依赖于类比,并对自己的判决理由进行了十分冗长的分析,其中包括引用了"无线电接收和传输的物理学原理",一种在他看来属于对版权目的的陈述以及一种对有线电视的经济分析。[19] 波斯纳在描述法官如何实际裁判案件与规定他们应当如何裁判案件之间进行自由切换,他没有说明(任何)法院如何在对先前案件的"挖掘"中揭示所有这些内容。如果法官通过挖掘发现了一条与他认为的合理政策相冲突的规则,这时候该怎么办?波斯纳对此也没有讲清楚。他在有线电视案中运用经济分析的方法是很有启发性的。这就是波斯纳所偏爱的政策分析形式,对此他撰写了大量的文章。但是,假定法官并不完全赞同这种分析模式,或者更有可能的是,假定法官并不像他那样擅长经济分析。通常,波斯纳所说的通过"挖掘"才能浮出水面的东西,只有当他明确指出来时它才存在,并且除非符合他的理论否则还将会被忽视。

波斯纳不需要类比论证,因为他根本不需要这样的规则。他赞同一种自己称之为"日常实用主义"(everyday pragmatism)的裁判理论,他认为这是"普通人用来探求问题的方法","他们用常识来解决问题"。[20] 在他看来,法官在裁判案件中的任务并不是决定可适用的法律规则并加以适用,而是要根据案件的所有事实来决定何种政策是最好的,并对该政策加以运用。法官负有一项特殊的制度性义务,即考虑先前的法官在类似的案件中认为哪些政策是最佳的,但是这种考量并不限制法官的判决,除非它与所有需要考量的因素相一致,包括相关的经验科学、政治和社会价值等。过去判决的类似案件中的"规则"仅仅是告知法官过去判决依赖的资料,而这反过来唯独又能适用于她眼前的案件,并且能够作为后来法官判决的资料:"除非在先宣布了一个不可置疑的大前提的意义上,可以说一个先例是权威性的;否则,这些先例只能是一个资料(它们在

---

〔18〕 See Posner, *Reasoning by Analogy*, 91 Cornell L. Rev. 770(2006).

〔19〕 Posner, *Reasoning by Analogy*, 91 Cornell L. Rev. 764(2006). 法院并非不知道波斯纳所提及的事项的重要意义。相反,它一再声明,它的任务是要解释版权法,而不是执行立法任务,即兼顾"版权、通信和反垄断政策的竞争性考虑"。参见 Fortnightly Corp. v. United Artists Television Inc., 392 U.S. 390, 401 (1968); Buck v. Jewell-LaSalle Realty Co., 283 U.S. 191, 201 n. 10 (1931); Teleprompter Corp. v. Columbia Broadcasting System, Inc., 415 U.S. 394, 414 (1974); Twentieth Century Music Corp. v. Aiken, 422 U.S. 151, 167(伯格大法官的异议意见)。尽管如此,纵览 44 年来接二连三的案子,人们还是会对最高法院推理能力的赢弱留下深刻的印象,不是因为它依赖类比,相反而是因为它在类比上做得差远了。

〔20〕 See Richard A. Posner, *Law, Pragmatism, and Democracy* 49, 52, 53 (2003).

本质上都是掌故性的)的来源或者是理由、因素、价值或政策的来源。”[21]

波斯纳坚持认为司法裁判实际上就是政策分析,他把政策和规则混为一谈。在他看来,法治意味着“在法律权利义务的界定和实施中,对连续性、一致性、普遍性、公正性和可预见性的政治和社会价值予以应有的关注(不是排他性的,也不排除折中)”[22]。这就好像一个裁判宣布:“击打三次。但击球手还没出局。在这种情况下,考虑到‘三振出局’规则背后的目的和政策,同时也考虑到这是击球手参加大联盟的第一个赛季,他整周都没有打过球,他的母亲也站在看台上,考虑到另一支球队已经遥遥领先,并且充分认识到一致性和公正的价值,全盘考虑之后我认为如果允许他四次击球,这场棒球比赛才能成为它最好的样子。继续击球吧。”这种情况下,裁判员最好去干别的行当,不是因为他的分析必定有缺陷(谁知道在这种情况下“三振出局”规则是不是最好的选择?),而是因为他根本就不应该从事政策分析。既然已经存在一条规则,那么他就应该遵守。

波斯纳并不喜欢那种做法,他力图将遵守规则等同于盲目或无知地遵守规则。但是,这个等式完全是任意的。法律是一种有目的的人类活动,明智地适用一项法律规则要求我们应注意到其背后的目的,并且如果你愿意的话,还要注意相关的政策。这与独立地(尽管匆匆向后看了一眼)确定在每种情形下最好的目的或政策是什么,是一个完全不同的问题。有时,或许是通常,遵守法律的价值将超越任何糟糕的后果。尽管如此,在波斯纳看来,后果才是最重要的,并且“通盘考虑的话”,如果通过无视法律才能带来最好的后果,那么实用主义的法官应当采取这种对待法律的态度。[23]

波斯纳所采纳的那个立场与人们通常理解的相反,以至于人们怀疑他是否真的会这么做。[24] 并且,事实上,人们可能认为,在实践中这可能有点言过其实了。对坚守法治的眼前和长远结果的计算以及对背离法治的消极后果的估算,必然是不精确的和不确定的。由此,人们可能认为,一位实用主义法官与其更为传统的同行在判决上有很大的不同,这种情况相对并不多见。除此之外,需要依靠类比推理将法律适用到具体的案件之中,这为传统的裁判模式考虑后果创造了空间。促使实用主义者无视某些法律规则的后果越严重,他们就越可能偏离这样一个结论,即事实上这正是一种应适用的规则。

---

〔21〕 Posner, *The Problems of Jurisprudence* n. 12, at 90.

〔22〕 Posner, *Reasoning by Analogy*, 91 Cornell L. Rev. 61(2006).

〔23〕 See Posner, *Reasoning by Analogy*, 91 Cornell L. Rev. 64(2006).

〔24〕 有学者可能会补充说,在一般情况下,波斯纳所赞同的“普通人所使用的调查方法”,比他推荐的扩展实证调查更有可能是类比推理。

因此,有人可能得出这样的结论:日常实用主义与其说是具有现实意义的实践,不如说其更多的是一种理论和态度。但是,波斯纳这种实用主义只适用于某些特殊情况,即“在真正紧急的情况下……施加了难以承受的压力”〔25〕,他将实用主义与一种政治理论联系起来,这种理论破坏了司法裁判与立法之间的区别,而这一区别使得法治以司法为中心。〔26〕人们只能说,波斯纳所拥护的理论和实践完全背离了法学和常识对司法裁判的理解。

那么,如何看待充斥于案例摘要和法律报告中的类比论证呢?波斯纳根本不承认它们的存在。他说,类比论证的使用“不属于法律思维,而属于法律修辞”〔27〕。而且它在司法意见中发挥的修辞功能不是要揭示法院的判决思路,相反而是要掩盖它。缺乏立法权力(并且显然是能够胜任这一工作)的法官通过佯装与先前案件判决进行类比来决定自己的结论,从而能够“侥幸地逃脱”渐进性立法。〔28〕他指出,“尽管不能这么说”,但“大多数英国和美国法官”都会同意自己对他们所做工作的描述。〔29〕我们假设法官和出现在他们面前的律师之间有一个巨大的阴谋,他们依赖于相互不泄露秘密。他写道,为了让司法判决“更容易被社会公众所接受,法学院应该而且确实要讲授如何像政策制定者或立法者一样思考……并且也要讲授如何用司法意见的样式来讨论和写作”〔30〕。人们可能想知道,在开设波斯纳课程的法学院在法律伦理(必修课)中将教授什么。

波斯纳的论点直接源自他将类比推理作为非理性加以拒绝,并且由此与裁判的实质无关。如此一来,他将裁判描述为一种政策分析是不可避免的,因为没有什么将法律规则(作为一条规则)和特定案件事实联系在一起,而这正是类比的功能。清理了这一认识误区之后,他发现所抛弃的类比论证起着一种非实质性的(nonsubstantive)作用,它们普遍存在且不容忽视,由此,它们在实践中能够发挥着辅助修辞功能。

三、溯因推理

斯科特·布鲁尔(Scott Brewer)对法律推理中使用的类比论证给出了最详尽的阐释,他借鉴了美国哲学家查尔斯·皮尔士(Charles Peirce)关于科学发现

〔25〕 Posner, *Reasoning by Analogy*, 91 Cornell L. Rev. 82(2006).

〔26〕 Posner, *Reasoning by Analogy*, 91 Cornell L. Rev. 158 – 212(2006).

〔27〕 Posner, *Reasoning by Analogy*, 91 Cornell L. Rev. 765(2006).

〔28〕 Posner, *Reasoning by Analogy*, 91 Cornell L. Rev. 773(2006).

〔29〕 Posner, *Reasoning by Analogy*, 91 Cornell L. Rev. 773(2006).

〔30〕 Posner, *Reasoning by Analogy*, 91 Cornell L. Rev. 768 – 769(2006).

过程的研究。[31] 依照皮尔士的理论,当一个科学研究者遇到了一种不熟悉的现象并试图找到解释时,他首先可能会从无数可能的解释中先确定一个或少数几个可能的解释性假设。假设的选择不是从假设为真的前提进行演绎验证,也不是从经验证据进行归纳验证。然而这并不是完全随机的,因为熟悉这个领域的人比对此一无所知的人更有可能提出正确的假设。否则,科学发现的任务将是无止境的。皮尔士将这种选择假设的过程称为"溯因"。

因此,如果有一天早晨发现草坪湿了,人们可能会回溯性地(abduce)提出这样一个假设,即昨天晚上下雨了。当然,如果水管破裂、消防部门打开了附近的消防栓、邻居的孩子们在草坪上打水仗或者发生了其他一些事情,草坪都会变湿。但是据他所了解到的情况,关于下雨的那个假定似乎更有可能。如果他特别在意的话,将会通过查看报纸上的天气预报或者询问一位晚上醒来的朋友等来证实或反驳那个假定。最著名的溯因推理的例子是夏洛克·福尔摩斯(Sherlock Holmes)的"演绎",他从一些细小的观察中做出了精心的推论。还有其他同样可信的方法能用来解释他的观察结果,但大多被忽略了。

相比于演绎或归纳,布鲁尔认为溯因是一个人们更不熟悉的概念,像其他那种推理一样,他将溯因也看成是一种推理形式,其中在前提之真与结论之真中间存在一种特殊的关联。正如演绎论证中前提之真能保证结论为真,以及一个有效归纳论证中前提之真能确保结论很可能为真一样,溯因推理的前提之真也能确保结论可能为真。很显然,如果确实能将溯因推理看作一种推理,那么它事实上是一种较弱的推理形式。布鲁尔认为是这样的,因为如果草坪不湿,那么就不太可能下过雨。然而,所溯因出的假设在真正被证实之前仍然只是一个假设。

布鲁尔将溯因的概念应用到了司法裁判中。他将类比法律论证纳入到一个更广泛的论证类别之中,其特点是"从前提到结论的过程中使用事例"[32]。在这一大类的其他法律论证中,他提到了基于先例的法律推理、适用"平等保护"的规范及"同类规则"的解释性标准。[33] 他说,一个类比论证所包含的内容不只是类比本身。它包含着一系列的步骤,其"理性力量"取决于"论证前提之

〔31〕 See Scott Brewer, *Exemplary Reasoning: Semantics, Pragmatics, and the Rational Force of Legal Argument by Analogy*, 109 Harv. L. Rev. 923 (1996).

〔32〕 Scott Brewer, *Exemplary Reasoning: Semantics, Pragmatics, and the Rational Force of Legal Argument by Analogy*, 109 Harv. L. Rev. 934 (1996).

〔33〕 See Scott Brewer, *Exemplary Reasoning: Semantics, Pragmatics, and the Rational Force of Legal Argument by Analogy*, 109 Harv. L. Rev. 934 - 938 (1996).

真与结论之真之间的联系”。[34] 他主要关心的问题是，以其所描述的方式来使用类比，将会给论证提供比人们通常认为的大得多的理性力量。

布鲁尔认为，这一形式包含着三个步骤：

(一)在一个不确定的范围内溯因出规则

法官必须决定是否将一些具有法律意义的条款(term)适用于案件事实之中。更确切地说，其不确定如何就所涉问题进行法律上的分类。因此，举例而言，如果一只受过训练的狗嗅闻遗留在火车站的封闭行李，并向警察发出行李中装有毒品的信号，那么这是否适用第四修正案就无法确定。如果是搜查，那么除非满足第四修正案的要求，否则因嗅探所获信息不能作为指控行李所有人的证据，因为嗅探侵犯了他的宪法权利。如果嗅探并不是搜查，则不适用第四修正案，并且所获得的信息也符合宪法的规定(constitutionally admissible)。注意到一些多少相似的警察行为的例子，并且通过类比将狗嗅(目标案件)与其中一个或多个狗嗅(来源案件)联系起来，律师或法官溯因出了一条似乎来源案件和目标案件都能接受的规则，它涉及什么是或不是搜查，并由此决定嗅探是否是搜查。

因此，布鲁尔主张，在决定是否承认通过缉毒犬获得的证据时，法官可能会注意到在先前案件中所确立的规则：如果公共场所的警察看到了清晰可见的东西，那就不是出于第四修正案的目的而进行的搜查，而如果他先打开行李，然后观察到里面有一些清晰可见的东西，这就构成了搜查；如果他在公共场所偷听到谈话，这不是一项搜查，但如果他在私人场所偷听谈话，那将构成一项搜查等。考虑到这些以及其他一些规则，法官溯因出了一条能够用以解决眼前案件的规则：如果警察在公共场所获得了关于某人或某事物的信息，而并不涉及对此人的侵犯，也没有占有或妨碍对某事物的使用，那么根据第四修正案的目的来看这并不构成一项搜查。

布鲁尔将这一溯因出的规则称为“由类比保证的规则”(Analogy-Warranting Rule，AWR)。[35] 这是受类比保证的，因为它包含了一条一般形式的规则，这在来源案件和目标案件之间建立起了类比联系。因此，在这种情况下，法官注意到通过如下类比观察到结果之间的相似性，即由于前者根据第四修正案并不构成搜查，后者同样也不是搜查；因此基于这种行为获得证据是可以接受的。AWR 提供了一个一般化的形式，从中可以推断出一个关于特定案

---

〔34〕 Scott Brewer, *Exemplary Reasoning: Semantics, Pragmatics, and the Rational Force of Legal Argument by Analogy*, 109 Harv. L. Rev. 928 (1996).

〔35〕 Scott Brewer, *Exemplary Reasoning: Semantics, Pragmatics, and the Rational Force of Legal Argument by Analogy*, 109 Harv. L. Rev. 962 (1996).

件事实(狗嗅手提箱)的结论。尽管所提出的规则足以演绎地解决眼前案件,但是它并未进一步地扩展,并且在另一个具有不同事实的案件中可能需要进一步的改进。如果一名警察使用X光机,可以在不打开或占有箱子的情况下就能看到箱内的东西,那么按照规定,就应将该规则加以适用。但是,面对新的事实,人们可能希望通过添加"并且不使用技术设备"这一内容来修改规则。当然,人们也许不愿这么做。

皮尔士所描述的溯因过程和布鲁尔感兴趣的类比推理过程之间存在差异。溯因的科学性假定是描述性的:它解释了观察到的有问题的现象(狗嗅行李)。在布鲁尔的解释中,一项溯因出的由类比保证的规则,描述了一个具有规范性后果的规则。这些差异就其他目的而言可能是重要的,但并不影响布鲁尔的基本观点,即类比在法律推理中的功能不是为了证实结论,而仅仅是推动能够证实结论的推理,因为溯因出的科学性假定推动了这一实验过程,从而证实(或否证)了我们想要的解释。正如布鲁尔推理过程后续步骤所表明的那样,类比在自我证实方面不起任何作用。

(二)确证或否证由类比保证的规则

最初溯因出的由类比保证的规则仅仅是初步的。眼前有了这样一个溯因出的由类比保证的规则,法官通过考虑其适用是否可以将目标现象与其他相关现象做出合理分类来检验该规则,这些现象是在形成由类比保证的规则以及其他规则时所想到的现象。她考虑到了政策和效率的论证,它们能够解释和证成由类比保证的规则或者反过来也能够否证该规则。因此,在狗嗅的案件中,支撑由类比保证的规则的论证可能包括以下几点:

(1)嗅探犬只会发出有关毒品的信号,因此不存在明显的侵犯隐私权的行为;

(2)如果一个箱子内没有毒品,就连物主都不会发现它被嗅到了(嗅过了);

(3)经过训练的犬只是用以控制非法毒品运输的一种有效、廉价、非侵入性的方式。

否证由类比保证的规则的论证可能包括以下几点:

(1)未经他人同意,通常不应将他人故意隐瞒的东西揭露出来;

(2)人们不必警惕不寻常和不易察觉的调查方法;

(3)警察行为的合法性不应取决于产生的结果。

这些论据类似于波斯纳那里"政策分析"所包含的内容,布鲁尔将其称为"由类比保证的理由"。[36] 通过一种相互的"反思均衡"过程,反复地斟酌案件

〔36〕 Scott Brewer, *Exemplary Reasoning: Semantics, Pragmatics, and the Rational Force of Legal Argument by Analogy*, 109 Harv. L. Rev. 962 (1996).

事实、其他具有相似事实的例子以及相关的法律原则(legal doctrines),法官得出了一个规则,它能将针对眼前争议问题的现象进行合理的归类。[37] 在没有干扰行李或其物主的情况下,如果用一只狗来嗅探行李,那么出于它要揭露行李是否包含毒品的目的,该行为就不是一个能够适用第四修正案要求的搜查。布鲁尔继续将这一修正的规则称为"由类比保证的规则",尽管推动溯因出最初规则的那个类比已经不再发挥作用,并因此被废弃掉了。最终所确认的规则与由类比保证的规则(这是法官开始思考的起点)可能没有什么联系了。

(三)将由类比保证的规则加以适用

在形成了涵盖案件事实的规则之后,法官适用该规则并通过有效的演绎推理来获得妥当的结论(有足够充分的证据来支撑)。[38]

尽管布鲁尔把整个三步过程称为类比论证,但很明显的是,类比的工作在第一个阶段就已经完成了。正如他所注意到的那样,从类比到规则的溯因推理(abduction from an analogy to a rule)并不是一个有效的推理,在他看来,类比的重要意义根本不是逻辑的和证成性的,而是认识论的或心理学的。至多,他解释了法官是如何在所有可能的规则中碰巧发现这条规则的。把法官引领到正确的轨道上之后,这个类比就没什么用了;它既不能帮助法官做出正确的决定,也不能帮助其确定是否真的做出了正确的决定。一旦形成了最初的由类比保证的规则,这个类比就从我们的视线中消失了,此后不需要再提及,甚至不需要为人所熟知;不管出现什么情况,由类比保证的规则很容易在梦中发现,或有时被说成是"突然出现"在法官的脑海中。[39] 类比的两个要素,即来源案件与目标案件,都可能在第二个阶段(确证阶段)出现,但只是作为例子用来检验由类比保证的规则。由类比保证的规则与由类比保证的理由之间的关系,一方面是通过政策和效率的通常论据,另一方面是通过连贯性而建立起来的。这个推理过程的第三步,将确证的由类比保证的规则适用于特定的案件事实之中,正如布鲁尔所坚持认为的那样,这是一种演绎性的适用活动。从头到尾回顾一下这种论证,我们根本没有遇到这样的类比。在法律推理中,作为对类比论证的解释和辩护,结果证明它只扮演着一个偶然的和可有可无的角色,如果通常或时常有这么一种有用的角色的话。所有重要的工作,证成性的工作,在第二阶段

---

〔37〕 See Scott Brewer, *Exemplary Reasoning: Semantics, Pragmatics, and the Rational Force of Legal Argument by Analogy*, 109 Harv. L. Rev. 963 (1996).

〔38〕 Scott Brewer, *Exemplary Reasoning: Semantics, Pragmatics, and the Rational Force of Legal Argument by Analogy*, 109 Harv. L. Rev. 963 (1996).

〔39〕 在谈及科学发现的过程时,布鲁尔建议用"梦"来替代类比。Scott Brewer, *Exemplary Reasoning: Semantics, Pragmatics, and the Rational Force of Legal Argument by Analogy*, 109 Harv. L. Rev. 979 (1996).

由类比保证的理由来完成。当打开布鲁尔所构建的精细结构时,我们发现它与波斯纳对裁判的解释并没有太大的不同。

很显然,布鲁尔在这三步过程中引入了一个类比,因为他认为,单单靠它自己并没有理性的力量。他解释说,一个类比是由两种现象之间可观察到的相似性所组成的,通过观察或其他方式识别来源案件的某些进一步特征,进而得出结论说目标案件也具有此特征。类比的逻辑形式由此表现为:

(1)A(来源案件)具有特征p、q和r;

(2)B(目标案件)具有特征p、q和r;

(3)A还有某些其他特征;

(4)因此,B也有这些特征。

但是从命题(1)至(3)并不能得出(4)。他们只能确定B有可能具有这些特征。为了维持(4)的结论,需要额外附加一个前提(3^1),即如果任何具有特征p、q和r的事物都具有某些其他特征,则具有特征p、q和r的事物也具有这些特征。有了这个附加性条件(3^1),人们就可以从事一个有效的演绎论证或三段论。

更简单地说:

(3^2)任何具有特征p、q和r的事物都具有某些其他特征;

(2)B有特征p、q、r;

(3)则B也有其他那些特征。

一个直接的类比,既不包含命题(3^1),也不包含命题(3^2),是完全无效的。从逻辑的观点来看,没有什么需要多说的。布鲁尔通过将类比与归纳的第二步(对由类比保证的规则进行确证)和演绎的第三步(适用由类比保证的规则)联系起来以避免这一点,但它们并没有过多地支持类比,反而是忽略了它。正如他所言,如果说完整的论证取决于前提和结论之间的关系,那么使用类比推理并不比不使用它带来更大的理性力量,因为我们能够清楚地用梦来替代类比作为由类比保证规则的来源。由此,尽管布鲁尔声称要捍卫类比推理的使用,但他似乎与一个他称之为"怀疑论者"的阵营走到了一起,而后者完全拒绝类比推理。[40]

布鲁尔将怀疑论者与那些更加相信类比推理具有说服力的人(他称这些人为"神秘主义者")进行了比照。列维支持类比推理,但并未解释太多,他大概就是一位神秘主义者。[41] 布鲁尔说,在新近的一些学者中,神秘主义者的主要领

---

〔40〕 Scott Brewer, *Exemplary Reasoning: Semantics, Pragmatics, and the Rational Force of Legal Argument by Analogy*, 109 Harv. L. Rev. 933, 953 - 954(1996).

〔41〕 Scott Brewer, *Exemplary Reasoning: Semantics, Pragmatics, and the Rational Force of Legal Argument by Analogy*, 109 Harv. L. Rev. 933, 952 - 953(1996).

袖是卡斯·桑斯坦(Cass Sunstein),他是列维的追随者。[42] 与列维一样,桑斯坦认为"类比推理……是普通律师的日常工作方式"[43],他称赞这是对基本原则无法达成一致时解决争端的一种手段。他说,当律师和法官缺乏"能够解释(类比推理)产生的特定结果的综合理论"时,他们就会诉诸类比推理。[44] 桑斯坦说,这种推理会产生"不完全理论化协议"(incompletely theorized agreements)。[45] 尽管列维在这样的结果中发现民主的美德,因为"当事人要求使用的例子或类比将社会的共同思想注入到了法律之中"[46],但桑斯坦认为这和民主之间并没有什么特别的联系。他说,"如果我们能找到任何将民主愿望转化为类比推理的机制……任何类比论证的力量实际上都取决于基本原则而不是社会共同的愿望",这将是"最令人惊讶的"。[47] 然而,他赞扬使用类比推理,原因在于它经常允许一个异质的甚至是严重分裂的社会来达成有限的共识,从而维护法治。

布鲁尔轻蔑地嘲讽神秘主义者,他们认为类比"具有某种不可言喻的力量,足以让我们放心地将各种艰深而难以应付的问题交由它来处理"[48]。他的观点说得很有道理。列维明确承认,类比推理在逻辑上是有缺陷的,实际上桑斯坦也认识到了这一点。桑斯坦夸大了在类比基础上达成的不完全理论化协议的优点,在一处旁白中他说道,"可以肯定的是,在未能辨识出支配性观点的情况下……无法使用类比推理来解释来源案件和目标案件中的结果"[49]。他说,尽管如此,类比推理仍然是很重要的,因为它"有助于确定支配性观点"[50]。然而,与布鲁尔的溯因步骤相比,这与结论的有效性之间更少有什么关系。从逻辑的角度来看,问题的关键在于类比推理"无法自我运行"。从他的话的表面意思来看,桑斯坦是一个披着神秘主义外衣的怀疑论者。并且,事实上,我们为什么要赞颂列维或桑斯坦所主张的温和版本的类比论证呢?正如他们所言,如果类比论证是糟糕的论证形式,我们为何要假设它们经常能够推导出有价值的结论呢?无论是在论证的形式缺陷上,还是在论证的优点方面,列维和桑斯坦肯

---

〔42〕 Scott Brewer, *Exemplary Reasoning: Semantics, Pragmatics, and the Rational Force of Legal Argument by Analogy*, 109 Harv. L. Rev. 952(1996).

〔43〕 Cass Sunstein, *Legal Reasoning and Political Conflict* 69 (1996).

〔44〕 See Cass Sunstein, *Legal Reasoning and Political Conflict* 68 (1996).

〔45〕 See Cass Sunstein, *Legal Reasoning and Political Conflict* 35 (1996).

〔46〕 Edward H. Levi, *An Introduction to Legal Reasoning* 5 (1949).

〔47〕 See Cass Sunstein, *Legal Reasoning and Political Conflict* 75 (1996).

〔48〕 Scott Brewer, *Exemplary Reasoning: Semantics, Pragmatics, and the Rational Force of Legal Argument by Analogy*, 109 Harv. L. Rev. 933 (1996).

〔49〕 Cass Sunstein, *Legal Reasoning and Political Conflict* 65 (1996).

〔50〕 Cass Sunstein, *Legal Reasoning and Political Conflict* 65 (1996).

定都是存在误解的。

布鲁尔本人除指出了类比的演绎无效性,几乎再没有说别的什么了。他确实说过,“在范例性的类比推理中,不可避免地会有一个不可定义的、富有想象性的时刻”,并且他也说,“有一种技艺能做出恰当的、有启发性和说服力的类比”。[51] 然而,这种“不可定义的、富有想象性的时刻”或“技艺”是无法解释的。布鲁尔主张无论类比的根源或依据事实上是什么,它在适当的法律论证中都没有正式的地位,因此并不影响论证的理性力量。仅仅通过坚持以上这一点,他就避开了自己对神秘主义者的批评。

布鲁尔指出,问题的核心以及难以驾驭类比的原因在于要求确定相关相似性。[52] 所有针对类比论证的解释都同意,只有当来源案件与目标案件之间可观察的相似性与所讨论的深层相似性是相关的时,所做的类比才是成功的,由此推导出的结论也能够得到证成。尽管可以粗略地说,类比的好坏仅仅取决于所比较的两个事物之间相似的程度或强度,但差异不是一个数量或强度的问题,而是一个相关性的问题。然而,两个非常相似的东西可能会构成一个糟糕的类比,因为它们在某一方面是不同的,这个方面与正在争论的问题高度相关,而对于其他问题来说则是无关紧要的。

这一点是很明显的。除小孩子,没有人会期望红色的网球尝起来像苹果,尽管它们在大小、形状和颜色方面非常相似。这些相似性尽管在某些方面足够强有力,但与它们的味道无关。但是,布鲁尔说,相关相似性的概念“坚决抵制概念性解释”,并使类比论证的逻辑力量“在很大程度上是神秘的和未经分析的”。[53] 他的过程的第二步即对由类比保证的规则进行确证,可能被视为是尝试剖析相关相似性的概念,而不是一上来就承诺所观察到的相似性或使其变得相关的那些因素具有认知上的优先权。因此,人们可能会说,如果有理由(由类比保证的理由)认为所观察到的相似性通常随着一些可疑的特征,那么一个来源案件与目标案件之间具有相关相似性,类比就是成功的。但是,布鲁尔的目的不止如此。他想解释类比推理在法律推理中的突出地位,并由此要在法律论证中给予类比一个有效的位置。如此一来,也就突出了类比在第一步(即溯因出由类比保证的规则)中的重要作用。然而,归根结底,他的兴趣并不是认识论的而是逻辑上的,不是法律论证的心理学或智识性根源而在于其所蕴含的理性

〔51〕 See Scott Brewer, *Exemplary Reasoning: Semantics, Pragmatics, and the Rational Force of Legal Argument by Analogy*, 109 Harv. L. Rev. 954, 964 (1996).

〔52〕 Scott Brewer, *Exemplary Reasoning: Semantics, Pragmatics, and the Rational Force of Legal Argument by Analogy*, 109 Harv. L. Rev. 933(1996).

〔53〕 Scott Brewer, *Exemplary Reasoning: Semantics, Pragmatics, and the Rational Force of Legal Argument by Analogy*, 109 Harv. L. Rev. 933 (1996).

力量。因此,布鲁尔否认类比推理自身的理性力量,在完整的论证中并没有对它进行分析性使用,而是将其抛弃。布鲁尔说,即便法官和律师赋予类比推理以独立的重要地位,而没有按照他的模式来建构自己的论证,此时为了展现出它的理性力量,我们仍应按照他的那套模式来重构论证。这种重构避免了从结论到前提或从结果到前因的无效溯因推理,类比推理在这种重构的论证中发挥着作用。具体来说,用一个令人信服的、经过归纳检验的论证来取而代之,由此形成一个命题,从该命题可以正式地推导出眼前案件的结论。事实上,由类比保证的规则就是大前提,而案件的事实就构成了一个普通三段论的小前提。最后,除了用一个无法解释的类比("一个不可定义的、富有想象性的时刻")来开始,布鲁尔对类比法律论证的描述不过是对他人演绎和归纳论证的重新包装。不言而喻,布鲁尔只是综合使用了威斯腾和波斯纳的分析。

布鲁尔认为,他的解释维系了我们对法治的渴望。[54] 法治具体意指什么还不是很清楚;从理想上讲,法治与法律是理性的观念密切相关,并不受个人意志或一时的兴致所支配,而是要服从理性的标准。[55] 根据这一观点,解决一个具体的法律问题,不是要考虑到方方面面具体的特殊性,并制定出一个具有同样特殊性的方案,而是要找到或制定一项迄今已明确或隐含地适用于这类问题的规则,而且这一规则此后在类似案件中也将如此适用。由类比保证的规则(AWR)本身就涉及根据由类比保证的理由(AWRas)对其他法律规则进行反思性修正,给这种特定的规则找到一席之地,似乎就满足了法律的这一特征,最终论证所依赖的演绎形式赋予了它形式逻辑的力量。然而,论证的第三步不仅完全忽略了论证开始时使用的类比,而且就此而言更重要的是,也完全忽略由类比保证的理由,这种做法绝非偶然。由于第二步的整个要点是要形成一个符合特定案件事实的由类比保证的规则,在第三步中对这一规则的适用仅仅是确认在前面已经有效达成的结论。即无法保证最终形式的类比保证规则能够适用于随后的案件。这仅仅是那些被视为由类比保证的理由的规则和政策中的一个,进而为该案形成了一项得到确认的由类比保证的规则。也不能保证它将保留与由类比保证的理由一样的形式,在今后的案件中,将留待法院来抽取案件中的规则。在其最终的形式中,布鲁尔的论证以成为一个空壳为代价实现了形式上的有效性。

在充分扩展的论证中,很显著地将由类比保证的理由包括在其中,但只不过是以破坏法治作为代价。在第一步中最初溯因出由类比保证的规则,并不足

---

〔54〕 Scott Brewer, *Exemplary Reasoning: Semantics, Pragmatics, and the Rational Force of Legal Argument by Analogy*, 109 Harv. L. Rev. 1027 (1996).

〔55〕 See Scott Brewer, *Exemplary Reasoning: Semantics, Pragmatics, and the Rational Force of Legal Argument by Analogy*, 109 Harv. L. Rev. 139 – 141(1996).

以支持理性主张;这同时也不可能,原因在于,正如布鲁尔所认为的那样,溯因推理在形式上是无效的。它必须通过诉诸由类比保证的理由来加以确认,由此进一步对其加以解释或证成。然而,在布鲁尔的解释中,正是法治的要义以及由类比保证的规则的整体功能,使一条规则通常能够得到适用,其原因在于它是规则,而不在于它独立地得到证成。布鲁尔的第二步使我们非常靠近于波斯纳的法律实用主义。可以肯定的是,一条规则可能会受到质疑,如果确实如此的话,那可能就要提供遵循规则的理由。然而,即使那样,坚守法治以及适当尊重立法与司法裁判的区分,也要求在法律的框架内而非政策及其有效执行的开放空间内寻找理由。选择或制定一条而不是另一条规则,可能需要对所描绘的法律蓝图进行明智的考虑。但是,在任何情况下都要通过详尽的解释性或证成性理由来确证或否证案件中的规则,这是另一个问题。布鲁尔可能会回答说,他并不要求在任一种情形中都要全面深入探究由类比保证的理由;如果所假定的由类比保证的规则是众所周知且无争议的,则可以在此基础上加以接受。然而,问题并不在于我们是否有时不能走捷径,而在于我们是否完全想走那条路。布鲁尔想在形式主义者和反对形式主义者的人之间找到一条中间道路,前者主张法律是一个有效演绎的体系,而后者认为法律和政策是一样的。针对这两者,布鲁尔都留给了我们一些困难。形式主义者的主张是成立的,但他所依赖的演绎体系却是空洞的。相比之下,反形式主义者从遵守规则的束缚中解脱出来,因为在每一种情形下,都要求其所依赖的规则接受工具性理由(instrumental justification)的检验。布鲁尔试图驯化类比法律论证,并将其纳入到推论逻辑的范围内,但是正如他所认为的那样,他并没有维护法治,反而破坏了法治。任何一套自足的规则,不管它们是如何确定的,也不管它们之间是如何相互关联的,都不能完全规定对于具体案件的特定事实的适用范围。简单地说,规则仍然不可避免具有规则的一般性。如果没有类比论证所提供的束缚,法治终将是一个脱离实际案件裁判的抽象理想。

总之,为了解释类比论证在法律推理中的重要性,布鲁尔将类比降低到一个无关紧要的地位。因为他认为类比按照自身的方式是建立在一项无效的推理之上的,并且不拥有理性力量,他只是赋予了它一种附带性的功能,来启动他的溯因、归纳和演绎三步推理程序。也许有人会问,如果不是为了说明(无论多么肤浅)使用类比是法律推理的一个显著特征,为什么还要把如此完整的序列称为"类比"论证。同时,他对法律推理的阐释剥夺了类比的任何独立性意义,且并没有包含形成适用于具体案件之规则的方法,这些规则之所以被遵守是因为它们本身是规则,而不是通盘考虑后作为一种最佳的路径来遵守。说完这一切后,他留给了我们一个无法解开的谜团:一方面,律师和法官依赖于类比推理;另一方面,这些人却在学术上广泛地贬低和拒绝它。

布鲁尔对类比法律论证的理性力量的辩护，按照他所指示的方向进行的重构，从根本上说是在自然法的传统中力图证明法律是一种理性而非意志。根据自然法理论，法律的效力取决于是否服从某些外部的真理标准，而非仅仅取决于颁布法律之人的权威。辩护者认为，尽管从表面上看，如果类比论证能够服从于理性的要求，那么忠于法律便可得到保证。〔56〕上述重构并不成功，因为它的结果不是验证了类比论证，而是使其变得无关紧要。但类比论证在法律推理中的地位是很稳固的，不至于如此。每个人都会同意，类比的使用并不是临时的或偶然的，而是具有普遍性的，从表面上看它是论证的一部分。它不仅仅是一个有趣的旁白或者一则心理事件的报道。也不能仅仅将其认为是法律职业界的一个怪癖（法国人称为“职业癖性”）或错误而弃之不顾。如果法律的规范性力量依赖于对理性的承诺，那么就必须按照它们自己的方式为类比论证找到一席之地。

---

〔56〕人们可能会反对，无论重构论证的理性力量如何，“由类比保证的理由”中无法消除的规范性要素最终使法律成为意志的产物。布鲁尔并没有回答这个问题。我想他会说，除非法律推理的论证是有效的，否则法律的规范立场有什么样的立足点是无关紧要的；但是，如果他对法律论证之理性力量的拯救不足以解决更广泛的问题，那么还是有必要的吗？他对法律合理性的强烈关注使他无论如何都不可能将它作为一项糟糕的工作而放弃。有一种论断认为：无法证明法律的这种最终的规范基础，它依赖于一个“基础规范”，参见 Hans Kelsen, *Pure Theory of Law* 46 (trans. from the 2nd German ed. ,M. Knight, trans. ,1967)或者依赖于“承认规则”，参见 H. L. A. Hart, *The Concept of Law* 94 - 95 (2nd ed. 1994)。在我看来，这一主张意味着它（最终）不是理性而是意志的产物，有点过度地限制了理性的边界，我认为布鲁尔在法律论证方面犯了这个错误。See Scott Brewer, *Exemplary Reasoning: Semantics, Pragmatics, and the Rational Force of Legal Argument by Analogy*, 109 Harv. L. Rev. 150 - 152(1996).

法理学的实用主义重构：现实主义法理论特征*

[美]布莱恩·Z. 塔玛纳哈** 著　赵英男*** 译

【摘　要】受惠于哈特在20世纪中叶的概念分析转向，法理学的研究界限在20世纪日益收窄。今时今日的法理学被这样一批法哲学家主导，他们以立足于直觉的概念分析为方法，试图探究法律的本质特征和永恒真理。但法律植根于人类生活的社会群体，植根于复杂的历史语境，拥有偶然的和持续变化的制度，受到彼此交织的社会、文化、经济、政治、生态和技术因素的影响，充满彼此冲突的社会利益之间持续不断的斗争以及对权力和理想的服从。实用主义关注法律的现实面向，关注法律的所作所为、法律所服务的目的、人们对法律的看法、人们的行为与法律的关系以及法律具有何种社会后果。基于实用主义学说，本文提出现实主义法理论在认识论、本体论和方法论层面的立场，并就法理学中被广泛持有的观点有选择地提出不同看法或挑战。

【关键词】实用主义　现实主义　概念分析　自然主义　历史主义与整体论　社会建构主义

一个世纪之前，实用主义者提出要重构哲学。那时的哲学充斥着概念分析、抽象、先天分析与对必然和普遍真理的追求。相反，实用主义者指出哲学应当关注其所处时代迫切的问题，这要求理论家注重社会的复杂、变迁、更迭、权

---

* 本文由布莱恩·Z. 塔玛纳哈(Brian Z. Tamanaha)教授讲稿整理而成，英文版尚未发表；受译者之邀，教授慷慨同意由《北航法律评论》率先出版中文版。感谢塔玛纳哈教授的慷慨授权以及在译者作为圣路易斯华盛顿大学访问学者求学期间的指导。——译者注

** [美]布莱恩·塔玛纳哈，圣路易斯华盛顿大学法学院约翰·S. 莱曼(John S. Lehmann)校级教授。感谢各位同仁对本文初稿的批评，他们是 Jose Maria Sauce Cano, Tim Murphy, Toni Mullenix, Andrew Botterell, 一位匿名评审以及西班牙马德里卡洛斯三世大学工作坊的参与者。

*** 赵英男，法学博士，同济大学法学院助理教授。

力、后果以及社会生活的其他具体方面。笔者会指出,今天的法理学与当时的哲学之间存在显著一致性,它呼唤在当下法理学中提出一种受到实用主义启发的法理论。受惠于哈特在20世纪中叶的概念分析转向,“法理学的研究界限在20世纪日益收窄”[1]。今时今日的法理学被这样一批法哲学家主导,他们以立足于直觉的概念分析为方法,试图探究法律的本质特征和永恒真理。在追求这些目标时,他们斩断了法律与其社会和历史条件的纠葛,无视了变迁与更迭,他们将法律彻底还原为一种单一的现象(譬如,法律是一种解决疑难道德问题的强制性规划体系[2]),并且否认强制力是法律的普遍特征,这尤为明显地体现出他们对现实中法律样态的偏离;还有一些杰出的法理学者甚至提出有关外星人或天使社会的论证。

本文提出的现实主义理论关注法律的所作所为、法律所服务的目的、人们对法律的看法、人们的行为与法律的关系以及法律具有何种社会后果。它将法律视为一系列复杂的制度,它们随着周遭社会、文化、经济、政治、技术以及生态因素而演化。[3] 基于实用主义学说,本文提出现实主义法理论在认识论、本体论和方法论层面的立场,并就法理学中被广泛持有的观点有选择地提出不同看法或挑战。本文内容依次涉及实用主义、法理学的重构、自然主义、历史主义和整体论、法律的社会建构以及工具主义、权力和理想。

一、实用主义

查尔斯·桑德斯·皮尔士(Charles Saunders Peirce)、威廉·詹姆斯(William James)、约翰·杜威(John Dewey)和乔治·赫伯特·米德(George Herbert Mead)都受到达尔文进化论、概率论解释以及有关调查和实验的科学学说的影响,他们认为这些学说适用于人类一切探究活动。人类行动在自然与社会环境中展开,遵循习惯与习俗,运用着工具,并依据概念、信念和理论行动,同时追求着特定目标,从失败与成功中吸取经验教训,而且适应着不断变化的环境,在语言、观念、概念、理论、习惯、社会实践、规范、规则、原则、制度、工具和技术中铸就了一整套集体知识(collective knowledge)。任何特定时期,社会中这一在数量上占据绝对优势的知识都是前人成功行动的遗产,在它之上附加着新的发现以及对旧有内容的修改或继替。詹姆斯指出,“我们看待事物的基本方

---

[1] Sean Coyle, *Legality and the Liberal Order*, 76 Modern Law Review (2013), p. 401.

[2] See Scott Shapiro, *Legality*, Harvard University Press, 2011.

[3] See Brian Z. Tamanaha, *A Realistic Theory of Law*, Cambridge University Press, 2017. 本文阐发了现实主义理论的实用主义基础,并通过法律的社会本体论澄清了现实主义理论的自然主义、历史主义、整体论和社会建构论因素,这些是该书并未涉足的内容。我也从实用主义角度讨论了该书并未讨论的工具主义、权力、共同善和正义问题。

式,源于极为遥远的祖先的发现,它们历经之后时代的经验而留存下来"[4]。

人类和其他物种一样,具有自然属性和需要,在自然与社会环境中从事以生存、繁衍和改善生活境况为目的的活动。"作为一个自然物种,人类的行为与物质和分子别无二致;他像动物那般活着,进食、战斗、有所畏惧、繁衍生息",杜威写道,"在他的生活中,他的一些活动是理解活动,使事物具有了意义,因为这些事物成为人类彼此之间的指示符号以及期待和回忆媒介,是对将要发生之事的准备以及过往历程的追颂。"[5]说理、语言、知识、价值、社会制度以及其他一切人类的行为和创造,都在自然界之中,不会外在或脱离于它。[6] 实用主义提出一种理解人类社会存在的过程性视角,这一存在是随着人类在追求特定目标的行动过程中所积累和运用的知识不断演进的。

按照詹姆斯的看法,实用主义是一种方法和真理学说。作为一种方法,它告诉我们概念的意义取决于它给我们行动带来的后果以及它对启发我们行动的理论、概念和观念带来的后果。[7] "思考一个对象时,要想获得十足的明晰性,我们只消考虑一下这个对象涉及的可能实践后果即可",詹姆斯说,"我们有关这些后果的观念,只要具有积极意义,无论是直接的还是遥远的,对于我们而言就是我们有关该对象的全部观念。"[8]或如杜威所说,"一个事物就是(即被定义为)它的所作所为,'所作所为'指的就是该事物从外部对其他事物带来的独特影响"[9]。

真理指的就是我们据其行事而被证明可信赖且成功的信念。"真确的观念,就是那些我们能够接受、确证、验证和证实的观念。错误的观念,就是那些我们无法接受、确证、验证和证实的。"[10]事实受到我们的概念和理论的建构,并服从且受制于外部实在。詹姆斯说道:"我们的观念必须要符合实在,无论这种实在具体还是抽象、属于事实还是原则,(与实在相对照)我们的观念遭受着无休止的不一致和挫败。"[11]杜威解释说:"如果想法、意义、观念、概念、理论和

---

〔4〕 William James, *Pragmatism and the Meaning of Truth*, Harvard University Press, 1975, p. 83.

〔5〕 John Dewey, *The Quest for Certainty*, Capricorn Books 1960(1929), p. 296 – 297.

〔6〕 See John Dewey, *The Quest for Certainty*, Capricorn Books 1960, p. 196, 211, 233 – 234.

〔7〕 这是皮尔士提出的"意义的实用主义准则"。有关实用主义在法律领域的意涵,一项包罗万象、资料丰富的讨论参见 Susan Haack, *The Pragmatist Tradition*: *Lessons for Legal Theory*, 95 Washington University Law Review 1049(2018)。

〔8〕 William James, *Pragmatism and the Meaning of Truth*, Harvard University Press, 1975, p. 29.

〔9〕 John Dewey, *The Historic Background of Corporate Legal Personality*, 35 Yale Law Journal 655, p. 660(1926).

〔10〕 William James, *Pragmatism and the Meaning of Truth*, Harvard University Press, 1975, p. 97.

〔11〕 William James, *Pragmatism and the Meaning of Truth*, Harvard University Press, 1975, p. 101.

体系都是积极重组特定环境的工具,都是清除某种特定障碍与麻烦的手段,那么检测它们有效性和价值的方法就是看它们能否完成这一工作。如果它们胜任自己的工作,它们就是可信赖的、合理的、有效的、不错的和真确的。"[12]真理在研究者共同体中产生,研究者践行并检验命题,去除那些没有通过检验的,保留那些通过的。实用主义方法及其真理观,以针对特定目标的行动过程中的经验和对后果的观察为基础,因而是经验取向的。詹姆斯评论道,这便是"经验主义的典型气质"[13]。

哲学家一直在争论实用主义真理学说的细微差异和不同形态。[14]强调该学说并不是建立在个体信念上的主观理论,尤为重要。皮尔士、詹姆斯和杜威都承认"存在一个'在那里'的独立于我们的客观实在世界:这意味着它独立于我们的主观看法与偏见"[15]。我们通过研究者共同体中的正当性证明这种社会实践而获知有关世界的真理,该实践包括实验、验证、证实以及证伪的工作;出于当下某种目的而被认为可信赖的真理,可能之后会在践行新理论与方法的过程中被超越。[16]

近来科学范式的转变使实用主义者认识到,先前被视作绝对为真的理论和法则(像牛顿力学和欧几里得几何学)是可被取代的理论框架,它在一定程度上建构了自己所能认识到的事实。新的理论(像爱因斯坦的相对论和非欧几里得几何学)产生出不同的事实、解释和预测集合。[17]理论的价值取决于它对利益和目标实现的程度。"理论因此成为工具,而非我们能够止步的对于谜团的答案。"[18]事务的完成,主要通过建立在潜在理论和信念基础上的惯例化的习惯与实践;人们遇到疑难或全新的情境或问题时,就会激发新理论来推动问题的解决。理论、概念、体系、信念和观念都是指引研究和行动的工具,总是会受到修正和继替,这种修正与继替是以克服局限或产生有效结果为基础的。[19]多种多样的视角伴随着各种可能立场、利益与结构。科学家"已经习惯了如下观点,即任何理论都不是对实在的如实描述,但每一个理论从某种角度而言都是有用的。它们巨大的功用就是总结旧有事实并得出新的事实"[20]。

---

〔12〕 John Dewey, *Reconstruction in Philosophy*, 2nd. ed., Beacon Press, 1948, p. 156.

〔13〕 William James, *Pragmatism and the Meaning of Truth*, Harvard University Press, 1975, p. 31.

〔14〕 See Richard J. Bernstein, *The Pragmatic Turn*, Polity Books, 2010, Chapter 5.

〔15〕 See Richard J. Bernstein, *The Pragmatic Turn*, Polity Books, 2010, p. 114.

〔16〕 See Richard J. Bernstein, *The Pragmatic Turn*, Polity Books, 2010, p. 114.

〔17〕 John Dewey, *Reconstruction in Philosophy*, 2nd, Polity Books, 2010, p. 108 – 139, 186 – 187.

〔18〕 William James, *Pragmatism and the Meaning of Truth*, Harvard University Press, 1975, p. 32.

〔19〕 See John Dewey, *Reconstruction in Philosophy*, 2nd, Polity Books, 2010, p. 145.

〔20〕 William James, *Pragmatism and the Meaning of Truth*, Harvard University Press, 1975, p. 33.

实用主义者阐明,他们的立场对立于试图主张普遍、必然且绝对真理的哲学进路。詹姆斯解释说,实用主义者“远离抽象与不充分的观念,远离文字游戏,远离糟糕的先天理由,远离僵化的原则、封闭的体系以及虚张声势的绝对主张和起源。他关注具体和充分的观念,关注事实,关注行动,关注权力”〔21〕。在《哲学的重构》(*Reconstruction in Philosophy*)中,杜威如此刻画西方哲学家的主流倾向:

> 他们自认为且向公众展现为处理这样的事物,即以不同方式被称为存在、自然抑或世界、一般宇宙、实在和真理的东西。这些事物无论被称作什么,都有一个共同点:它们被用来指称某种固定不变、一动不动因而外在于时间的事物;也即它们是永恒的。这种永恒的事物也被认为是普遍的或无所不包的,在空间中不会有任何变化发展。〔22〕

杜威指出,尽管这些理论是“以处理终极实在的名目”被提出来的〔23〕,哲学家以抽象方式表述的内容其实是对这些内容形成时盛行的信念和价值的有选择的概括〔24〕。此外,哲学家通常会使现状合理化,充当既有秩序的卫道士,阻挡应对变化不居的利益、需要和环境的必要改革。〔25〕为使自己的言论具有权威,他们以“抽象的定义和完全科学的论证”来表述自己的概括;并且“易于产生对体系本身的过度迷恋和对确定性的过于自负的主张”〔26〕。

相反,实用主义强调可错性、多元性、变化性、偶然性、持续不断的变迁、调适和地方性环境。实用主义者反对僵化和决定论,对可能性抱持开放的视野,他们倡导改良论——针对社会境况改善的改革性努力。杜威写道,“哲学家所信赖的世界是一个封闭的世界”,“这个世界内在地包含数量确定的固定形式,外在地拥有固定的界限”。〔27〕但我们生活在一个“无限变化”的世界,“这些变化如此多样和复杂以至于我们无法用任何单一公式加以总结和概括”。〔28〕它是有关这样一种宇宙的观念,即“该宇宙的演化尚未完成,按照詹姆斯的说法,

---

〔21〕 William James, *Pragmatism and the Meaning of Truth*, Harvard University Press, 1975, p. 31.

〔22〕 John Dewey, *Reconstruction in Philosophy*, 2nd, Polity Books, 2010, p. 12, xii.

〔23〕 See John Dewey, *Reconstruction in Philosophy*, 2nd, Polity Books, 2010, p. 26.

〔24〕 See John Dewey, *Reconstruction in Philosophy*, 2nd, Polity Books, 2010, p. xii.

〔25〕 See John Dewey, *Reconstruction in Philosophy*, 2nd, Polity Books, 2010, p. 18 – 19.

〔26〕 John Dewey, *Reconstruction in Philosophy*, 2nd, Polity Books, 2010, p. 20 – 21.

〔27〕 John Dewey, *Reconstruction in Philosophy*, 2nd, Polity Books, 2010, p. 54.

〔28〕 John Dewey, *Reconstruction in Philosophy*, 2nd, Polity Books, 2010, p. 61.

这个宇宙仍在形成过程中,在某种程度上仍是可塑的"[29]。

自其被提出后,实用主义的影响起起落落。它包含不同的类型,类型之间是如此不同以至于实用主义群是更准确的标签。[30] 在现实主义法理论的建构中,我依靠詹姆斯、杜威、米德广泛共享的观点和态度,并运用法理学和社会理论中与这些立场一致或是其适用的方法。[31] 以上提出的有关真理和知识的实用主义核心立场,为现实主义法理论提供了认识论基础。源于各个科学领域的有关社会中法律的经验性洞见,被完全整合入现实主义方法论之中。接下来将要谈到的自然主义、历史主义、整体论与社会建构主义都是法律的社会本体论的不同方面,与实用主义有关人类行为和社会的观点一脉相承。有关社会和法律议题的实用主义启发,让工具主义、权力和理念走入我们的视野,最后一部分讨论它们。

二、法理学的重构

今天的分析法学由法律实证主义者和自然法学家构成(在数量上,前者占据主导),他们认为自己在方法和进路上具有鲜明的哲学色彩。他们的理论目标与方法强烈地呼应着实用主义者意欲重构的 20 世纪初的哲学进路。约瑟夫·拉兹(Joseph Raz)断言,"必然真理构成了理论,因为只有法律的必然真理揭示了法律的性质。我们说'法律的性质'或任何其他事物的性质,指的就是具有法律本质的法律特征,它们使法律成为其所是"[32]。朱尔斯·科尔曼(Jules Coleman)指出,"法理学的描述性任务就是识别我们法律概念的本质或必然特征"[33]。朱

---

〔29〕 John Dewey, *Philosophy and Civilization*, Capricorn Books, 1963(1931), p. 25.

〔30〕 有关这些差异,下文提供了信息丰富的概览,参见 Susan Haack, *Introduction*: *Pragmatism*, *Old and New*, in Susan Hack ed., Pragmatism Old and New: Selected Writings, Prometheus Books, 2006。实用主义者在基本立场上存在分歧,且通常被分为皮尔士阵营和詹姆斯、杜威以及米德阵营。我主要依靠后者,没有强调它们之间的差异。有关实用主义更广泛的讨论参见 Brian Z. Tamanaha, *Realistic Socio-Legal Theory*: *Pragmatism and a Social Theory of Law*, Clarendon Press, 1997。一个重要的对比是强调实用主义真理观中实在论或客观主义因素的哲学家,如希拉里·普特南(Hilary Putnam)以及像理查德·罗蒂(Richard Rorty)这样拒绝所有这些要素的哲学家。相应内容分别参见 Hilary Putnam & Ruth Anna Putnam, *Pragmatism as a Way of Life*: *The Lasting Legacy of William James and John Dewey*, Harvard University Press, 2017; Richard Rorty, *Philosophy and the Mirror of Nature*, Princeton University Press, 1979。

〔31〕 苏珊·哈克(Susan Haack)近来发表了一篇文章,讨论实用主义在法律理论方面的诸多意涵。尽管本文的立足点不同,但我同意她的大部分分析。See Haack supra note 7.

〔32〕 Joseph Raz, *Between Authority and Interpretation*, 2nd ed., Oxford University Press, 2009, p. 24, 17.

〔33〕 Jules Coleman, *Incorporationism*, *Conventionality*, *and the Practical Difference Thesis*, 4 Legal Theory 381, p. 393 n. 24(1998).

莉·迪克森(Julie Dickson)说,一个法理论必须“由对立于仅仅偶然为真的必然为真的法律命题组成”,因为“只有必然为真的法律命题才能够解释法律的性质”。[34] 斯科特·夏皮罗(Scott Shapiro)提到,“要发现法律的性质,一定程度上就是发现它的必然属性,也即那些法律无法不拥有的属性”[35]。

在分析法学家看来,本质和必然特征对于社会而言都普遍为真。自然法学家约翰·菲尼斯(John Finnis)声称,“自然法学说主张能够识别出实践中称得上正派的条件和原则,能够识别出人们或个体行为中良善且恰当的秩序的条件和原则”[36]。他感叹说,如若没有这一普遍性,就只存在“对于特定民族而言特定的不同概念”[37]。格林(Green)主张,“法律的必然特征,不仅是那些能够在一切现存和历史的法律体系中发现的特征,而且是在一切可能法律体系——或一切可能的人类法律体系——以及那些不可胜数和无从观察的法律体系中都存在”[38]。在一些学者看来,普遍真理要按照字面去理解。用夏皮罗的话说,“社会科学无法告诉我们什么是法律,因为它研究的是人类社会。它的结论与法哲学家无关,因为人类之外的生物可能拥有法律这一点可谓老生常谈。比如,科幻小说充斥着拥有某种形态法律体系的外星文明的故事”[39]。

他们主张普遍真理是永恒的,在过去、现在和未来都成立。拉兹说:“解释法哲学在何种意义上是普遍的,这很容易。它的命题如果为真,就会普遍适用,也即它们适用于一切法律、一切法律体系、一切存在或将要存在甚至虽然可能却从未存在的法律体系。此外,它提出的命题是必然普遍的。”[40] 菲尼斯识别出的原则完全外在于时间,认为“自然法原则……不具有历史”[41]。他一再指出,“对于自然法本身而言,严格来说,是不存在历史的。自然法无法兴起、衰落、复兴或呈现‘永恒的轮回’。它无法拥有归属于它的历史成就”[42]。

在其他作品中,我已经批判性地考察了分析法学家有关一切社会和时空中必然普遍真理的主张,详细阐明了它们为何是站不住脚的。[43] 我们可以快速例证拉兹学说中的一个无法克服的缺陷。他主张“尽管一般法理论是普遍的,

---

〔34〕 Julie Dickson, *Evaluation and Legal Theory*, Hart Publishing Company, 2001, p. 18.

〔35〕 Scott Shapiro, *Legality*, Harvard University Press, 2011, p. 9.

〔36〕 John Finnis, *Natural Law and Natural Rights*, Clarendon Press 1980, p. 18.

〔37〕 John Finnis, *Natural Law and Natural Rights*, Clarendon Press 1980, p. 18.

〔38〕 Leslie Green, *The Morality in Law*, in L. Duarte d'Almeida, J. Edwards and A. Dolcetti eds., Reading H. L. A. Hart's The Concept of Law, Hart Publishing, 2013, p. 33.

〔39〕 Scott Shapiro, *Legality*, Harvard University Press, 2011, p. 406 – 407.

〔40〕 Joseph Raz, *Between Authority and Interpretation*, 2nd ed., Oxford University Press, 2009, p. 91.

〔41〕 John Finnis, *Natural Law and Natural Rights*, Clarendon Press 1980, p. 24.

〔42〕 John Finnis, *Natural Law and Natural Rights*, Clarendon Press 1980, p. 24.

〔43〕 Brian Z. Tamanaha, *Necessary and Universal Truths About Law*, 30 Ratio Juris 3 (2017).

但也是地方性的”[44]。他指的是他所说的法律的普遍为真的特征源于对于“我们”地方性法律概念的抽象。但是,拉兹也意识到法律会随着时间而严谨,因此“我们的(法)概念永远都处于流变之中”[45]。这里的问题是,在一切地域和时间中成立的普遍为真的主张,无法从随着时间流逝和变化的文化性和历史性偶然法概念中推导得出。要理解这一点,让我们假设拉兹一世(当下)正确地识别出法律的普遍为真的必然特征是A,B和C;但拉兹二世(1000年之后)将法律普遍为真的必然特征正确地识别为A,B,C和D(法律概念在这一段时间内的演化,使它增加了第四个特征)。按照拉兹自己的论证,每个理论在任何时间和空间中都是普遍为真的。可是按照每个为真的理论的标准,另一个理论就是错误的。结果就是拉兹一世和拉兹二世相应提出的理论既普遍为真又普遍为假。

上述悖论支持了杜威的下述观察,即识别本质和普遍真理的哲学工作所不可避免的命运:“试图以理论上具有确定性的固定方式把握一切不确定的事物,就会招致不诚实和逃避,结果就是导致内在矛盾。”[46]詹姆斯提出了这一推理模式的根本缺陷。他写道,“概念只是对万物之流的人为抽象”,但哲学家“通过将之视为存在的高级形态,认为其具有光明、恒定、真确、神圣的特征且完全在属性上对立于混杂不堪、动荡不安的低级世界”而扭曲了它。[47]实用主义“不再将永恒视为思维的绝对参照系,反而强调事物时刻变动不居这一属性所具有的不可避免的恒常性”[48]。

此外,实用主义质疑分析法学家所使用的方法。夏皮罗通过“基于我们直觉的概念分析”[49]来识别法律的本质特征。[50]对于拉兹而言,“确定特定概念身份的条件,就是我们概念实践的理想化,也即源于我们对这些概念在一般意义上的使用”[51]。尽管概念是重要的,但在实用主义者看来,理解的关键不在于法律的概念或我们有关法律的直觉,而在于和法律及其后果相关联的活动。法律就是法律的所作所为:人们如何运用法律、通过法律行动以及这些活动带来了何种结果。要了解这些问题就需要有关法律的经验信息。

从实用主义角度来看,依赖自明性(self-evidence)也是可反驳的。菲尼斯指出,基本善因其自身性质(它们是“内在的”善)是可欲的,而非出于其他工具性价

[44] Joseph Raz, *Between Authority and Interpretation*, 2nd ed., Oxford University Press, 2009, p. 95.

[45] Joseph Raz, *Between Authority and Interpretation*, 2nd ed., Oxford University Press, 2009, p. 98.

[46] John Dewey, *Recon struction in Philosophy*, 2nd, Polity Books, 2010, p. 244.

[47] See William James, *A Pluralistic Universe*, University of Nebraska Press, 1996, p. 218.

[48] Philip P. Wiener, *Evolution and the Founders of Pragmatism*, Harper & Row, 1965, p. 191.

[49] Scott Shapiro, *Legality*, Harvard University Press, 2011, p. 17.

[50] Scott Shapiro, *Legality*, Harvard University Press, 2011, p. 38.

[51] Joseph Raz, *Between Authority and Interpretation*, 2nd ed., Oxford University Press, 2009, p. 23.

值;它们是“自明的”,也即每种基本善“无法被证明,但同样也无需证明”[52]。“它们对于任何在事实问题抑或理论(包括历史和哲学)判断方面有研究经验的人而言,都是明显的——明显有效的;它们无需证明。它们是客观的;它们的有效性并非源自习俗,也与任何人的个人目的无关。”[53]实用主义反对这种无需证明的内在善的看法,因为知识基于它所服务的目的,对于某些深思熟虑的理论家来说是明显的事物,在他人看来却并非如此。

夏皮罗将其有关法律本质特征的分析建立在“自明的众所周知的道理”上,这些道理“不仅为真,而且是自明为真”[54]。“如我们所见,概念分析取决于我们组合一系列明显真理的能力”[55];“众所周知的道理,就是那些如此无法反驳以至于几乎无需提及的陈述”[56]。夏皮罗指出,他所说的自明的众所周知的道理,就是那些法学专业人士认为明显的道理。[57] “一切法律体系都有法官。”“每个法律体系都有更改法律的制度。”“法律总是法律体系的组成要素。”这个清单可以继续列下去。夏皮罗忽略了其预设的众所周知的道理可能对于在今天高度发达的法律体系中受过训练的法律人而言是明显的,但对于过往和当下所有社会中的人来说并非如此。比如,不同形态的习惯法并不构成一个体系,且被认为是不可改变的。[58] 法律史学者他玛·赫尔佐格(Tamar Herzog)指出,“今天我们或许会想当然地认为法律是某种被创造且能够被改变的事物”,但“这一看法是相对晚近的发明。在(欧洲)好几个世纪中,法律被认为存在,是因为它就是存在,因为它被共同体自发创造出来抑或是上帝颁布的”。[59] 尽管在其他地域和时代存在不同的法律制度和理解,但夏皮罗给予自己熟悉的法律制度优先地位,认为它是有关法律的本质真理的基础。[60]

杜威充满怀疑地强调,有关自明性的主张带来了一系列不同的论述。“这种多样性和矛盾使如下怀疑具备了理由,即在任何情况中我们所讨论的‘知识’都不会如其被断言的那样具有自明性。”[61]依靠自明性是将真理等同于直接获得的知识而不诉诸其他事物。杜威质疑道,这是一种“独断论”(ipse dixitism):

---

〔52〕 John Finnis, *Natural Law and Natural Rights*, Clarendon Press 1980, p. 64 – 65.

〔53〕 John Finnis, *Natural Law and Natural Rights*, Clarendon Press 1980, p. 69.

〔54〕 Scott Shapiro, *Legality*, Harvard University Press, 2011, p. 13.

〔55〕 Scott Shapiro, *Legality*, Harvard University Press, 2011, p. 16.

〔56〕 Scott Shapiro, *Legality*, Harvard University Press, 2011, p. 19.

〔57〕 Scott Shapiro, *Legality*, Harvard University Press, 2011, p. 15.

〔58〕 See Brian Z. Tamanaha, *A Realistic Theory of Law*, Cambridge University Press, 2017, p. 89 – 93, 105 – 107.

〔59〕 Tamar Herzog, *A Short History of European Law*, Harvard University Press, 2018, p. 4.

〔60〕 See John Dewey, *Reconstruction in Philosophy*, 2nd, Polity Books, 2010, p. 65 – 69.

〔61〕 John Dewey, *Reconstruction in Philosophy*, 2nd, Polity Books, 2010, p. 183.

"除任意的独断论,这还能是什么?"[62]所谓的自明性不过就是理论家为了解释更多的事物而渐次施加的根深蒂固的假设,理论家不同,假定也会不同。阿奎那(Aquinas)(菲尼斯发展了他的自然法学说)主张,"一个天使不会在某个地点现身,这是自明之理"[63]。

此外,杜威发现所有法哲学都体现其周围社会环境及观点——源于自明性的论证错误地主张自己不受它们影响。[64]"当我们承认在探究终极实在的伪装下,哲学充满了与社会传统相关的宝贵价值,并且哲学源于诸多社会目标的冲突、源于彼此倾向不同的陈陈相因的制度冲突时,就会看到未来哲学的任务就是阐明人们有关他们所处时代的社会和道德斗争的观念。"[65]"我们也会发觉,政治和司法实践中自然观念的一个主要任务,就是神圣化既有的有关利益和损害的事态,而不论其对于利益和损害的分配是否合理;同时理想化、合理化和道德化物理意义上既存的事物"[66],杜威如此强调。

如我们所见,分析法学围绕以直觉为基础的概念分析展开,对于法律体系实际运作和后果的关注有限,相反它依赖思想实验和其他为了产出理论家们想要的结果而构造的隔膜于经验的哲学方法。夏皮罗的法理论是一种规划体系;为了支持他的主张,他设想了一个流落在荒岛自然状态中的烹饪俱乐部——这并不令人惊讶——这个俱乐部创设了一个属于规划体系的法律体系来处理疑难问题。[67] 莱斯利·格林(Leslie Green)依靠天使组成的社会来论证强制力并非法律的必然特征。"我们都知道即便是一个'天使组成的社会'也需要规则,只要他们想要有助于协调自己的利他主义行动"[68],他如此说道。他告诉我们,天使之间会有理性的冲突。"天使可能会对特定情形下什么是合适的行为合乎情理地持有不同的看法,一种合乎情理的观点就是我们在此情形中具备一

---

[62] John Dewey, *Reconstruction in Philosophy*, 2nd, Polity Books, 2010, p. 183.

[63] Thomas Aquinas, *Treatise on Law*, Regenery Gateway, 1987(1273), p. 59.

[64] See John Dewey, *My Philosophy of Law*, in Julius Rosenthal Foundation ed., My Philosophy of Law-Credos of Sixteen American Scholars, Boston Law Book, 1941, p. 75.

[65] Dewey, supra note 12, p. 26. 菲尼斯著作中体现出杜威观察的一个例子,就是他认为同性行为违背了婚姻的基本善。在出版有关自然法著作之后,他紧接着阐述了这个问题,当时如何在宗教、政治和法学中对待同性恋成为了越来越迫切的问题。See John M. Finnis, *Law, Morality, and "Sexual Orientation"*, 69 Notre Dame Law Review 1949(1993).

[66] John Dewey, *Nature and Reason in Law*, 25 International Journal of Ethics 25, p. 30 – 31 (1915).

[67] See Shapiro, supra note 2 p. Chapters 5 and 6.

[68] Leslie Green, *The Forces of Law: Duty, Coercion, and Power*, 29 Ratio Juris 164, p. 165 – 166(2016).

个初步的(*pro tanto*)行动理由。"[69]格林继续指出,"机关就连天使社会中施加义务的规则也是必要的,但强制性惩罚却不是。天使无需进一步动机来遵从自己的义务"[70]。因此,他的分析"表明在概念层面可能存在不运用任何强制力的法律体系"[71]。

格林的论证是无效的,因为他的分析结果在一开始有关天使及天使社会样态(他奇怪地主张这是"我们都知道的")的讨论中已经得到了假定。如果我们并没有假定天使需要规则或具有不同的观点——它们为什么要这样?——那么这个分析就失败了,因为它们不会拥有法律。或者我们如果假定,天使相信即便自己的决定与法律规则相反但最终却是正确的(这难免会有概括过度之嫌),那么强制力对于保证服从它们不同意的法律裁判而言就是必要的。要回应这类反驳,讨论就必须转向有关天使社会实际上是什么样子的争论——这很荒谬。最后,必须指出的是,如果法哲学家的结论是,想象中的天使社会的法律体系(它具有一系列独特的得到设定的特征,即类似于人类但长着翅膀,且在某些方面比人类更优秀)并不需要强制力,那么我们是否获得了有关自己法律体系的任何知识呢?一个严肃的理论论证要援引过往和当下无须强制力便能运行的可被识别为法律体系的实际例子。

无法验证和无法证伪的哲学冥想缺乏现实的世界境况和后果,这正是实用主义者所反对的。以直觉为基础的概念分析、一切地域和时代都成立的必然特征和普遍真理、有关外星人和天使社会的论调——这一切都是实用主义的反题。实用主义方法包含着"这样一种态度,即把目光从第一性事物、原则、'范畴'和所谓的必然性移开;并关注最细枝末节的事物、结果、后果和事实。"[72]

为了避免可能的误解,有必要强调实用主义者并非反对理论、抽象或概括——这对于知识而言是"不可或缺的"。[73] 理论帮助我们表述和理解现状,处理实现目标路途中的障碍。它们在不同抽象程度上得到表述,合适的限度就是能够对既定的计划有所推动。概括,包括可广泛适用的法律命题,在经验上得到支撑时,是富有启发且得到验证的。当下分析法学的问题在于,有关法律普遍且必然特征的理论追求所涉及的抽象活动与社会中的法律现实关联甚微,

---

〔69〕 John Dewey, *Reconstruction in Philosophy*, 2nd, Polity Books, 2010, p. 166.

〔70〕 John Dewey, *Reconstruction in Philosophy*, 2nd, Polity Books, 2010, p. 167.

〔71〕 See John Dewey, *Reconstruction in Philosophy*, 2nd, Polity Books, 2010, p. 167.

〔72〕 William James, *A Pluralistic Universe*, University of Nebraska Press, 1996, p. 32.

〔73〕 See John Dewey, *Reconstruction in Philosophy*, 2nd, Polity Books, 2010, p. 148 – 160; John Dewey, *Reconstruction in Philosophy*, 2nd, Polity Books, 2010, p. 216 – 218. 哈克强调"古典实用主义传统的哲学家绝非反理论的"。Susan Haack, *The Pragmatist Tradition*: *Lessons for Legal Theory*, (2018) 95 Washington University Law Review 1050.

以至于它对实际社会和法律关切几乎没有启发。本文阐明的关注经验的理论视角,提供了洞察法律的社会现实的窗口,它会有助于识别立足于经验的有关法律的(偶然的、可错的)真理和洞见,深化我们对法律现象的理解。

拒绝实用主义并继续自己偏爱的概念分析模型与方法,这是分析法学家的自由。但问题在于这些哲学方法主导了当下的法理学,以至于实际上排除了现实主义的法理论。为了阐明现实主义法理论的方法并证明其价值,接下来我会详细论述基于实用主义的现实主义法理论的核心特征,并列举它影响下的与分析法学方法截然相反的立场。

三、自然主义

自然主义的含义多种多样。〔74〕 现实主义法理论涵盖如下核心意涵,即只有自然现象存在(不存在超自然现象),一切都在自然过程中发生。从生物学视角出发,自然主义将人类这一社会动物置于一切物种共同的进化过程中,人类的独特之处主要在于我们拥有发达的智力、复杂的语言以及制作工具的能力,它们产生了文化、科技、社会制度和其他许多事物。〔75〕 杜威指出,反思性思维"起源于生物学上的适应行为,其最终的认知功能是对环境条件的前瞻性控制"〔76〕。我们需要食物、衣服、房屋,我们繁衍生息。从物理角度来看,我们是脆弱的,在能力上是大体平等的,且都居住在资源有限的具有潜在危险的环境中。我们都是自利的,但也有对他人的利他行为。我们彼此竞争又相互合作。我们创造了共享的意义,并通过行动来实现各种各样的目标以满足自己的需要和欲望。

人类获得基于经验的知识和创造性的能力,带来了通过变更我们集体生存的环境来改善当下和未来的发展。"这种理想的因素,"杜威补充说,"由于在人类环境中对社会因素的逐步吸纳超越了对自然因素的吸纳,而越来越重要;以至于得到满足的需要、得到实现的目标不再具有生物属性或个别特征,而是也包含社会其他成员的目标与活动。"〔77〕自然过程既包括生物学需要和特征,也包含像合作、共存以及群体内分工等社会要求。

自然主义对法理论有多重启发。这里只能对其可能的相关性提供简单的

---

〔74〕 See Jack Ritchie, *Understanding Naturalism*, Acumen Publishing, 2008.

〔75〕 米德认为人类社会是动物社会的一种。See George Herbert Mead, *Mind*, *Self*, *and Society*, University of Chicago Press, 1962, p. 227 – 244.

〔76〕 John Dewey, *The Development of American Pragmatism*, in H. S. Thayer ed., Pragmatism: The Classical Writings, Hackett Publishing Co., 1982, p. 37.

〔77〕 John Dewey, *Reconstruction in Philosophy*, 2nd, Polity Books, 2010, p. 38.

举例。[78] 关键的方法论启发是必须要运用自然与社会科学研究来识别与法律相关的自然特征和社会命令的范围与影响。

比如,对于法律处理人类社会关系基本条件这个命题,存在大量证据支持。人类学和心理学研究已经确证存在一系列人类的普遍特征,尽管它们在表达上存在诸多文化差异。[79] 在这些共同特征中(群居生活、房屋、工具、音乐、审美标准、互惠性礼物赠予、宇宙论等),与法律特别相关的包括财产权、禁止谋杀、暴力伤害的救济、婚姻、继承、性关系的约束、债务责任、与身份地位关联的权利义务、有约束力的裁判以及违法行为的惩罚。[80] 这些社会交往活动的基本规则具有的普遍性,就是它们在人类特征和社会凝聚力要求中具有自然主义根源的明证。[81]

此外,研究表明有关这些问题的规则得到自然因素的支持。一种通行理论指出,基于自然选择人类拥有了道德直觉——对情境直接、自发且通常是情绪性的回应。这些直觉性道德判断增进了群体凝聚力和延续。[82] 另一种理论指出,认知体系的构成方式产生涉及规则、概念和原则的精神表征与道德回应。[83] 这一道德能力的存在得到一些研究的证据支持,这些研究表明年幼的孩子在区分有意和无意的行动时,会呈现一种"源自直觉的法学"(intuitive jurisprudence),会运用比例原则来确定惩罚,并做出其他类型的法律区分;每种语言都包含着诸如"义务、允许和禁止"这类道义性概念;并且连同原因和意图概念,普遍禁止谋杀、强奸以及其他伤害行为。[84]

实用主义者米德通过原始冲动中展现出来的"敌意"天性来识别刑罚,它增

---

〔78〕 有关法律现象兴起的自然主义论述参见 Brian Z. Tamanaha, *Law's Evolving Emergent Phenomena: From Rules of Social Intercourse to Rule of Law Society*, 95 Washington University Law Review(2018), p. 1149。

〔79〕 See Donald E. Brown, *Human Universals*, McGraw Hill, 1991.

〔80〕 See Brown, supra note 78 p. 136 – 140; Kent Flannery & Joyce Marcus, *The Creation of Inequality: How our Prehistoric Ancestor Set the Stage for Monarchy, Slavery, and Empire*, Harvard University Press, 2012, p. Chapter 4; Edward Wilson, *The Social Conquest of Earth*, Liveright Publishing, 2012, p. 192 – 193; Brian Z. Tamanaha, *A Realistic Theory of Law*, Cambridge University Press, 2017, p. 82 – 84. See also Robert M. Sapolsky, *Behave: The Biology of Humans at Our Best and Worst*, Penguin Press, 2017.

〔81〕 这是哈特所说的最小程度自然法的另一种表述。See H. L. A. Hart, *The Concept of Law*, Clarendon Press, 1961, p. 188.

〔82〕 See Jonathan Haidt, *The New Synthesis in Moral Psychology*, 316 Science 998 (2007).

〔83〕 See John Mikhail, *Universal Moral Grammar: Theory, Evidence and the Future*, 11 Trends in Cognitive Science 143(2007).

〔84〕 See John Mikhail, *Universal Moral Grammar: Theory, Evidence and the Future*, 11 Trends in Cognitive Science 143(2007).

进了群体关系和对规范的服从。“在与群体的团结感中体现出对于犯罪的强烈反感,公民感一方面排除了那些违反群体法律的人,另一方面禁止了公民自身的犯罪倾向。”[85]奥利弗·温德尔·霍姆斯(Oliver Wendell Homes)认为法律的起源就是“复仇”“谴责的情感”“认为犯下错误……的观点”等自然情感。[86]亚当·斯密(Adam Smith)同样将法律等同于对不公正的自然回应。[87]“欺骗、谬误、残忍和暴力”激发了“谴责与厌恶”的回应,斯密指出,谋杀、盗窃和抢劫“最需要复仇和惩罚”[88]。这种与生俱来的正义感是“支撑社会的主要支柱”,没有它社会就会“分崩离析”。[89]“自然在人类头脑中植入了邪恶者应得惩罚的意识,那些因其违法行为应得惩罚的恐怖行为,就是人类联合的伟大护卫,保卫弱者、惩治犯罪并谴责有罪之人。”[90]

最近的神经学研究为上述早期猜测提供了证据支持。人类在感知到不公正时呈现激发惩罚的大脑状态。“惩罚的决定以及这么做的情感动机,是一种泡沫状的大脑边缘状态。”[91]一个研究发现,当公民对违反规范者施加惩罚时,他们大脑中与痛苦、愤怒和厌恶相关的一些区域被激活。[92]“结果就是人们不仅在情绪上希望看到犯错者和懒汉受到惩罚,他们还想参与到司法活动中——即便对于他们自己来说要付出代价。”[93]

作为实施法律规则的有组织的复杂体系,法律体系的出现也可以通过进化论和自然主义理解。哈特指出,社会有意创造出法律体系是因为没有组织化的体系,原初法律太过僵化和不确定,并且难以创造和实施。[94]但自然主义指出,法律体系是以不那么理性主义的方式逐渐形成的。随着人口规模的扩张,集体规划中大规模群体里涉及社会行动协调的活动产生了社会制度。人类的

---

〔85〕 George Herbert Mead, *The Psychology of Punitive Justice*, 23 American Journal of Sociology 577, 586 – 597(1918).

〔86〕 See Oliver Wendell Holmes, *The Common Law*, Transaction Publishers, 2005(1881), p. 3.

〔87〕 See Lisa Herzog, *Adam Smith's Account of Justice Between Naturalness and Historicity*, 52 Journal of the History of Philosophy 703, p. 705 – 707(2014).

〔88〕 See Adam Smith, *The Essential Adam Smith*, Robert L. Heilbronner ed., (WW Norton & Co., 1986) p. 94, 116.

〔89〕 Adam Smith, *The Essential Adam Smith*, Robert L. Heilbronner ed., WW Norton & Co., 1986, p. 97.

〔90〕 Adam Smith, *The Essential Adam Smith*, Robert L. Heilbronner ed., WW Norton & Co., 1986, p. 97.

〔91〕 Robert M. Sapolsky, *Behave: The Biology of Humans at Our Best and Worst*, Penguin Press, 2017, p. 610.

〔92〕 See Edward Wilson, *The Social Conquest of Earth*, Liveright Publishing, 2012, p. 250 – 251.

〔93〕 Edward Wilson, *The Social Conquest of Earth*, Liveright Publishing, 2012, p. 250.

〔94〕 See H. L. A. Hart, *The Concept of Law*, Clarendon Press, 1961, p. 77 – 96.

自然特征(诸如对群体内/群体外作出区分、占有、等级等)赋予包括法律在内的这些社会制度内涵,影响着它们的运作方式与效果。

研究表明像复杂酋邦和早期国家这样政治体的出现,得到如下制度的支持,即法律强制、像食物种植和抵御外族等重要的合作性工作、政治支配和内在秩序的保持以及社会与等级秩序的维系。[95] 当居于统治地位的政治体开始对社会群体施加管控时,法律体系为之提供了执行手段,同时也是实施社会交往基本规则的机制。统治者、牧师、长官和法官都源于世袭贵族制,它借助法律规定的财产与劳动制度掌控着土地财富,并通过平民、啬夫和奴隶来耕种土地。[96] 这一有关法律产生于以协调行动和保持规则为目的的武力强制执行的论述,拥有大量来自人类学家和历史学家的论据支持。[97] 与哈特认为创造法律体系的目的是弥补原初法律在创制和实施中的不足这一论断相比,这是非常不同的解释。[98]

法律创造或维系人类社会中的等级制度或许也具有自然主义根源。人类"如同数不胜数的其他社会物种一样,他们在个体之间存在鲜明的地位差异,这些差异导致了不同等级的出现"[99],只是人类隶属的等级是以不同标准划分的(财富、性别、宗教、种姓、种族或族群等)[100]。

自然主义同样也为法律领域的具体议题提供了可能的洞见。比如,基因研究和神经学研究揭示出,某些个体由于生物学原因而易于出现暴力、恋童癖或其他反社会行为,这些成果都与刑罚议题有关。[101] 有关大脑发育的研究表明,

---

[95] See Brian Z. Tamanaha, *A Realistic Theory of Law*, Cambridge University Press, 2017, p. 84 – 89.

[96] See Kent Flannery & Joyce Marcus, *The Creation of Inequality: How our Prehistoric Ancestor set the Stage for Monarchy, Slavery, and Empire*, Harvard University Press, 2012, p. Chapter 4, 478 – 481, 500 – 502.

[97] 非常出色的概览,参见 Robert L. Carneiro, *The Chiefdom: Precursor of the State*, in Grant D. Jones & Robert R. Kautz eds., The Transition to Statehood in the New World (Cambridge University Press 1981) 37 – 75; Gil J. Stein, *Heterogeneity, Power, and Political Economy: Some Current Research Issues in the Archaeology of Old World Complex Societies*, 6 Journal of Archaeological Research 1 (1998)。

[98] See H. L. A. Hart, The Concept of Law 128, 2nd. ed. 1994, p. 91 – 92.

[99] Robert M. Sapolsky, *Behave: The Biology of Humans at Our Best and Worst*, Penguin Press, 2017, p. 425 – 444, 475.

[100] See Robert M. Sapolsky, *Behave: The Biology of Humans at Our Best and Worst*, Penguin Press, 2017, p. 430 – 431.

[101] Robert M. Sapolsky, *Behave: The Biology of Humans at Our Best and Worst*, Penguin Press, 2017, p. 580 – 613. See Jon Schuppe, *Blame My Brain: A Killer's Bold Defense Gets a Court Hearing*, April 27, 2019, NBC News, https://www.nbcnews.com/news/us-news/blame-my-brain-killer-s-bold-defense-gets-court-hearing-n998676.

为了实现公民责任和刑事责任的目标,应当区别对待青少年和成人。[102] 神经学研究已经揭示出与群体内和群体外判断相关的潜意识偏见的基础,这关乎到法律对歧视的应对。[103] 研究还表明,在事实感知、动机性推理、意识形态影响、群体思考和其他影响警察、检察官、陪审员和法官做出判断的因素中存在偏见。[104]

自然特征与要求在法律中且通过法律在不同方面产生影响,并不意味着社会与法律完全由自然因素决定。自然主义影响在其程度和表达上并非完全固定的,也不是无所不包的。社会、文化、经济、政治和法律制度在各个社会中有极大差异,并随着时间而有剧烈改变。此外,偶然性是自然的一个基本特征。[105]

杜威批评赫伯特·斯宾塞(Herbert Spencer)的(自由放任)立场,即自然法统领着人类社会与经济事务。作为回应,杜威指出人类是自然界的参与者,实施着深刻影响我们生存条件的活动。[106] 人类产生出意义,那些旨在完成目标的工具性活动启发、形塑、结构并超越了自然主义影响。实用主义者看到了自然主义和可塑性两者的共同作用,在有关法律的理论和实践理解与运用中,这两方面必须都要考虑。

四、历史主义和整体论

法律在时空中展开,从过往持续延展至今,并扩展向未来。从狭义来说这一点为真,即特定时间点产生的法律能够适用于它效力存续期内任一时刻的行为。就广义而言这一点也为真,即法律是一种历史产物——一个前后相继的传统[107]——它由于周遭因素而随时间发生变化,这些因素(通过构成既有的行动结构以及路径依赖)形塑并限定了社会和法律中未来的发展。社会与法律存在于时间之中并在时间上具有延续性,是其社会本体论的一个基本方面。

在阐发进化论对实用主义者的影响时,菲利普·韦纳(Philip Weiner)指出"所有可观察到的现象和思想的历史或起源、时间因素,主宰着研究自然与人类

---

[102] See Robert M. Sapolsky, *Behave: The Biology of Humans at Our Best and Worst*, Penguin Press, 2017, p. 155 – 173.

[103] Robert M. Sapolsky, *Behave: The Biology of Humans at Our Best and Worst*, Penguin Press, 2017, p. 387 – 424.

[104] Robert M. Sapolsky, *Behave: The Biology of Humans at Our Best and Worst*, Penguin Press, 2017, p. 387 – 424.

[105] See John Dewey, *Reconstruction in Philosophy*, 2nd. ed., Beacon Press, 1948, p. 249.

[106] John Dewey, *Reconstruction in Philosophy*, 2nd. ed., Beacon Press, 1948, p. 211 – 212.

[107] See Martin Krygier, *Law as Tradition*, 5 Law and Philosophy 237 (1986).

的整个进化论方法和早期实用主义方法的前景"[108]。尼古拉斯·圣·约翰·格林(Nicholas St. John Green)是孕育了实用主义的形而上学俱乐部中的一位律师成员[109],他认为法律是带有过往发展偶然印记的在几个世纪中逐步发展的事物。因此,必须从历史角度理解法律:"以同样方式我们解释一棵树被扭曲的样态——通过寻找它生长的独特环境,以及它遭受的外力。"[110]"格林认为法哲学的功能就是对源于缓慢变迁的社会历史条件的概念、规则加以细致的逻辑分析。"[111]霍姆斯持有类似的观点,他是形而上学俱乐部短暂的参与者,并被大体上视为实用主义者(尽管他本人从未明确支持这一点)。[112] 他写道:"法律体现了一个民族在多个世纪中的发展,我们不能将法律视为仅仅包含着算术书中的公理和推论。为了知晓什么是法律,我们必须要知道它曾经是什么,它将要变为什么。"[113]

法律一方面是在时间中延展,另一方面则是在空间中弥漫于整个社会。法律同文化、经济、政治体、社会结构、技术、生态体系彼此交织——实际上社会的所有方面都密不可分地联系在一起。这一本体论命题建立在下述启发性的观念之上,即社会是更广泛互动之网中(多孔的)的总体。整体论的历史主义视角要求我们关注在持续演进的时间进程中,法律如何同社会其他方面——以及其他社会——相关和互动。整体论和历史主义相联,阐明了分析法学家几乎并未言及的法律的一个重要方面:保持法律稳定性和确定性与法律能够适应社会的持续变迁之间的紧张关系。

米德指出,"只是列举这些重要的社会建制(学校、教堂、社会控制制度、经济过程、沟通手段)就体现出它们彼此之间的重要关系……没有一个建制可以自存,它们当中每一个的发展都是它们整体发展进程的结果"[114]。杜威同样持有一种整体论视角,他写道,"我们从欧洲引入了自己的语言、法律、制度、道德以及宗教,并且我们使之适应于我们新的生活条件"[115]。他认为法律的渊源在于"习俗"、"社会强制力"和"社会利益";[116] 并强调"社会事实是持续不变形成

[108] Weiner, supra note 48, p. 28.

[109] See Charles Sanders Pierce, *Definition and Description of Pragmatism*, in H. S. Thayer ed., Pragmatism: The Classical Writings, Hackett Publishing Company, 1982, p. 54 – 55.

[110] Green, Essays and Notes p. 53, quoted in Weiner, supra note 48, p. 163.

[111] Weiner, supra note 48, p. 156.

[112] See Susan Haack, *On Legal Pragmatism: Where Does "The Path of the Law" Lead Us?*, 50 American Journal of Jurisprudence 71 (2005).

[113] Oliver Wendell Holmes, *The Common Law*, Thansaction Publishers, 2005 (1881), p. 5.

[114] George Herbert Mead, *The Philosophy of the Act*, Chicago University Press, 1938, p. 496.

[115] John Dewey, *Reconstruction in Philosophy*, 2nd. ed., Beacon Press, 1948, p. 76.

[116] See John Dewey, *Reconstruction in Philosophy*, 2nd. ed., Beacon Press, 1948, p. 82.

的,一切法律问题都隶属于这些持续形成的事物"[117]。霍姆斯评价说:"我们感受到的时代的必然性,当下盛行的道德与政治学说,公共政策的直觉,我们公开宣布或并未意识到的看法,甚至法官与其同仁共享的偏见,在确定通知人们的规则时,发挥的作用要比三段论大很多。"[118]社会中法律的相互关联是彼此构成的:社会因素以多种方式影响法律,法律带来一系列社会安排或为其背书。法律被整合入社会这个整体之中,受到其周遭事实的构成与形塑。

历史主义和整体论都支持同样的核心立场,即法律被整合入社会——不过前者强调时间因素,后者注重空间维度。米德在 1915 年讨论自然权利含义的一篇文章中,将两者整合为一体。在这篇文章中,他追溯了自然权利从 17 世纪开始直到他所处时代的含义。他的历史主义分析表明,每一种有关权利的表述(霍布斯、洛克、《独立宣言》、《人权宣言》等)都是基于人们头脑中特定的"危险与障碍"以及独特的目标做出的。[119] 此后,权利就变得抽象起来,丧失了它们原初的含义,但接着又会出现产生新意义的权利适用的新语境。米德发现,"我们认为生命、自由、安全、平等、幸福是自然权利",但它们"就其内容而言无法定义"。[120] 随着社会、政治和经济观点发生变化以及不同利益之间的冲突浮现,权利的含义就变得有所不同。"显而易见的是服务于所有这些目的的范畴必然是抽象的、空泛的,它们通过斗争而获得其内容,这些斗争源于平民,也源于禁锢他们的高墙。"[121]米德那个时代非常激烈的斗争就是工人与雇主在立法与法庭上的争斗,这体现为社会福利立法与法院保护自由和财产权的裁判之间的冲突。[122] 他的分析严丝合缝地贯彻了历史主义和整体论来证明权利不是不可变更的,而是与社会因素一同变化的。

在实用主义者写作的年代,历史法学关注历史主义维度,罗斯科·庞德(Roscoe Pound)在实用主义影响下发展的社会学法学既强调整体论也关注历史主义。[123] 尽管它们都提出了重要的法律洞见,它们实际上却被今天的法理

---

[117] John Dewey, *Reconstruction in Philosophy*, 2nd. ed., Beacon Press, 1948, p. 85.

[118] Oliver Wendell Holmes, *The Common Law*, Transaction Publishers, 2005 (1881), p. 5.

[119] See George Herbert Mead, *Natural Rights and the Theory of the Political Institution*, 12 Journal of Philosophy 141, p. 142 (1915).

[120] George Herbert Mead, *Natural Rights and the Theory of the Political Institution*, 12 Journal of Philosophy 141, p. 150 (1915).

[121] George Herbert Mead, *Natural Rights and the Theory of the Political Institution*, 12 Journal of Philosophy 141, p. 151 (1915).

[122] See George Herbert Mead, *Natural Rights and the Theory of the Political Institution*, 12 Journal of Philosophy 141, p. 152 (1915).

[123] See Brian Z. Tamanaha, *Law's Evolving Emergent Phenomena: From Rules of Social Intercourse to Rule of Law Society*, 95 Washington University Law Review (2018).

学忽视了。比如,布莱恩·比克斯(Brian Bix)所著的非常详尽的《法理学:理论与语境》教科书,只是简略地提到了社会学法学,并断言“历史法学基本上已经消失不见了”〔124〕。现实主义法理论绝对是历史主义和整体论的。同样,我会简要列举一些历史主义和整体论所揭示的洞见。

历史法学家追踪法律在宏大层面的变迁[像亨利·梅因(Henry Maine)将法律的演化理解为从身份到契约],也关注法律概念与学说的演进(像霍姆斯认为普通法从主观标准发展为客观标准)。历史主义方法论是谱系学和比较性的,观察法律在不同背景下随着时间流逝而具有的连续性与变迁。

历史主义视角能够出于不同目的被运用于法律之中。与分析法学家主张法律的永恒必然特征相反,我使用谱系学方法来表明法律在历史进程中在形式和功能方面经历了根本性的变迁。〔125〕这种方法可被用来追溯影响法律发展的社会因素,进而有助于解释和理解当下的法律。比如,通过论证特定法律体制的恒常性反映出它对社会具有有益作用,历史主义视角能够被用来说明合法性问题;又如,通过证明法律虽然借助懒惰且盲目的传统主义或虚构的事后合理化过程而仍旧有效,但它的起源是任意武断或不光彩的,由此便打消了法律的正当性。它可被用来表明,尽管在早期特定法律是有意的,但随着周围环境发生实质性改变,法律却依旧僵化或滞后以至于无法满足现在的需要。

杜威运用历史主义分析来批判既有的契约和财产权利自由的自由主义学说。他解释道,当这些原则在18世纪最初被引入法律时,它们的目的是从封建时代以来的“诸多约束”中“解放”工业、贸易和人民。〔126〕但在19世纪与20世纪之交时,最迫切的问题都源自新出现的平民都市社会,其立法机关试图通过社会福利和支持工人的立法来缓和这些问题。可是通过援引法律中包含的契约与财产权自由的法律学说,法官阻止了上述努力。“因此,这些原则转而变得如此严格,从而几乎与封建法律在其所处时代那样对社会有害且‘不可更改’。”〔127〕

社会学法学主要是由罗斯科·庞德提出的(他明确地援引了实用主义),旨在反驳当时分析法学与自然法理论中过度的抽象和概念主义。〔128〕社会学视角

---

〔124〕 Brian Bix, *Jurisprudence: Theory and Context*, 7th. ed., Carolina Academic Press, 2015, p. 196, 278.

〔125〕 See Brian Z. Tamanaha, *Law's Evolving Emergent Phenomena: From Rules of Social Intercourse to Rule of Law Society*, 95 Washington University Law Review (2018).

〔126〕 See John Dewey, *Logical Method and Law*, 10 Cornell Law Quarterly 17 (1914), p. 27.

〔127〕 John Dewey, *Logical Method and Law*, 10 Cornell Law Quarterly 17 (1914), p. 27.

〔128〕 See Brian Z. Tamanaha, *Sociological Jurisprudence Past and Present*, Law and Social Inquiry [forthcoming in 2020] https://papers.ssrn.com/sol3/papers.cfm?abstract_id=3350467.

强调社会影响因素(周围的道德、文化和宗教观点,经济利益,政治力量,竞争群体间的冲突,技术进步和其他一切事物)通过各种方式深入法律、影响着法律,这包括立法活动、行政活动、司法判决、规制行动、律师对客户利益的追求,以及人们在应对法律时如何思考和行动。与此同时,法律建构并巩固了公司经济交易、政府结构、财产权、伤害救济、雇员权利、家庭义务和社会其他方面。法律与社会的彼此关联是多样且动态的,具有多重变奏。这特别体现为有时法律官员会出于文化、政治或经济理由而不顾或否定公布的法律;有时人们会忽略、忽视或变通法律来追求自己的欲望;有时法律具有意料之外的(有害或有益)结果。杜威强调,法律是社会活动"持续展开"的一面,"必须被视为既与其他活动的复杂性彼此交织,又是自足的一个社会进程"〔129〕。

由于这些彼此关联,将法律与其周围社会因素割裂的看法是有局限性的。"现代的法学教师应当也是社会学、经济学和政治学的研究者,"庞德说道,"他应当不仅知道法院做出何种裁判、依据何种原则作出裁判,还要知道这些原则所适用的社会与经济情境和条件;他应当知晓大众思想和情感状态,这构成了那些必然在实践中发挥作用的原则所依赖的环境。"〔130〕这一立场的方法论意涵就是理解法律的现实状况要求通过社会科学方法研究行动中的法律及其社会后果。

相反,分析法学将法律从社会语境中抽离出来。"由于法律理论必须对一切法律体系为真,它所识别出的必然特征一定是非常一般和抽象的,"拉兹说道,"它一定要抛开法律体系所具有的那些因特定社会中独特的社会、经济或文化条件而导致的功能。"〔131〕这种还原论不可避免地导致法理论极为狭隘。比如,夏皮罗总结道,"法律是一种自我认证的强制性规划组织,旨在解决无法或不能很好通过其他社会命令形式解决的道德问题"〔132〕。但法律不仅是一个解决道德问题的规划组织,且其所作所为远比这要广泛。将多元、多样且复杂的法律现象还原为高度理想化的单维度事物,导致的误解比其澄清的要多。

因为法律与周围变动不居的条件彼此交织且在此关联中发挥作用,将法律抽离于历史和社会就会导致对法律之所是、法律的所作所为产生误解。"'法律'无法像一种独立实体那样得到讨论,"杜威说道,"它只能通过它产生的社会

〔129〕 John Dewey, *Logical Method and Law*, 10 Cornell Law Quarterly 17(1914), p. 77.

〔130〕 Roscoe Pound, *The Need of a Sociological Jurisprudence*, 30 A. B. A. Annual Reports 911, p. 919 – 920(1907).

〔131〕 Joseph Raz, *Between Authority and Interpretation*, 2nd ed., Oxford University Press, 2009, p. 104.

〔132〕 Scott Shapiro, *Legality*, Harvard University Press, 2011, p. 225.

条件以及在此条件下它具体的所作所为来加以讨论。"[133]"当一切可能关联都被剥离后,法律的基本性质并没有得到阐明,"肖恩·科伊尔(Sean Coyle)在批评分析法学家时指出,"当我们能够在最为广泛和体系化的语境中考究法律时才会如此:此时的法律是最具体的。"[134]

历史主义和整体论的重要意义可以通过它们与法治的关联得到阐明。分析法学家(以及其他理论家)提取出了法治的要素,但无法解释法治为何会在某些社会而非另一些社会中随着时间流逝而发展,他们也无法告诉我们如何在缺乏法治的地方发展法治。他们更无法解释如下现实,即法治社会(美国、法国、日本、新加坡等)是由非常不同的法律制度复合体构成的。世界上不存在单一的法治制度安排。此外,当一个法治社会的法律制度被移植到其他地区,通常结果是它们不会在继受法律的社会带来法治,因为法治是整体论意义上产生的,依赖支持性的周围条件。抛开历史主义和整体论,法理学就对这些具有现实意义的迫切理论问题沉默无语。

五、法律是一种社会建构

古典实用主义者认为,理论、概念和信念借助基于既有利益和目的的特定视角而组织物质实在,借此形塑了我们在自然世界观察到的事实。世界是我们意义性行动及其有意和无意后果的产物。当世界被我们集体创造时,它先在于个体且比之要长久。人们自出生便生活于、占有着、参与着且修改着既有的语言、知识、关系、社会实践与制度中,它们的产生建立在行动者共同体持续不变的基础上——这些事物共同带来一个由医院、学校、加油站、办公楼、工厂、政府机关、法院、零售商店、电影院和其他一切事物构成的共同的世界。这些都是我们日常沉浸其中且认为理所当然的独特的社会现象。将法律视为社会建构,意味着关注作为社会建制的法律制度的本体论[135],观察它们如何得以建构和运行[136]。

要明白什么是法律,我们必须关注掌握法律权力的人们的有意义的行动,

---

[133] John Dewey, *The Quest for Certainty*, Capricorn Books 1960(1929), p. 77.

[134] Sean Coyle, *Legality and the Liberal Order*, 76 Modern Law Review (2013), p. 409.

[135] 有关制度的意涵,存在实质性分歧。我对社会制度持有如下看法:它是模式化社会行动的持存性结构,建立在得到集体承认的角色、规则、实践和意义行动构成的持续生成的基础之上。一般性的介绍参见 Seumas Miller, *Social Institutions*, in Edward N. Zalta ed., The Stanford Encyclopedia of Philosophy, URL = https://plato. stanford. edu/archives/sum2019/entries/social-institutions/。

[136] See John R. Searle, *The Construction of Social Reality*, Free Press, 1995; John R. Searle, *Making the Social World: The Structure of Human Civilization*, Oxford University Press, 2010.

关注社会中的人们如何理解法律并与之互动,并关注随之而来的结果。米德运用这一视角来表明财产权如何通过集体承认而存在:

> 制度代表着共同体所有成员中的一部分对特定情境的共同回应。这一共同回应当然会因个体性格而有所不同。在盗窃的情形中,治安法官的回应不同于检察总长,与法官和陪审员也有所不同,诸如此类;但是它们都是维护所有权的回应,涉及承认他人拥有的所有权。共同回应有不同形式。有人请求警察帮忙,有人期待国家检察官上场,期待法院及其多种职能部门能够行使对罪犯的审判……这种组织化的系列回应是彼此相关的;如果有人需要这样一系列回应中的一个,他含蓄地需要回应中的其他内容。
>
> 因此,社会建制就是群体或社会活动的有组织的形式——这些形式是如此有组织,以至于社会成员个体都能够通过采纳他人对这些活动的态度而充分且社会化地行动。[137]

米德的意思是社会充满了各种各样执行功能、追求目标的组织——学校、商店、银行、犯罪团伙等——其运作依赖于将其联系起来的共享期待。[138] 在组织内行动的人们依赖惯习中得到承认的角色、责任、路径、实践和规则,介入与他人相关的活动,尽管他们通常并不完全了解组织中其他人在做什么,或所有人是如何联系在一起的;从外部同组织互动的人们可能对于组织在做什么有基本的了解,但搞不清楚其内部运作。

米德并没有主张人们的行为受到其制度性角色和责任的决定。与所有实用主义者一样,他承认个体之间存在多元视角,这些一般模式"为广泛的原创性、灵活性和一系列这类行动"提供了一般模式。[139] 对于包含法律在内的一切社会制度来说,人们在与规则和实践的关联中活动,这些规则和实践能够被创造性地修正、扩展或打破、忽略、遵循,并且拥有不同程度的不确定性和偶然性。此外,周围非正式规范在影响行动时可能与正式规范一样有力。米德也没有认为社会组织能够顺畅无阻地一起运行。社会中的冲突是无所不在的。"每种社会制度都具有它旨在主张和维持自身的善,但发现在该主张中自己与其他制度

---

〔137〕 George Herbert Mead, *Natural Rights and the Theory of the Political Institution*, 12 Journal of Philosophy(1915), p. 261.

〔138〕 组织是完成实现既定目标的活动的离散实体;一切组织都是制度,但所有制度未必是组织。

〔139〕 See George Herbert Mead, *Natural Rights and the Theory of the Political Institution*, 12 Journal of Philosophy(1915), p. 262.

及其具有的善彼此冲突。"[140]

关注集体承认,为我们提供了一个自上而下的视角,它蕴含了许多被分析法学家忽略的洞见,后者将自己的分析建立在直觉和理想化的假设之上。法律的社会建构——正如其他一些社会制度一样——中的一个重要因素,就是特定群体内的惯习性承认。惯习性承认决定了谁被视为法律官员,他们掌握何种特定法律权力——如立法者、法官、检察官、警察等——以及他们的行为要想被算作法律,他们必须做什么。比如,有关一项提案,当立法者中正式代表的法定人数和宣誓满足了要求时,它便是法律(之后它会被行政官员签署,并被分派一个正式编号)。法官依据一系列不同的程序在司法裁判中创制有效的法律。法律原原本本就是法律官员通过获得集体承认的法律关系和规则而认为是法律的事物。从社会建构视角来看,法律官员制度性地创制了被算作法律的得到承认的事实。[141]

分析法学家试图基于自己的假设而提出一般性法律命题,但没有考察法律如何通过有意义的社会行动而社会性地建立在日常基础之上。这是哈特认为的法律是针对社会行为的初级义务规则与承认、改变和适用初级规则的次级规则统一体这一富有影响力观点的重大缺陷的根源[142];还有他的如下主张,即"法律作为一种社会控制手段的主要功能"——就是"管控、指引和规划法庭外的生活"[143]。哈特宣称,次级规则"可以说与初级规则是完全不同层面的事物,因为它们都是有关这些规则的规则;在下述意义上,即初级规则关切个体必须做或必须不能做的事情时,次级规则却关注初级规则本身"[144]。

这些主张的问题在于,当下国家法的重要方面并不是初级或次级规则——实际上根本与规则无关——且与社会控制并不相干。今天的法律,是得到传统承认的法律官员通过内部的有效性维持规则而任意制定的,它是一种多功能工具,可以具有各种形态,能够用于任何目的。比如,授权法并不是规则,而是通过公告来完成任务的表述性工具,通常特征是诸如"以此建立""以此创设""以此废除"等词汇。[145] 公司法就是授权法,使公司得以产生,并在世界上创造出

---

[140] George Herbert Mead, *Natural Rights and the Theory of the Political Institution*, 12 Journal of Philosophy (1915), p. 498.

[141] See Neil MacCormick, *Institutions of Law: An Essay in Legal Theory*, Oxford University Press, 2007, p. 289 - 293; John R. Searle, *Making the Social World: The Structure of Human Civilization*, Oxford University Press, 2010, p. 27 - 51.

[142] See H. L. A. Hart, *The Concept of Law*, Clarendon Press, 1961, p. 78 - 79.

[143] H. L. A. Hart, *The Concept of Law*, Clarendon Press, 1961, p. 39.

[144] H. L. A. Hart, *The Concept of Law*, Clarendon Press, 1961, p. 92(强调系作者所加).

[145] See John R. Searle, *Making the Social World: The Structure of Human Civilization*, Oxford University Press, 2010, p. 34.

能够行动且带来后果的实体。授权法创设了政府机构,重组法案变更了政府结构,终止法案废除了实体[146]——这一切都是通过宣告完成的,没有一个与规则或社会秩序有关,而是涉及对这个世界带来即刻的改变。大量法律并不涉及规则或社会秩序:宣布节假日、安排预算、命名办公大楼等。哈特将法律视为由有关规则的规则构成的社会命令体系的还原论看法,排除了法律行动者通过集体承认活动而实际产生的法律和法律事实的无限可能性。[147]

关注法律的社会建构,也提出了其他与通常理论假设相反的洞见。国家法律的社会建构主要直接涉及法律官员本身共同体的承认与行动。[148] 法律官员对法律的集体承认,发生在一个共享的意义体之中,它通常作为一种由特定法律语言、知识、制度和实践构成的专业法律文化——英美法系、大陆法系和其他法系——而得以维系,这些要素在国家法律体系运作中取得了垄断的地位。这些法律行动者借以构建法律的高度技术化的体系对于缺乏法律训练的人而言,很大程度上是难以理解的。

法学专家建构法律这一观点的重要含义,就是对哈特下述主张提出质疑,即法律的"主要功能"就是"管控、指引和规划法庭外的生活"。许多法学家主张,法律的功能就是在共同体中指引行动、协调行为。但是只有当人们知道什么是法律时,法律才能发挥这些功能。许多研究发现,大部分人(包含专业人士)在对于他们的生活来说非常重要的事务(包括雇佣、犯罪、家庭事务等)中,都没有正确理解法律;[149] 人们通常在涉足具有法律意涵的行动时,并没有向律师咨询他们的法律建议(只有富人和商业人士拥有定期这么做的财力)。结果就是在共同体中,人们自己对法律的看法可能与官方的国家法一致或不一致,这种可能的不一致对于法律的运行和实效而言意义重大。

---

[146] 通过宣告方式完成这三种功能的一个示例,就是 2002 年的《国土安全法》,Public Law 107 - 296,116 Stat. 2135。

[147] See Brian Z. Tamanaha, *Law's Evolving Emergent Phenomena: From Rules of Social Intercourse to Rule of Law Society*, 95 Washington University Law Review (2018), p. 120 - 124, 131.

[148] 关注集体接受是研究社会制度时常见的理论方法,尽管还有其他方法。参见 Seumas Miller, *Social Institutions*, in Edward N. Zalta ed., *The Stanford Encyclopedia of Philosophy*, URL = https://plato.stanford.edu/archives/sum2019/entries/social-institutions/。富有影响力的哲学分析,就是塞尔的社会本体论。See John R. Searle, *Making the Social World: The Structure of Human Civilization*, Oxford University Press, 2010, p. 163. 有关社会制度的特征,哲学家、社会理论家和社会学家之间存在诸多分析。社会理论家与法理论家可以运用与许多哲学分析相一致的中层社会建构主义,同时不考虑一切根本的分歧。

[149] See Benjamin van Rooij, *Do People Know the Law? Empirical Evidence about Legal Knowledge and its Implications for Compliance*, in Benjamin van Rooij and Daniel D. Sokol eds, Cambridge Handbook of Compliance, Cambridge University Press forthcoming 2021.

米德讨论所有权时,他所说的"共同回应"将惯习性承认刻画为整合紧密的政体:立法者制定惩罚盗窃的法律;共同体成员要求法律保护他们的所有权;警察、检察官和法庭负责执行和适用法律来制止盗窃。在其理论中,所有权通过公众和法律官员的集体行动而得到社会性建构。但是,现实中法律可能要比他的理论所描绘的更加缺乏统一性。法律官员集体承认和执行的法律,并不必然与共同体中人们社会性建构为法律的事物相一致。最近世界银行的一份报告指出:"在许多发展中国家,国家制度外运作的习惯法体系通常是规制和争议解决的主要形式,它覆盖了非洲各地高达90%的人口……在许多这些国家中,司法体系的运作似乎完全独立于官方国家体系。"〔150〕这种法律体系的多元主义共存,在非洲、中东、亚洲、太平洋地区很多地方都很普遍,是下述遐想的一个遗产,即宗主国将国家法律体系殖民性地施加在殖民地以处理殖民权力和侨民的政治与经济事务,但有关财产权、家庭、损害赔偿和其他事物的当地形态的习俗法和宗教法,依旧统治着大部分人口的日常事物,对于农村地区尤为如此。〔151〕米德描述的统一的共同回应,就分裂为彼此有别的共同回应,一个是国家法律体系的法律行动者在他们创造的法律规则的关系中共享的,另一个则是集体承认和社会性建构了自己法律形态的共同体成员共享的(尽管他们也承认国家法律体系存在)。

分析法学家普遍规划一种自上而下的有关法律的大一统的垄断观点。拉兹总结说,"总而言之",一个法律体系就是"一种指引和裁判体系,它在特定社会中主张拥有最高权威,因此它在具有实效的地方,也享有这一权威"。〔152〕这不仅无法解释当今在许多社会中通行的法律多元主义,也无法解释中世纪时期,当时没有任何单一法律形式能够主张至高的无所不在的权威。〔153〕拉兹忽略了所有这一切,因为他的理想化的论断建立在维系国家法律体系的法学家和法律官员之上,忽视了法律不仅是由法律官员社会性建构的,也可能源于共同体成员的建构。

---

〔150〕 Leila Chirayath, Caroline Sage & Michael Woolcock, *Customary Law and Policy Reform: Engaging with the Plurality of Legal Systems*, World Bank 2005, p. 3.

〔151〕 See Brian Z. Tamanaha, *Understanding Legal Pluralism: Past to Present, Local to Global*, 30 Sydney Law Review 375(2008).

〔152〕 See Joseph Raz, *The Authority of Law: Essays on Law and Morality*, 2nd ed., Oxford University Press, 2009, p. 43.

〔153〕 See Lisa Herzog, *Adam Smith's Account of Justice Between Naturalness and Historicity*, 52 Journal of the History of Philosophy 703, p. 105 - 107.

六、工具主义、权力和理想

实用主义提出通过工具主义来看待一切社会制度。“它们是共同体的工具和手段”,米德强调。[154] “现在,社会安排、法律、制度是为人构建的,而不是说人们是为它们构建的;它们是人类福祉和进步的手段和工具”,杜威指出。[155] “法律完完全全就是一种社会现象;在起源、目的或目标以及适用方面,无不如此。”[156] “一个特定的法律安排就是它的所作所为,它的所作所为便是修正以及/或维系作为持续生成事物的人类活动。”[157]

这源于如下立场,即将法律视为一种工具,我们必须知晓法律的实际后果,[158] 法律必须根据它是否成功达致其所欲的目标以及这些目标是否对社会有益而得到评价。[159] 杜威写道:“因为它要求智识通过运用最佳的科学方法与能获得的素材,从实际情况的语境出发,探究法律规则、做出的法律裁判以及立法活动的后果。”[160] 前文提到的庞德的社会学法学在将法律理解为一种社会工程机制以及倡导对行动之法的社会科学研究中,体现了这一看法。

鲁道夫·冯·耶林(Rudolph von Jhering)在19世纪后半叶[早于杰里米·边沁(Jeremy Bentham)]提出的法律工具主义立场预示了实用主义者的看法,并得到庞德的支持。为了反驳当时通行的观点,即法律是人们习俗的延续或理性的产物,耶林强调法律是用于个人或社会目的的工具。他写道:“在时间长河中,无数个体的利益、整个阶级的利益与现存法律原则紧密相关,以至于无法不伤害这些利益而废除这些原则……因此每一种这样的尝试,在对自我保存法则的自然服从中,都引发了受到威胁的利益的最为激烈的压制,与之相伴随的就是一种斗争,如同每一种斗争一样,问题的解决不取决于理性的力量,而是彼此对抗的力量的相对强度。”[161] 法律变迁受到这种在持续进行的社会、文化、经济、政治、技术和生态发展语境下与彼此竞争的个体和社会利益相关的有关法律以及通过法律的永久斗争的推动。

将法律视为一种工具,激发了谁掌控并行使法律以及出于何种目的如此的

---

[154] See George Herbert Mead, *Natural Rights and the Theory of the Political Institution*, 12 Journal of Philosophy(1915) ,p. 153.

[155] See John Dewey, *Logical Method and Law*, 10 Cornell Law Quarterly 17(1914), p. 194.

[156] John Dewey, *Logical Method and Law*, 10 Cornell Law Quarterly 17(1914), p. 76.

[157] John Dewey, *Logical Method and Law*, 10 Cornell Law Quarterly 17(1914), p. 77.

[158] John Dewey, *Logical Method and Law*, 10 Cornell Law Quarterly 17(1914), p. 84.

[159] See John Dewey, *Force and Coercion*, 26 International Journal of Ethics 359(1916).

[160] John Dewey, *Logical Method and Law*, 10 Cornell Law Quarterly 17(1914), p. 84.

[161] Rudolph von Jhering, *The Struggle for Law*, trans John J Lalor, Callaghan and Co., 1915 (1879) p. 10 – 11.

问题。在通常得到法律官员和理论家支持的理想化理论中,法律是增进公共福祉和共同善的工具,是用来维护公正社会秩序的工具——它有助于协调行为、解决争端、恢复秩序、稳定性、确定性、可预测性,并约束政府权力的滥用。法理论家通常将这些内容视为法律的核心功能。[162] 相反,批判理论关注权力以及财富与资源的不平等分配,认为法律是一种支配的工具,在诸多方面导致并迫使社会、经济与政治等级的产生:种姓、种族、财富以及阶级、性别、宗教和其他等级等。法律的这一功能尽管在其运行中显露无疑,但通常并不明显抑或是潜在的。法律理论倾向于强调一种视角优先于另一个。但现实主义法理论认为,法律的所作所为包含理想化的学说以及批判理论。

大多数法理论家关注理想化的功能(也即法律协调社会行为、法律是解决道德问题的规划体系等),将支配(如果提到的话)视为滥用法律的一个副作用。可是支配是法律恒定不变的一方面。国家发展领域一位杰出学者评论道:"在(早期)国家总会发现巨大的不平等。一些幸运的少数人富裕且掌握权力,但其他所有人,大多数人,则贫穷而卑下。"[163] 法律固定了这一安排。"因此,国家的目的就是维持统治阶级的特权地位,其基础则是对大众的剥削和经济掠夺。"[164] 历史上有许多法律固化等级的例子:《汉谟拉比法典》充斥着对高地位人士的法律保护;罗马法认为自由民中的成年男性具有至高地位,而其他所有人在法律上都身份低下;美国的黑奴法律认为奴隶及其子女是他们主人的财产;过去和当下的许多法律体系以不同方式认定妻子的地位要低于她们的丈夫。[165] 现代自由社会中的法律仍然体现了精英和群体利益,但其却是通过财富与所有权,而非法律固定的身份区别。霍姆斯宣称:"当下无论何种人物占据最高权力,他注定会拥有与竞争中失败者相冲突的利益。更有力的利益必须或多或少被反映在立法之中;它就如同人类或动物的其他制度一样,必须趋向于在长期中有助于适者生存。"[166] 立法"必然是有权者的一种手段,以此他们将自

---

[162] See Kenneth M. Ehrenberg, *The Functions of Law*, Oxford University Press, 2016, p. Chapter 8.

[163] Henri JM Claessen, *Was the State Inevitable*?, 1 Social Evolution & History 101, p. 104 (2002).

[164] Joseph A. Tainter, *The Collapse of Complex Societies*, Cambridge University Press, 1988, p. 33.

[165] See Brian Z. Tamanaha, *Understanding Legal Pluralism: Past to Present, Local to Global*, (2008) 30 Sydney Law Review 375.

[166] Oliver Wendell Holmes, *The Gas Stoker's Strike*, 7 American Law Review 582, p. 583 (1873).

已厌恶的负担施加在其他所有人身上”[167]。

财富对法律的影响，在美国当下是非常显而易见的，在这里寻求有利于自己的立法与规制行为的公司和富人通过政治体系投入数十亿美金到游说和竞选活动中；公司利益代表们在政府和行政机构中轮流任职以实现想要的法律目的。[168] 金钱也影响了司法任命。在联邦层面，最近保守的联邦主义者协会(Federalist Society)仅4年内就从未公开的捐赠者中得到两亿五千万美元，已经构建起富有影响力的由经济和社会议题上持有保守立场的法律人构成的网络，这些人被共和党政府大量任命为联邦层面的法官，包括当下最高法院中保守的多数。[169] 在州层面，上百万美元被用于司法选举，其主要来源就是寻求得到州最高法院友好规制的公司。[170]

实用主义者并没有广泛地讨论权力的行使[171]，尽管他们清晰地认识到其重要性。詹姆斯解释说，实用主义者“关注具体和充分的观念，关注事实，关注行动，关注权力”[172]。悲叹美国工业关注经济回报超过任何其他价值的杜威[173]，警示如下“真正且极为严峻的问题”，即“与社会中的经济和法律组织相关的问题，它们导致了规制活动的知识在很大程度上是少数人的垄断，并且被他们用来代表私人与阶级利益，而非一般和共享目的”。[174]

杜威指出，“法律本质上是对强制力使用的一种表述”以服务于工具性目的[175]，并且他极力倡导批判性的研究来区分法律强制力是否以增进(或损害)社会利益的方式得到运用[176]。他批判如下主张，即“强制力单纯由于国家使用这个事实而得以神圣化，或由于它以‘正义’为目的而变得神圣——也即抽象的

---

[167] Oliver Wendell Holmes, *The Gas Stoker's Strike*, 7 American Law Review 582, p. 583 (1873).

[168] See Brian Z. Tamanaha, *Law as a Means to an End: Threat to the Rule of Law*, Cambridge University Press, 2006, Chapter 11.

[169] See Robert O'Harrow and Shawn Boburg, *A Conservative Activist's Behind the Scenes Campaign to Remake the Nation's Courts*, Washington Post, May 21, 2019, https://www.washingtonpost.com/graphics/2019/investigations/leonard-leo-federalists-society-courts/?utm_term=.c0de0e609cfc.

[170] See Brian Z. Tamanaha, *Understanding Legal Pluralism: Past to Present, Local to Global*, 30 Sydney Law Review 375(2008).

[171] 杜威大体上没有明言权力问题，参见 R. W. Hildreth, *Reconstructing Dewey on Power*, 37 Political Theory 780(2009)。

[172] William James, *Pragmatism and the Meaning of Truth*, Harvard University Press, 1975, p. 31.

[173] See John Dewey, *Force and Coercion*, 26 International Journal of Ethics 359, p. 282 – 283.

[174] See John Dewey, *Force and Coercion*, 26 International Journal of Ethics 359, p. 80.

[175] See John Dewey, *Force and Coercion*, 26 International Journal of Ethics 359, p. 367.

[176] John Dewey, *Force and Coercion*, 26 International Journal of Ethics 359, p. 363 – 367.

报应,或被委婉称为'证明法律无罪'的事物"[177]。"如果我们不再思考这个问题,如下事实难道不令人奇怪吗,也即人们应当认为忠诚于'法律'、原则、标准、理念具有内在德性,出于正义而应对此做出解释。"[178]

除承认法律是一种强制力、法律受到社会中权力性因素实质性影响和维系,现实主义理论也承认法律官员和公众支持的理想对于法律具有重要影响。有关法律的理想,特别是法律代表正义和共同善的主张以及诸如自由、平等、正当程序、公正等理念都对评价、批判和改革法律提供了标准。依靠理想,有助于获得更好的社会和法律境况。[179] 在强调理想的社会改善论潜质时,杜威指出,"理想通过将之用作考察、实验、自然运作的选择和联合的工具或方法而得以实现"[180]。法律"是人类福祉与进步的工具和机制"[181]。

法律服务于共同善、社会福利与正义的理想,提出如下相关问题,即如何充实和评价理想的内容与意涵,特别是在面对持久的尖锐分歧时。例如,本文开篇所言,实用主义者批判有关权利或道德的普遍、绝对以及永恒的原则——这种否定似乎取消了人们评价与指引法律的客观标准。

源自实用主义的一系列价值与有效的科学研究相关:挑战既有立场、评价支持性或反驳性证据、陈述彼此竞争的假设、解答问题并考虑批评意见、听取批评意见并思考对立观点。[182] 关于这些研究规范,哲学家希拉里·普特南观察道,"好的科学要求尊重自主性、对称的互惠性以及商谈伦理",这"要求研究的民主化"[183]。这些认知价值由于增进了包括伦理学在内的一切研究领域中知识的获得,与道德价值有所重叠[184],并且可以论证说它们能够被扩展来支持诸如言论自由这样更广泛的价值。[185] 不过我们对规范的提取与科学研究的直接

[177] John Dewey, *Force and Coercion*, 26 International Journal of Ethics 359, p. 363 – 364.

[178] John Dewey, *Force and Coercion*, 26 International Journal of Ethics 359, p. 278.

[179] 有关理想的变革性潜质参见 John Dewey, *Force and Coercion*, 26 International Journal of Ethics 359, p. 120 – 121。

[180] John Dewey, *Force and Coercion*, 26 International Journal of Ethics 359, p. 121.

[181] John Dewey, *Force and Coercion*, 26 International Journal of Ethics 359, p. 194.

[182] 科学研究包含这些价值,但这并不意味着它们都体现在实际科学实践中。

[183] Hilary Putnam, *Pragmatism and Moral Objectivity*, in Martha Nussbaum and Jonathan Glover eds., Women, Cultural, and Development: A Study of Human Capabilities, Oxford University Press, 1995, p. 220 – 221. See also Cheryl Misak, *Dewey on the Authority and Legitimacy of Law*, in Steven Fesmire ed., The Oxford Handbook of Dewey, Oxford University Press, 2019.

[184] See Hilary Putnam, *Pragmatism and Moral Objectivity*, in Martha Nussbaum and Jonathan Glover eds., Women, Cultural, and Development: A Study of Human Capabilities, Oxford University Press, 1995, p. 218.

[185] See Cheryl Misak, *Dewey on the Authority and Legitimacy of Law*, in Steven Fesmire ed., The Oxford Handbook of Dewey, Oxford University Press, 2019, p. 205.

关联越远,它与实用主义的关联就越脆弱。更何况这些认知价值的范围是有限的,无法提供一系列普遍道德原则或有关善的实质性理论。[186] 针对杜威的立场,哲学家阿克塞尔·霍耐特(Axel Honneth)解释道,在古典传统中善作为"生活的最终或绝对目的"这个看法,"预设了一种客观的价值等级序列,这在反思性道德的条件下是不被允许的,其道理很简单,这就是评价生活形式的先天标准已经不复存在"[187]。

庞德认为,法律应当在彼此竞争的社会利益中寻找平衡,"目的是规范人们在满足自己需求的事业中的各项活动,以便能够通过最少的摩擦和浪费让整个需求体系得到满足"[188]。他的观点的不足是显而易见的。并非所有需求都在规范意义上是可欲的或应当被满足的。杜威评价说:"某种事物被得到欲求这个事实,只是提出了其可欲性这个问题;但并没有解决它。"[189] 没有明显的方法来量化或赋予需求或利益以相关权重,因此我们不知道为了最大化总的满足量,如何在彼此竞争的需要之间加以权衡。同样,这些缺陷表明我们需要实质性标准。

实用主义通过一种方法和过程来回应这一明确需要,这就是"实验性工具主义"。[190] 杜威指出,智识上的、实验性的以及渐进式的改良主义认为,我们之间虽然存在不可避免的分歧,但有能力评价结构是否在社会层面是可欲的。改良主义活动——无论是改革法律还是通过法律来变革社会——都必须建立在有关现有社会与法律境况、所追求的社会目标以及提出的不同行动方案的可能结果的经验性的、深思熟虑的论辩之上。参与改革进而观察其结果,提供了有助于评价这些改革可欲性的额外具体信息:人类的痛苦程度下降(或上升)了吗?人们更富裕了吗,如果是的话,是以何种特定方式?人们更贫穷了吗?全盘考虑之后我们是否喜欢这些结果?诸如此类。人们用于这些讨论的大量现有或设想的价值标准,总是可获得的。这涉及有关如下活动的持续过程,即智识探究,实现目标的工具性活动,关注后果,评价结果、方法和理想,行动与目的的调适以及重复。杜威写道,"目标在发展,判断的标准得到提高"。"人们肩负

---

〔186〕 有关杜威思想中缺乏普遍道德原则这一点,参见 Michael Eldridge, Dewey, John, *International Encyclopedia of Ethics*, Wiley Online Liberary, Blackwell Publishing, 2013。

〔187〕 See Axel Honneth, *Between Proceduralism and Teleology: An Unresolved Conflict in Dewey's Moral Theory*, 34 Transactions of the Charles Peirce Society 689, p. 700(1998).

〔188〕 Roscoe Pound, *My Philosophy of Law*, in Julius Rosenthal Foundation ed., My Philosophy of Law—Credos of Sixteen American Scholars, Boston Law Book, 1941, p. 251; Roscoe Pound, *A Survey of Social Interests*, 57 Harvard Law Review 1(1943).

〔189〕 John Dewey, *Reconstruction in Philosophy*, 2nd. ed., Becon Press, 1948, p. 260.

〔190〕 See Richard J. Bernstein, *The Pragmatic Turn*, Polity Books, 2010, at Chapter 5, p. 8.

的发展其最先进标准和理想的责任,与其真诚地运用这些他已然拥有的标准和理想的责任一样大。"[191]在众多未知事物中,特别是社会的彼此关联、含糊暧昧的多重因果、偶然性和随机性、信息局限在有关正义和共同善的真正分歧中居于首要地位,与之相伴的大量复杂性意味着不确定性无法被消除。我们必须付出真诚的努力来做好研究,进而能够使之有效。在评价法律时,"评价的标准就是法律的后果,是法律在社会层面运作时的功能"[192]。

上述过程的一个近切的例子,就是《平价医疗法案》(Affordable Care Act),它受到共和党激烈的反对,众多反对理由中最为重要的就是认为它不必要、太过昂贵且排除了个人选择。有关该法案后果的研究已经表明,未投保的人数比率已经降至历史最低,医疗救治得到提升,医疗费用已经降低,并且人均医疗花费的增长相比法案通过之前已经放缓。[193] 法案中一些条款被证明是非常受公众欢迎的——特别是禁止拒绝承保或增加先前既有保险范围的费用的条款——共和党人承诺即便他们用代之以更好方案的名义来废止法案也会保留这些条款。[194] 政治上的掰手腕无疑还会继续。杜威明白这种冲突是无法避免的,他对民主的无效绝不天真懵懂。"关键是如何回应冲突。这要求想象、智识以及对解决具体问题的承诺。"[195]

实验性工具主义要优于对固定原则或目的的严格遵循,后者无法轻易应对环境随着时间的改变与变迁。所谓的自然法原则、正义以及共同善的基础、内容、解释和运用会受到不间断的影响。认为实用主义由于消除客观价值而使道德权威不复存在的批评是错误的。永恒且普遍的绝对事物无法成立,并不是由于实用主义,而是因为我们存在的局限性和有限性——阿基米德点并不存在。实用主义只是承认这一点,并如先前一样接受道德话语而继续前行,但不会妄想诉诸无法获得的普遍命题。实用主义不会介入有关何种原则(或自明的命题等)是唯一客观正确原则这一已经被消解的争论,相反,它会直接关注给定理想、法律及其现实社会后果的可欲性。

---

[191] John Dewey, *Reconstruction in Philosophy*, 2nd. ed., Beacon Press, 1948, p. 490.

[192] John Dewey, *Reconstruction in Philosophy*, 2nd. ed., Beacon Press, 1948, p. 84.

[193] 相关概述参见 Aviva Aron-Dine, *The Impact of the Administration's Policies Affecting the Affordable Care Act*, Testimony before Congress, February 6, 2019, Center on Budget and Policy Priorities, https://www.cbpp.org/health/impact-of-the-administrations-policies-affecting-the-affordable-care-act。

[194] 目前共和党在国会提出的法案并没有符合这些承诺。See Robert Pear, *Republicans Offer Health Care Bills to Protect Patients (and Themselves)*, April 20, 2019, New York Times, https://www.nytimes.com/2019/04/20/us/politics/pre-existing-conditions-trump-administration.html.

[195] Richard J. Bernstein, *The Pragmatic Turn*, Polity Books, 2010, p. Chapter 5, 84.

身为一名忠实的人文主义者,杜威提供了一个他认为会使人类和社会变得更好的实质目的:“包括法律在内的一切社会制度的‘意义’和‘目的’,就是解放和发展人类个体的能力,而不考虑种族、性别、阶级或经济地位”〔196〕。这是杜威个人所认同的事业(也被许多自由社会中的认识接受),它虽然并非严格源自实用主义所强调的认知价值,但与之一脉相承。〔197〕不过这个价值并不是一个永恒且普遍的价值——这在实用主义者看来是不存在的。在反对白人至上主义者时,杜威并没有通过人类平等的自然法或尊重所有人类的普遍原则。〔198〕相反,通过诉诸得到支持性经验数据与道德论证背书的观点,他指出白人事实上并不优越,种族主义是非理性的,我们应当像尊重自己的种族一样尊重其他种族,种族主义导致他人遭受不正当的痛苦且对社会有害,等等——他进行的与白人至上主义者的讨论,是希望寻找到一个共同基础以说服对信服其所犯的错误。

现实主义法理论对于有关善的理论或道德原则并没有任何独特立场。在现实主义理论中,价值通过四种方式发挥作用。首先,它接受得到实用主义支持的认知价值来获得真理——集体研究、对批评意见和替代性观点的开放、考察支持性与反驳性证据、实验法以及关注后果等。其次,由于价值(类似于权力)对社会和法律至关重要,理论家必须关注对于作为一种描述性或实在性事物的价值(和权力)的自然主义影响,及其不同运用和经验后果——观察有关价值的事实。再次,理论家、社会科学家和其他运用理论的人会受到有关研究何种问题、何种解决方案是可欲的规范性承诺的指引,因此价值影响理论的运用,且理论运用的结果具有价值意涵。最后,实用主义立场,即理论应当以能够使人们处理现存问题的方式得到建构,这本身是现实主义理论所采纳的一种价值取向。现实主义法理论通过增进有关法律之所是以及法律所作所为的理解而符合这一点。

七、结论

法律是人类自然需要和具有下述特征的倾向之间的相互作用,即人类生活

---

〔196〕 John Dewey, *Reconstruction in Philosophy*, 2nd. ed., Beacon Press, 1948, p. 186.

〔197〕 这个目的从根本上与霍耐特认为杜威从其哲学生涯伊始、转向实用主义之前的立场,是一致的,“seeing moral theory as a whole solely as an ethics of self-realization”。See Axel Honneth, Between Proceduralism and Teleology: An Unresolved Conflict in Dewey's Moral Theory, 34 Transactions of the Charles Peirce Society 689, 1998, p. 692. 除之后将“生长”视为一个目的,杜威思想中的一个主要转变就是将自我实现与共同体福祉的增进关联在一起。Ibid., p. 694.

〔198〕 Axel Honneth, Between Proceduralism and Teleology: An Unresolved Conflict in Dewey's Moral Theory, 34 Transactions of the Charles Peirce Society 689, 1998, p. 703.(“在杜威的作品中,没有提到一个能够证立我们为什么有义务在道德上尊重所有人类的原则。”)

在社会群体之中,植根于复杂的历史语境,拥有偶然的和持续变化的制度,受到彼此交织的社会、文化、经济、政治、生态和技术因素的影响,存在彼此冲突的社会利益之间持续不断的斗争、对于权力和理想的服从。这些因素被吸纳入法律知识、制度和实践中,又体现在创造、执行和适用法律的制度之中,后者存在于由行动者构成的更为广泛的社会场景,这些行动者在实现自身的规划中从事着有意义的行动(也包括可能的情况下诉诸与法律共存的其他规则),会带来意料之内或之外的后果。上述整个总体一般而言是稳定的,尽管它历经着持续不断的变化。这便是当我们观察法律的所作所为、人们通过法律的行为、人们如何思考法律并依据它行动以及法律有何后果时,得到的结论。我已经举出许多例子来表明这一理论方法如何提供了与当下分析法学相对立或被其忽略的有关法律的洞见。分析法学被刻画为一种还原论,它很少关注自然因素以及历史或社会语境。透过现实主义理论的视野,法律的领域看起来更为丰富和复杂,有助于理论家和法学家能够更好地处理当下迫切的问题。

本文中提出的立场构成了理解社会中法律的一个整体理论框架。自然主义、历史主义、整体论和社会建构主义都是法律的社会本体论的内容。自然主义关注人类的自然特征与社会要求影响法律和在法律中得以体现的方式;历史主义承认法律是一种在实践上延展的传承物,在随着时间变迁的同时又形塑着当下;整体论强调法律与社会总体彼此相关,受到更广泛的社会、文化、经济、政治、技术和生态环境的形塑与构成;社会建构主义是一种基础性的视角,关注法律官员和人们如何理解和创造法律以及如何依据法律行动。第一项考察根本的自然主义影响以及通过法律的社会命令的发出,第二项和第三项考察时间范围内社会中的法律,第四项是对运行中的法律的特写。他们之所以成为社会本体论的不同内容,是因为每一个都是法律作为一种社会制度的存在条件——更一般来说,也是一切社会制度的存在条件。理解社会中法律这四方面的意涵,在方法论上要求经验科学提供内容支撑。

工具主义、权力和理想并非与上述四者在相同意义上属于法律的社会本体论。权力和理想对于许多法律形态而言至关重要,不过法律工具主义在过往的两个世纪中越来越重要。科学研究指出,上述因素对于社会中的法律而言尤为根本。它们并不是对现实主义理论必须关注议题的排他性或穷尽式罗列。相反,由于它们对法律的重要性以及它们与当代理论家、社会科学家、政府官员、社会改革者以及其他关注法律人士所关注的那些议题和兴趣点尤为相关,它们可被视为现实主义理论的特征。关注这些特征有助于阐明人们挂怀的与法律相关的许多议题。

实用主义告诉我们,理论提供了不同方式来理解和组织这个世界中的事物以便获得知识并推动我们目标的实现。如果一个理论得到运用时被证明是富有成果的,那么它就是有效的,尽管没有理论能够解释一切事物,而且带来不同理解、事实和规范性意涵的替代性理论总是可能出现的。本文提出的现实主义法理论的特征彼此联为一体是因为它们共同适用于社会中的法律这个领域,而且它们提供的理论框架是行之有效的,也即它帮助我们理解法律、批判法律并以之来实现我们的目的。

从鲁迅诉北洋政府教育部案看民国初年行政诉讼程序的设计

郑显文*　张媛媛**

【摘　要】民国初年是中国行政诉讼制度的初创时期，以平政院为代表的北洋政府最高行政审判机构，为了纠正中央行政机关和各省行政公署的违法行为，保障公民、法人或其他组织的合法权利，审理了许多行政诉讼案件，其中以鲁迅诉北洋政府教育部案最为典型。鲁迅诉北洋政府教育部一案，不仅说明民国初年民众的法律意识有了明显的提高，也表明当时最高的行政审判机关平政院能够克服各种行政势力的干涉，依法行政，独立行使审判权，公正裁判，维护行政相对人的合法权利。北洋政府时期行政诉讼制度的设计具有一定的合理性，对于完善目前我国的行政诉讼制度也具有重要的借鉴价值。

【关键词】北洋政府　平政院　行政诉讼

行政诉讼是通过诉讼程序解决行政争议，为行政相对人提供一条纠正行政机关违法行为、保护自身合法权益的法律救济途径。行政诉讼，民间俗称“民告官”的制度。关于行政诉讼的起源，一般认为它是近代法制发展到一定阶段的产物。众所熟知，中国古代司法和行政混同，没有专门的行政诉讼制度；欧洲中古时期，行政司法也不分，没有行政诉讼程序。近代行政诉讼机构的设置，始于法国，从 1790 年，法国行政权与司法权分离，“始有行政审判院（Tribunaux Administratifs）之制度，而以参事院司最终之裁决”。行政审判的性质是“保护人民公权，救济行政违法之一机关”。〔1〕 到 1872 年，法国行政法院的设置更为

---

* 郑显文，北京航空航天大学法学院教授，博士生导师。

** 张媛媛，北京航空航天大学法学院博士生。

〔1〕 参见张葆彝：《平政院制度之研究》，载《宪法新闻》1913 年第 15 期。

完善,下设诉讼庭、特别诉讼庭和全院合议庭三个组织机构。[2] 继法国之后,德国于1863年在巴登开始设立了第一个行政法院,1875年大公国黑森州在达姆施塔特建立了行政法院。但近代德国的行政法院没有法国那样具有充分的裁量权,"即在上是独立的法院,在下是内部的行政监督"[3]。

中国近代行政诉讼制度的设计大致可以追溯到清末。清朝末年,许多法学杂志对日本的行政诉愿和行政诉讼制度作了较为详细的介绍,发表了许多研究成果。1906年,在《北洋法政学报》第3期上刊载了吴兴让翻译的《日本行政裁判法及诉愿法》,使中国法学界对行政诉愿和行政诉讼制度有了初步了解。1906年,清朝政府拟定了《行政裁判院官制草案》共21条,指出,"今各国有行政裁判院,凡行政各官之办理违法致民人身受损害者,该院得受其呈控而裁判其曲直"[4]。光绪三十四年(1908年),编查馆与资政院会奏《宪法大纲暨议院法选举法要领及逐年筹备事宜折(附清单二)》,在所附的《逐年筹备事宜清单》中,拟于预备立宪第六年"设立行政法院",由会议政务处、宪政编查馆同办。[5] 清朝末年试图仿效德、日等国的模式来构建行政法院系统,因办事拖延一直没有设立。一直到清朝灭亡,这一计划也未及实施。[6]

中国近代行政诉讼制度的构建是在1912年中华民国成立后。1914年3月31日,北洋政府颁布了《平政院编制令》,平政院正式宣告成立。此后又颁布了《行政诉讼条例》《行政诉讼法》《诉愿法》《纠弹法》等一系列的行政诉讼法律,初步构建了民国初年的行政诉讼法体系。据学者黄源盛教授统计,从1915年至1928年,经过平政院裁决的行政案件有187件。[7] 1925~1926年,发生了一场最著名的行政诉讼案件,即时任教育部佥事周树人(鲁迅)向平政院起诉以章士钊为代表的北洋政府教育部的行政诉讼案,该案也是中国近代历史上"民告官"的经典案例。关于北洋政府时期的行政诉讼制度和鲁迅诉北洋政府教育部一案,已有许多学者进行过探讨。[8]

---

〔2〕 参见《法国之平政院》,载《外交部公报》1931年第12期。

〔3〕 [德]乌维·维瑟尔:《欧洲法律史》,刘国良译,中央编译出版社2016年版,第536~541页。

〔4〕 上海商务印书馆编译所编纂:《大清新法令》(第1卷),商务印书馆2010年版,第701~702页。

〔5〕 参见故宫博物院明清档案部编:《清末筹备立宪档案史料》(上),中华书局1979年版,第65页。

〔6〕 参见宋玲:《民国行政诉讼制度研究》,中国政法大学出版社2015年版,第65页。

〔7〕 参见黄源盛:《民初大理院与裁判》,台北,元照出版有限公司2011年版,第382页。

〔8〕 参见李启成:《清末民初关于设立行政裁判所的争议》,载《现代法学》2005年第5期;张生:《中国近代行政法院之沿革》,载《行政法学研究》2002年第4期;聂鑫:《平政院裁判与近代中国文官保障制度的司法实践》,载《华东政法大学学报》2017年第2期;葛涛:《鲁迅诉章士钊的诉状与互辩书考辨——兼谈章士钊的两则佚文》,载《鲁迅研究月刊》2004年第9期;殷啸虎、李红平:《鲁迅状告民国教育部行政诉讼案》,载《中国审判》2014年第2期等。

笔者通过对鲁迅诉北洋政府教育部一案进行分析,试图深入探究民国初年中国行政诉讼制度的运转情况,进而对当前我国行政诉讼制度的完善提出有益的借鉴经验。

一、民国初年行政诉讼制度的构建及"民告官"现象的兴起

民国初年的北洋政府时期,是中国近代行政诉讼法制的初创时期。1912年1月南京临时政府刚一成立,时任法制局局长宋教仁就草拟了《中华民国临时政府组织法草案》,第一次提出了设立平政院的构想,其中第14条规定,"人民得诉讼于法司求其裁判,其对于行政官署违法损害权利之行为,则诉讼于平政院"[9]。孙中山先生在南京临时政府成立后,同意将受理行政诉讼的机关命名为"平政院"。在同年3月制定的《中华民国临时约法》中,再次提到制定行政诉讼法和设立行政诉讼的机构平政院,《中华民国临时约法》第10条规定,人民对于官吏违法损害权利之行为,有陈诉于平政院之权。1912年4月袁世凯上台后,便着手建立行政诉讼法制,在不到三年的时间里,北洋政府就初步制定了《诉愿法》、《行政诉讼法》和《纠弹法》,初步建成了民国初年的行政诉讼体制。

(一)民国初年行政诉讼制度的建立

关于民国初年的行政诉讼,存在是采用法国、德国、日本的二元制还是采用英国、美国的一元制模式的争议,1914年袁世凯颁布《中华民国约法》,正式确立了独立于普通司法审判机关外的行政审判机构平政院。[10] 1914年3月31日,袁世凯以第39号教令的形式公布了《平政院编制令》。根据《平政院编制令》的规定,"平政院直隶于大总统,察理行政官吏之违法不正当行为,但以法令属特别机关管辖者,不在此限"。根据《行政诉讼条例》的规定,平政院设院长一人,指挥监督全院事务,下设三庭,每庭以平政院评事一人为庭长。"平政院审理权,以平政院评事五人组织之庭行之;前项之评事,每庭须有由司法职出身者一人或二人。"[11]依据《平政院编制令》,北洋政府成立了中国历史上第一个行政诉讼审判的机构平政院,1914年3月31日,汪大燮正式出任平政院院长。汪大燮在平政院的任职时间很短,不足两个月。[12] 此后,周树模、钱能训、熊希龄、夏寿康、张国淦、胡惟德都曾担任过平政院院长一职,汪大燮也于1922年再次被任命为平政院院长。[13]

---

〔9〕《中华民国临时政府组织法》,载《左海公道报》1912年第23期。

〔10〕参见李启成:《清末民初关于设立行政裁判所的争议》,载《现代法学》2005年第5期。

〔11〕《平政院编制令》,载《内务公报》1914年第7期。

〔12〕参见胡译之:《平政院评事、肃政史选任及履历考论》,载《青海社会科学》2016年第2期。

〔13〕参见王贵松:《民初行政诉讼法的外国法背景》,载《清华法学》2015年第2期。

平政院评事的选任有严格的限制。选任的方式有密荐和选拔两种形式,任职者须年满30岁,“任荐任以上行政职三年以上著有成绩者;任司法职二年以上著有成绩者”。根据《平政院编制令》第18条的规定,平政院院长、各部总长、大理院院长及高等咨询机关、各省长官等都有密荐人选的资格。从平政院院长和评事的学历、经历来看,可称得上是一时之选。除学历、经历不明者10人外,其余出身传统科第者有23人,获得进士功名者12人,获得举人者8人;而有国外留学或游学阅历者11人,其中10人学术专长与法律背景相关,甚至有一人获得德国法学博士学位,9人东渡日本习法政者。[14]

根据《平政院编制令》第6条的规定,平政院设肃政厅,肃政厅设肃政史,主要职责是“于人民未陈诉之事件,得依《行政诉讼条例》之规定对于平政院提起行政诉讼”,“依纠弹条例纠弹行政官吏之违反宪法、行贿受贿、滥用威权、玩视民瘼事件”。[15]

1914年5月1日,袁世凯颁布了《中华民国约法》,以根本法的形式确立了平政院的职权,其中第8条规定,人民依法律所定,有请愿于行政官署及陈诉于平政院之权。同年5月17日,北洋政府公布了《行政诉讼条例》(共35条)、《诉愿条例》(共19条)。[16] 同年6月8日,袁世凯又以第79号教令的形式公布了《平政院裁决执行条例》(共5条),主要是对行政诉讼案件如何执行的问题作了详细说明,其中规定,“行政诉讼事件之执行,对于官署违法之命令或处分,得取消或变更之”。行政诉讼事件经过评事审理裁判后,由平政院长呈报大总统,批令主管官署遵照执行。如果行政官署不按照平政院裁决执行,可由肃政史提起纠弹,“请付惩戒”。[17] 1914年6月21日,北洋政府又颁布了《平政院各庭评事兼代办法》(共4条),规定“第一庭序列第二之评事有事故时,以第二庭序列第二之评事兼代之;第二庭序列第二之评事有事故时,以第三庭序列第二之评事兼代之”[18]。

1914年7月20日,参政院(代行立法院职权)对《行政诉讼法》、《诉愿法》和《纠弹法》这三部法案进行了审议,三读通过了上述法案。1914年8月10日,

---

〔14〕 参见黄源盛:《平政院裁决书整理与探讨》,载黄源盛:《民初大理院与裁判》,台北,元照出版有限公司2011年版,第375页。

〔15〕 《平政院编制令》,载《内务公报》1914年第7期。

〔16〕 参见教令第68号、第69号,载《政府公报》第729号,中国第二历史档案馆整理编辑:《政府公报》(第29册),中国书店1988年版,第84~91页。

〔17〕 参见商务印书馆编译所:《中华民国法令大全》第十二类《平政院裁决执行条例》,上海商务印书馆1915年版,第9页。

〔18〕 商务印书馆编译所:《中华民国法令大全》第三类《平政院各庭评事兼代办法》,上海商务印书馆1915年版,第153页。

北洋政府又以第 115 号教令的形式公布了《平政院处务规则》(共 36 条)。这些法律法规的制定和实施,初步构建了北洋政府时期的行政诉讼、行政复议和行政监察体制,为民国初年行政诉讼法的实施提供了程序保障。

1914 年 7 月颁布的《行政诉讼法》共有 35 条,对于平政院受理案件的范围、诉讼程序、行政裁决的执行等内容做了明确规定。例如,其第 1 条规定,“人民对于左列各款之事件,除法令别有规定外,得提起行政诉讼于平政院。一、中央或地方最高级行政官署之违法处分,致损害人民权利者。二、中央或地方行政官署之违法处分,致损害人民权利,经人民依《诉愿法》之规定,诉愿至最高级行政官署不服其决定者”。平政院审理行政案件的程序是:平政院受理案件后,须把诉状副本及其他副本送交给被告,并制定期限,令其提出答辩书。平政院收到被告的答辩书后,把被告的答辩书交给原告。平政院认为有必要时,制定期限,令原告、被告以书状为第二次相互答辩。在被告提出答辩书后,制定日期,传原、被告及参加人出庭对审,审理应行公开,但庭长认为有必要时,得禁止旁听。“平政院审理行政诉讼事件,以各庭出席评事过半数议决之”,原告、被告或参加人不到庭对审时,审理不因此中止。审理结束后,“须具裁决理由书,由评事、书记官署名钤章,并另用缮本,发交原告、被告及参加人”〔19〕。凡经过平政院裁决后,不得请求再审。

1914 年 7 月,北洋政府颁布的《诉愿法》共有 18 条。诉愿主要是针对中央或地方行政官署之违法处分、不当处分,损害人民利益的行为,向原处分行政官署的直接上级行政官署提起诉愿。“已诉愿后,不服其决定者,得向原决定行政官署之直接上级行政官署再提起诉愿。”若“人民对于中央或地方行政官署之违法处分,诉愿至中央或地方最高级行政官署,不服其决定者,得向平政院提起行政诉讼”。〔20〕北洋政府时期的诉愿制度,与目前我国的行政复议制度十分类似,“复议”和“诉愿”两词表达不同,大意则同。

1914 年 7 月,北洋政府还颁布了《纠弹法》(共 13 条)。按照《纠弹法》的规定,肃政厅的肃政史依其职权,对于国家官吏违反宪法事件、行贿受贿事件、营私舞弊事件、溺职殃民事件等违法行为,可直接呈大总统弹劾之,大总统对于弹劾事件认为应予审理,交平政院审理。制定《纠弹法》的目的是预防中央或地方行政官署违法处分损害其权利,人民“过期未提起诉讼”,肃政史“于过期后 60

---

〔19〕 商务印书馆编译所:《中华民国法令大全》第十二类《行政诉讼法》,上海商务印书馆 1915 年版,第 1 ~ 5 页。

〔20〕 参见商务印书馆编译所:《中华民国法令大全》第十二类《诉愿法》,上海商务印书馆 1915 年版,第 6 页。

日内,亦得提起行政诉讼”。[21]

从1912年1月中华民国成立到1914年8月,在不到三年的时间里,北洋政府先后颁布了《平政院编制令》《行政诉讼条例》《行政诉讼法》《平政院处务规则》等一系列的行政法律法规,初步建立了民国初年的行政诉讼法体系。

(二)民国初年“民告官”行政诉讼现象的兴起

在民国初年北洋政府时期,“民告官”类的行政诉讼现象十分突出,探究其原因,除在民国初年已构建了较为完善的行政诉讼法体系,还有如下几方面的因素:

首先,在1912年中华民国成立后,随着民主共和观念和主权在民思想逐渐深入,普通民众对政府的态度已发生了重大转变。当民众的权利受到侵害时,许多民众知道利用行政诉讼手段来维护自身权益。在民国初年历次颁布的宪法性文件中,都明确规定了民众提起行政诉讼的权利。例如,1912年《中华民国临时约法》第10条规定,人民对于官吏违法损害权利之行为,有陈诉于平政院之权。在1922年湖南省制定的《湖南省宪法》第17条也规定,人民有陈诉于行政官署之权。

民国初年民权观念的兴起,也为行政诉讼的发展提供了良好的社会基础。1924年3月,孙中山先生在《三民主义》一书中,对民权的含义做了全面概述,他认为一个民主的政权,民众需要拥有四种权利,即选举权、罢免权、创制权、复决权,“人民能够实行四个民权,才叫作全民政治”[22]。谢瀛洲曾对民权的价值做了分析,指出“纯粹的直接政府,及纯粹的代表政府,均非良好的制度。所以中山先生的民权主义,不主张由人民直接行使立法、行政、司法各种大权,亦不主张以一切政治大权完全授之于人民的代表,而主张将国家的政治大权分成政权与治权两部,以治权,即立法权、行政权、司法权、监察权、考试权,授之于政府,以政权,即选举权、罢免权、创制权、复决权,保留于人民”[23]。张东荪也认为,“自国体改步以来,滔滔者以为共和国以民为本位,非扩张民权不可也。天下大逆不道者,莫抗民权”[24]。民国初年民权观念的出现,直接促使国家各级行政机关依法行政。

其次,在民国初年,随着法学教育的兴起,社会上出现了一大批高素质的法律职业队伍。清末民初,中国由专制走向共和,立法、司法和行政各部门都急需

---

[21] 参见谢振民编著,张知本校订:《中华民国立法史》(下册),中国政法大学出版社2000年版,第1051页。

[22] 孙中山:《三民主义》,载尚明轩主编:《孙中山全集》(第1卷),人民出版社2015年版,第469页。

[23] 谢瀛洲:《民权主义的价值》,载《国民革命》1926年版,第68页。

[24] 张东荪:《余之民权观》,载《庸言》1913年第12期。

法律人才,法学教育逐渐兴盛。以1919年为例,全国国立、私立以及各省公私立大学有37所设立法政科,在校学生8493人,毕业生有25,030人。[25] 许多留学生到国外学习西方先进的法律文化,学成毕业后归国,成为民国初年司法界的中坚力量。例如,著名法学家戴修瓒曾赴日留学,回国后历任北京法政大学法律系主任,京师地方检察厅检察长。1926年“三·一八”惨案发生后,时任京师地方检察厅检察长的戴修瓒以段祺瑞非法杀人,律当论抵,签署拘票,命法警前往逮治。[26] 著名法学家吴经熊于东吴大学法学院毕业后留学美国获得密歇根大学法学博士学位,1927年1月1日担任上海法院的法官,他任职期间,秉公执法,认为“一个法官必须像一个处女那样认认真真地保卫她的贞洁”(A judge is like a virgin who must guard her chastity with the utmost jealousy)[27]。

在北洋政府平政院的历任院长和评事中,他们都有丰富的法学专业知识背景。平政院首任院长汪大燮于1905年任驻英公使,1907年担任考察宪政大臣出访英、日、德等国,1910年6月“进考察英国宪政编辑各书”;邵章,毕业于日本法政大学速成科,[28]后担任湖北法政学堂的监督和北京法政专门学校的校长。在已知的平政院评事中,范熙壬,毕业于日本帝国大学法科;贺俞,毕业于日本法政大学;马德润,毕业于德国柏林大学法科;王耒,毕业于日本法政大学;杨彦洁,毕业于日本关西大学法科;周贞亮,毕业于日本法政大学等。著名法学家陈顾远于1916年考入北京大学预科,1920年参加文官考试,以优等中试分发平政院为后补书记官。[29] 这些平政院的审判官大都受到过先进的法律知识教育,他们在民国初年的行政审判中大都能够做到审判公正。

最后,北洋政府时期“民告官”类的行政诉讼案件频发,也与当时新闻媒体的大力宣传有关。民国成立之初,全国各地创办了许多报纸、杂志,这些新闻媒体对许多行政诉讼案件进行追踪报道。例如,在1916年的《中华全国商会联合会会报》第3卷第9、10期刊登了罗国瑞陈诉交通部总长擅退部员一案,并报道了平政院的裁决结果:“交通部之处分变更之”[30]。《法律周刊》是民国初年重要的法学杂志,其中刊载了许多平政院的裁判文书,如在1923年第5期刊登了

---

〔25〕 参见汤能松等编著:《探索的轨迹:中国法学教育发展史略》,法律出版社1995年版,第241页。

〔26〕 参见李贵连等编:《百年法学:北京大学法学院院史(1904—2004)》,北京大学出版社2004年版,第112页。

〔27〕 吴经熊:《超越东西方》,周伟驰译,社会科学文献出版社2002年版,第131页。

〔28〕 参见胡译之:《平政院评事、肃政史选任及履历考论》,载《青海社会科学》2016年第2期。

〔29〕 参见范忠信:《陈顾远先生对中国法律史学术的出色贡献》,载范忠信等:《中国文化与中国法系:陈顾远法律史论集·代序》,中国政法大学出版社2006年版,第2~3页。

〔30〕《中华全国商会联合会会报》1916年第9、10期。

京兆宝坻县农民李昆等陈诉京兆尹公署的《平政院裁决书》全文；在1924年第30期刊登了黑龙江大赉县商会因农安县署征收过路粮捐不服财政部处分而提起行政诉讼案的裁判文书。甚至民国初年的佛教期刊对平政院的判决也十分关注，在1925年《海潮音》第6卷第5期刊登了僧人空华等控告安徽省长公署的行政诉讼案，对裁判的结果做了如下报道："安徽省长公署之决定变更之"[31]。

总之，在民国初年，民权观念的兴起和法律职业群体的形成，改变了社会民众对传统官民关系的认识，提高了民众的权利意识，推动了民国初年行政诉讼制度的发展。1925年鲁迅诉北洋政府教育部一案，就是在这样的社会背景下发生的。

二、鲁迅诉北洋政府教育部案的行政诉讼程序解析

在民国初年北洋政府统治时期，北京司法界发生了一场著名的行政诉讼事件，即时任教育部总长章士钊下令免除教育佥事周树人(鲁迅)的职务，周树人向最高行政诉讼机关平政院提起了行政诉讼。经过平政院的审理，该案件以鲁迅胜诉而告终。

(一)鲁迅诉北洋政府教育部案的缘起

1924年年初，北洋政府教育部任命从美国留学回来的杨荫榆为北京女子师范大学(以下简称女师大)校长。杨荫榆任职后，在管理上采取简单粗暴的方式，限制学生的自由，引起了广大师生的不满。1924年秋季，南方发大水及江浙战乱，致使部分南方学生没有按时返校。杨荫榆决定整顿校风，严厉处置了三名国文系的学生，此事引起了广大师生的不满。女师大学生会召开全校学生紧急大会，决定驱逐杨荫榆，不承认她为女师大的校长。

1925年4月，章士钊被北洋政府任命为教育总长，他多方选聘女师大校长未果，认为杨荫榆"能力虽嫌薄弱，然为人诚实纯正，实女界中之翘楚"，决心让其留任。1925年5月9日，杨荫榆主持召开校评议会大会，商讨开除蒲振生、张平江、刘和珍、许广平等7名学生会干部，此举更加引起了学校师生的不满，杨荫榆害怕学生声讨，到女师大附属学校躲避，愤怒的学生将其办公室和宿舍贴上封条。同年8月初，事态发展更加严重，杨荫榆竟让政府出动军警、对学校断水断电，勒令学生离校。在全国各地高校师生的支援下，北洋政府执政段祺瑞于1925年8月3日宣布允许杨荫榆辞职，调教育部另行任用。

就在北京女师大发生学潮时，鲁迅正在该校兼任教职，讲授《中国小说史略》和文艺理论课程。1925年8月6日，章士钊在国务会议上向段祺瑞执政府

---

[31] 《平政院裁决书》，载《海潮音》1925年第5期。

递交了《停办北京女子师范大学呈文》,于 8 月 8 日在章士钊主办的《甲寅》周刊全文发表。笔者查找了《停办北京女子师范大学呈文》,内容如下:“呈为国立大学,师生互閧,纷争难理。拟恳查照美术专门学校成例,将该大学暂行停办,以资整顿而维风纪事”[32]。1925 年 8 月 10 日,章士钊遵照临时执政的命令,下令停办国立女子师范大学。

教育部停办北京女师大的消息发布后,女师大的学生公举 9 位教师和 12 位学生成立校务维持委员会,鲁迅于 1925 年 8 月 10 日被公举为校务维持委员会委员。同年 8 月 12 日,章士钊向临时执政段祺瑞递交了呈请免去周树人教育部佥事职务的免职书,在鲁迅本人保存的抄件中,可以看到其中的内容:“敬折呈者,窃查官吏服务,首先恪守本分,服从命令。兹有本部佥事周树人,兼任国立女子师范大学教员,于本部下令停办该校以后,结合党徒,附和女生,倡设校务维持会,充任委员。似此违法抗令,殊属不合,应请明令免去本职,以示惩戒(并请补交高等文官惩戒委员会核议,以完法律手续)。是否有当,理合呈请　鉴核施行。谨呈　临时执政　十二(原文为‘五’,后改为‘二’)日”[33]。同年 8 月 13 日,北洋政府发布了《临时执政令》:“署教育总长章士钊呈请将佥事周树人免去本职,应照准此令”[34];8 月 14 日,鲁迅知道了免职的消息,这在鲁迅的日记中有所记述:“十四日,晴。我之免职令发表”[35]。

鲁迅在得知被撤职消息的次日,就亲自着手草拟起诉教育部的诉状。根据鲁迅的学生尚钺回忆:“在先生被撤职的次日,我去看他。当我走进小书斋时,他正在草拟起诉书。”[36]在鲁迅给台静农的信中,也提到向平政院提起行政诉讼之事,他说:“这次章士钊的举动,我倒并不为奇,其实我也太不像官,本该早被免职的了。但这是就我自己一方面而言。至于就法律方面讲,自然非控诉不可,昨天已经在平政院投了诉状了”[37]。1925 年 8 月 15 日《京报》发表的《周树人免职之里面为女师大问题》一文中,也提到“教育部佥事周树人,系浙江绍兴籍,现兼任北大及女师大教授……闻周已预备控诉书,内即可向平政院呈递”。

(二)鲁迅诉北洋政府教育部案的诉讼内容

关于鲁迅起诉北洋政府教育部的起诉状,原件没有保存下来。在清末和民

---

〔32〕 章士钊:《停办北京女子师范大学呈文》,载《甲寅》(周刊)1925 年第 4 期。

〔33〕 葛涛:《鲁迅诉章士钊的诉状与互辩书考辨——兼谈章士钊的两则佚文》,载《鲁迅研究月刊》2004 年第 9 期。

〔34〕 《临时执政令》(8 月 13 日),载《江苏教育公报》1925 年第 8 期。

〔35〕 《鲁迅全集》(第 15 卷),人民文学出版社 2005 年版,第 577 页。

〔36〕 尚钺:《怀念鲁迅先生》,载巴金等:《鲁迅回忆录》(二集),上海文艺出版社 1979 年版,第 196 ~ 197 页。

〔37〕 《鲁迅全集》(第 11 卷),人民文学出版社 2005 年版,第 513 页。

国时期,对行政诉讼的诉状有严格要求。早在清末光绪三十三年(1907),《法部等会奏京师各级审判厅由部试办诉讼状纸折》中指出,“近世东西各国,亦于诉讼书类,均莫不有法定状式,以为之程”。为了规范诉讼状纸,“应由臣部督饬官设印刷局所,照式制造,分别发由臣院暨高等以下各级审判厅,听民购用”[38]。北洋政府时期,对于行政诉讼的起诉书也有严格要求,1914年7月颁布的《行政诉讼法》第15条明确规定:“行政诉讼之诉状,应载明左列各款,由原告或代理人署名签押。一、原告之姓名、年龄、职业、住址。若原告为法人,则其名称及住址。二、被告之行政官署及其他被告。三、告诉之事实及理由。四、证据。五、年月日。有证据书状者,须添具缮本。其一已经诉愿者,须附录诉愿书及决定书”[39]。1914年,平政院院长汪大燮颁发了《平政院通示及诉讼缮写方法》,行政诉讼的诉状须缮写原告、被告代理人的姓名、年龄、职业、住址,告诉之事实及理由,证据目录(图式账册及官私文书原本或誊本另附),告诉时间、陈诉人署名签押等内容。因中国地域广阔,若由中央颁布统一印制行政诉状,“一时恐难普及,人民购买维艰。本部为诉讼便利起见,兹特订定此项诉状缮写方法,广登官商各报,俾众周知”。[40]

鲁迅长期担任国家公职人员,加之在被免职后,许多从事司法事务的朋友来探望他,这其中便有鲁迅塾师寿镜吾先生的次子寿洙邻。寿洙邻时任平政院记录科主任兼文牍科办事书记,他对行政诉讼的诉状书写十分清楚,其在鲁迅起诉教育部的行政诉讼中应起到了重要的作用。

在北洋政府的档案《平政院裁决书》中,记录了鲁迅的“原告陈述要旨”,笔者认为应是鲁迅起诉书的主要内容,现抄录如下:“树人充教育部佥事已十有四载,恪恭将事,故任职以来,屡获奖叙。讵教育总长章士钊竟无故将树人呈请免职,查文官免职系属惩戒处分之一,依《文官惩戒条例》第18条之规定,须先交付惩戒,始能依法执行,乃竟滥用职权,擅自处分,无故将树人免职,并违《文官惩戒条例》第1条及《文官保障法草案》第2条之规定,此种违法处分,实难缄默”[41]。

鲁迅提起行政诉讼的主要内容,着重陈述了被教育部免职的理由不合法,

---

[38] 《法部等会奏京师各级审判厅由部试办诉讼状纸折》,载怀效锋主编:《清末法制变革史料》(上卷),中国政法大学出版社2010年版,第413页。

[39] 商务印书馆编译所:《中华民国法令大全》第十二类《行政诉讼法》,上海商务印书馆1915年版,第2页。

[40] 参见《浙江巡按使公署饬第七百八十一号:饬各县知事广行印刷平政院诉状张贴由》,载《浙江公报》1914年第869期。

[41] 黄源盛纂辑:《平政院裁决录存》,台北,五南图书出版股份有限公司2007年版,第995~996页。

法律依据包括:其一,原告担任教育部佥事14年,屡获奖叙,并非任职不合格,教育部总长章士钊无故将其免职,违反《文官保障法草案》第2条规定:"凡文官非受刑法之宣告,惩戒法之处分,及依据本法,不得免官"[42]。其二,按照《文官惩戒条例》的规定,免除国家公务人员,应先交付惩戒,然后依法免职。今教育部没有对鲁迅先期交付惩戒,违反了《文官惩戒条例》第1条的规定:"文官非据本条例不受惩戒"[43]。

(三)鲁迅诉北洋政府教育部的诉状及原告、被告双方的辩词

根据1914年《行政诉讼法》第20条的规定,"受理之诉讼,其诉状副本及其他副本,须发交被告,并指定期限,令其提出答辩书"[44]。在原鲁迅博物馆中,存有平政院开具的诉讼收据,内容如下:

> 平政院收据
> 今收到周树人　付正诉状 一件　附△件
> 中华民国十四年八月廿二日

从这份收据中可知,鲁迅向平政院首次提交起诉书的时间是1925年8月22日。

北洋政府时期的行政诉讼实行立案审核制,行政诉讼须经平政院的审查,若认为不应受理时,须附具体理由加以驳回。例如,诉状不符合法定程式,发回原告,令其在一定期限内改正。在未送达被告之前,原告可再提交追加理由。在原鲁迅博物馆内保存了平政院1925年9月5日的收据[45]:

> 平政院收据
> 今收到周树人　正诉状一件 附△件
> 中华民国十四年九月五日。

根据被告的答辩书记述:"至追加理由所称本部呈请执政将周树人免职稿件颠倒日月一节,实因此项免职事件情出非常,本部总长系于十二日面呈执政,

[42] 《文官保障法草案》,载《民国汇报》1913年第2期。

[43] 大总统令(中华民国七年一月十七日)第3号教令《文官惩戒条例》,载北洋政府《政府公报》1918年第715期。

[44] 商务印书馆编译所:《中华民国法令大全》第十二类《行政诉讼法》,上海商务印书馆1915年版,第3页。

[45] 笔者到鲁迅博物馆查阅原件,管理人员告知上述资料已移交他处。参见葛涛:《鲁迅诉章士钊的诉状与互辩书考辨——兼谈章士钊的两则佚文》,载《鲁迅研究月刊》2004年第9期。

即日明令发表,随后再将呈稿补发存案。”由此推断,1925 年 9 月 5 日平政院的收据是鲁迅向平政院递交的补充内容,主要是追加对章士钊“颠倒日期”的指控。[46]

1925 年 9 月 12 日,平政院以第 172 号文书的形式对鲁迅的行政诉讼正式立案,并下发了立案通知书,内容如下:

> 平政院批第壹柒贰号
>
> 原具状人　周树人
>
> 状一件,因不服教育部免职之处分等情由。状悉,据称因不服教育部违法免职之处分,提起行政诉讼等情。案经本院审查与行政诉讼相符,堪予受理。仰候将诉状副本咨送被告官署,依法答辩。此批。
>
> 中华民国十四年九月十二日。

根据 1925 年《平政院征收行政诉讼费用规则实行细则》第 3 条的规定,“凡诉讼费用迳缴本院行政诉讼费用征收处,给予收据”[47]。1925 年 8 月 31 日,鲁迅上午到平政院缴纳诉讼费 30 元,这在鲁迅的日记中有明确的记述。[48] 1926 年 3 月 16 日,鲁迅又收到了平政院缴纳裁决书送达费的通知,并于 3 月 17 日,往平政院缴纳裁决送达费 1 元。

鲁迅起诉北洋政府教育部后,由平政院把原告的诉状副本及其材料转交给被告,以章士钊为代表的被告教育部做了答辩词。在平政院的最后判决文书中,节选了被告答辩词的主要内容,笔者摘录如下:

> 本年八月十日,本部遵照执政训令停办国立女子师范大学,当委部员刘百昭等前往接收,不意本部佥事周树人,原系社会司第一科科长,地位职责均极重要,乃于本部执行令准停办该校,正属行政严重之时,竟敢勾结该校教员、捣乱分子及少数不良学生,谬托校务维持会名义,妄有主张,公然与所服务之官署悍然立于反抗地位。据接收委员报告,入校办公时亲见该员盘踞校舍,集众开会,确有种种不合之行为。又该伪校务维持会,擅举该员为委员,该员又不声明否认,显系有意抗阻本部行政,既情理之所难容,亦法律所不许。查《官吏服务令》

〔46〕 参见葛涛:《鲁迅诉章士钊的诉状与互辩书考辨——兼谈章士钊的两则佚文》,载《鲁迅研究月刊》2004 年第 9 期。

〔47〕《平政院征收行政诉讼费用规则实行细则》,载《上海律师公会报告书》1924 年第 14 期。

〔48〕 参见《鲁迅全集》(第 15 卷),人民文学出版社 2005 年版,第 578 页。

第一条:"凡官吏应竭尽忠勤,从法律命令,以行职务。"第二条:"长官就其监督范围以内发布命令,属官有服从之义务。"第四条:"属官对于长官所发命令,如有意见,得随时陈述。"第二十九条:"凡官吏有违上开各条者,该管长官依其情节轻重,分别训告,或付惩戒。"[49]规定至为明切。今周树人既未将意见陈述,复以本部属官不服从本部长官命令,实已违反《官吏服务令》第一、第二、第四各条之规定。本部原拟循例呈请交付惩戒,乃其时女师大风潮形势最剧,形势严重,若不即时采取行政处分,一任周树人以部员公然反抗本部行政,深恐群相效尤,此项风潮愈演愈恶,难以平息。不得已于八月十二日呈请执政将周树人免职,十三日由执政明令照准,此周树人免职经过之实在情形。

根据《行政诉讼法》第22条的规定,"平政院认为有必要时,得指定期限,令原告、被告以书状为第二次相互之答辩"[50]。在平政院的判决文书中,记录了鲁迅第二次提交的互辩内容,鲁迅从四个方面对被告教育部的答辩书做了反驳:"一、查该部称周树人以部员资格,勾结该校教员及不良学生妄有主张等语,不明言勾结何事,信口虚捏,全无事实证据,树人平日品性人格,向不干预外事,社会共晓,此次女师大应否解散,尤与树人无涉,该部对于该校举动是否合宜,从不过问,观答辩内有周树人既未将意见陈述一言可知。树人在女师大担任教员,关于教课,为个人应负之责,若有团体发表事件,应由团体负责,尤不能涉及个人。二、该答辩称:据接收委员会报告,入校办公时亲见该员盘踞校舍,集众开会,确有种种不合之行为云云。试问报告委员何人?报告何在?树人盘踞何状?不合何事?概未言明,即入人罪?答辩又称:该伪校务维持会擅举该员为委员,该员又不声明否认,显系有意抗阻本部行政。查校务维持会公举树人为委员系在八月十三日,而该部呈请免职据称在十二日,岂预知将举树人为委员,而先为免职之罪名耶?况他人公举何人,何能为树人之罪?三、《官吏服务令》第二条:"长官就其监督范围以内发布命令,属官有服从之义务,但有左列各项情形者不在此限。"树人任教育部佥事,充社会教育司第一科科长,与女师大停办与否,职务上毫无关系,乃反以未陈述意见指为抗违命令,理由何在?且又以未陈述意见即为违反《官吏服务令》第一、第二、第四等条,其理由又安在?殊不可解。四、该答辩书谓本部原拟循例呈请惩戒,乃其时女师大风潮最剧,形势严重,若不即时采取行政处分,一任周树人以部员公然反抗本部行政,深恐群相效

[49] 《官吏服务令》,载《民国汇报》1913年第2期。

[50] 商务印书馆编译所:《中华民国法令大全》(第十二类《行政诉讼法》),上海商务印书馆1915年版,第3页。

尤,此次风潮愈演愈恶,难以平息,不得已呈请免职,查以教长权利整顿一女校,何至形势严重?依法免一部员,何至用非常处分?且行政处分原以合法为范围,凡违法令之行政处分当然无效等语”[51]。

在原告鲁迅的第二次辩词中,可以看到鲁迅采用层层递进的逻辑推理方式,逐条驳斥了教育部违反法律、违反事实、违反逻辑的行政处分行为,既有法律依据,又有事实依据,该辩词后来成为民国初年许多法政学校学生阅读的范本。

平政院把原告的二次互辩词送达给教育部后,正值教育部发生人事变动,被告方法定代表人新任教育部总长易培基没有再次提交二次答辩。1926 年 1 月 16 日,教育总长易培基签发教育部第 16 号令:“兹派周树人暂署本部佥事,在秘书处办事。此令。”这样,在平政院未作出裁决前,鲁迅已在教育部复职,表明鲁迅已经胜诉。

(四)鲁迅诉北洋政府教育部案的裁判和执行

虽然教育部恢复了鲁迅的职务,但是按照《行政诉讼法》第 18 条的规定,诉讼当事人已提起之诉讼,非经平政院许可后,不得请求撤销。因此,平政院对于该案仍按照法律程序由第一庭审理。第一庭参与审理鲁迅诉教育部案的评事有:第一庭庭长、评事邵章,第一庭评事吴煦,第一庭评事贺俞,第一庭评事延鸿;第一庭评事周贞亮,共有五名评事参与审理;书记官是孙祖渔。通过评议,其结果“教育部之处分取消之”,[52]鲁迅胜诉。

根据《行政诉讼法》第 32 条规定:“宣告裁决后,须具裁决理由书,由评事、书记官署名钤章,并另用缮本,发交原告、被告及参加人。”[53]在平政院的裁判文书中,记录了平政院对本案的判决理由:“依据前述事实,被告停办国立女师大学,原告兼任该校教员是否确有反抗部令情事,被告未能证明,纵使属实,涉及《文官惩戒条例》规定范围,自应交付惩戒,由该委员会依法议决处分,方为合法。被告遽行呈请免职,确与现行法令规定程序不符,至被告答辩内称:‘原拟循例交付惩戒,其时形势严重,若不采用行政处分,深恐群相效尤’等语,不知原告果有反抗部令嫌疑,先行将原告停止或依法交付惩戒已足示儆,何患群相效尤,又何至迫不及待,必须采用非常处分?答辩各节并无理由。据此论断,所有被告呈请免职之处分违法,应予取消,兹依《行政诉讼法》第 23 条之规定,裁决

〔51〕 黄源盛纂辑:《平政院裁决录存》,台北,五南图书出版股份有限公司 2007 年版,第 996 ~ 997 页。

〔52〕 黄源盛纂辑:《平政院裁决录存》,台北,五南图书出版股份有限公司 2007 年版,第 995 页。

〔53〕 商务印书馆编译所:《中华民国法令大全》第十二类《行政诉讼法》,上海商务印书馆 1915 年版,第 5 页。

如主文。”判决日期是1926年3月23日。[54]

民国初年行政诉讼的执行程序与普通民事、刑事案件不同。根据1914年6月8日公布的教令第79号《平政院裁决执行条例》第2条规定,“行政诉讼事件经评事审理裁决后,由平政院院长呈报大总统,批令主管官署按照执行”。平政院于1926年3月23日做出判决后,北洋政府国务总理贾德耀签署了《临时执政训令》第13号:“令教育总长:据平政院院长汪大燮呈审理前教育部佥事周树人陈诉不服教育部呈请免职之处分、指为违法提起行政诉讼一案,依法裁决教育部之处分应予取消等语,著交教育部查照执行。此令。国务总理贾德耀。中华民国十五年三月三十一日”[55]。1926年4月6日,鲁迅收到了平政院的裁决通知书,通知书内容是:“平政院为通知事。前据该诉讼人周树人诉为不服教育部呈请免职之处分提起行政诉讼一案,业经本院就书状裁决。自将裁决书缮本送达,仰即遵照,特此通知。右仰诉讼人周树人,准此。中华民国十五年四月六日。”

从1925年8月22日平政院收到鲁迅的起诉状开始,到1926年4月6日鲁迅收到平政院的裁决书为止,鲁迅诉北洋政府教育部一案历经7个半月左右的时间,最终以鲁迅胜诉而宣告结束。

三、从《平政院判决录存》看民国初年行政诉讼程序的设计

民国初年是中国从传统法制向近代法制转型的时期。尽管北洋政府统治时期战乱频仍,政局动荡,但中国法律近代化的进程仍在延续,其中重要的体现就是萌芽于清末的行政诉讼法在民国初年得以确立,并广泛应用于司法实践之中。

(一)民国初年平政院受理行政诉讼案件的情况分析

北洋政府统治时期是中国社会发生剧烈动荡的年代。作为当时全国最高的行政诉讼机关,平政院从1915年到1928年,每年仅审理十余起诉讼案件。据黄源盛教授统计,1915~1928年,平政院的裁决书共有187件,其中1915年18件,1916年18件[56],1917年11件,1918年23件,1919年15件,1920年30件,1921年18件,1922年6件,1923年16件,1924年10件,1925年7件,1926年7件,1927年4件,1928年3件,平均每年受理件数约为13件。[57] 赵勇统计

---

〔54〕 黄源盛纂辑:《平政院裁决录存》,台北,五南图书出版股份有限公司2007年版,第998页。

〔55〕《临时执政令》第13号,载《浙江教育季刊》1926年第2期。

〔56〕 根据《平政院民国五年分审理已结案件总表》的统计,笔者看到1916年平政院裁决的案件有19件,黄源盛教授的统计遗漏一件。参见《统计月刊》1919年第17期。

〔57〕 参见黄源盛:《民初大理院与裁判》,台北,元照出版有限公司2011年版,第382页。

平政院审理案件的数量与黄源盛的数字略有不同，其中1915年17件，1916年18件，1917年13件，1918年23件，1919年15件，1920年33件，1921年27件，1922年4件，1923年18件，1924年10件，1925年7件，1926年8件，1927年4件，1928年3件，总计200件。[58] 平政院每年审理的案件仅十余起，数量并不是很多。

北洋政府成立平政院的做法自民国初年以来，就一直存在很大的争议。[59] 主张中国移植大陆法系的学者认为，"行政司法既须脱离，行政机关亦须脱离普通司法机关""行政官吏不得同时具有裁判者及被裁判者之资格"[60]。也有学者认为设立行政法院会弊端丛生。王宠惠指出，设立行政法院系统，其弊端有四：法院系统复杂，"国家因而增多无益之繁费，人民亦苦于诉讼手续之烦难，此其弊一也"；"行政法院既为行政便利而设，则其审判已有偏袒行政之虞。即权限法院对于权限争议之审判，亦往往有所左右，此其弊二也"；"法院宜为全国人民所信仰，自应保其尊严。行政诉讼普通法院无权审理。且因权限审判而普通法院之审判权多移于行政法院，是以人民对于普通法院，既有轻视之心，对于行政法院又怀疑惧之念，殊非所以尊重司法之道。此其弊三也"；"官吏既有特别之保护，国民势难与之抵抗。而国民权利致有被蹂躏之虞，且行政法院与行政有密切之关系，即使其判断公正，而国民亦难满意。此其弊端四也"。[61]

平政院成立后，遇到了各种各样的难题。当时有人批评说："民国初年，有势无法，少有凭藉者，断非平政院所能制裁，其无势力者，先自默尔，与人无竞，更不劳裁判。"[62] 1917年1月10日，黎元洪颁布了《限制平政院受理诉讼范围令》，规定"平政院受理之范围应依照《行政诉讼法》，以各官署违法处分之令为限，其已经各官署呈奉令准之案，平政院可毋庸受理"。该法令认为，"总统非行政主管官署，其呈请令准之案即非各官署处分之性质，不在行政诉讼范围之内"[63]。此令一出，平政院面临着"无案可理"的尴尬局面，后经平政院据理力争，行政诉讼受理的范围才有所扩大。

民国初年曾担任平政院书记员的陈顾远在《双晴室余文存稿选录》一书中，

---

〔58〕 参见赵勇：《民国北京政府行政诉讼制度研究》，中国政法大学出版社2017年版，第157～158页。

〔59〕 参见李启成：《清末民初关于设立行政裁判所的争议》，载《现代法学》2005年第5期。

〔60〕 雪艇：《平政院制评议》，载《太平洋》（上海）1917年第6期。

〔61〕 参见王宠惠：《中华民国宪法刍议》，载张仁善编：《王宠惠法学文集》，法律出版社2008年版，第14页。

〔62〕 沃丘仲子：《民国十年官僚腐败史 平政院》，载荣孟源、章伯锋主编：《近代稗海》（第8辑），四川人民出版社1987年版，第39页。

〔63〕 《张一鹏请解释训令》，刊载《申报》1917年2月20日，第6版。

对当时的行政诉讼情况有这样的描述:“平政院设于北平丰盛胡同……内分三庭,每庭有庭长、评事,均简任,另有荐任或委任书记官,高普考分发而来的,暂为学习书记官,有缺亦可补实……平政院本来是一个清闲机关,每年所收的案子不到十件,各方对其地位都不重视。当灾害遍北平的时日,平政院尤其贫苦,每年能向财政部领到四个月经费薪给就算好景,冬日连办公室的煤炉都生不起,其他可推而知。于是,平政院便有了一个众所周知的黑名‘贫政院’。”当时还有人把平政院称为“遗老院”,“平政院就是遗老们活动的大本营,挂起平政院的招牌,发卖遗老运动的洋货”〔64〕。我国法学界对民国初年平政院的作用评价也不高,认为每年仅受理案件十余起,“可以想见,人民因违法行政行为受到侵害时大多数情况下也只能忍气吞声”〔65〕。还有学者把民国初年的平政院称为“清闲机关”。〔66〕

对于上述学者的观点,笔者有不同的看法。从北洋政府时期对平政院受理案件和审理案件的统计来看,平政院受理案件的数量远远多于黄源盛的187件和赵勇的200件。以1916年为例,在平政院审理的特交案件中,销案1件,中止案件2件;在人民陈诉的案件中,平政院裁决案件19件,驳回180件,中止审理2件,不受理的案件有12件,总计由平政院审理过的案件有216件。〔67〕1917年,在平政院审理的特交案件中,裁决案件1件,销案1件;在人民陈诉的案件中,平政院裁决13件,驳回160件,中止3件,不受理13件,总计191件。〔68〕1918年,平政院裁决的人民陈诉案件有22件,驳回的案件有120件,中止的案件有8件,不受理案件有7件,总计157件。〔69〕民国1919年,在平政院审理的特交案件中,中止的案件有3件;在人民陈诉的案件中,裁决的旧管、新收案件18件,驳回的旧管、新收案件196件,销案2件,中止的旧管、新收案件7件,不受理的案件11件,已结案的有237件;另有审理中的案件27件,行查中的案件1件,限期补正案件1件,审查中的案件9件,未结案件共有38件,1919年全年平政院共受理的诉讼案件有275件。〔70〕从1916年至1919年这4年间,平政院共受理的行政诉讼案件就有839件之多,这说明在民国初年发生的行政诉讼事

---

〔64〕子昇:《平政院与遗老院》,载《猛进》1925年第6期。

〔65〕宋玲:《民国行政诉讼制度研究》,中国政法大学出版社2015年版,第143页。

〔66〕参见蔡云:《平政院与北洋政府时期的行政诉讼制度》,载《民国档案》2008年第2期。

〔67〕参见《平政院民国五年分审理已结案件总表》,载《统计月刊》1919年第17期。

〔68〕参见《平政院民国六年分审理已结案件总表》,载《统计月刊》1919年第18期。

〔69〕参见《平政院民国六七两年审理已结案件比较表》,载《统计月刊》1919年第18期。根据黄源盛教授的统计,1918年平政院裁决的案件有23件,比《统计月刊》第18期的统计多1件。

〔70〕参见《平政院民国八年全年分审理案件统计表》,载平政院档案,全宗号1005,卷号00089。

件还是很普遍的。

民国初年,平政院对于行政诉讼案件实行立案审核制,对于那些不予立案的行政诉讼案件,经过平政院核实作为不立案的依据。在1919年教育部《咨平政院声复不准孙渐逵转学始末情形文》中,我们看到教育部对不准孙渐逵转学的理由做了说明:"孙渐逵于民国元年入私立南京民国法政大学肄业。二年十二月南京民国法政大学经部饬令停办三年,一月本部曾有饬令停办学校学生不准转学之通令,并历经办理在案。嗣该生于民国三年转入私立安徽法校……本部据驳该生请求,实系按照定章及成案办理,并无不当之处,何违法之嫌?兹准前因,相应将办理本案始末情形,咨复贵院,即希察核办理。此咨"[71]。平政院通过对教育部出具的行政复议意见进行审核,做了对孙渐逵的行政诉讼不予立案的裁定。

北洋政府时期,经过平政院审理的行政诉讼案件数量不是很多,与当时的行政诉讼制度的设计有着密切的关联。在北洋政府时期,如果公民、法人或其他组织对于行政主体做出的具体行政行为有异议,先向原行政处分官署的直接上级行政官署提起诉愿程序,即行政复议。如果行政相对人对诉愿的结果不服,可提起再诉愿程序。根据1914年《诉愿法》的规定,"已诉愿后,不服其决定者,得向原决定行政官署之直接上级行政官署再提起诉愿"[72]。由此可见,平政院受理的行政诉讼案件是行政相对人最后的法律救济程序,许多行政法律纠纷都通过诉愿的行政程序加以解决。例如,在北洋政府时期,四川内江人张夔因矿业权一事不服江西事业厅的行政处分,遂向农商部提起了诉愿程序,后对农商部的复议结果不服,才最终向平政院提起行政诉讼。据平政院的裁判文书记述:"原告因矿业权被江西实业厅取消,诉愿农商部,不服决定,指为违法,提起行政诉讼。经本庭审理裁决如左:农商部之决定维持之。"[73]可见,民国初年许多行政诉讼事件都要先经过诉愿程序,只有对各级行政官署的行政复议决定不服,才最终向平政院提起行政诉讼,这也是民国初年平政院最终裁判案件不多的原因。

(二)民国初年行政诉讼程序的设计

平政院是北洋政府时期最高的行政诉讼机关。平政院对告诉人提起的诉讼,首先对诉讼的事由进行审查,然后做出是否立案受理的批示。1924年,平政院对原具呈人京师四郊农民苑雨农等诉内务部"违法创办户捐等情由"做了批

---

〔71〕《咨平政院声复不准孙渐逵转学始末情形文》,载《教育公报》1919年第11期。

〔72〕商务印书馆编译所:《中华民国法令大全》第十二类《诉愿法》,上海商务印书馆1915年版,第6页。

〔73〕《平政院裁决书》,载《法律周刊》1924年第43期。

示:“据状诉内务部违法创办户捐,损害人民权利等情,均悉。此案经本院审查,与行政诉讼相合,应准受理。除将原具副状咨送内务部,限期答辩,并依法停止执行外,合行批示,仰候办理。此批”[74]。平政院审查立案后,以挂号信函的形式通知原、被告,有时还在《政府公报》上登载,以便于原、被告及社会知晓。笔者在1918年北洋政府的《政府公报》上看到了如下信息:“平政院批第七十五号:原陈诉人傅莲馥,诉状一件为宾县公署违法处分人民私产一案请赐裁决由。状诉已悉。查此案已于上年十一月三十日明白批示在案,兹据一再呈请,速赐裁决。前来是该民对于前项批示尚未知悉,合再重行抄录前批,除仍分别挂发寄达外,并一面送登《政府公报》,仰该民即行遵照,勿渎此批。中华民国七年五月十五日。”[75]民国初年的行政诉讼立案审查制,可有效避免滥诉现象的发生,节约司法成本,提高行政诉讼审判的效率。

民国初年,平政院受理行政诉讼案件的范围十分广泛。根据黄源盛教授辑录的《平政院判决录存》一书记述,平政院受理的行政诉讼案件大致可分为财产权类的行政诉讼案件、捐税类的行政诉讼案件、人事类的行政诉讼案件、教育类的行政诉讼案件、营业执照给予和撤销类的行政诉讼案件等几种形式。另有学者按照行政处分的类型进行分类,将其分为行政处罚案件、征收案件、行政内部行为案件、行政许可案件、行政确认案件、行政契约案件、私经济行政行为案件、行政命令案件等形式。[76]

北洋政府时期平政院受理的行政诉讼案件以涉及财产权类的案件最多。据统计,在平政院裁决的187件行政诉讼案件中,涉及产权争执的案件有45件,矿业权案件有17件,荒地承垦、公地承买、优先承买权、林地承领等24件,盐权类7件,庙产处分5件。[77]在1918年平政院审理的“闽侯县民林胜亮等与林智德等控争洲田不服福建省公署决定案”中,平政院认为,“应将十官洲与石码洲划归林浦人管业;将十官洲西端之一小部分划归魁岐人管业,以重私权”,对“福建省公署之决定变更之”。[78]在1920年平政院审理的“天津县商民赵嘉宾陈诉不服直隶省公署违法查封房屋牵损营业案”中,平政院裁决“直隶省公署之处分取消之”,判决理由是:“查原告房契亩分虽未填载而四至恰已注明,地方上既

---

[74]《平政院批:原具呈人京师四郊民人苑雨农等状一件诉内务部违法创办户捐等情由》,载北洋政府《政府公报》(第211册)1924年第3016期。

[75]《平政院批第七十五号》,载北洋政府《政府公报》(第127册)1918年第831期。

[76]参见赵勇:《民国北京政府行政诉讼制度研究》,中国政法大学出版社2017年版,第135~150页。

[77]参见黄源盛:《民初大理院与裁判》,台北,元照出版有限公司2011年版,第382页。

[78]参见黄源盛纂辑:《平政院裁决录存》,台北,五南图书出版股份有限公司2007年版,第85~93页。

有此项写法,自不得谓为无效,且房契早经依法税验……应即启封发还,仍由原告管业”。[79] 在民国初年平政院审理的产权类诉讼案件中,审判机关注重保障民众的合法财产权。即使在审理寺院庙产纠纷案时,也能做到“不因人废事,对庙产纠纷依法论断”,“反映出法治的观念已经开始在民国初年深入人心”。[80]

平政院审理的行政诉讼案有许多是关于捐税类的案件。在《平政院裁决录存》一书中,共收录了12件关于税收征收的行政诉讼案。1914年,广东普宁县知事兼警察事务所所长周奠安以县属警费不敷,拟将属境石店一律抽捐,凡发卖石料每值一元,向买主征收捐钱五十文,名曰石寮捐。对于该项行政税收,庄通合、林国合、陈和顺等人认为其“有碍生活”,请求广东巡按使取消本县处分。经广东巡按使复议,“批斥不准”,三名原告遂向平政院提起行政诉讼。平政院审理认为,“普宁县知事既兼领警察事务所所长,则筹措属警费乃其职务应尽之事。至石工加捐是否违法,据内务部咨覆各节,就地筹款既为明令所许,捐目、种类又未经部章规定,是该知事创办石寮捐,不得指为违法”。平政院最后的裁决是“广东省巡按使之决定维持之”。[81] 1916年,发生了奉天凤城县商民张芳龄等诉凤城县知事加征祀典经费案,该案情如下:1915年,各县奉令举行祀天、祀孔、祀关岳典礼,祀费由地方自筹。凤城县知事朱莲溪以地方款项无从挹注,令各屠户供给,于是凤城县商民张芳龄等向平政院提起了行政诉讼。平政院审理认为,祀天、祀孔、祀关岳系国家崇德报功之典礼,屠宰税简章第一条第二项之规定不能适用,“奉天巡按使公署之决定取消之”。[82] 在平政院审理的捐税类行政诉讼案中,对许多原行政机关违法征税的案件都做了改判,有效制约了地方行政机关向民众滥征税收的现象。

民国初年平政院裁决的另一类重要诉讼案件是人事类行政案件,主要包括1916年平政院审理的“交通部停职人员罗国瑞等呈诉该部总长违反法令擅退部员案”,1916年“内务部停职人员祝书元等呈诉该部总长违反法令擅退部员案”,1923年“内务部土木司原司长陈时利陈告内务部总长违法免职案”,1923年“前农商部司长黄艺锡不服农商总长违法免职案”等。1925年,在“前东省特别区域高等审判庭庭长李家鏊陈告司法部不服被告呈请免职案”中,平政院审

---

〔79〕 参见黄源盛纂辑:《平政院裁决录存》,台北,五南图书出版股份有限公司2007年版,第135~138页。

〔80〕 袁春兰、陈绍鹏:《平政院审理庙产纠纷评析——以〈平政院裁决录存〉为依据的考察》,载《西南政法大学学报》2016年第3期。

〔81〕 参见黄源盛纂辑:《平政院裁决录存》,台北,五南图书出版股份有限公司2007年版,第349~351页。

〔82〕 参见黄源盛纂辑:《平政院裁决录存》,台北,五南图书出版股份有限公司2007年版,第353~356页。

理认为,“查原告迭次电陈,虽语多过激,惟既系先奉宥电之咨询,始有勘电之陈述,核与法源编制法第一百二十一条第一款所载‘职务外干预政治’事实实有未合,即不能适用同法第一百二十五条第一款之规定呈请免职,原告谓法官非法律受刑罚宣告或应免职之惩戒处分,不得解职,理由明确”。平政院最后做出了“司法部之处分取消之”的决定。[83] 分析上述这些人事方面的行政诉讼案件,可以看到平政院大多做了取消或变更的裁决,只有少数几个案件平政院是维持了原行政机关的裁定。这说明民国初年平政院的裁判并不是走过场,而是通过行政裁判促使国家各级行政机关依法行政,禁止滥用公权力现象的发生,维护诉讼当事人的合法权益。

民国初年正值中国从传统教育向近代转型的时期,在这一时期发生了许多教育类的行政诉讼案件。据笔者统计,共有6件是关于教育经费类的行政诉讼案件,有两件是关于毕业文凭认定和高校学生转学的案件。1916年,平政院审理了“筹编高等学校毕业生杨成源等诉教育部处分违法案”,平政院审理认为,“前学部覆理藩部文称殖边学堂系特别学堂,不在学堂统系之列。又称殖边学堂所定学科年限与满蒙文高等学堂不同,自不能照高等学堂给奖。是该堂系一种专门学校,与满蒙文高等学堂本有区别,该堂学生即不能与满蒙文学生具有同一之高等专门资格”。平政院最后的裁决是“教育部之处分维持之”。[84] 在1919年《教育公报》上刊载了教育部《咨平政院声复不准孙渐逵转学始末情形文》,该学生“诉称为教育部不准转学,批示违法,依法提起行政诉讼,以资救济”[85]。该案件没有被《平政院裁决录存》所收,表明此案件最终没有进入到平政院的审理程序。从民国初年平政院审理的教育类的行政诉讼案件来看,主要是关于中国近代转型过程中教育机会平等的问题。

接下来,我们再分析一下民国初年提起行政诉讼的原告身份情况。民国初年的行政诉讼是近代中国出现的新生事物,从平政院受理的行政诉讼案件的告诉人来看,告诉人的成分十分复杂。依据《平政院裁决录存》所收录的诉讼案件,我们看到由商人、公司法人等提起的行政诉讼案件有62起,由农民提起的行政诉讼案件有45起,由国家公职人员提起的行政诉讼案件有19起,寺院僧人作为原告提起的行政诉讼案件有19起,由学校法人、学生提起的行政诉讼案件有9起,由地方议会、律师协会、慈善组织提起的行政诉讼案件只有3起。其

---

〔83〕 参见黄源盛纂辑:《平政院裁决录存》,台北,五南图书出版股份有限公司2007年版,第991页。

〔84〕 参见黄源盛纂辑:《平政院裁决录存》,台北,五南图书出版股份有限公司2007年版,第901~905页。

〔85〕 北洋政府《教育公报》1919年第11期。

中以商人、公司法人提起的行政诉讼案件最多,说明在当时随着商业经济的兴起和转型,社会上出现的商事法律纠纷逐渐增多。民国初年农民因土地、赋税等法律纠纷提起的行政诉讼也占有很大比重,这反映出当时农村存在的经济纠纷也很突出。由寺院僧人提起的行政诉讼有19起,表明在民国初年随着庙产兴学的兴起,对寺院的管理存在严重的法律缺陷。[86] 为了体现诉讼的公平公正,北洋政府时期规定行政诉讼的原、被告双方在诉讼过程中处于平等的法律地位。作为行政诉讼的被告主要是国家行政机关,其中中央行政机关作为被告的有内务部、财政部、司法部、教育部、交通部、农商部、盐务署等机构;地方各省行政公署作为被告的有浙江省、江苏省、直隶省、湖南省、京兆尹公署、湖北省、安徽省、福建省、广东省、陕西省、吉林省、江西省等;其他行政机构有37个。[87] 在民国初年,这些国家重要行政部门作为行政诉讼的被告,表明广大民众的权利意识正在逐渐形成。

民国初年行政诉讼的程序设计也充分考虑到了中国的实际国情。平政院通过对告诉的案件进行立案审查,然后做出是否受理的批示,彰显了行政诉讼的严谨性。告诉案件立案后,平政院把原告的诉状副本送达给被告,令被告限期提出答辩书,当事人并不直接正面接触,可避免行政官署与人民发生冲突,有利于保护被告一方。谢振民先生认为,这样的程序设计"用意至善"[88]。作为被告的各级行政官署接到平政院送达的诉状副本材料后,根据原告的陈诉要旨进行书面答辩,送交平政院。平政院在收到被告提交的答辩书后,认为有必要时,制定期限,令原、被告以书状的形式为第二次相互答辩。平政院对行政诉讼的案件先进行书面审理,还有一个重要的因素是考虑到平政院地处首都北京,与全国各省距离遥远,若令原告频繁来往于京城,无疑会加重原告的诉讼成本。在被告提出答辩书后,平政院再决定审判日期,通知原、被告双方及参加人出庭对审。笔者认为,民国初年的行政诉讼程序的设计彰显了人性化的特征,其既能提高行政审判的效率又能节约原告的诉讼成本。

北洋政府时期,平政院共设三个审判庭。行政诉讼案件的审理通常由第一庭、第二庭或第三庭合议审理。合议庭由庭长主持,另有四名评事参加。在1921年平政院审理的黑龙江大赉县商会诉财政部案中,即由平政院第一庭庭长评事邵章、评事吴煦、评事贺俞、评事延鸿、评事周贞亮共同审理。[89] 1924年3

---

〔86〕 参见袁春兰、陈绍鹏:《平政院审理庙产纠纷评析——以〈平政院裁决录存〉为依据的考察》,载《西南政法大学学报》2016年第3期。

〔87〕 参见黄源盛:《民初大理院与裁判》,台北,元照出版有限公司2011年版,第382页。

〔88〕 谢振民编著,张知本校订:《中华民国立法史》,中国政法大学出版社2000年版,第1054页。

〔89〕 参见《平政院裁决书》,载《法律周刊》1924年第30期。

月12日,平政院第二庭审理的僧空华等诉安徽省长公署案中,由第二庭庭长评事马德润、评事郑言、评事周绍昌、评事程明超、评事吴敬修共同审理。[90] 审理的结果,以各庭出席评事过半数议决之。

平政院做出的行政裁判,须出具裁决理由书,"由评事、书记官署名钤章,并另用缮本,发交原告、被告及参加人"[91]。裁判文书的内容包括原告姓名、年龄、职业、住址,诉讼代理人姓名、年龄、职业、住址,被告国家官署名称,诉讼缘由,主文(即判决结果),事实,原告陈诉要旨,被告官署答辩要旨,原告、被告互辩要旨,判决理由等内容。根据《行政诉讼法》第32条的规定,"宣告裁决后,须具裁决理由书。由评事、书记官署名钤章,并另用缮本,发交原告、被告及参加人"[92]。裁判文书的核心内容是"判决理由"的书写,在平政院审理的第17号裁决书"董绍棠、李勉熙诉山东省行政公署案"中,平政院的判决理由是:"盖贩卖必有贩卖之事实,通阅全卷既无供言,又无物证,即恩县原处决书理由所载,亦仅称丽生公司庆泰昌既私运制钱出境。即犯《禁止贩运制钱出境单行章程》第三条之罪,果如所言,则该章程第三条条文但云'私运出境'四字可矣,何必冠以'意图贩卖'字样乎"。最后裁判的主文是"山东省行政公署之决定变更之"。[93] 凡经过平政院裁决的行政诉讼案件,原告、被告不得请求再审,实行一审终审制。

(三)关于平政院行政判决执行程序的设计

平政院做出裁判后,便进入到行政诉讼的执行程序。关于行政裁判的执行,法国、德国等国家采用行政手续,而日本则委托普通法院来执行。民国初年在制定《行政诉讼法》时,充分考虑了中国的国情,认为"以行政手续为适宜"[94],即由平政院呈请大总统以训令的形式下发给各部总长和各省行政首长遵照执行。

民国初年,在平政院做出裁判后,先由平政院院长呈请大总统或临时执政加盖印鉴和签署执行令,再下交给各部总长和各省行政长官遵照执行。在1922年的《财政月刊》上刊载了一则《大总统训令》,这是一则关于平政院裁判执行的法令,内容是:"据平政院院长张国淦呈审理天津聚庆等商号陈诉因北洋保商

---

〔90〕 参见《平政院裁决书》,载《海潮音》1925年第5期。

〔91〕 商务印书馆编译所:《中华民国法令大全》第十二类《平政院裁决执行条例》,上海商务印书馆1915年版,第1~5页。

〔92〕 商务印书馆编译所:《中华民国法令大全》第十二类《平政院裁决执行条例》,上海商务印书馆1915年版,第1~5页。

〔93〕 参见《平政院裁决书第十七号》,载《中华全国商会联合会会报》1917年第4期。

〔94〕 谢振民编著,张知本校订:《中华民国立法史》,中国政法大学出版社2000年版,第1055页。

银行将前收该商等产业移转财政部，抵还部款，不服直隶省公署饬令交产之处分，指为违法，提起行政诉讼一案，依法裁决，应予变更等语，著交直隶省长查照执行。此令。二月二十五日"[95]。在1924年9月18日，北洋政府颁布了第70号《大总统训令》，内容是："中华民国十三年九月十八日《大总统训令第七十号》：令广西省长　据平政院呈审理蔡继襄等陈诉因被邕宁县除名不服广西省长公署之决定，提起行政诉讼一案，依法裁决应予取消等语，著交广西省长查照执行。此令。"[96]由国家最高行政长官大总统把平政院的裁判结果下达给所属各部总长或各省省长遵照执行，有效地解决了行政判决执行难的问题。

从平政院裁判的结果看，可分为驳回裁决、维持裁决、取消裁决及变更裁决四种形式。[97] 在黄源盛编纂的《平政院裁决录存》一书所收录的187个平政院裁判案件中，维持原处分者有101件，约占54%；取消原处分者有47件，约占25%；变更原处分者为39件，约占21%。分析其裁判的结果，有学者指出，"似乎很难推断平政院有明显偏徇行政官署立场之一方，大总统亦尚能尊重裁决的结果，谓其毫无绩效，并不公允"[98]。

四、结论

综上所述，从1912年中华民国成立后，中国就开始构建近代化的行政诉讼制度。伴随着1914年平政院的设立，《平政院编制令》《行政诉讼法》《诉愿法》《纠弹法》等一系列法律法规的公布实施，初步建立了行政诉讼法体系。民国初年行政诉讼体制的构建，为纠正行政机关的违法行为，保障公民、法人或其他组织的合法权益提供了救济途径。

民国初年，在民主共和观念和主权在民思想的影响下，民众的法律意识有了明显的提升，普通民众控告国家行政机关侵害公民、法人合法权利的行政诉讼案件日益增加，其中以鲁迅诉北洋政府教育部一案最为典型。1925年，北洋政府教育部强行下令停办北京女师大，正在该校兼课的时任教育部社会教育司第一科科长周树人(鲁迅)因被学校师生推举为校务维持委员会委员而被教育部总长章士钊下令免职。鲁迅闻知此讯，立即向平政院提起了行政诉讼，控告教育部的违法行为。经过平政院的立案审查，原告、被告双方的书面答辩，平政院于1926年3月23日做出终审裁决，"教育部之处分取消之"。[99] 在本案中，

---

[95] 《大总统训令》，载《财政月刊》1922年第99期。

[96] 《大总统训令第七十号》，载北洋政府《政府公报》1924年第3051期。

[97] 参见白鹏飞：《行政法总论》，商务印书馆1927年版，第313页。

[98] 黄源盛：《民初大理院与裁判》，台北，元照出版有限公司2011年版，第385页。

[99] 参见黄源盛纂辑：《平政院裁决录存》，台北，五南图书出版股份有限公司2007年版，第995页。

平政院没有因为临时执政批准免职令而对教育部有所偏袒,而是根据《行政诉讼法》第23条判决教育部败诉。鲁迅诉北洋政府教育部一案,表明当时最高的行政审判机关平政院能够克服各种行政权力的干涉,独立行使审判权,即使是面对国家最高行政长官下发的免职令,也能够依法行政,公正裁判,维护行政相对人的合法权利。

通过对民国初年的行政诉讼程序进行分析,笔者认为民国初年所构建的行政诉讼制度具有如下几方面的特点:第一,平政院对于行政相对人提起的诉讼实行立案审查,经过审查后认为与《行政诉讼法》的规定相符,则予以立案,这种行政诉讼的立案审查制有利于提高行政审判的效率,避免行政诉讼滥起诉现象的发生。该制度也直接为南京国民政府时期的《行政诉讼法》所继承。[100] 第二,平政院受理案件后,通常把原告的诉状副本材料送达给被告,令被告限期答辩,提交答辩书;如认为有必要时,可令原告、被告以书状的形式作第二次相互答辩,这种书面答辩的方式使原告、被告双方处于对等的地位,避免不必要的法律冲突,同时也可节约告诉人的诉讼成本。第三,平政院在收到被告提交的答辩书后,以合议的形式进行审理,以出席审判的法官表决过半数以上为准,这种书面审理的形式可避免行政权力的干预。第四,在行政诉讼案件的执行方面,由于平政院与国家行政各部和各省公署没有直接的隶属关系,为了杜绝各行政机关对平政院的裁判故意推诿,行政裁判的执行由平政院院长呈报最高行政长官大总统,由大总统以训令的方式发给下属行政机关遵照执行,这样的执行程序虽然较为烦琐,但能够确保平政院的终审判决得以贯彻实施。从笔者所见的平政院裁判的案例来看,民国初年的行政判决大都能够很好地贯彻执行,这样的执行程序也为后来南京国民政府时期的《行政诉讼法》所借鉴,根据1942年《行政诉讼法》的规定,“行政诉讼裁判之执行,由行政法院呈由司法院转呈国民政府训令行之”[101]。

民国初年的行政诉讼程序设计对于当前我国行政诉讼体制的改进和完善也具有重要的借鉴价值。首先,在民国初年,行政与司法尚未完全分离,根据1914年北洋政府颁布的《县知事审理诉讼暂行章程》第1条的规定,“凡未设审检厅各县,第一审应属初审或地方厅管辖之民、刑事诉讼,均由县知事审理”[102]。如果仿效英美法系的国家实行一元制的诉讼审判模式,即在普通法院

[100] 根据1942年《行政诉讼法》第13条的规定,“行政法院审查诉状,认为不应提起行政诉讼或违背法定程序者,应附理由以裁定驳回之”。

[101] 中国法规刊行社编审委员会编:《六法全书》,春明书店1948年版,第430页。

[102] 商务印书馆编译所:《中华民国法令大全》第八类《司法》,上海商务印书馆1915年版,第12页。

系统内设立行政审判厅,就会在行政审判中出现法官兼被告的奇怪现象,不利于维护诉讼当事人的合法权益,使行政诉讼当事人处于不利的地位,也不利于行政诉讼的审判和执行。其次,在民国初年,我国行政纠纷的解决程序设计相对合理,当发生行政法律纠纷时,先通过诉愿的程序由行政机关内部来解决,如果行政相对人对诉愿(行政复议)的结果不服才最终提起行政诉讼。当前我国实行一元制的诉讼审判模式,在各级法院内部设立行政厅,不仅使行政相对人一开始就与被告(行政机关)处于对立的地位,也使行政复议的程序与行政诉讼的程序相互重叠,使行政复议制度如同虚设。再次,当前我国的行政诉讼实行两审终审制的形式,行政法律纠纷的解决渠道不太畅通,存在行政判决执行难的问题。当一些行政相对人的权益得不到保障时,只能通过上访等途径寻求解决。而民国初年行政法律纠纷的解决,先通过诉愿程序后经过行政诉讼程序来解决法律纠纷,不仅有效地限制了地方各级行政机关滥用权力的现象,也最大限度地维护了行政相对人的合法权益。最后,法治中国的建设,需要自上而下树立守法的观念。战国时期法家的代表人物商鞅指出:"法之不行,自上犯之。"[103]民国初年行政诉讼程序的设计,不仅可以预防地方各级行政机关滥用权力现象的发生,甚至对中央国家机关和各省行政公署的行政违法行为也能及时纠正,从而使国家各级行政机关都树立守法的观念,进而推动全社会形成良好的守法氛围。笔者认为,民国初年的行政诉讼程序设计是比较合理的,也十分切合当时中国的国情,很值得我们认真总结和借鉴。

---

〔103〕 司马迁:《史记·商君列传》,中华书局1997年缩印本,第566页。

《北航法律评论》简介

《北航法律评论》(Beihang Law Review)系北京航空航天大学法学院主办的法学连续出版物,创于2010年,现由北航青年教师和学生共同组成编辑团队。它以“宏扬法治理念,阐释法学精义,透析社会现实,推动法学教育”为根本宗旨与理想,坚持学术自由、兼容并蓄、思想自由的人文精神,透视和洞察中国当前的法律体系、社会结构、社会心理及思想意识,透过独特的视角,探寻中国法治道路的方向,兼具理论性、适用性与前瞻性。

《北航法律评论》每年出版1辑,设有“专题研讨”“论文”“译文”“案例分析”“时评”“人物访谈”等栏目。《北航法律评论》策划的专题有法律实证主义、侵权法的回顾与展望、刑事诉讼法的修改、民法典编纂、网络安全与网络犯罪、民营化、日本民法修正等,希望其成为国内法学前沿理论研究与交流的思想阵地。本出版物已被中国知网(CNKI)数据库、中国法律知识资源总库、北大法宝等数据库全文收录。

本出版物编辑部地址:北京市海淀区学院路37号北京航空航天大学法学院 《北航法律评论》编辑部,邮编:100191,E-mail:bhlawrev@163.com。

《北航法律评论》约稿函

为达致上述理想及学术旨趣,《北航法律评论》欢迎海内外学者来稿。来稿请以电子邮件方式发送至编辑部,编辑部邮箱为:bhlawrev@163.com。对本出版物编辑原则及体例,特声明如下,以供参考:

1. 本出版物拟每年出版1辑,文章形式可体现为论文、译文、案例分析、书评、随笔、立法与司法动态述评及学术会议综述等;

2. 本出版物原则上对来稿不考虑作者之身份及学术背景,仅以学术水平与学术规范为标准,论文或译文原则上应为1万字以上;

3. 本出版物所刊载文章中的观点均属于作者个人,并不必然反映编辑部或其他机构、个人的观点;

4. 本出版物版权属于本出版物编辑部所有;本出版物所收录文章,均已由其作者授予自发表之日起一年的专有使用权;

5. 为保证学术研究的严肃性与纯洁性,维护良好学风,凡为本出版物供稿之作者在文中引用他人著述时,均须注明出处;如有剽窃、抄袭行为,将本着文责自负之原则,由侵权者本人承担全部责任;

6. 来稿需在同一语言下未事先以任何书面或网络等形式公开发表;稿件请附英文标题、中文摘要和关键词,并注明作者身份和联系方式;译稿需同时邮寄原文稿,并附作者或出版者的翻译授权许可;

7. 本出版物欢迎对所收录文章的转载、摘登、翻译或结集出版,但任何转载、摘登、翻译或结集出版,均须事先得到本出版物编辑部的书面许可;

8. 为扩大本出版物及作者知识信息交流渠道,除非作者在来稿时声明保留,则视为同意本出版物编辑部拥有向第三人授予已收录作品的电子出版权、信息网络传播权和数字化汇编、复制权,以及向《中国社会科学文摘》、《高等学校文科学术文摘》和中国人民大学书报复印资料等文摘类刊物推荐转载已收录作品的权利;

9. 自本出版物收到来稿之日起,2个月后如未采用或未通知,作者或译者可

自行处理;

10.任何来稿视为作者或译者已经阅读或知悉并同意本出版物上述各项声明。

《北航法律评论》引征体例

一、一般体例

1. 引证应能体现所援用文献、资料等的信息特点，能与其他文献、资料等相区别；能说明该文献、资料等的相关来源，方便读者查找。

2. 引证注释以页下脚注形式连续编排。

3. 本体例要求注释与正文分开。在正文需加注释处右上角以阿拉伯数字标记。脚注编号通常位于相应标点之外。

4. 正文中出现100字以上的引文，不必加注引号，直接将引文部分左右边缩排两格，并使用楷体字予以区分。100字以下引文，加注引号，不予缩排。

5. 引证可不使用引导词或加引导词，支持性或背景性的引用根据可使用“参见”“例如”“例见”“又见”“参照”“一般参见”“一般参照”等；对立性引证的引导词为“相反”“不同的见解，参见”“但见”等。

6. 注释中重复引用文献、资料时，若为注释中次第紧连援用同一文献、资料等的情形，可使用“同上注”。若两个注释编号次第紧连，但引证的同一文献不在同一页码，则使用“同上注，第M页”。若重复援用同一文献、资料等的注释编号中间有其他注释的情形，应先加注作者名，在作者名后注明“见前注X，第M页”。若前注中有多项引证不同文献、资料等的情形，则应注明作者或者文献、资料标题后，加“见前注X”或“见前注X，第M页”（在引证同一文献、资料等的不同页码时），以示区分。

7. 图书或成册作品援用的一般结构次序为：

作者：标题，出版者，出版时间，版次，页码。

8. 定期出版物援用的结构次序为：

作者：标题，出版物名称，卷期号，出版时间，页码。

9. 作者（包括编者、译者、机构作者等）为三人以上时，可仅列出第一人，使用“等”予以省略。

10. 作者众所周知的作品，可不加作者名。

11. 编辑、整理而非创作之作品,应在编者、整理者姓名后,作品标题前注明编辑/编著/主编/整理等。

12. 引证多作者独立作品汇集的汇集作品文献、资料时(如研讨会等成果结集出版),在该独立作品后注明“载”某汇集作品。

13. 引证二手文献、资料,需注明该原始文献资料的作者、标题,在其后注明“转引自”该援用的文献、资料等。

14. 引用影印本或其他印本,用括弧注明原作出版时间及影印时间。

15. 引证信札、访谈、演讲、电影、电视、广播、录音等文献、资料等,在其后注明资料形成时间、地点或出品时间、出品机构等能显示其独立存在的特征。

16. 外文作品的引证,从该文种的学术引证惯例,不必译成中文;外国人名、地名等专有名称建议保持原文。

二、引用例证

1. 著作

* 张晋藩:《中国法律的传统与近代转型》,法律出版社2005年版,第32页。

* Dennis Patterson, *Law and Truth*, Oxford University Press, 1996, p. 76.

2. 译作

* [法]孟德斯鸠:《论法的精神》(下册),张雁深译,商务印书馆1963年版,第32页。

3. 编辑(主编)作品

* 朱景文主编:《对西方法律传统的挑战——美国批判法律研究运动》,中国检察出版社1996年版,第32页。

* 郭道晖等主编:《中国当代法学争鸣实录》,湖南人民出版社1998年版,第32页。

4. 杂志/报刊文章

* 徐爱国:《霍姆斯〈法律的道路〉诠释》,载《中外法学》1997年第4期,第115页。

* 马蔚:《集体企业改制的法治缺失》,载《工人日报》2004年6月12日,第5版。

* Oliver W. Holmes, *The Path of the Law*, 10 Harvard Law Review 457, 460 (1897).

5. 作者众所周知

*《马克思恩格斯选集》(第1卷),人民出版社1995年版,第32页。

6. 著作中的文章

* [美]宋格文:《天人之间:汉代的契约与国家》,李明德译,载高道蕴等编:《美国学者论中国法律传统》,中国政法大学出版社1994年版,第32页。

7. 网上文献资料引证(引证网上文献资料应将该页面另存为独立文档,发送本刊编辑部的电子邮箱或者打印出寄送本刊编辑部,以备查阅)

*梁戈:《评美国高教独立性存在与发展的历史条件》,载中国教育和科研计算机网,http://www.edu.cn/20020318/3022829.shtml。

* Randi Bussin, *Multilingual Web Site Strategy & Implementation*: *Microsoft* Headcount(Apr. 19,1999) http://www.headcount.com/globalsource/articles.htm.